# AutoCAD
# 디지털 드로잉 시스템 활용 기초

정재현 · 김희중 지음

GS인터비전

# 들어가며

이 책은 대학의 기계 분야 공학 계열에서 설계 혹은 CAD라는 과목을 처음 접하거나 설계 업무를 수행하게 될 학생들을 위해 제조 분야의 제품 개발 공정의 시작인 설계 과정에 대한 기술적 지식과 실무적 경험을 학습할 수 있도록 구성되었다.

현재 대부분의 설계 혹은 CAD 교육은 CAD 시스템이라는 컴퓨터 소프트웨어의 사용 경험 위주의 학습이 중심을 이루고 있으며, 그나마 기능적 내용의 파악을 벗어나지 못하는 경우가 많다. 다시 말해 설계를 위한 도구로서의 설계보다는 일반적인 컴퓨터 소프트웨어들처럼 그 사용법의 학습에 머물고 있다. 수년에 걸친 설계 혹은 CAD라는 이름의 과목을 수강했음에도 실질적인 설계 작업에 필요한 기본 지식이나 이해가 부족한 경우가 허다하다.

이러한 측면에서 이 책은 특정 CAD 애플리케이션의 기능적 학습을 포함하고 있지만, 세부적인 기능의 소개보다는 CAD를 이용한 제도 작업에 필요한 기본 지식과 활용 예제를 통하여 설계자로서 기본 역량을 갖출 수 있도록 기술되었다.

특히 최근 모바일 기반 스마트 컴퓨팅 환경의 확산과 3D 프린팅 기술의 발달로 과거에 상상에만 머물던 작업이 현실화됨에 따라 설계 환경 역시 이전에 없었던 변화의 시기를 맞이하고 있다. 정보 공유의 제약이 무너지고 계획한 제품이 설계와 동시에 현실로 드러나는 새로운 시대에 2차원의 종이 도면 중심의 전통적인 제도 환경은 3D CAD/CAM/CAE 및 PDM/PLM 시스템으로의 전환을 눈앞에 두고 있다.

반면 아직 주변의 많은 제조 공정과 가공 환경은 2차원의 도면을 기반으로 구동되고 있어, 설계와 가공 환경 간의 차이로 인한 비효율성은 기업의 규모에 따라 더욱 극명하게 차이를 보이고 수많은 중소 규모의 기업들에게 부담을 주고 있다.

이처럼 급변하는 변혁의 시기에 CAD 시스템이 혁신의 도구로 그 역할을 얼마나 효과적으로 수행할 수 있느냐는 이를 운영하는 설계자의 역량과 기업의 투자 의지에 좌우된다고 밖에 할 수 없다. 그러므로 CAD 시스템을 기반으로 기본 설계 과정을 학습하는 이들 역시 제도, 설계 그리고 CAD 시스템에 대한 명확한 이해와 효과적인 운용을 위한 지식과 경험을 갖출 수 있기를 바란다.

마지막으로 저자들은 이 책의 출판을 위하여 노력해 주신 출판사 GS인터비전과 설계 도면을 생성하고 검토해 준 전홍빈 군에게 감사를 표한다.

# 목차

# chapter1 CAD 시스템의 이해

본 장에서는 CAD(Computer Aided Design) 시스템 기반의 설계 작업, 특히 2D CAD 시스템에 의한 제도 과정을 위한 핵심 도구로서의 CAD 시스템이 가지는 기능적 의미와 역할 그리고 앞으로의 변화에 대하여 학습자가 가져야 할 기본 지식에 관해 설명한다.

현재 2D CAD 시스템 시장의 대부분은 Autodesk의 AutoCAD 및 관련 애플리케이션이 차지하고 있다는 점에서 2D CAD 시스템에 대한 기술적 운용과 학습에 대한 접근 역시 AutoCAD를 중심으로 진행하는 것이 합리적이라 할 수 있다. 비록 개별적인 하나의 CAD 애플리케이션이긴 하지만 오랜 시간 동안의 높은 시장 점유율 지속과 Autodesk의 CAD 시장 변화에 대한 대응 전략으로 미루어 보아 2D CAD 시스템 시장에서의 독보적 위상은 앞으로도 지속할 것으로 예상한다.

## 1.1 CAD 시스템 학습의 목적

CAD 시스템은 현대적인 제품 개발 과정의 초기 설계 단계에서 사용되는 기능적 도구로서, 20세기까지 이어져 온 수작업에 의한 제도 작업을 대체하게 되었다. 그리고 현대 산업 사회에서 CAD 시스템은 제품 개발을 위한 빼놓을 수 없는 핵심 도구로 자리 잡게 되었다. 설계자는 이러한 CAD 시스템을 통하여 학습한 공학적 지식과 기술적 경험을 바탕으로 경쟁력을 가진 제품을 구현하게 된다. 그러므로 CAD 시스템과 같은 컴퓨터 기반의 설계 지원 도구의 활용은 공학 계열의 학습자들에게 있어 설계 작업 및 제품 개발을 위한 기본 역량이라고 할 수 있다.

특히 1980년대 이후 등장한 개인용 컴퓨터(Personal Computer)와 컴퓨터 그래픽스(Computer Graphics) 기술의 발전으로, 3D CAD 시스템은 2차원 평면에 국한된 제도라는 설계 과정을 현실의 3차원 공간으로 확장함으로써 제품 설계의 새로운 환경을 제공해 주게 되었다. 현재 3D CAD 시스템은 제품의 개념, 형상, 기능 및 생산 과정을 설계자가 직접 관리할 수 있는 도구로서 자리 잡아 가고 있다. 향후 설계 작업 및 이를 위한 설계 교육 역시 3D CAD 시스템에 더욱 집중할 수밖에 없을 것이다. 그런데도 3D CAD 시스템의 경우 높은 도입 비용, 인력 확보, 학습 기간 및 적용 기간 그리고 지속적인 관리 비용으로 중견 기업 수준 이하에서의 도입과 운용은 쉽지 않은 것이 사실이다. 또한, 가공 공정의 자동화를 지원하기 위한 CAM(Computer Aided Manufacturing) 시스템의 보급에도 불구하고 현실의 많은 제조 환경은 수작업에 의한 가공이나 제한된 범위에 국한된 반자동화 수준에 머물고 있다. 컴퓨터 기반에서 운용되는 CAD/CAM 시스템의 도입과 운용보다 물리적 기계 가공을 수행하는 공작기계류들은 규모나 도입 비용 그리고 운용 기간이 매우 길다는 점에서 자동화되어 가는 설계 영역과 최대한 사용 기간을 지속하려는 가공 영역 간의 모순적 관계에 있다고 볼 수 있다. 그 결과 아직도 수작업에 의한 제도 과정의 산물인 도면이 여전히 주요한 제품 제조를 위한 정보 전달의 도구로써 사용되고 있다. 이러한 측면에서 최종적으로 도면을 산출하는 2D CAD 시스템의 효용성과 학습의 가치도 계속 유지되고 있는 실정이다.

하지만 21세기 들어 3D 프린팅 기술의 급속한 발전은 산업 혁명 이후 지속하여온 설계 환경에 큰 변혁을 가져오고 있다. 3D 프린팅 기술이 기존의 기계 가공 환경을 근본적으로 대체하게 되면서 가공 공정의 변화는 물론 설계 도구의 역할도 바뀔 수 있게 된다. 3D CAD 시스템에 의한 3차원 설계에서 시작하여 3D 프린팅 시스템에 의한 3차원 가공으로 연결됨으로써 지금까지 2D CAD 시스템을 유지한 도면의 산출 목적과 역할이 상실되게 된다. 최근 3D 프린팅의 소재가 금속류로 확장되고 규모 역시 대형 구조물 수준까지 확대됨은 물론 고속 대량 생산까지 가능할 수 있도록 발전함에 따라 이러한 현실은 더 이상의 미래 이야기가 아니게 되었다. 비록 현재의 3D 프린팅 공정의 범위와 효용성은 대량 생산 체계의 전통적 기계 가공보다 불리한 점이 있는 것이 사실이지만 이러한 문제는 설계 및 소재 기술의 발전으로 해결될 것이 분명하다는 점에서 현재의 기계 분야의 설계 및 가공 공정을 학습하는 이들에게 시사하는 바가 크다고 할 수 있다.

21세기 새로운 산업 혁명의 시기가 도래하고 있는 현재 제품 경쟁력은 기업의 생존을 결정하게 된다. 이러한 제품을 효과적으로 목적한 의도와 시간 그리고 비용으로 현실화하기 위해 설계 작업은 더욱 복잡해지고 넓은 범위까지 확장되고 있으며 이에 따라 설계자에게 요구되는 지식과 기술 역시 이전보다 더 가중되고 있으며 집중되고 있다. 그러므로 설계 및 CAD 시스템의 학습자들은 현재의 제조 환경에 기반을 둔 설계 기술의 학습과 함께 미래의 산업 환경 변화에 대응하기 위한 역량도 갖출 수 있어야 한다.

이러한 학습의 목적을 달성하기 위해서 제도 과정을 포함한 설계 공정의 이해와 공학적 지식의 기술적 표현을 위한 노력 그리고 CAD 시스템을 효과적으로 운용할 수 있는 학습이 필요하다. 특히 설계 및 제조 공정이 3차원 환경으로 진화되는 과정에서 전통적인 도면을 이해하고 산출하는 역할은 향후 3차원 설계 및 제조 환경을 보다 효율적으로 운용할 수 있는 자양분이 될 수 있다.

공학 계열에서의 설계 혹은 CAD 교육에서 공통된 학습 목표는-여러 의미로 표현될 수 있겠지만-학습자가 특정 대상을 설계하기 위한 공학적 이론과 기술적 표현을 결합하여 현실화할 수 있는 정보로 만들 수 있고 그리고 그 정보를 이해할 수 있는 기초 역량을 갖추도록 하는 것이라 본다. 물론 해당 분야의 특정 제품을 경쟁력 있도록 설계하기 위해서는 많은 경험과 축적된 정보가 필요한 것도 사실이다.

하지만 설계 도구로서의 CAD 시스템의 복잡한 기능 추가와 적용 범위 확대로 운용 학습의 어려움이 증가함에 따라 학습 과정은 CAD 시스템의 초보적 기능 학습에 집중되고 있다. CAD 시스템이 설계를 위한 도구로서 제품 개발을 위한 설계 공정의 생산성을 확보하기 위해 발전해 왔음에도 CAD 시스템에 대한 교육은 전통적인 제도 과정의 컴퓨터 기반으로의 이전에 머무는 경우가 많다. CAD 시스템은 설계 도구가 아닌 단순한 형상 표현을 위한 기능적 도구로 전락해가고 있다. 다시 말해 CAD 시스템이 설계 공정을 효과적으로 운용하기 위한 임무를 수행하지 못하고 있으며 단순히 기능적 수단이 되는 것이 현실이다. 그 결과 CAD 시스템의 교육이 설계 능력과 경험을 가진 이에 의해 주관되는 것이 아닌 CAD 시스템의 기능적 운용이 능한 이에 의해 진행되고 이는 학습자들의 설계 역량 및 CAD 시스템의 운용 능력 향상에 큰 도움을 주지 못하고 있다.

물론 설계, 특히 공학적, 기술적 문제 해결을 위한 설계 공정은 현실에서 다양한 문제 해결의 대상에 적용되기 때문에 모든 경우를 학습하기란 불가능하다. 이러한 산업 현장에서의 문제 해결을 위해서는 수년에 걸친 공학적 지식의 학습 내용을 효과적으로 표현할 수 있는 도구로서의 CAD 시스템에 대한 이해와 함께 기본적인 운용 능력이 확보될 필요가 있다.

또한, 설계 및 CAD 시스템에 대한 학습이 특정 애플리케이션에 집중됨으로써 학습자의 설계 역량이 도구에 의해 제한받는 상황이 최소화될 수 있도록 학습 과정을 수행할 필요도 있다. 많은 경우 설계 작업에 걸리는 시간이 CAD 시스템의 기능적 운용에 할당됨으로써 설계 도구로서의 이해와 활용은 설계자 개인의 몫으로 남게 된다. 설계자는 새로운 설계 역량의 학습보다는 기존 설계에서의 문제를 반복함으로써 CAD 시스템을 통한 설계 생산성 개선이라는 본연의 목적을 제대로 달성하지 못할 수 있다.

그나마 2D CAD 시스템의 경우 시장의 대부분을 한 회사의 제품군이 장악하고 있으며 경쟁 제품 역시 거의 비슷한 설계 환경을 제공하고 있으므로 이러한 문제로부터는 다소 자유롭다고 볼 수 있지만, CAD 시스템 역시 하나의 컴퓨터 애플리케이션으로 설계자는 자신의 설계 업무에 적합한 플랫폼을 선정하고 또한 향후 새로운 플랫폼으로의 이전을 항상 염두에 둘 필요가 있다.

CAD 시스템 학습의 목적은 제도 도구의 기능적 운용 능력은 물론 설계 도구로서 설계 역량을 표현하고 개선할 수 있는 지원 도구에 대한 기술적 활용이라고 할 수 있다.

## 1.2 설계의 이해

CAD 시스템은 설계를 지원하는 도구로 개발되었다. 설계는 기술 및 제품 개발 과정에서 주어진 문제 해결을 위해 이론적, 기술적 방안을 토대로 현실적인 접근 방안을 도출하고 이를 현실화하여 공유할 수 있는 정보로 만드는 것이다. 현대 산업 사회에서 이러한 과정은 해결 대상이 커지고 복잡해짐에 따라 설계자 개인이 아닌 수많은 관련 분야의 종사자들이 함께 협력할 수밖에 없게 되고 설계 정보의 공유 및 관리 체계의 효율적 운용 역시 매우 주요한 설계 과정의 하나가 되었다. 그리고 이 모든 과정이 하나의 시스템으로 통합되고 가고 있다.



일반적으로 설계란 기대한 기능적 대상의 현실화 과정을 구체적으로 그리고 단계적으로 정보로서 가능한 형태로 구현하는 과정이다. 이러한 과정은 한 개인에 있어서도 다르지 않겠지만, 기업으로서는 시장에서의 경쟁이라는 측면에서 더욱 명확하고 신속하고 최소 비용으로 경쟁력을 확보한 제품의 개발을 위한 과정이 된다. 이 과정은 목적한 바의 대상, 제품의 기능적 사양은 물론 고객의 요구에 부응할 수 있는 여러 요소를 포함할 수 있어야 한다. 그리고 환경의 변화는 설계의 대상을 기존 대상의 개선에서 시작하여 완전히 새로운 제품 그리고 새로운 시장의 창출로 이어지게 하는 단계로 확장시켰다. 그런데도 여전히 도면에 의한 제품 정보의 구현은 설계 과정의 가장 주요한 단계로 존재하고 있다.

설계의 산출물인 도면 혹은 설계도는 대상 기술과 제품의 모든 구체적 정보를 포함한 매체이다. 이 매체를 통하여 서로 알지 못하는 설계자와 제작자 간의 설계 및 가공 정보가 공유되고 제품으로 드러나게 된다. 그 과정에서 더욱 효율적인 제품을 생산하기 위해 설계 정보는 끊임없이 개선되고 더 나은 기술로 대체되기도 한다.

일반적으로 설계는 하나의 분야에 국한되어 생각되어 왔다. 더 나아가 점점 세분된 영역에서 독자적인 기술 분야로 제한되기도 했다. 하지만 21세기 들어 전 산업 부문 간의 융합을 통한 새로운 기술 개발과 시장 확대의 시기로 접어들면서 설계에서도 전혀 다른 영역 간의 정보를 공유하고 이를 기반으로 새로운 제품 개발이 촉진되는 경향이 나타나고 있다. 이러한 변화는 제품 설계 공정의 단위를 개인이나 작은 조직이 아닌 전사적인 수준에서 관리하도록 했고 이 과정에서 설계 정보 역시 공유되고 이를 기반으로 설계 영역도 다시 확장되고 있다. 그 결과 현대 산업 사회에서 설계란 더는 한 설계자 개인의 작업 범위 내지는 역량의 문제가 아닌 공동 작업, 협업 과정으로 정착되게 되었다. 예로 한 사람의 설계자가 수년에 걸쳐 진행해야만 했던 설계 작업이 서너 명의 설계자들이 고기능의 CAD 시스템과 함께 수개월에 완료할 수 있게 되었다.

그러므로 현대의 설계 작업은 한 개인의 역량에 의해 드러나는 수준을 넘어 전사적인 관리 체계에서의 제품 개발을 위한 기본 과정으로 정립되었고, 이를 위한 별도의 관리 시스템 내에서 구현되어 조정되어 가고 있다.

하지만 설계가 최종적으로는 기업의 제품 생산 활동의 핵심 과정이 됨에 따라 그 결과 역시 기업 혹은 경영자의 의지와 비용에 따라 제약을 받게 되었다. 그리고 설계 역시 투자한 비용에 비례하여 성과를 드러나는 기업 활동이라는 측면에서 설계자에게 요구되는 부담은 더욱 증가하고 있다. 설계자들은 자신의 전문 분야는 물론 다양한 기술적 정보를 활용하고 통합하여 새로운 제품 개발의 몫을 담당하게 되었다.

설계는 책상 위의 제도 작업이나 컴퓨터에서 구동되는 CAD 시스템을 통한 모델링 작업이 아닌 대상의 구현 개념에서 실제 제품의 생산 그리고 시장에서의 경쟁에 이르는 일련의 과정이 되었고, 이에 부응하기 위해 CAD 시스템 역시 새로운 설계기능 및 설계 정보 관리기능을 제공하면서 설계 도구 간의 경쟁 역시 치열한 시장 상황에 놓여 있다.

하지만 이 모든 과정에서 변하지 않은 가장 주요한 요소는 설계가 기술이나 제품 개발의 정보를 공유하는 매체로서 표준화되어 있다는 사실이다. 이를 통하여 전혀 다른 기능적 공유자들이 하나의 제품을 구체화할 수 있게 된다. 설계 및 CAD 시스템의 학습에서 표준화된 설계 정보의 이해와 지식을 갖추는 것은 매우 주요하다. 비록 3D CAD 시스템의 도입으로 이러한 제약으로부터 자유로워졌다고 볼 수 있지만, 앞서 언급한 바와 같이 도면의 중요성이 아직 유지되고 있는 현실에서 설계 정보의 표준에 대한 이해와 구현은 설계자에게 요구되는 가장 기본적인 소양이다.



### 1.2.1 설계의 대상

앞서 설계의 대상은 기술적 해결 방안이 필요한 모든 문제라고 볼 수 있지만, 현대적인 CAD 시스템의 운용 목적에 비춰 보자면 모든 유무형의 부가가치를 창출하는 제품 개발 초기 공정이라고도 할 수 있다.

일반적인 관점에서 설계라는 용어는 주로 기계 및 소비재 설계 그리고 토목/건축 설계를 의미했고 20세기 전자산업의 발전과 전기, 전자 회로 기기의 설계로 확장되었지만, 21세기 디지털 산업 사회의 시각에서는 현재 우리 삶에 직간접적 영향을 미치는 모든 대상, 특히 상품화된 제품으로서 대상을 개발하는 과정까지 설계의 영역이 확장되었다. 그러므로 설계의 대상을 명확하게 구분할 필요가 없으면 구분의 의미도 없다고 볼 수 있다.

개발 과정의 내용적인 면에서도 기술적 문제 해결을 위한 방안을 도출하는 과정으로서의 설계와 이를 제품으로 생산하고 상품으로서 가치를 인정받는 과정에 포함된 설계를 구분하기 힘들뿐더러, 이러한 구분은 이미 융합되어 각 공정에 최적화된 설계 기법과 도구의 선택이 더 중요한 면이 되기도 한다.

실제 제품이 상품으로 평가받는 과정은 설계자의 몫이 아니라고 볼 수 있다. 설계자는 영업적 이유에서 주문받은 기술적, 공학적 사양에 기반을 두어 최소 비용과 생산 시간에 부응하도록 설계와 개발을 진행하고 시장에서의 평가는 설계의 범위 밖에 있었다. 하지만 시장의 경쟁이 치열해 지고 제품의 개발 주기가 빨라지고 있을 뿐만 아니라 새로운 기술 개발의 속도 역시 가속화됨에 따라 이에 기반을 둔 설계 역시 이전 세대보다 더 빠른 속도와 높은 성과를 요구받고 있다.

또한, 설계 대상의 규모에서 보자면 눈에 보이지 않는 마이크론 단위에서 수백, 수천 미터의 대규모 플랜트까지 다양하다. 참여하는 설계자의 규모 역시 한 사람에서 수백 명까지 확장될 수 있다. 그래서 설계 도구로서의 CAD 시스템의 규모 역시 한 대의 컴퓨터에서 구동되는 단일 플랫폼에서 전 세계의 설계자들이 인터넷으로 통하여 연결되어 협업을 구성하는 수준까지 확대되고 있다. 그러므로 설계의 대상을 규정한다는 것은 어느 전문 분야를 막론하고 기술적 제약이 없다고 볼 수 있다.

반면 설계의 대상이 산업 사회에서의 제품이라는 측면에서 제품의 시장 경쟁력을 확보할 수 있어야만 한다. 그래서 설계는 개념 정립의 시작과 함께 시장에 상품으로서 출시되기까지 지속해서 수정되고 변경되며 때로는 폐기 후 새로 시작되기도 한다. 이러한 과정 역시 설계의 한 부분으로 가치가 있으며 이 과정을 보다 효율적으로 진행하고 관리할 수 있도록 CAD 시스템 역시 기능과 성능 개선을 지속하고 있다.

현실적으로 설계의 대상에 따라 설계의 도구에 대한 선택의 폭이 차이가 날 수 있다. 하지만 제도 중심의 2D CAD 시스템의 선택에서는 일부 분야를 제외하고는 Autodesk의 AutoCAD 제품군이 유일무이한 선택일 수 있다. 비록 다른 경쟁 제품으로의 선택이 가능하더라도 기능적으로 AutoCAD를 거의 완벽하게 구현할 수 있다는 점에서는 다르지 않다. 반면 3D CAD 시스템 같은 경우는 너무 많은 제품이 공급되고 있어 그 중 업무에 적합한 플랫폼을 선정하기가 쉽지 않다. 또한, 가격이나 제공 기능의 종류와 성능까지 도입 전 미리 평가해야 할 항목들도 상당하다. 그리고 학습의 내용과 범위에서도 3D CAD 시스템은 2D CAD에 비교할 수 없는 부담을 학습자에게 요구한다.

하지만 도구의 선택이 비용이나 시간 등 여러 요인에 의해 플랫폼의 선택에 영향을 준다고 하더라도, 설계의 대상은 같다. 3D CAD 시스템이든 2D CAD 시스템이든 그 선택에 따라 설계 공정은 달라지더라도 설계 대상과 결과는 같다. 현재와 같은 환경에서는 아직도 설계 작업의 최종 결과물은 도면이다. 3D CAD 나 2D CAD의 구분에 상관없이 최종 단계에서 도면이 출력되어야 한다. 다시 말해 2차원 설계 혹은 3차원 설계의 구분 혹은 차이는 없다. 모든 설계의 대상물은 3차원에 존재하기 때문에 설계 작업은 모두 3차원 설계를 수행한다. 단지 그 과정의 설계 도구의 기능이 2차원 혹은 3차원 환경으로 구분될 뿐이다. 그러므로 2D CAD 시스템이 3D CAD 시스템의 설계 도구로서 문제를 가지고 있거나 기능적으로 열등하다고 할 수는 없다. 서로 다른 기능으로 서로 다른 시장에서의 설계 도구로 선택되고 있다.

설계의 대상이라는 측면에서 CAD 시스템의 구분에 따라 3차원 설계와 2차원 설계로 나누어질 수 없다. 모든 설계의 대상은 3차원으로 존재하며 설계 수단에 따라 3차원 형상 모델이나 2차원 제도로 드러난다. 2D CAD는 3차원 설계 형상의 2차원 표현일 뿐이며 3D CAD에서는 2차원이 최종적으로 산출되어야 한다.

하지만 3D 프린팅 시대의 도래는 3차원 형상을 3차원 공간에서 즉시 표현하는 것이 가능해지도록 해준다는 면에서 향후 2D CAD 시스템의 현재와 같은 위상은 결국 3D CAD 시스템에 의해 대체될 것이라고 본다.

### 1.2.2 설계 공정의 범위

기계 분야 설계에서 설계 작업 혹은 설계 공정의 범위는 일반적으로 도면이 산출되기까지의 과정이라고 본다. 그리고 제도 작업은 한 설계자의 책상 위에서 시작되고 끝난다고 여겨져 왔다. 하지만 컴퓨터의 성능 개선과 CAD 시스템이 보급되면서 설계 작업의 내용과 범위도 확장됐고, 설계 대상의 규모가 커짐에 따라 여러 설계자에 의한 협업이 요구됐다.

설계 공정은 전체 제품 개발 공정에서의 시작 단계로서 상대적으로 짧은 시간에 걸쳐 완료되도록 요구됐다. 설계는 전체 공정 가운데 짧은 시간과 적은 비용 그리고 제한된 인력에 의해 진행되지만, 그 영향은 제품의 출시와 시장에서의 평가에 이르는 제품의 전 생애 범위에서 가장 주요하게 작용한다.

언급한 바와 같이 시간이 지날수록 설계 대상이 다양해지고 복잡해지고 또한 구성과 규모가 확장됨에 따라 설계의 범위 또한 확대되었다. 이러한 현상은 결국 설계자가 더 많은 부담을 가지도록 하였다. 더불어 이를 위한 CAD 시스템의 기능적 개선도 함께 진행됐다. 오늘날 현대적인 3D CAD 시스템의 경우 개념 설계에서부터 가공 및 시뮬레이션은 물론 PDM(Product Data Management) / PLM(Product Lifecycle Management) 시스템을 통한 제품 생산 및 관리까지 가능하도록 그 기능적 한계는 이전 세대에 비교할 수 없을 정도로 다양해졌지만, 설계자 개인이 감당하기에는 힘든 수준의 규모가 되고 있다.

아직 일반적인 설계의 범위로서의 제품 설계의 절차는 다음과 같은 단계로 구분되어 진행된다고 볼 수 있다. 각 단계는 다음 단계를 위한 표준화된 정보로서 관리되고 전체 범위에 걸쳐 계획한 일정과 비용 범위 내에서 제품 개발이 완료되도록 관리될 수 있어야만 한다. 또한, 설계 및 CAD 시스템의 학습자 역시 각 단계에서의 CAD 시스템이 제공하는 기능을 효율적으로 활용하여 최고의 설계 생산성을 확보하기 위한 관심과 노력을 지속할 필요가 있다.

오늘날 CAD 시스템에 기반을 둔 설계의 범위는 한 명의 설계자가 아닌 설계 집단에 의해 체계적으로 진행되고 관리되는 수준으로 확장되었다. 이러한 체계는 더욱 확장되고 이를 통하여 최종적으로 경쟁력 있는 제품의 설계 및 개발을 할 수 있게끔 지속해서 개선되어갈 것이 분명하다.

#### 1) 설계 대상 선정

설계 대상이란 무엇을 그리고 어떻게 설계할 것인가의 목표에 해당한다. 일반적으로 대부분 기업이나 산업 현장에서의 설계 대상은 특정한 기술적 문제의 해결이나 기능적 개선을 위한 목적으로 제안되거나 새로운 기술 및 제품 개발을 위해 의뢰된다. 나아가 신규 시장으로의 진출이나 경쟁 제품과의 차별성 혹은 기존 경쟁 제품보다 시장 우위를 점하기 위해 설계가 진행된다.

이렇듯 개인 목적에 의해 진행되는 설계가 아닌 대부분의 설계 작업은 그 시작이 설계자의 의도나 목표가 아닌 외부에 의해 설계 사양이나 기능 범위가 규정된다. 다시 말해 많은 경우 설계자는 문제 해결을 위한 제일 나은 선택이 아닌 기능과 기술적 사양에 부응하면서 최소 비용을 발생시킬 수 있는 설계 대상을 도출해야만 한다. 개인적인 목적에서 진행되는 제품 개발의 경우도 시장에서의 경쟁을 전제로 한다면 앞서 내용과 큰 차이가 없다고 볼 수 있다.

설계 대상은 설계의 진행과 제품 개발에 걸쳐 가장 주요한 목표 선정이라 할 수 있는 제품이 이후 모든 과정의 핵심적 평가 기준이 된다. 그리고 이 평가 기준은 시장의 상황이나 설계자의 환경 요인에 의해 변화됨으로써 설계 및 가공 공정 수정을 요구하게 된다. 그래서 설계 대상을 명확하게 규정하면서도 상황에 따라 합리적으로 수정할 수 있도록 규정하는 것이 중요한 일이다.

그래서 설계자는 제품 개발 과정에서 외부적 요인에 따른 설계 대상의 수정 발생의 경우를 충분히 예측하고 가능한 한 이러한 변화에 기존 설계 결과나 과정이 유연하게 대응할 수 있도록 설계 대상을 규정할 수 있어야만 한다.

설계 및 CAD 시스템의 학습자 관점에서 주의해야 할 사안은 일반적인 기계 부품이나 공구류 등과 같은 기존 제품 및 표준 부품 등은 일상적인 설계 대상이 아니라는 점이다. 많은 CAD 시스템 학습을 위한 교재나 강의 등에서 학습의 목적으로 삼고 있는 대상의 대부분은 표준 부품 라이브러리로써 제공되고 있으므로 이러한 대상을 설계 과정의 대상으로 볼 수는 없다. 실제 설계 작업에서 이러한 표준 부품들은 이미 생성된 라이브러리로부터 호출하여 재사용되거나 수정할 수 있다.



### 2) 개념 설계 단계

앞서 설계 대상의 선정에 대해 언급했지만, 일반적 설계 대상의 선정이나 변경에 설계자가 직접 혹은 적극적으로 관여하기가 쉽지 않다는 점에서 실질적인 설계의 시작은 개념 설계 단계부터라고 볼 수 있다.

개념 설계란 설계의 대상이 규정된 이후, 즉 해결 대상의 문제가 제시된 다음 해결 방안을 찾는 과정이다. 그리고 이후 단계를 위해 설계 과정의 뼈대로서 규정되게 된다. 하나의 문제에 관해 그 문제의 해결 방법이 반드시 하나 혹은 몇 개의 경우로만 제한된다고 볼 수는 없다.

예로 하나의 제품을 개발하는 과정에서 생산되어야 할 제품의 전체 수량, 한계 원가 및 내부 처리 범위 등 수많은 요인에 의해 제품에 사용되는 재료나 가공법 그리고 기능적 한계가 결정된다. 그리고 이러한 결정들이 제품의 시장 경쟁력 확보의 기반이 된다.

개념 설계는 다양한 방식으로 표현되고 규정될 수 있다. 종이 위에 간략하게 그려진 형상이나 기능적 표현 혹은 수식으로 규정된 기술적 해결책 등이 모두 해당할 수 있다. 이러한 대상들과 함께 설계 과정, CAD 시스템에서도 절차적으로 개념 설계를 구현할 수도 있다. 그리고 시스템 내에서 규정된 개념 설계의 정보는 이후 공정에 참조되거나 적용됨으로써 설계 작업의 생산성 개선에 크게 기여할 수 있다.

설계 대상의 수정이나 변경이 발생하는 것처럼 개념 설계 역시 변경될 수 있다. 그러므로 CAD 시스템에서 설정된 개념 설계의 변화가 상세 설계에 그대로 반영될 수 있다면 설계 작업은 매우 효율적이 될 수 있다. 실제로 3D CAD 시스템에서는 설계 생산성을 높이려는 방안으로 개념 설계 단계에서 진행하는 설계 과정을 제공하기 있기도 하다. 반면 2D CAD 시스템에서 이러한 개념 설계를 진행하기란 쉽지 않다. 하지만 개념 설계 과정에 반드시 규격화된 플랫폼이 필요하지는 않는다는 점에서 다양한 방법으로 진행되고 이를 기반으로 설계 작업의 효용성을 높일 수 있다.

개념 설계의 과정이 설계 단계에 도입되고 높이 평가받는 이유는 앞서 설계 대상 선정과 마찬가지로 설계자에 있어 설계의 대상과 절차에 대한 목적성을 명확하게 하고, 그 목적성이 유지되는 범위 내에서 다양한 설계, 가공 및 생산 공정 방안을 활용할 수 있도록 해주기 때문이다.

개념 설계 단계에서는 생산 비용, 출시 시기 등과 같이 설계 과정에서의 핵심적인 요소가 드러나게 되고 이를 충족시키기 위한 여러 방안이 설계자 간에 논의되고 시도될 수 있다.

지금까지 설계와 CAD 시스템의 학습 과정에서 많은 이들은 설계의 대상이나 구현 방안에 대해 스스로 구현하고 평가하는 과정을 실무 단계에서의 작업으로 미루는 경우가 많았다. 하지만 제품 개발 과정 중 제품이 가진 기능적 기술적 목적과 가치를 명확히 하고 이를 주어진 제한 조건 내에서 구현하기 위한 절차적 학습에 대한 이해가 필요하다.

일반적으로 설계 과정은 목표한 제품의 제한 요소들을 검토하고 이에 필요한 각 부품의 수급 현황을 파악한 후 상세 설계를 진행한다. 하지만 개별 부품들이 최상의 선택이었음에도 최종 조립 단계를 거친 제품이 기대한 최상의 결과를 보장하지는 못했다. 이에 반하여 개념 설계에서는 전체적인 제품의 기술적, 기능적 그리고 경쟁력을 확보하기 위한 필요한 최상의 부품들을 파악하고 각 부품 간의 유기적 결합성을 검토한 후 최적의 대상을 선정하는 과정으로 진행하게 된다. 이를 통하여 전체적인 제품의 완성도를 크게 높일 수 있음은 물론 설계의 변경 사항에서도 이미 검토한 내용을 참고하여 유연하게 대응할 수 있다.



### 3) 상세 설계 단계

상세 설계는 일반적인 설계 작업의 범주로 규정되어 왔다. 전통적인 제도판 위의 종이에서 도면을 작성하거나 컴퓨터 앞에서 CAD 소프트웨어를 사용하여 설계 대상을 모델링하고 도면을 출력하는 등의 실제 가장 많은 시간이 걸리는 과정이기도 하다. 또한, CAD 시스템의 기능적 학습이 진행되는 목적 역시 상세 설계를 원활하게 운용하기 위함이기도 하다.

상세 설계 단계에서는 목적한 설계 대상의 전체 형상을 표준 규정에 적합하도록 생성하고 필요한 부품 라이브러리 등을 참고하므로 써 설계를 완성하게 된다. 3D CAD 시스템에서 각 부품을 생성 및 조립하여 전체 형상을 완성한 후 도면을 생성하고, 2D CAD 시스템에서 제도 작업을 거쳐 도면을 생성하게 된다.

상세 설계 단계는 목적한 설계 대상을 완성하는 과정에서 개념 설계 범위 내에서 설계자가 설계 의도를 반영하여 자유롭게 설계를 진행한다. 이 과정에서 CAD 시스템이 제공하는 다양한 기능을 사용하여 최적의 설계 작업을 수행하지만, 최종 산출물이 설계 조건에 부합한다면 설계 성과의 우열을 평가하기는 힘들다. 특히 2D CAD 시스템과 같이 최종 산출물인 설계 도면 작성 과정의 이력 정보가 포함될 수 없는 경우라면 더욱 그러하다. 단지 관련 설계의 반복적 경험과 CAD 시스템의 운용 능력에 따라 상세 설계 작업에 걸리는 시간은 설계자마다 상당한 차이를 보일 수도 있다.

CAD 시스템을 통한 설계 결과에 대한 평가를 객관적 기준에서 진행하기가 쉽지 않지만, 설계의 효용성 및 생산성 측면에서 검토할 만한 평가 요소가 있다면 설계의 재사용성이라고 할 수 있다.

설계의 재사용성은 여러 가지 기준에서 표현될 수 있겠지만, 설계 진행 중 혹은 완료된 설계에 대한 수정 및 변경 요청에 따라 기존 설계 성과의 결과 및 내용이 얼마나 유연하게 대응할 수 있는가에 대한 사항이다. 예로 설계 변경이 발생했을 경우 기존 설계를 수정하거나 하는 것보다 완전히 상세 설계를 새로 시작하는 것이 시간적으로나 설계자의 작업 효율 면에서 더 효용성이 있을 수 있다. 이러한 경우는 같은 분야의 반복적 설계를 진행한 경험이 풍부하거나 설계 대상의 상세 설계가 단순하다면 충분히 대응할 방안이겠지만, 대부분의 신규 제품 개발 과정이나 문제 해결 방안을 도출하는 과정에서는 비효율적인 설계의 반복이기 때문에 기존 설계의 기능과 절차를 재사용할 수 없다는 점에서 설계 유연성, 즉 재사용성이 낮다고 할 수 있다.

상세 설계 단계에서의 설계 재사용성이 중요한 이유는 새로운 제품 개발 과정에서는 무수히 많은 설계 변경 사항이 빈번하게 발생하기 때문이다. 이러한 설계 변경은 시간이 지날수록 줄어드는 반면 일정 기간이 지난 후의 설계 변경은 전체 제품 설계 수정에 상당한 시간과 비용을 초래할 수밖에 없다. 시제품 혹은 제품 생산 이후의 설계 변경의 제품 개발은 물론 판매 전략 등의 심각한 피해를 초래하기도 한다. 그래서 초기 설계 과정에서의 설계 변경은 가능한 한 짧은 시간 동안 적은 인력과 비용으로 설계 변경을 완료하기 위해서 기존 설계 성과를 최대환 활용할 수 있어야 한다.



이러한 설계 변경이 2D CAD 시스템 같은 경우에는 상대적으로 큰 문제가 되지 않을 수 있다고 볼 수 있고 그에 따라 설계의 재사용성 역시 큰 효용성 평가의 수단이 아니라고 판단할 수도 있다. 하지만 3D CAD 시스템의 경우는 설계 대상이 복잡할수록 혹은 설계 절차의 연관성이 많을수록 설계 수정에 따른 후속 작업이 효율적으로 될 수도 있고 반대로 새로 작성하는 일이 시간과 비용을 줄이는 선택이 되는 비효율적인 설계로 전락할 수도 있다. 향후 3D CAD 시스템의 사용이 더욱 확대될수록 이러한 설계 생산성을 확보하고 유지하기 위한 설계의 재사용성은 주요한 설계 품질의 평가 요소가 될 것이다.

전통적으로 상세 설계 단계의 평가는 CAD 시스템에 의한 결과 산출에 걸리는 시간에 의해 결정됐다. 실제로 수많은 CAD 시스템 운영 능력을 평가하는 과제에서는 주어진 시간 내에 결과물을 도출하는 것으로 우열을 가리고 있기도 하다. 하지만 실제 설계 과정에서는 이러한 시간적 제한이 큰 문제가 되지 않는다는 점에서 설계의 생산성이나 품질에 큰 변수로 다룰 필요는 없다. 또한, 설계 작업의 경험이 축적될수록 설계를 완성하는 시간은 자연스럽게 줄어들기 마련이다.

상세 설계 단계의 생산성을 확보하는 또 다른 요소는 설계자가 설계 대상의 구현에 필요한 라이브러리를 효과적으로 구축하고 효율적으로 운용함으로써 앞서 언급한 설계 재사용성과 설계 산출에 필요한 시간을 절약할 수 있느냐에 대한 것이다.

제품 개발 과정에서는 새로운 제품은 물론 기존 제품의 기능 개선에서도 필요한 부품은 가능한 한 표준 부품을 사용하는 것이 실제 제품 생산에 효과적인 방법이다. 제품의 핵심적인 기능을 위한 특수한 부품을 자체 개발하여 사용하기도 하지만 다른 개별 부품들은 시장의 표준품 혹은 제품 개발사에 한정될 수 있더라도 자체적 표준 부품을 사용한다.

설계자나 관리자는 상세 설계에 앞서 필요한 부품의 라이브러리 사용 가능성을 파악하고 이를 설계 과정에서 활용할 수 있도록 CAD 시스템 구축을 진행할 수 있어야 한다. 많은 경우 설계자들은 표준 부품에 대한 라이브러리가 존재함에도 이를 인식하지 못하고 직접 작성하기도 한다. 이러한 라이브러리의 사용은 설계자 개인으로서는 습관적인 측면이라고 볼 수 있지만, 다수의 설계자가 협업 체계로 진행되는 설계에서는 이에 대한 관리 및 준수 규정이 반드시 마련되어야 설계 단계의 효용성을 극대화할 수 있다.

상세 설계 단계에서의 설계 생산성과 향후 제품의 품질을 기대한 대로 유지하기 위해서는 세부적인 설계 절차와 사용 부품들에 관한 규정을 통하여 설계가 진행될 수 있도록 관리되어야 하며, 현대의 설계자는 전통적인 제도 기능을 컴퓨터 기반의 CAD 시스템을 통하여 구현하는 대체자가 아닌 목적한 설계의 효율적 운용을 위한 관리자의 역할도 수행할 수 있어야만 한다.

이러한 설계 품질의 관리를 위해 많은 기업에서는 CAD 시스템의 수준을 넘어 PDM 나아가 PLM이라는 대형 제품 개발 및 생산 관리 체계를 구축하여 운용함으로써 제품의 시장 경쟁력을 확보하고 있다. 반면 대다수 중소기업에서는 이러한 시스템은 도입 및 운용에 따른 비용 부담으로 진입이 어렵다는 점에서 소수의 설계자에 대한 제품 개발과 관리의 부담이 더 높아지고 있기도 하다. 이러한 상황에서 설계자는 가능한 한 자신에게 주어진 환경에서 최선의 설계 품질을 확보할 방안을 검토하고 선택함으로써 설계 품질을 유지할 수 있는 역량을 갖추도록 해야 한다.



### 4) 시제품 제작

제품 개발 과정에서 가장 큰 위험은 종이 위 혹은 컴퓨터 내의 설계와 양산된 제품 간의 차이로 발생할 수 있다는 점이다. 그래서 설계 단계에서의 검증은 물론 실제 제품 생산 단계에 앞서 평가 작업을 거치게 된다.

설계 과정이 완료된 후 제품 생산에 앞서 시제품을 제작하는 모크업(Mock-up) 단계를 수행할 수 있다. 전통적으로 이 단계는 실제 제품과 같은 제품을 소량 생산하여 제품에 대한 평가를 수행하게 된다. 이 과정을 통하여 설계 단계에서의 오류나 파악하지 못한 문제를 점검하여 실제 운용성을 확인한 후 필요하다면 설계 수정으로 돌아가거나 설계 자체를 변경할 수도 있다. 이러한 단계를 소홀히 하거나 무시하게 되어 생산된 제품에 심각한 문제로 인해 큰 위험을 겪게 될 수 있다는 점에서 매우 주요한 단계임이 분명하다.

하지만 소량의 시제품이라 하더라도 실물 제품이라는 측면에서 비용이나 시간 등 상당한 자원이 소모되는 절차로 모든 설계 과정의 검증을 적용하기에는 부담이 되는 경우가 적지 않다. 만일 비용 등의 이유로 평가해야 할 요소 등을 축소하여 대처함으로써 향후 큰 문제를 발생시킬 수 있는 위험 소지를 남기게 될 수 있다.

이러한 설계와 생산 중간의 평가 과정은 설계와 제조 기술의 발전으로 이전 시대에 비해 많은 개선이 이루어지고 있다. 특히 최근 3D CAD 시스템의 운용이 널리 사용되면서 이른바 디지털 모크업의 구현이 가능하게 됨에 따라 실물 시제품 제조의 과정이 크게 절약될 수 있게 되었다.

또한, 3D 프린팅 장치의 확산으로 기존 시제품에 비해 크게 절감된 비용으로 실물의 시제품을 얻을 수 있다는 점에서 3D 프린팅 기술이 큰 효용성을 발휘하는 부문이기도 하다.

시제품 제작에서는 제품의 형상뿐만 아니라 기능적 수행 및 시장에서의 품질을 확인하는 평가 작업을 진행하게 된다. 그래서 상당한 비용을 초래할 수도 있다는 점에서 CAD 시스템 기반의 디지털 모크업은 설계 작업 이후의 필수적인 단계로 인식되어가고 있다.

반면 기능적 한계로 인하여, 2D CAD 시스템을 기반으로 제품 설계를 수행하면 3차원의 실물 제품을 정확하게 예상하기 힘들다. 이러한 이유에서도 향후 3D CAD 시스템으로의 전환이 점차 확대될 필요성이 있다.

디지털 모크업은 전통적인 CAD, CAM 및 CAE(Computer Aided Engineering) 시스템의 기능과 연결됨으로써 현실에서의 제품에 가해지는 기능적 상황에 대응할 수 있도록 평가되고 있다.



설계자 측면에서 이러한 디지털 모크업의 중요성은 그 평가 결과에 따라 설계 과정의 효용성도 평가될 수 있기 때문이다. 가상의 시제품 및 디지털 모크업 단계의 평가 결과는 기대한 설계 대상과 개념 설계를 충족하면서 기능적 완성도와 품질을 보완하기 위해 설계 수정 및 변경 과정으로 전달된다. 그리고 앞서 개념 설계 및 상세 설계 단계에서 기존의 설계 결과를 최대한 활용하여 최소의 비용으로 설계 수정을 진행될 수 있어야 한다.

최근 3D CAD 시스템의 발전은 이러한 디지털 모크업의 과정을 설계와 분리된 과정이 아닌 설계의 연장 및 확장 단계로서 통합하고 있다. 이를 통하여 설계자가 설계 후 평가에 따른 설계 수정이 아닌 설계와 검증을 동시에 수행할 수 있는 체계를 운용할 수 있도록 설계 환경이 개선되어 가고 있다.

### 5) 제품 양산

제품의 생산 및 양산은 설계의 영역이라 보지 않는 경우가 일반적이었다. 앞서 시제품 평가를 위한 단계에서 설계 수정이나 변경으로 적용된 설계 정보가 가공 및 생산 단계로 전달됨으로써 일차적인 설계 공정은 마무리되었다고 생각하였다.

하지만 시장의 경쟁이 치열해지면서 또한 새로운 시장의 창출 및 확대를 위해 제품 개발에 걸리는 시간을 가능한 한 줄일 필요가 있게 됨에 따라 설계와 생산은 따로 떨어진 체계가 아닌 유기적 연관성을 유지해야 하는 관계로 확대되었다.

일반적으로 CAD 단계 이후 CAM 단계에서는 생산에 필요한 금형 등의 가공이나 실제 제품을 생산하는 과정이라고 볼 때, 전통적 시각에서는 CAD와 CAM은 구별된 애플리케이션 영역으로 보았다. 하지만 제품 생산에 요구되는 한계 원가나 개발 시간 등과 같은 요인에 따라 3D CAD 시스템에서는 설계 단계에서부터 가공 및 생산 공정을 염두에 둔 통합적 설계가 가능하도록 발전해왔다.

이러한 CAD 시스템의 확대는 설계 범위의 확대로 이어졌으며 하나의 시스템 내에서 설계 및 생산 그리고 양산을 위한 시설 구축까지 확장되기도 한다. 이른바 생산 현장을 CAD 시스템 내의 가상의 공장에서 구현함으로써 실제 생산에 걸리는 절차나 시간 및 양산에 따른 각종 요구 사항을 평가할 수 있는 기능을 활용할 수 있게 되었다.

또한, 전통적인 생산 체계와 3D 프린팅에 기반을 둔 새로운 생산 방식이 결합함으로써 향후 대규모 생산 시설과 CAD 시스템의 설계 정보가 통합되는 방향으로 나아가고 있다.

최근 IoT(Internet of Things) 기술의 확산은 이러한 예상을 짧은 시일 내에 현실화시켰으며 설계, 가공, 제어 등 다양한 분야의 기술들이 융합되어 통합 관리되어 가고 있다. 이에 따른 주요 CAD 시스템 공급사에서는 PLM에 이어 IoT에 이르는 디지털 생산 환경을 구축하기 위해 치열한 경쟁을 시작하고 있다.

설계자의 관점에서 이러한 생산 체계와의 결합은 매우 주요한 변화를 촉구하고 있다. 제품 개발의 기반이 되는 설계 단계의 정보가 가공 및 생산 그리고 시장에서의 제품 판매까지 확대됨에 따라 모든 핵심적 요소는 설계 정보를 도출하는 설계 부문에 가장 큰 책임이 집중되어 가고 있기 때문이다.

즉 설계는 물론 이후 모든 생산 활동의 정보들이 언제라도 설계의 수정에 반영되는 체계로 변화되어 감에 따라 설계자는 제품 개발의 모든 공정에 직간접적으로 참여하게 된다. 제품 설계, 생산 공정 설계 그리고 판매 및 전략 설계에 이르는 모든 설계 단계들이 개념 설계와 상세 제품 설계라는 기반 정보를 중심으로 연결되기 때문이다.

이러한 급변하는 산업 환경에서 설계자는 실시간으로 전달되는 설계에 대한 수정 및 변경 요소를 파악하여 실행 여부를 결정하고 향후 제품 생산을 비롯한 이후 공정에서 경쟁력을 확보할 수 있는 모든 기반 정보를 도출하고 공유할 수 있어야 한다.

설계 범위에 대한 단계별 사안에 대한 최근 일련의 변화는 결과적으로 설계자 그리고 CAD를 포함한 설계 도구의 학습자들이 이전 시대보다 더 많은 정보를 기반으로 최적의 설계를 최소 비용으로 도출하고 관리하는 역량을 요구하고 있다. 현재의 설계가 한 개인 수준에서 진행될 수 없을 만큼의 규모를 가지고 또한 복잡한 내용으로 진행되기 때문에, 전통적인 제도 혹은 3D 모델링 수준에서의 CAD 시스템 운용 범위를 넘어 통합적 설계에 대한 이해와 지식을 갖추도록 해야만 할 것이다.

## 1.3 설계 정보의 관리

이전의 내용에서 설계의 대상과 범위 즉, 설계 과정에서 CAD 시스템의 학습자들이 가져야 할 시각에 관하여 기술하였다. 또 다른 주요한 관심의 대상은 설계가 진행 중 혹은 완료된 설계 정보에 대한 사안이다.

기본적으로 설계 정보는 개인 혹은 기업의 제품 개발에 관한 정보들이 포함된 귀중한 기술 정보 자료이다. 그래서 오랜 시간에 걸쳐 많은 기업은 도면을 관리하기 위한 여러 방안을 시도해 왔다. 별도의 도면 보관 장소를 마련하고 이를 관리하기 위해 체계를 유지해오기도 하였다.

설계 정보 관리의 가장 주요한 목적은 제품 개발 정보의 유지와 제품 개발 정보의 재사용을 위한 것이다. 일반적으로 시장에 출시된 제품이 문제가 있거나 혹은 후속 제품의 개량을 위해 기존 제품의 설계 정보가 필요하다. 혹은 새로운 제품의 개발을 위해 기존 제품의 개발 과정 등의 정보가 참고로 활용될 수 있다.

설계 정보는 완성된 제품의 도면뿐만 아니라 설계를 포함한 개발 공정에서의 설계 변경은 물론 오류 등도 같은 관리 수준의 기술 정보라고 할 수 있다. 이를 통하여 새로운 제품 개발 과정에서 시행착오를 반복하지 않음으로써 개발 시간과 비용 등을 크게 절감할 수 있다. 그래서 설계 과정에서의 가능한 한 모든 이력이 관리될 수 있어야 한다.



현대 산업사회의 치열한 시장 경제에서 새로운 제품의 빠른 출시는 경쟁 제품 간의 시장 선점을 위해 필수적 요건이 되었다. 이로 인해 새로운 제품의 출시 기간은 점점 빨라지고 있다. 이러한 상황에서 앞서 언급한 기존 설계 정보의 재사용은 신제품 출시를 위한 핵심적인 기본 정보로서 가치를 가지게 된다.

설계 정보는 항상 수정될 수 있는 사안이다. 더욱이 제품이 양산되어 시장에 출시되기 전까지 도면을 비롯한 설계 정보는 항상 수정이나 변경의 대상이 된다. 그래서 설계 정보의 관리는 완성된 제품의 정보는 물론 설계 혹은 생산 중의 제품에 대한 정보도 포함한다.

하지만 현대의 제품 설계 환경은 개별 설계자에 의해 전적으로 수행되는 경우는 극히 드물며 수 명에서 수십 명에 이르는 설계자 그룹의 협업과 공유로서 진행된다. 이러한 설계 및 개발 진행 중의 정보 관리에서 가장 문제가 되는 것은 하나의 설계 정보를 완성하는 과정에서 여러 설계자가 같은 사안을 동시에 수정하거나 혹은 서로 다른 내용으로 수정 설계를 진행하는 경우를 관리하는 방안이 필요하다는 점이다.

전통적으로 종이 도면이 설계 정보의 주체를 이루는 상황에서의 관리는 도면에 부여된 중복되지 않는 도면번호에 의해 수행되었다. 도면의 유일한 구분 정보로서 도면번호는 대개 제품과 관련된 많은 의미를 포함하는 때도 있지만 단순한 수치적 증가치로서 구분되기도 한다.

그런데도 종이 도면과 같은 물리적 형태의 설계 정보를 관리한다는 것은 공간의 확보는 물론 화재 등 여러 재난에 대응할 수 있는 조치도 필요하다는 점에서 관리 대상의 설계 정보가 증가할 수 있는 관리 비용이 많이 증가한다.

이러한 설계 정보 관리에 있어 컴퓨터 기반의 CAD 시스템에 의해 생성된 설계 정보는 도면에 대한 관리 비용을 현저하게 낮출 수 있었다는 점에 비용 절감 효과를 제공하게 된다.

도면번호는 물리적인 형태의 도면이나 CAD 시스템의 도면 파일에도 같이 부여된다. 그래서 어떤 형태로의 설계 정보에 대해서도 구분이 가능한 유일무이한 번호로 주어져야 한다. 이상적으로 도면번호에는 도면의 내용을 파악하지 않고서도 제품명이나 설계자 및 날짜 관련 사항들이 포함될 수 있다면 좋겠지만, 현실적으로 이러한 체계가 지속하기란 쉽지 않다.

하지만 많은 기업에서 제품 개발과 관련된 내외부의 도면에 부여된 도면번호들은 일관성 있는 관리 체계의 요소로써 평가를 받지 못하는 경우가 많다. 더욱이 도면뿐만 아니라 제품 개발에 관련된 참고 자료나 문서 등 역시 같은 설계 정보 관리의 대상이 되어야 한다.

이와 같은 측면에서도 CAD 시스템 기반의 설계 작업은 큰 효용성을 제공할 수 있게 되었지만, 반면 상대적으로 도면의 복제나 삭제 혹은 중복된 도면의 생성이 너무 쉽다는 점이 새로운 문제로 주목받았다. 특히 복제에 따른 설계 원본로서의 가치는 존재하지 않게 되었다.

또한, 컴퓨터 내의 CAD 파일로서 존재하는 설계 정보는 종이 도면 등에 비해 외부 유출 등과 같은 보안 문제에 노출될 위험성이 더욱 커졌다. 불법적으로 유출된 설계 정보는 새로운 제품을 준비하고 있는 기업으로서 큰 위험을 초래할 수밖에 없다.



이상과 같은 설계 정보의 관리 문제를 해결하고 설계 정보의 재사용성을 개선하기 위해 CAD 시스템 내에서 관리 되는 수준을 넘어 별도의 PDM 시스템이 도입되었다. 주요 CAD 시스템 개발사들은 독자적인 PDM 시스템을 함께 개발하여 자사의 CAD 시스템은 물론 경쟁 제품과 통합도 지원하고 있다. 이러한 PDM 시스템을 통하여 도면 등의 설계 정보는 물론 개발 문서 등을 함께 통합하여 관리할 수 있게 되었다. 또한, 설계 진행 중 설계자들 간의 협업 체계 관리와 보안 문제도 크게 개선될 수 있었다. PDM 시스템은 CAD 시스템과 함께 설계자를 위한 관리 도구로서 큰 역할을 할 수 있게 된다.

그러나 일정 규모 이상의 대기업을 제외하고는 수많은 중소 및 중견 기업들에서 설계 정보를 관리는 단순하게 설계자의 몫으로 남겨진 경우가 대부분이다. PDM 시스템을 도입 및 구축했을 때도 지속적인 관리를 위한 투자를 지속하지 않아 실제 사용 효율은 현저히 낮은 편도 많다. 심하게는 경제 불황 등의 외부 요건에 따라 힘겹게 구축한 시스템들을 방치 내지는 축소하거나 때로는 폐기되는 경우도 상당하다.

결론적으로 설계 정보의 관리는 기술 정보로서 축적된 자산임과 동시에 이에 기반을 둔 새로운 제품 개발의 원동력으로 활용될 수 있어야 한다.

## 1.4 설계 도구로서의 CAD 시스템

제품 개발을 위한 도면 생성 목적으로 시작된 설계 도구의 역사는 필기구의 역사와 맥을 같이 한다고 볼 수 있다. 그리고 산업 혁명 이후 대량 생산 체계로의 전환 시대에 제품 개발 및 제조를 위한 제도 공정이 정립되면서 제도기 등 기본적인 설계 도구 등이 표준화되어 사용되었다.

그리고 컴퓨터의 개발과 함께 시작된 CAD 시스템의 발전은 설계 작업 및 설계 정보의 생성에 있어 가장 혁신적인 변화라고 볼 수 있다. 특히 컴퓨터 그래픽스 기술의 발전으로 단순한 수치 계산에 기반을 둔 설계가 아닌 설계자가 직접 시각적으로 생성하고 평가하는 현대적인 CAD 시스템이 등장하게 됨에 따라 오늘날과 같은 컴퓨터 지원 기반의 설계 환경이 구축되게 되었다.

CAD 시스템은 단순하게 보자면 종이 위에서 수행되었던 제도 공정이 컴퓨터 시스템을 통하여 구현되는 방식으로 이전되었다고 볼 수 있지만, 설계 정보의 복제와 공유 그리고 협업이라는 현대적인 설계 환경의 구축에 핵심 요소가 되었다는 점에 엄청난 변혁이라고 할 수 있다. 특히 3D CAD 시스템과 네트워크 환경의 결합으로 공간적 제약을 넘어 전사적 수준 나아가 글로벌 네트워크 기반의 생산 체계의 한 요소로 자리 잡게 하였다.



20세기 중반 컴퓨터의 개발 목적이 수치 계산이라는 측면에서 설계 작업을 위한 용도로서 적극적으로 활용되기는 하였지만, 기술적으로는 현대적인 CAD 시스템으로의 발전은 컴퓨터 그래픽스 기술이 등장함으로써 본격화되었다. 1960년대와 1970년대에는 2D CAD 시스템이 보급되면서 기존 제도 작업을 대체하기 시작하였지만, 컴퓨터의 도입과 운용 비용으로 인해 일부 대기업에서만 주로 활용되었다고 볼 수 있다. 하지만 1980년대에는 데스크톱 형태의 엔지니어링 워크스테이션(Engineering Workstation)과 개인용 컴퓨터의 등장으로 CAD 시스템은 많은 제조 영역에 급속히 퍼졌고 3차원 컴퓨터 그래픽스 기술의 급성장과 함께 3D CAD 시스템의 본격적인 운용이 시작되었다. 이후 가격 대비 성능에서 높은 효율성을 제공하는 개인용 컴퓨터에 의해 고가의 엔지니어링 워크스테이션이 대체되면서 오늘에 이르고 있다.

이러한 CAD 시스템의 발전 가운데 CAD 시스템으로의 접근과 확산이라는 측면에서 가장 큰 공헌을 한 것은 Autodesk의 AutoCAD라고 할 수 있다. IBM의 PC를 기반으로 운용될 수 있도록 개발된 AutoCAD는 CAD 시스템의 도입에 따른 비용적 한계를 해소함으로써 CAD 시스템을 일반적인 컴퓨터 소프트웨어의 범주로 옮기게 된다. 그리고 2D CAD 시스템으로 AutoCAD는 여전히 제도가 설계 작업의 주요 공정인 상황에서 높은 설계 생산성을 제공함으로써 시장을 선도하고 있다.

AutoCAD가 현재 2D CAD 시스템의 표준으로 자리 잡고 있기는 하지만 2차원의 제도 작업의 비율이 점점 줄어들고 있고 또한 3D CAD 시스템의 가격 하락이 진행되는 과정에서 두 플랫폼 간의 경쟁이 예상된다. 지난 세기 후반 AutoCAD가 시장을 선도하던 시절에는 2D CAD와 3D CAD는 서로 다른 시장에서 나름의 성장을 하고 있었다. 하지만 2D CAD 시스템의 보급이 한계에 이르게 되자 Autodesk의 3D CAD 시장 진출이 진행되면서 3D CAD 시스템 개발사와의 경쟁이 본격화되었다. 이런 점에서 볼 때 제도 작업을 위한 2D CAD 시스템의 수요가 향후 일정 기간 유지되겠지만, 현재의 급변하는 제조 산업 환경에 비추어 볼 때 3D CAD 시스템으로 전환은 가속화될 것으로 예상한다.

특히 3D 프린팅 기술의 확산은 3D CAD 시스템으로의 플랫폼 이전에 정점이 되었다고 볼 수 있다. 3D CAD 시스템과 3D 프린터를 통하여 먼 미래에나 가능하리라 상상하였던 일들이 현실화되고 있다.

그런데도 현재 설계 정보의 공유 수단으로서 도면을 요구하는 가공 및 제조 산업의 현실에서 보면 2D CAD 시스템이 사라질 것으로 예측하기란 쉽지 않고, 그래서 많은 설계와 CAD 학습 과정에서도 2D CAD 시스템은 주요한 설계 도구로써 사용되고 있다.

이상에서와 같이 현대적인 설계 도구는 CAD 시스템이다. 또한, 설계를 위한 학습 대상이기도 하다. 그리고 CAD 시스템의 학습은 일반적으로 CAD 시스템의 설계 도구의 기능에 대한 학습과 이에 기반을 둔 제품 설계에 대한 학습으로 구분할 수 있다. 이 두 가지 모두 현재의 CAD 시스템 기반에서 설계 능력 학습을 위한 필수 요건이다.

하지만 대부분의 CAD 시스템 관련 교육의 90% 이상이 CAD 시스템의 기능적 학습에 할당되어 있다. 그 결과는 설계 도구를 학습하였지만, 설계를 수행하지 못하거나 이해하지 못하는 설계자라는 모순적인 결과를 낳고 있다. 나아가 설계자로서 설계 자체를 특정 설계 도구에 종속시키는 경우가 되기도 한다. 이로 인해 제조 현장을 비롯한 기업에서 요구되는 설계 업무 능력을 확보하기 위해 상당 기간에 걸친 재교육 등과 같은 비용을 발생시키기도 한다.

도구는 분명 도구의 역할이 존재한다. 기업은 비용이나 효용성 등의 필요에 따라 기존 도구를 언제라도 다른 도구로 교체할 수도 있다(현실적으로는 CAD 시스템과 같은 설계 도구를 다른 제품으로 변경하기란 쉽지 않다). 그런데도 많은 설계 강좌에서 CAD 시스템 자체에 대한 학습에 집중되고 있다. 이러한 현실을 극복하기 위해서는 CAD 시스템을 설계가 아닌 설계 도구로서 인식하여 해당 분야의 설계 능력을 확보하기 위해 변화가 요구된다.

또한, 설계자는 설계를 위한 도구로서 CAD 시스템의 현황과 새로운 기능의 도입 그리고 더욱 효율적 설계 플랫폼으로의 발전에 관한 정보를 습득함으로써 설계 작업의 생산성을 유지함은 물론 개선할 수 있는 시스템 구축의 역량을 갖출 필요가 있다.

기업으로서는 설계 시스템의 도입과 운용은 쉽게 결정할 수 있는 사안이 아니다. 한번 도입되어 전사적으로 구축된 설계 및 관리 시스템은 기존 시스템의 대체, 교육, 적용 그리고 확장 등 이후 수많은 관리적인 문제에 대응해야 하고 이 모든 사안에 따라 설계자의 설계 생산성과 제품 개발에 큰 영향을 미치게 된다. 또한, 구축된 시스템을 대체한다는 것은 수년에 걸친 이러한 투자 비용을 손실로 만들 수 있다는 점에서 신중하지 않을 수 없다는 점을 인식해야 한다.

### 1.4.1 CAD 시스템의 현황

현재 21세기 초반 CAD 관련 시장은 기계나 전자 등의 각 분야에서의 설계, 가공 및 엔지니어링 그리고 관리 분야로 구분될 수 있으며, 범용성을 가지는 CAD 시스템과 특정 분야에 국한되어 사용되는 전용 시스템으로도 구분할 수 있다. 하지만 가장 일반적인 구분은 2D CAD와 3D CAD와 같이 설계 환경과 운용 기능에 따른 구분일 것이다.

#### 1) 2D vs. 3D CAD 시스템

현실적으로 2D CAD 시스템과 3D CAD 시스템 간의 우열을 비교한다는 것은 각 시스템에 대한 이해의 부족에서 비롯된 것이라 할 수 있다. 일반적으로 3D CAD 시스템이 2D CAD 시스템보다 설계 기능이 풍부하고 그 결과 높은 비용과 고성능의 사용 환경을 요구하기는 하지만, 그러한 이유로 3D CAD 시스템이 2D CAD 시스템보다 우월한 위치에 있다고 단언할 수는 없다. 실제 현재 사용하는 수량으로 본다면 2D CAD 시스템의 경우가 훨씬 높다. 물론 상대적으로 저렴한 도입 비용 때문이기도 하지만 기본적으로 2D CAD와 3D CAD 시스템은 사용 목적 및 용도에서는 물론 시장 자체를 달리하기 때문에 서로 경쟁 관계에 있지 않았다고 할 수 있다.



오히려 3D CAD 시스템의 높은 가격과 어려운 운용으로 인한 시간, 인력 및 관리에 걸리는 비용은 기대한 성과를 발휘하기 어렵게 만들 수 있다. 반면 2D CAD 시스템은 낮은 도입 비용과 함께 설계 목적에 적합한 도면을 빨리 출력할 수 있다는 장점이 있다. 하지만 3D CAD 시스템이 정상적으로 운용되는 과정에서는 수많은 설계 변경과 이에 따른 관련 모든 도면과 정보들이 자동으로 개정되는 등의 효율적 관리가 가능하므로 2D CAD 시스템을 운용할 경우와 비교할 수 없는 설계 생산성을 확보할 수 있다. 그러므로 각 시스템이 가지는 특징을 서로의 시스템에 대한 장단점으로 보기는 어려우며, 이로 인해 앞서 언급한 바와 같이 현재까지는 2D CAD 시스템과 3D CAD 시스템은 기능과 비용에 서로 다른 시장에서 공존하고 있다.

하지만 향후 2D CAD 시스템과 3D CAD 시스템 간의 시장 확장에 따른 충돌 혹은 통합 등의 변화가 충분히 예견되는 만큼 설계 플랫폼의 변화 역시 예측하기 힘들 수 있다. 이미 2D CAD 시스템의 절대적 강자인 Autodesk가 중저가의 3D CAD 시스템을 출시하여 3D CAD 시장으로 진입하고 있으며, 주요 3D CAD 시스템 공급사들은 이에 대응하여 그동안 높은 진입 장벽이었던 가격을 크게 낮추면서 한편으로는 현저히 낮은 비용으로 AutoCAD를 대체할 수 있는 2D CAD 시스템을 공급하면서 경쟁을 시작하고 있다. 이러한 CAD 시장의 재편 혹은 새로운 승자를 예측하기는 힘들지만 2D CAD와 3D CAD 간의 통합 혹은 3D CAD 시스템으로의 이전은 예견된 미래라고 할 수 있다.

향후 도면 기반의 가공 환경이 이러한 설계 환경의 변화에 어떤 식으로 부응하느냐에 따라 이전의 속도와 범위는 결정될 수 있으므로 아직 섣불리 2D CAD 시스템의 종말을 예측하기란 쉽지 않다. 최근 이러한 변화를 예측할 수 있는 가장 큰 사안은 3D 프린팅의 급속한 확산으로 3D 프린팅이 기존 제조 분야의 가공 환경에 적응하는 속도에 따라 2D CAD 시스템 시장의 변화도 급변할 수 있다고 본다.

이러한 변화에서 2D CAD 시스템을 설계 플랫폼으로 운용하는 설계자들은 설계 산출물로서 도면의 향후 활용성과 기술 정보로서의 가치를 분석하고 플랫폼 전환을 통하여 같은 도면을 생성할 수 있는 용도로서의 3D CAD 시스템 운용에 대한 학습에 대비할 필요가 있다.

### 2) 하이-엔드 vs. 미드-레인지 시스템

3D CAD 시스템이 2D CAD 시스템에 비교할 수 없는 도입 비용과 관리 비용을 요구함에 따라 1990년대 중반 이러한 부담을 해소한 중저가의 3D CAD 시스템이 공급되기 시작하였다. 이러한 중저가의 3D CAD 시스템은 3D CAD 시스템 도입이 필요했던 많은 제조 분야에서 환영을 받았으며 현재에 이르러 설계 기능적인 측면에서 하이-엔드 시스템에 크게 뒤지지 않는 수준으로 발전해오고 있다. 또한, 저렴한 도입 비용을 바탕으로 2D CAD 시스템 기반의 설계 환경을 대체하기 위한 접근도 가속하고 있다.

이러한 측면에서 오늘날 설계의 기능적인 측면으로 하이-엔드 CAD 시스템과 미드-레인지 CAD 시스템을 구분하는 것은 도입 가격 측면을 제외하고는 큰 의미가 없다고 볼 수 있다. 하이-엔드 3D CAD 시스템을 도입하는 이유는 단순한 3차원 설계 기능뿐만 아니라 통합적 설계 기능과 함께 협업 체계 그리고 PDM/PLM 시스템과의 연동 등과 같이 대규모의 설계 관리 능력에 의해 결정된다고 볼 수 있다. 하지만 최근에는 일부 미드-레인지 3D CAD 시스템에서도 PDM 기반의 협업 체계를 운용함으로써 하이-엔드 3D CAD 시스템으로 진입하기 시작하였다.

시장 상황에 비춰 하이-엔드 CAD 시스템과 미드-레인지 CAD 시스템의 문제는 주요 개발사들이 두 플랫폼을 모두 공급하고 있다는 점이다. 일반적으로 하이-엔드 CAD 시스템으로 CATIA(Dassault), Creo(PTC 구. Pro/Engineer) 그리고 NX(Siemens 구. UniGraphics) 등을 꼽지만 미드-레인지 CAD 시스템인 SolidWorks와 SolidEdge도 각각 Dassault와 Siemens에 의해 공급되고 있다. 이러한 두 플랫폼 간의 일부 기능은 공유되지만 많은 기능과 규모에서 차이를 보이기도 한다. 또한, AutoCAD의 Autodesk는 Inventor라는 미드-레인지 CAD 시스템으로 시장을 공략하고 있다는 점에서 결국 자사의 2D CAD 시스템을 최종적으로 대체해야 한다.

개인용 컴퓨터의 기능 개선에 따라 더는 하드웨어의 제약에 따른 CAD 시스템 간의 성능 차이가 없는 현실에서 미드-레인지 CAD 시스템의 기능과 성능은 지속으로 상승하고 있으며 이에 대응해 하이-엔드 CAD 시스템의 기능은 더 넓은 범위에서의 통합으로 나아가고 있다.

하지만 무엇보다도 도입 이후의 운용, 확장 및 관리 비용에 따른 차이가 상당하다는 점에서 단순히 설계 기능적인 측면에서 플랫폼의 선정이 쉽지는 않을 수 있다. 그래서 설계자는 요구되는 설계 작업에 내용과 범위 그리고 향후 요구될 사안에 대해 분석하여 최적의 설계 시스템을 도입 및 운용할 수 있는 시각을 가질 수 있어야 한다.

### 3) 범용 vs. 전용 시스템

기계, 전자 등의 분야에서 공급되는 범용 CAD 시스템은 특정 활용 분야가 정해져 있지 않기 때문에 해당 영역의 모든 부문에서 활용할 수 있다.

기계 제조 분야의 CAD 시스템은 기계 부품, 자동차, 조선, 항공 및 플랜트 등 다양한 분야에서 운용되고 있다. 또한, 각 분야에서의 설계 작업 효율을 높이기 위해 업무 내용에 따라 시스템을 수정하여 최적화된 설계 환경을 제공하기도 한다. 이러한 용도로 사용되는 CAD 시스템을 일반적으로 범용 CAD 시스템으로 볼 수 있으며, 그 예로서 현재 설계 작업에 가장 많이 사용되는 AutoCAD가 대표적인 범용 CAD 시스템이라고 할 수 있다.

하지만 특정 분야에서의 일부 전문적인 설계 업무는 일반적인 CAD 시스템을 통하여 진행하기 어렵거나 시간이 많이 소요되기도 한다. 이러한 특정 분야의 설계 업무 개선을 위해 전용 CAD 시스템이 도입되어 활용될 수 있다.

범용 CAD 시스템과 전용 CAD 시스템 간의 가장 큰 차이는 전용 CAD 시스템의 경우 일반적인 학습 차원에서의 접근이 어렵다는 점이다. 기본적으로 사용 분야 및 사용 인력의 수가 적기 때문에 학습을 위한 자료의 공개가 매우 제한적이다. 또한, 특정 업무에 절대적인 효용성을 제공한다는 점에서 일반적인 가격 경쟁력 이상을 확보하기도 한다. 예로 조선이나 해양 플랜트 설계 그리고 오일 및 가스 시추를 위한 해석 용도의 전용 애플리케이션들이 대표적이다.

하지만 최근 범용 CAD 시스템의 성능이 확대되면서 많은 전문 영역의 설계가 범용 CAD로 이전하고 있는 것도 사실이다. 전용 시스템이라는 점에서 범용 CAD 시스템과 같이 기능 개선이나 확장성이 현저 떨어지기도 한다.

반면 전용 CAD 시스템이 아닌 범용 CAD 시스템임에도 특정 산업 분야 혹은 산업 지역별로 도입 비율이 높은 경우가 적지 않다. 하지만 이런 특정 분야에서의 높은 채용 성과는 기업의 투자 계획이나 외부 경제 상황에 따라 급변할 수 있다.

현재의 시각에서 보자면 범용 CAD 시스템과 전용 CAD 시스템 간의 구분은 기능적인 면은 물론 시장 요구에 따라 구분되기도 한다.

이러한 측면에서 설계자는 설계 업무에 설계 플랫폼을 최적화 그리고 향후 작업 내용과 범위의 변화에 따라 유연하게 대응할 수 있는 설계 시스템의 선택을 위한 노력이 필요하다.

## 1.4.2 CAD 시스템의 도입 평가

AutoCAD로 대표되는 CAD 시스템은 국내는 물론 전 세계적으로 폭넓게 공급되었다고 하지만 실제 정상적 설치가 이뤄진 곳은 사용자 수보다 제한적으로 알려져 있다. 이러한 현실에 비춰 기업 혹은 개인이나 설계자로서는 CAD 시스템의 도입 당위성 그리고 효용성에 대한 확신이 있어야 한다. 물론 자산이 충분한 대기업이나 전문 연구기관에서는 큰 문제가 되지 않지만, 대부분 중소기업에서는 AutoCAD와 같은 2D CAD 시스템의 도입에도 신중한 경우가 많다. 더욱이 2D CAD 시스템과 비교할 수 없는 도입 및 관리 비용을 초래하게 되는 3D CAD 시스템이나 CAE 시스템 나아가 PDM 시스템의 선택은 쉽게 결정되기 어려운 것이 사실이다.

이에 대하여 대부분 기업에서는 CAD/CAM/CAE 그리고 PDM/PLM 등의 시스템 도입에 따른 지출 비용과 투자 효용성을 정확하게 알 수 없으며 또한 판단 기준은 물론 역량이 확보되어 있지 않은 경우가 많다. 이러한 시스템의 도입 과정에서는 설계자의 의견이나 계획보다는 비용적인 측면에서 평가되는 경우가 많으므로 제대로 된 투자가 이뤄지지 못했음에도 조급한 성과와 이익을 요구하는 상황으로 인해 정상적인 운용이 어렵게 되고 일부 제한된 기능을 사용하는 수준으로 전락하게 된다. 또한, 기대한 성과의 미비로 인한 관리나 투자를 지속하지 않아 애써 구축한 시스템이 폐기되는 경우가 적지 않다.

현실적으로 아직 대부분 중소기업에서는 3D CAD 시스템은 물론 2D CAD 시스템조차 제공하는 기능을 제대로 활용하지 못하고 있다. 이러한 이유로 정상적인 CAD 시스템의 도입은 지연되고 제대로 된 성과를 기대할 수 없는 상황이 반복된다.

그러므로 설계자 스스로 CAD 시스템과 같은 설계 도구의 효용성과 활용성 그리고 이를 통한 생산성 개선 등에 대한 명확한 기대와 확신이 있어야만 한다. 특히 3D CAD 시스템이나 PDM/PLM 시스템과 같은 대규모 투자가 요구되는 사안에서는 설계자의 요구와 대응이 매우 중요하다고 할 수 있다.

본 절에서는 이상과 같은 내용에서 CAD 시스템의 도입과 구축 그리고 활용에 따른 비용의 관점에서 설계자가 검토 및 확인해야 할 사안을 다음과 같이 정리하였다.

### 1) 도입 비용

대기업의 경우를 제외하고 대부분 중소기업에서 CAD 시스템의 도입 결정의 가장 큰 요소는 가격이라고 할 수 있다. 가격은 기본적으로 CAD 애플리케이션과 컴퓨터 하드웨어를 포함한 제반 구동 시스템으로 구성된다.

도입 대상이 3D CAD 시스템 혹은 PDM 시스템 같은 경우라면 더욱 결정이 쉽지 않은 상황이 된다. 그리고 대개의 중소기업 현실에서 이러한 고가의 시스템은 1~2개 수준에서 도입되는 경우가 대부분이다. 실제 3D CAD 시스템의 경우 전체 판매량의 90%는 전체 기업의 10% 이하에서 발생한다.

그러므로 설계자로서는 CAD 시스템의 도입 비용이 최소화될 수 있도록 구성하는 것이 필요하다. 하지만 문제는 감춰진 도입 비용이 발생할 수 있으며 때에 따라 기본 도입 비용 이상이 요구될 수도 있다는 점이다.

가장 대표적인 예로 CAD 시스템과 PDM 시스템을 연결하고 PDM 시스템 내에 등록된 CAD 파일을 보기 위한 기능이 별도의 비용으로 요구될 수 있다는 것이다. 또한, 현재 사용하는 CAD 시스템에 의해 생성된 설계 정보들이 새로 도입되는 CAD 시스템에서는 사용할 수 없거나 이를 위해 변환 비용이 요구되기도 한다는 것이다. 이러한 경우는 사용하는 CAD 시스템이나 PDM 시스템의 범위에 따라 다르지만, 미리 염두에 두지 않으면 설계자는 추가적인 비용 발생으로 곤란을 겪게 될 수도 있다.

또한, CAD 시스템을 운용하는 하드웨어 환경 및 운영체제와 같은 소프트웨어 환경에서도 도입한 CAD 시스템과의 호환성 문제나 기대한 성능이 제공되지 않는 등의 문제가 발생할 수 있다.

CAD 시스템의 도입과 인력이 부족한 중소기업에서는 새로운 시스템 도입에 따른 결정의 상당 부분을 공급사에 맡기게 되고, 앞서 언급한 많은 부분이 공급사에 의해서도 제대로 검토되지 못하는 경우가 적지 않다.

CAD 시스템을 운용하는 하드웨어나 소프트웨어 역시 CAD 시스템과 하나의 플랫폼으로 구성되고 작동하게 된다. 그래서 도입된 CAD 시스템의 성능이 제대로 발휘되지 못하는 제약을 가진 하드웨어나 소프트웨어라면 대응하여 교체 및 도입되어야 하지만 이 역시 쉽지 않다. 특히 AutoCAD와 같은 2D CAD 시스템은 개인용 컴퓨터의 성능 개선으로 대부분의 운영 요구 사항에 부응하지만, 그래픽스 서브-시스템이나 주기억장치 등의 한계로 인하여 제대로 된 성능이 제공되지 못하는 경우가 많다.

설계자는 CAD 시스템 및 관련 지원 시스템의 내용과 범위를 명확하게 인식하고 기대한 성능을 평가를 확인할 수 있어야만 투자 비용 대비 최선의 성능을 통한 설계 작업의 생산성을 개선할 수 있다는 점을 항상 인식해야만 한다.



### 2) 학습 비용

CAD 시스템 도입에 있어 가장 간과하는 부분이 시스템 사용자인 설계자에 대한 학습 비용이다. 특히 AutoCAD와 같은 2D CAD 시스템의 경우 제도 작업을 통한 도면 생성이 기본적인 기능으로 한정되면서 CAD 시스템이 제공하는 여러 생산성 개선 기능을 제대로 활용하지 못할 수 있다.

CAD 시스템이 제공하는 전반적인 기능을 파악하고 이를 활용하는 설계자가 상대적으로 많지 않다. 그래서 기대할 수 있는 생산성을 확보하기 위해 일정 기간 도입된 CAD 시스템에 대한 교육 혹은 학습의 시간이 필요하다. 그러나 AutoCAD 같은 경우 설계자 혹은 설계자가 아닌 컴퓨터 사용 경험이 있는 인력이라도 쉽게 접근할 수 있다는 장점에 가려 실질적인 설계 기능을 발휘하지 못하게 된다. 이는 기업으로서도 투자 비용 대비 성과를 제대로 얻지 못함을 물론 설계자 입장에서도 효율적 설계를 위한 기능 활용을 하지 못함으로써 많은 시간과 노력을 낭비하게 될 수 있다.

2D CAD 시스템의 경우, 제도라는 오랜 방식을 컴퓨터로 전환한 예이기는 하지만 도면 생성 과정을 효과적으로 운용하기 위한 많은 기능이 포함되어 있다. 이를 통하여 더욱 빠르고 정확한 설계를 지원하도록 하고 있다. 그런데도 기존 설계 방법이나 절차를 고수하면서 새로운 기능을 제대로 활용하지 못함에 따라 생산성 개선에 차질을 초래하기도 한다.

설계의 방법론은 앞서와 같이 설계 생산성을 개선하고 설계자의 부담을 줄이기 위해 지속해서 기능이 개선되고 추가됐다. 그래서 설계자 관점에서 이러한 기능들의 학습을 통하여 더욱 신뢰성 있는 설계를 더 적은 시간을 투자하여 완수할 수 있어야 한다.

3D CAD나 CAE 시스템 같은 경우는 2D CAD 시스템과 비교할 수 없는 수준에서 학습 시간이 요구될 수 있다. 이미 같은 시스템 운영에 경험이 있는 경우라면 학습 소요 시간이 최소화될 수 있겠지만 처음 접하는 경우 혹은 전혀 새로운 시스템을 운용하게 된다면 상당한 학습이 필요하다. 하지만 대부분 기업에서는 CAD나 CAE 시스템의 도입 후 조급한 성과를 요구하게 마련이고 설계자는 이에 급하게 대응하고 이러한 체계가 굳어짐으로써 도입 시스템의 기능이 정상적으로 운영되지 못하게 될 수 있다.

설계 도구로서 CAD 시스템은 일반적인 컴퓨터 소프트웨어 달리 많은 기능과 새로운 기능들이 지속해서 개선되어 제공된다. 설계자는 CAD 시스템 도입에 따른 직접적 비용 지출 이외 운영과 최적 활용을 위한 학습 시간에 대한 비용 측면을 명확하게 이해하고 계획을 수립할 수 있어야 한다.

### 3) 관리 비용

많은 중소기업에서 어렵게 도입한 CAD 시스템이 정상적 성능을 발휘하므로 써 기대한 생산성을 확보하지 못하는 이유 중의 하나는 CAD 시스템에 대한 지속적 관리가 어렵거나 포기하기 때문이다. 예로 모든 CAD 시스템은 도입 비용의 일정 비율로 매년 유지보수 금액을 소요된다. 실제 이 유지보수 비용은 수년 후 도입 비용을 초과하게 될 수 있다. 이러한 이유로서 관리 비용의 지출을 억제하고 관리 업무를 설계자에게 부담시키게 된다.



설계자가 관련 업무에 경험이 많은 경우라도 새로운 제품 개발이나 보다 나은 설계를 위해 정보가 필요할 수 있다. 일반적으로 학습 과정을 통하여 습득하고 적용할 수 있지만, 대부분은 직접적 대응이 쉽지가 않다. 그 때문에 CAD 시스템 공급사의 전문 기술 인력이 설계자를 지원하게 됨으로써 시간을 절약하고 비용을 절감할 수 있게 된다. 하지만 대부분 기업에서 이러한 비용은 설계자의 업무 역량이라는 측면에서 별도의 비용 요소로 보지 않고 있다. 그 결과 유지 보수 지원을 받지 못하는 설계자는 직접 CAD나 CAE 시스템의 전체 설명서를 뒤지거나 내외부의 참고 자료를 수집하여 문제를 해결하는 과정을 거치게 되고, 이 과정에서 시간의 소비는 물론 설계 오류를 접하게 될 수도 있다.

물론 모든 CAD 시스템이 유지 보수와 같은 관리 비용을 부담해야 할 필요는 없다. 대기업의 경우 사내에 충분한 관리 인력을 보유하고 있을 뿐만 아니라 대개 매년 유지 보수를 진행한다. 반면 설계나 관리 인력이 부족한 중소기업에서는 CAD 시스템의 관리가 일부 담당자에게 집중되게 된다. 그 결과 일정 기간 문제가 없더라도 담당 인력의 변화에 따라 설계 업무 자체에 혼란이 발생하기도 쉽다.

관리 비용에 대응하기 위해서는 자체 인력에 대한 교육과 설계 정보 관리를 통한 CAD 시스템 운용 능력을 확보함은 물론 새로운 기능이나 설계 방식에 대한 정보를 정기적으로 검토 및 적용하는 관리 체계를 마련할 필요가 있다.

많은 중소기업에서 설계와 설계 정보를 기업의 기술적 자산으로 보면서도 이를 관리하기 위한 투자는 단순한 비용으로 치부하는 경우가 많다. 또한, 설계를 위한 기술 및 인력 투자는 기업의 장기적인 연구 개발 차원에서 관리되어야만 한다. 그리고 CAD 시스템을 비롯한 설계 및 제품 개발 환경이 기업이나 조직에 정착되고 내부적인 운용 능력을 갖출 수 있을 때 까지 투자와 관리가 지속할 필요성이 있다.

설계자로서도 CAD 시스템의 운영에 따른 관리 비용은 적극적 활용을 통하여 설계 생산성으로 드러나도록 해야 한다. 실제 AutoCAD를 도입한 대부분 중소기업에서 기술적 지원 요청하거나 새로운 설계 방식에 대한 협의를 요구하는 경우는 극히 드물다는 사실에서, 설계자들의 CAD 시스템에 대한 적극적 활용이 관리 비용의 효과를 담보할 수 있다고 본다.

### 1.4.3 CAD 시스템의 효용성

앞서 CAD 시스템의 구성과 도입에 관련한 비용적 측면에 대한 다루었지만, 설계자는 또한 CAD 시스템에 대한 투자를 통해 확보할 수 있는 기업 혹은 개인의 이익을 어떻게 규정할 수 있는가에 대한 인식을 명확해야 할 필요가 있다.



CAD 시스템이 도입되어야 할 이유는 명확하다. 수차례 언급했듯이 설계는 물론 제품 생산 공정의 생산성을 개선하고 제품의 시장 경쟁력을 확보하기 위한 최적의 방안이기 때문이다. 그래서 CAD 시스템의 도입과 지속을 통하여 기업의 생산성 개선, 경쟁력 확보 그리고 이익 개선에 관한 성공 사례 역시 적지 않다. 하지만 대개 CAD 시스템 도입을 통한 단기적 성과에 집중하는 현실도 인정하지 않을 수 없다.

CAD 시스템의 운용 효용성을 확보하기 위해서는 우선 시스템 도입과 운용을 통하여 기대하는 설계 및 생산 공정에서의 생산성 개선 및 성과 목표를 명확히 설정하고 이를 정량적으로 점검하고 평가할 수 있어야 한다. CAD 시스템의 모든 기능적 효용성은 모든 영역에서 생산성을 개선하고 이를 통하여 제품과 품질의 경쟁력을 확보할 수 있는 수단으로서의 가치를 담보하고 있다.

#### 1) 설계 생산성 개선

설계 생산성을 넓은 의미에서 보자면 제품의 개념 설계부터 개발 및 생산 과정까지 포함할 수 있겠지만, 일반적인 시각으로 본다면 기획된 제품을 가상 공간에서 구현하여 실제 운용에서 발생하는 여러 문제 사항을 검토하여 수정한 후 최종 제품의 도면을 출력하는 과정까지로 볼 수 있다.

CAD 시스템이 도입되기 전, 수작업의 제도를 통한 도면 생성은 잦은 설계 수정 과정에 효과적으로 대응하기란 불가능하였다. 또한, 여러 설계자에 의한 수정 도면 간의 우선순위나 변경 사항의 공유가 쉽지 않았다. 이러한 문제들이 2D CAD 시스템을 통하여 도면의 빠른 생성 및 효율적 수정이 가능하게 되었지만, 설계자에게 있어 이러한 설계 변경에 따른 대응은 여전히 어려운 문제가 남아 있다. 도면 생성 목적으로 운용되는 2D CAD 시스템에서는 새로운 제품 개발이나 개선을 위해 도면을 상당 부분 수정하거나 새로 작성해야 한다. 비록 기존 도면 정보를 라이브러리로 구축하여 반복적인 형상 모델링 작업은 크게 줄어들게 되었지만, 설계 대상의 규모가 커지고 복잡해 짐에 따라 설계자 입장로서는 2D CAD 시스템을 통한 설계 정보의 효율적 관리에 한계를 접하기도 한다. 3D CAD 시스템의 도입으로 2D CAD 시스템의 설계 변경에 대한 대응이 어려운 약점이 개선되었지만, 운용에 많은 시간과 비용을 소요된다는 점에서 충분한 효과를 기대하기 위해서는 지속적인 관리를 필요로 한다.

CAD 시스템을 도입함으로써 우선 기대할 수 있는 효과는 설계 생산성 개선이다. 설계 작업은 제품 개발 과정의 초기 단계이기 때문에 진행 과정에서 설계 오류로 인한 수많은 시행착오와 설계 사양에 대한 잦은 수정 요구에 따라 끊임없는 설계 변경이 반복되게 된다. 이 과정에서 설계의 수정으로 인한 설계 진행은 여러 방향으로 퍼지고 각 수정 사항 간의 연관성이 체결되고 분리되기도 한다. 설계 작업을 관리하면서 이러한 무수한 설계 변경 사항 간의 관계를 검토하면서 최적의 설계 결과를 도출해야만 한다. 이러한 성과가 확보되기 위한 여러 방안 중 가장 먼저 고려해야 할 대상이 설계의 재사용성이기도 하다.

설계 생산성은 잦은 설계 변경의 환경에서 수정이 요구되는 부분에 대해서만 조치할 수 있도록 유연한 설계를 통하여 전체적인 설계 공정이 유지되도록 하는 것이다. 그래서 가능한 한 설계의 많은 부분이 재사용될 수 있도록 형상, 기구 및 기능 사항을 개념 설계 단계에서부터 고려하는 설계를 진행할 수 있도록 해야 한다.

결국, 설계 생산성은 불안정한 설계 환경에서 계획한 대상을 빠르게 구현하고 또한 반복적인 설계 수정이나 사양 변경 등에 효과적으로 대응하면서 전체 제품 개발 공정이 지연되지 않도록 하고 나아가 지속해서 제품 개발 기간을 단축하는 성과를 제공하는 지표라 할 수 있다.

설계의 재사용성을 통한 설계 생산성을 개선하기 위해서는 설계 대상의 제품에 대한 기능 및 구조적인 평가를 통한 개념 설계와 최적 원가를 구성하는 설계 절차를 구성할 수 있도록 해야 한다. CAD 시스템은 설계 생산성을 확보하고 유지하며 개선할 수 있는 환경을 제공하는 플랫폼이며 실제 설계의 생산성을 CAD 시스템을 기반으로 설계자들에 의해 설계 공정의 표준화, 표준 부품의 사용 그리고 설계 수정에 대한 절차적 대응과 관리 등을 위한 시스템 구축이 수행되어야 한다.

하지만 설계 과정은 적용 분야에 따라 다르므로 제품 개발에서 차지하는 비중을 일률적으로 비교하거나 표준화하기는 힘들다. 그래서 설계자의 역량과 경험에 따라 진행될 수밖에 없지만 이러한 과정의 설계 절차나 의도 등이 정량화된 설계 정보로 수집되고 관리되어야 설계 생산성이 개선될 수 있다.

### 2) 제품 원가 경쟁력 개선

시장에서의 제품이 사용자나 소비자들에 의해 선택되고 지속해서 시장점유율을 유지하기 위한 여러 요소 중 가장 일반적으로 항목이 가격이다. 그래서 많은 기업에서는 시장에서의 성공과 이윤 확대를 위해 기본적인 품질을 유지하면서도 낮은 제품 원가를 확보하기 위한 개발 과정에 집중하고 있다.

일반적으로 제품 원가를 낮추기 위한 여러 방법 가운데 설계의 측면에서 본다면 제품 생산에 걸리는 재료와 가공 공정 등을 포함한 생산 비용을 낮출 방안을 도출해야 한다.

제품 개발은 설계와 생산 과정을 통하여 완성된다. 설계는 제품 개발을 위한 연구 및 개발 단계에서부터 시작되어 실제 제품으로 생산되기 전까지의 모든 공정에 걸쳐 관여한다. 수작업에 의한 제도 작업으로 도면을 생성하는 전통적인 설계 과정에서는 제품 개발 및 생산 과정의 모든 요소가 기술적 예상과 검토를 기반으로 관리되었다.

CAD 시스템, 특히 3D CAD 시스템의 운용은 제품 개발 과정에서 실제 제품의 생산과 사용 과정에서의 문제를 미리 검토할 수 있도록 해 준다. 이 과정에서 설계 사양을 만족하는 소재, 규격 및 가공 방법 등에 대한 여러 선택 사항을 마련하고 각각의 경우를 CAD 및 CAE 시스템을 통하여 검증할 수 있게 됨에 따라 최적의 재료, 생산 공정 등을 결정할 수 있게 된다. 이러한 노력은 제품 개발 및 생산에 걸리는 최적 비용을 산출할 수 있게 되고, 이는 제품의 시장에서의 경쟁력 강화로 연결될 수 있다.

시장과 생산량이 가시화된 상황에서 제품의 원가를 설계 단계에서 절감하기 위해서는 제품에서 사용되는 부품들을 가능한 한 표준화된 대상으로 하며 또한 각 부품과 제품에 대한 최적화된 가공 방법을 찾아야만 한다. 이를 위해 설계자는 CAD 및 CAE 시스템을 통하여 제품 가공 및 운영 환경에 따른 여러 변수에 대한 평가를 수행함으로써 최적의 대상을 찾을 수 있게 된다.



3D CAD 및 CAE 시스템은 제품 개발의 설계 변경 사항에 대하여 실물의 제작이나 평가가 아닌 컴퓨터 내에서의 시뮬레이션을 통하여 모든 조건에 대한 가상의 평가를 거쳐 신뢰성 있는 결과를 도출하고 이를 기반으로 새로운 제품 개발 과정에서 실제 제품의 기능과 사양을 결정하게 된다.

그리고 이에 따른 제품의 생산 및 양산 방법의 검토를 통하여 최적의 생산 체계 구축을 위한 정보를 제공할 수 있게 된다. 또한, 근래의 3D CAD 시스템은 생산 체제나 공장 자체에서의 공정을 시뮬레이션하여 그 결과를 바탕으로 공정을 설계할 수 있다. 공정설계는 제품 설계뿐만 아니라 제품 생산 원가에도 큰 영향을 준다.

이러한 조치들을 통하여 최종적으로 새로운 혹은 기존에서 개선된 제품 개발 과정에 걸리는 부품, 가공 및 생산 비용을 예측하고 주어진 범위 내에서 최적 원가를 산출할 수 있게 된다.

### 3) 기술 경쟁력 확보 및 유지

기술 경쟁력이란 시장에서 같거나 유사한 제품을 경쟁사들보다 더 빨리 더 우수하게 그리고 더 저렴하게 출시함으로써 시장에서의 제품들이 경쟁력을 가질 수 있도록 해주는 요소이다.

시장에서의 새로운 제품이라고 평가받고 성공한 수많은 대상은 일부 기능적으로 완전히 새로운 혁신적인 경우도 있지만, 대부분은 기존 제품들의 연장선에 있다고 볼 수 있다. 그러므로 수많은 제품의 정보와 성과를 바탕으로 태어난 후속작이라고 할 수 있다. 물론 그 가운데 시장에서의 경쟁을 통하여 성공작으로 남게 되는 제품은 일부이다.

새로운 제품을 탄생시키는 것은 앞서 언급한 바와 같이 가능한 한 빨리 최소 비용으로 시장에서의 경쟁력을 가진 제품의 설계에서부터 시작된다. 그리고 이러한 설계가 가능하도록 지원하기 위해서는 수없이 반복된 설계 정보와 무수히 쏟아지는 시장에서의 정보를 수집, 분석하여 통합적으로 관리하여 최적의 대상을 선택할 수 있어야 한다.

이러한 기술적 경쟁력을 확보하기 위한 시스템의 구축과 운용은 전통적으로 기업의 연구개발 조직에 의해 나름의 특화된 방안으로 구현됐다. 하지만 새로운 제품 개발과 경쟁력 확보에 대한 부담이 점점 증가하면서 이러한 설계 및 생산 정보를 보다 효과적으로 관리할 필요성이 높아지게 되었다.

일반적으로 PDM 시스템은 도면 혹은 3D 모델을 관리하는 도구로서 운용되고 있지만, 핵심은 CAD 시스템을 통해 구현된 설계 정보와 제품 개발에 참고된 모든 개발 정보를 통합하여 공유함으로써 제품 설계 과정의 시행착오를 줄이고 새로운 제품 개발 과정에 걸리는 시간과 비용을 최소화하기 위한 체계이다.

더불어 최근 기술경쟁력의 유지를 위한 보안 체계의 강화에 대한 필요성이 크게 대두하고 있다. 기업의 설계, 생산 및 유통 등이 전 세계 수준에서 관리되고 있으므로 글로벌 네트워크를 통한 협업 체계에서의 시스템 보안은 항상 내외부로부터의 불법적 접근에 대한 위험에 노출되어 있다고 볼 수 있다. 이러한 이유에서도 PDM/PLM 시스템과 같이 통합된 관리 체계를 통하여 더욱 효율적으로 대응할 수 있다고 평가된다.

하지만 기술 및 제품 개발을 위한 근본적인 역량은 개별 설계자들의 능력과 관심에서 시작된다. 아무리 뛰어난 시스템이 구축되어 있더라도 설계자들의 설계 정보와 기술이 제대로 반영되고 관리되지 못한다면 새로운 제품이나 기술 개발에 요구되는 정보로서 재탄생되지 못한다는 점에서 모든 시스템의 운영에 설계자들의 자발적이고 적극적 참여가 전제되어야만 하고 설계자들 역시 구축된 시스템 환경이 제공하는 기능에 적응하고 활용하기 위한 노력이 필요하다.

# chapter2 AutoCAD 시스템 운영 기초

컴퓨터 그래픽스 기능에 기반을 둔 CAD 시스템의 발전 과정에서 본격적으로 설계 작업에의 적용은 제도 과정을 처리하기 위한 2D CAD 시스템으로 등장하게 되었다.

오늘날 여러 CAD 시스템 간의 경쟁에서도 2D CAD 시스템은 가장 많은 사용자가 운용하고 있으며 기능적인 면에서는 전통적인 수작업에 의한 제도 작업은 완전히 대체되었다고 해도 과언이 아닐 것이다.

이러한 2D CAD 시스템의 보급에 가장 큰 역할을 한 것은 Autodesk의 AutoCAD로서 개인용 컴퓨터의 하드웨어 및 소프트웨어 환경에서 구동되므로 써 도입 비용과 쉬운 접근성에 의한 학습 비용이 저렴하다는 장점으로 오늘날의 수많은 기업에서의 설계 정보의 자동화 구축의 견인차로 역할을 했다고 할 수 있다. 또한, AutoCAD는 1990년대 이후 개인용 컴퓨터의 폭발적으로 보급과 함께 2D CAD 시장의 다른 경쟁 제품을 제치고 현재 실질적 표준 제품으로 자리 잡게 되었다.

AutoCAD가 수작업에 의한 제도 과정을 완벽하게 대체하기는 했다고 하더라도 AutoCAD를 통한 도면이나 설계 정보의 관리는 오랜 기간의 광범위한 사용에 비춰 효과적이라고 보기는 어려운 경우가 많다.

또한, 설계 과정의 일상적 도구로 인식됨에 따라 AutoCAD를 설계 성과를 개선하기 위한 도구로 보기보다는 제도 작업을 위한 기능적 도구로 보는 경향이 크다. 그 결과 학습에서도 명령어 등 기능적 학습에 집중하므로 써 설계 도구의 역할보다 제도 도구로서 기능이 제한되는 경우도 적지 않다. 이러한 이유에서 AutoCAD를 기반으로 한 2D CAD 시스템의 학습 내용도 기능적 학습에 국한되고 있으며, 실질적인 설계 및 설계 개선을 위한 도구의 역할은 포함되지 못하고 있다.

본 장에서는 AutoCAD와 같은 2D CAD 시스템을 통한 제도의 대체에 따른 효율과 개선 사항을 파악하고, 시스템의 구성과 기능 그리고 활용에 대한 학습 내용을 포함한다.

## 2.1 AutoCAD 설치판 구성

AutoCAD를 사용하기 위한 첫 단계는 설치한 패키지를 선택하는 것이다. Autodesk에서는 기계 분야의 2D CAD 시스템으로서 AutoCAD LT, AutoCAD, AutoCAD Mechanical을 제공하고 있다. 하지만 각 패키지마다 적용 분야나 확장 기능에 따라 다양한 패키지로 구분되기도 한다.

**AutoCAD LT**: 저렴한 가격으로 가장 기본적인 제도 기능으로 구성된 패키지. AutoCAD 등 상위 버전과 달리 기능 추가 등을 위한 개발 기능이 제한되어 있어 확장성에 제약이 있다.

**AutoCAD**: 일반적인 제도 기능과 외부 자료 연동 기능을 갖춘 범용 설계 시스템으로 기능적으로 AutoCAD Mechanical 패키지와 차이가 없다고 볼 수 있다.

**AutoCAD Mechanical**: AutoCAD를 보다 효율적인 설계 도구로서의 운용성이 높이기 위해 주요 표준 규격에 기초한 표준 부품들을 내장하고 있으며, Vault PDM 시스템 운용을 제공한다.

AutoCAD는 설치판 구분에 상관없이 DWG 포맷의 전용 파일을 사용하며, 파일 공유를 위해 별도의 DXF 포맷으로 저장할 수도 있다.



본 장에서는 일반적인 기본적인 패키지로써 AutoCAD를 중심으로 설명하지만, AutoCAD LT나 AutoCAD Mechanical의 경우에도 거의 유사하다.

AutoCAD의 설치는 이전 MS-DOS 환경에서와 달리 일반적인 Windows 환경의 어플리케이션 설치 과정과 유사하게 단순한 선택으로 진행된다. 몇몇 유틸리티들에 대한 설치 여부를 선택할 수 있지만 하드웨어 환경이 제약이 없는 상황에서는 모든 기능의 설치도 시스템 운용에 큰 부담을 주지 않는다.

그리고 최근의 AutoCAD는 설치판이 영어판이나 한국어판 등과 같이 사용 언어별로 구분되어 있다. 그래서 사용자들이 자신의 운영 환경에 따라 언어 설정이 불가능하기 때문에 사용 언어에 맞도록 설치해야만 한다. 그래서 이 책에서는 기본적으로 명령어와 화면 구성 등을 영어판을 중심으로 하고 한국어판의 해당 내용을 이어서 적고 있다.

## 2.2 AutoCAD 제도 환경

디지털 드로잉 시스템으로 불리는 2D CAD 시스템은 전통적인 제도 작업의 완벽한 전산화된 기능이라고 할 수 있다. 컴퓨터와 2D CAD 시스템을 이용한 제도, 도면 작성은 수작업에 의한 도면과 같은 결과물을 출력하게 된다. 수작업에 의한 종이 도면과 2D CAD 시스템에 의해 출력된 종이 도면은 같은 가치를 가진다. 그래서 결과물로서 도면은 국가마다 정해진 표준화된 규정에 따라 표현되어 대상 제품의 설계와 생산에 이르는 과정에서 같은 의미로서 공유된다. 그러므로 2D CAD 시스템을 이용한 제도 작업은 이러한 측면에서 작업 자체의 생산성 못지않게 출력물인 도면이 가지는 가치는 그대로 유지되어야만 한다.

2D CAD 시스템을 통한 제도 작업에서 가장 큰 효용성은 수작업에 대한 제도 과정에서의 개념 적용, 반복 수정 그리고 도면 관리의 업무들이 즉각적으로 대응할 수 있는 사안이 되었다. 하지만 대개 형상의 작성과 수정이라는 제한된 범위에서 제도 작업의 대부분을 차지하게 된다. 다시 말해 도면으로서의 가치를 완벽하게 갖추지 못한 설계의 결과물로 드러나게 되는 경우가 적지 않다. 이러한 측면에서 2D CAD 시스템을 사용한다는 것은 전통적인 수작업에 의한 제도 작업과 같은 수준에서 그 결과물을 관리하고 평가되어 사용될 수 있어야 한다.

2D CAD 시스템이 제공하는 기능은 수작업에 의한 제도 작업을 대체하는 기능과 함께 제도 작업보다 효율적으로 관리하기 위한 주변 기능을 포함하고 있다. 그리고 2D CAD 시스템에 의한 제도, 도면 관리 및 설계 과정의 효율은 이러한 주변 기능을 적절하고 적합하게 사용하므로 써 극대화할 수 있다. 하지만 2D CAD 시스템의 학습 과정의 대부분은 제도 기능에 집중되어 있으므로 설계 정보의 관리를 통한 제품 개발 공정의 생산성 개선이라는 측면에서의 목적은 달성하지 못하는 경우가 많다. 비록 이러한 기능이 일반적인 모든 설계 업무에 적용될 수는 없겠지만, 2D CAD 시스템을 제도 작업을 위한 드로잉 도구로 생각한다면 이러한 역할로서는 충분할 수 있겠지만 적지 않은 비용으로 구축한 2D CAD 시스템을 통하여 얻을 수 있는 많은 효용성을 제대로 활용하지 못하는 것이다.

아이러니한 점은 AutoCAD가 2D CAD 시스템의 표준으로 자리 잡게 된 이유 중 하나가 제도 기능에 집중한 경쟁 제품들과 달리 제도 기능에 개선뿐만 아니라 자료 관리나 도면 관리 등과 같은 기능을 지속해서 개량하고 확장했기 때문이라는 면에서 본다면 오늘날 단순한 제도 작업에 집중한 학습 내용에 비춰 모순적이라고 할 수 있겠다.

### 2.2.1 사용자 명령 입력 체계

AutoCAD와 같은 2D CAD 시스템의 형상 요소를 단순화시키면 선과 원호로 구성되었다고 볼 수 있다. 실제로 설계 대상의 대부분 형상이 직선과 원호의 무수한 반복적 조합으로 생성되어 있다. AutoCAD의 복잡한 명령어를 사용하고 생성된 형상 역시 선과 원호의 반복적인 과정으로 구성할 수 있다. 다시 말해 AutoCAD에서 생성된 도면은 설계자의 시스템 기능적 화려함이 드러나지 않는 결과물로 평가받게 된다. 그래서 특정 명령어의 사용은 AutoCAD를 이용한 제도 작업의 시간 절감 및 수정 효율을 높일 수 있지만, 도면 품질과는 무관하다고 볼 수 있다.

더불어 이러한 단순한 형상들은 반복적으로 복사되고 필요에 따라 부분을 삭제 및 연장하므로 써 원하는 최종 형상으로 모델링 되게 된다.

그리고 실제 제도에서와 같이 형상은 설계 대상으로서의 형상, 치수 및 보조 형상 등과 있으며 또한 제도 요소로서의 형상으로 작성하기 위해 임시로 사용하는 참고 형상으로 구분할 수 있다. 최종 완료 시 참고 형상은 삭제하거나 감춰지도록 한다.

AutoCAD에서의 명령 입력 체계는 대개 다음 절차를 따라 진행한다.



▶ 명령 입력(명령어 선택)

▶ 참조 형상 및 조건 선택 혹은 기준 값 입력

▶ 대상 형상 혹은 부분 선택

각 단계가 완료된 후 [ENTER] 입력을 통하여 완료 여부를 확인해야 하는 경우와 즉시 다음 단계로 전환되는 경우로 구분될 수 있는데, 참조 대상이 단일 형상이나 조건일 경우는 자동으로 다음 단계로 진행하며 참조 대상을 설계자가 여러 선택할 수 있는 경우에는 별도로 [ENTER]*을 통하여 선택 과정 종료를 확인해야 한다.

그리고 AutoCAD에서는 수행한 명령을 [CTRL]+[Z]와 같은 복구 명령을 사용하여 지정된 단계만큼 복구할 수 있다.

---

* [ENTER]와 같이 [ ] 내의 내용은 표준 키보드에서의 해당 키 입력을 의미한다.

### 2.2.2 도면의 이해

#### 1) 도면 구성

도면은 제품 개발을 위한 정보의 집합체로서 형상, 치수 그리고 가공 및 제작을 위한 정량적 항목들이 포함되어 있다. 도면은 형상과 치수 및 주석들이 포함된 부분과 외곽선, 표제란 등의 외부 부분으로 나눌 수 있다.

일반적으로 AutoCAD와 같은 2D CAD 시스템을 이용하여 설계 및 제도 과정을 학습할 때 일상의 경우 형상 그리고 치수에 집중하게 된다. 그래서 상대적으로 가공이나 제작을 위한 주석 등의 정보에 대한 기재를 소홀히 하는 경향이 있다. 설계자는 설계 도면 작성 과정에서 형상과 직접 관련된 요소 외에 제품과 설계자 등에 관련한 정보들 역시 핵심 사항으로 관리할 수 있도록 해야 한다.

#### 2) 척도

도면은 실제 제품과 그 제작을 위한 정보를 포함하지만, 현실에서의 실제 제품이 가진 크기를 작은 종이에 실물 그대로를 나타낸다는 것은 불가능하므로 실물에 대한 비율로서 축소(혹은 확대)된 형상으로 그려지게 된다.

일반적으로 도면은 A4(210 mm × 297 mm) 크기에서 A0(841 mm × 1189 mm) 크기까지 사용되는데, 일반적인 설계 환경에서 A1이나 A0의 용지를 쉽게 출력하기 어려우므로 A4~A3 크기가 많이 사용되었다. 하지만 최근 AutoCAD에서 작성된 도면 파일을 볼 수 있는 다양한 뷰어의 고급과 PDF 등과 같은 컴퓨터 파일로서 도면이 공유되는 경우가 늘어남에 따라 출력 용지에 대한 제한은 큰 문제가 되지 않고 있다.

그런데도 아직 작업 현장에서의 실제 작업을 위한 도면이 요구되는 경우가 많으므로 이러한 상황을 고려할 때, 도면 용지와 형상 출력 비율 간의 최적 조합을 검토할 필요도 있다.

#### 3) 선의 표현

도면의 종이에 검은색 선으로 모든 정보를 표현하게 된다. CAD 시스템의 도입으로 컴퓨터 디스플레이 위에서 다양한 색채로 표현할 수 있지만, 최종 단계에서는 흑백의 도면으로 출력되게 되고, 이를 가공 현장의 작업자들이 참고하게 된다는 점에서 하나의 색으로 나타나는 도면의 가시성을 확보하고 유지하는 것도 중요하다.

이러한 점에서 도면에는 검은색으로 여러 종류의 선 표기를 통하여 전달하는 의미를 달리하고 있다. 그러므로 설계자는 도면에서 전달하고자 하는 선의 의미가 실제 제품 및 가공 과정에서 정확하게 전달될 수 있도록 선택해야 하고, 또한 도면을 파악하는 과정에서 사용되는 선의 종류와 굵기가 가지는 의미를 정확하게 이해할 수 있어야만 한다.

## 2.2.3 투상도

도면이란 3차원 형상의 정보를 2차원으로 나타내게 된다. 이때 3차원의 형상을 하나의 평면에 대하여 광원으로부터 나란하게 나타나는 2차원 형상을 투상이라고 하며 이를 도면에 표시한 것을 투상도(정투상도)라고 한다. 비친 전체 모양을 표시하기도 하고 일부 부분을 표시할 수도 있다. 도면에는 형상의 각 투상도를 조합하여 제품의 특성을 정확하게 전달할 수 있도록 구성되어야 한다.

### 1) 투상도 종류

**정면도(FRONT)**: 대상을 정면으로 바라볼 때의 모양을 그린 투상도

**측면도(LEFT & RIGHT)**: 대상을 오른쪽과 왼쪽, 측면에서 바라볼 때의 모양을 그린 투상도

**평면도(TOP)**: 대상을 위에서 바라볼 때의 모양을 그린 투상도

**저면도(BOTTOM)**: 대상을 아래에서 바라볼 때의 모양을 그린 투상도

**배면도(BACK)**: 대상을 뒤에서 바라볼 때의 모양을 그린 투상도



### 2) 단면도

투상된 대상은 형상의 외부를 표현하게 되는데, 형상의 내부에 보이지 않는 부분을 나타내기 위해 절단한 면을 표현하여 그 단면을 표시한 도면을 단면도라고 있다. 필요에 따라 전체 혹은 일부 단면을 절단하여 표시할 수도 있다.

### 3) 제3각법 vs. 제1각법

제3각법(삼각법)은 2차원 평면을 통하여 보이는 모양을 기준으로 투상도를 생성하는 반면, 제1각법(일각법)은 2차원 평면에 비친 모양을 기준으로 투상도를 생성한다.

그 차이는 정면을 기준으로 제3각법에서는 위에 평면도가 그리고 제1각법에서는 위에 저면도가 생성되게 되는, 상하 및 좌우가 바뀌어 나타나게 된다. 그리고 도면에는 제3각법과 제1각법을 구분하는 기호를 표시한다.

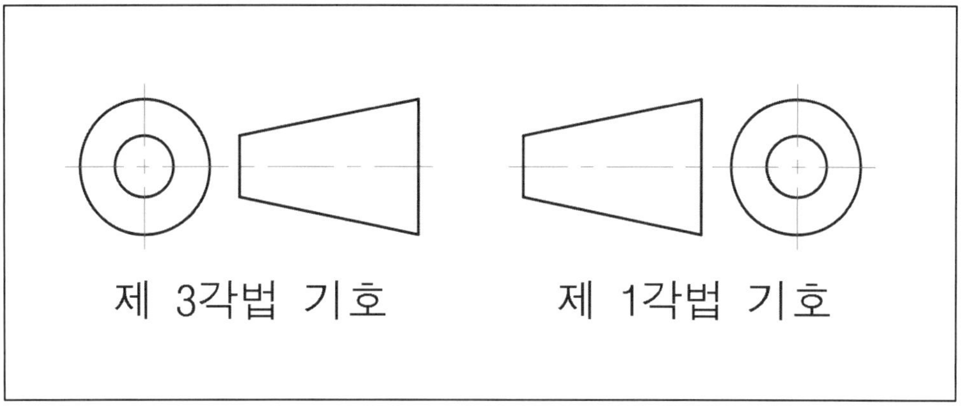


그림 2-1 제3각법과 제1각법 기호 표시

# chapter3 기초 제도 실습



본 절에서는 AutoCAD가 제공하는 주요 제도 기능을 예제를 통하여 학습할 수 있도록 진행한다. 아직 AutoCAD 운용에 익숙하지 않은 경우라도 제도 절차를 따라 진행하면 기본적인 형상 모델링과 단계 별 내용을 경험한 후, 이후의 장에서 AutoCAD의 보다 세부적인 내용으로 진행하다.

설계 과정으로서의 제도는 형상의 복잡함이나 모델링의 어려움에 의해 도면의 가치가 결정되는 것이 아니라 설계자의 의도나 제작 의사가 관련된 이들에게 정확하고 명확하게 전달될 수 있어야 한다. 그 때문에 노면의 보든 요소는 제품 개발을 위한 정보 절단 복적의 상호 간 규약이라고 할  수 있다.

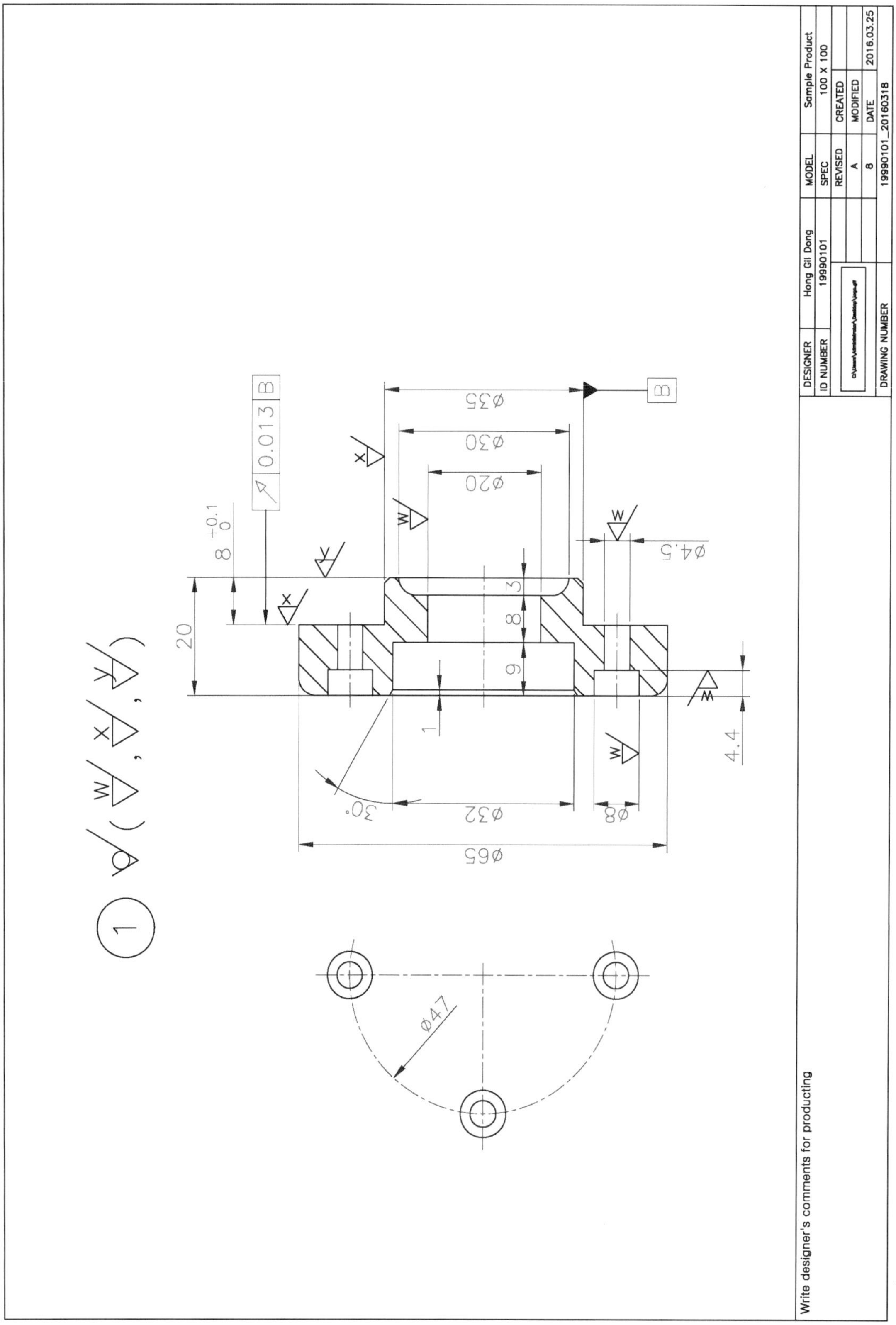


도면 3-1. 기초 실습 예제 도면

## 3.1 모델링 환경 설정

AutoCAD는 여러 입력 도구를 운용할 수 있지만 가장 일반적인 장치로서 마우스와 키보드를 사용한다. 특히 형상 선택, 모델링 등은 마우스에 의해 주로 운영되며 키보드는 값의 입력이나 선택 사항 중 해당 사항을 선택 입력 용도로 사용된다. 하지만 일부 특정 명령은 키보드를 이용하는 때도 있다. AutoCAD는 명령 대기 상태에서 [ENTER]를 입력하면 바로 앞에 실행되었던 명령을 재실행할 수 있다.

일반적으로 형상의 선택이나 명령의 종료는 마우스의 왼쪽 버튼을 사용하고 선택 사항들의 표시는 마우스의 오른쪽 버튼이 사용된다.

AutoCAD의 화면은 상단에 메뉴, 아이콘 등으로 구성되고 하단에는 작업을 위한 화면 관리용 기능 아이콘과 명령어 입력 화면이 자리 잡고 있다.

작업은 가장 큰 부분을 차지하는 가운데 영역(작업영역)에서 이뤄진다. AutoCAD의 작업 화면은 크게 모델링을 위한 화면과 출력을 위한 화면으로 구분되는데, 모델링 화면이 하나만 유지되는 것에 반해 출력 화면은 출력 구성에 따라 여러 개를 생성할 수 있다.

형상 모델링(그리기)이나 형상의 선택은 화면에 마우스를 클릭하여 지정하는 과정에 의해 작동되며, 선택은 개별적인 선택과 영역을 이용한 선택을 모두 사용할 수 있다.

또한, 작업 화면은 필요에 따라 확대 축소할 수 있으며 형상 요소를 화면상에서 이동할 수 있다. 화면의 확대, 형상의 가시적 확대는 AutoCAD의 Zoom 명령을 사용하거나 휠 마우스의 경우 가운데 휠을 회전하여 확대/축소할 수 있다. 휠 마우스와 같은 입력 도구를 사용하지 않으면 Zoom 명령을 이용하여 전체 보기, 상세 보기, 특정 구역 보기 등과 같은 기능을 수행할 수 있다.

화면 내의 형상의 이동은 Pan 명령에 의해 작동되는데 마우스를 사용하는 경우에는 휠 버튼을 누르면 이동 상태가 되어 마우스의 움직임에 따라 화면의 형상 위치를 조정할 수 있다.

Zoom과 Pan과 같은 확대 및 이동 명령은 형상의 선택에 무관하게 작업 공간상의 형상들 위치, 즉 좌표 정보가 바뀌는 것이 아니라 형상을 바라보는 설계자의 시각이 바뀌는 것이다.

## 3.2 설계 의도 수립

실제 설계 과정에서는 설계 전 설계 대상 및 주어진 정보에 대한 분석이 선행되는 설계 의도를 수립하는 과정이 있다. 그리고 이후의 실제 설계 작업은 절차적인 면에서 보자면 도면을 생성하는 과정이다. 즉, 도면은 설계의 최종 결과물이라고 볼 수 있다. 그러므로 일상적인 도면을 보고서 2D CAD 시스템을 통하여 도면을 생성하는 경우는 종이 도면을 디지털 정보로 옮기거나 다른 설계를 위한 참고 용도로 활용하기 위해 형상을 모델링 하는 특별한 경우라고 볼 수 있다.

하지만 AutoCAD와 같은 2D CAD 시스템의 학습 단계에서는 시스템의 기능적 학습을 위해 도면 3-1. 과 같은 설계 결과물의 도면을 이용하게 된다.

또한, 도면은 설계자가 구성한 그리고 의도한 정보가 포함된 제품의 결과물이라는 측면에서 2D CAD 시스템의 학습자는 구현하고자 하는 대상에 대해 먼저 정확하게 이해하고 기능적 학습을 진행할 필요가 있다. 실제 설계 작업에서는 이러한 설계 대상이 수치적인 사양이나 간략한 스케치로서의 정보가 설계자에게 제공된다. 혹은 이미 존재하는 실물 대상을 참고로 설계를 진행하는 때도 있다.

## 3.3 기본 형상 모델링



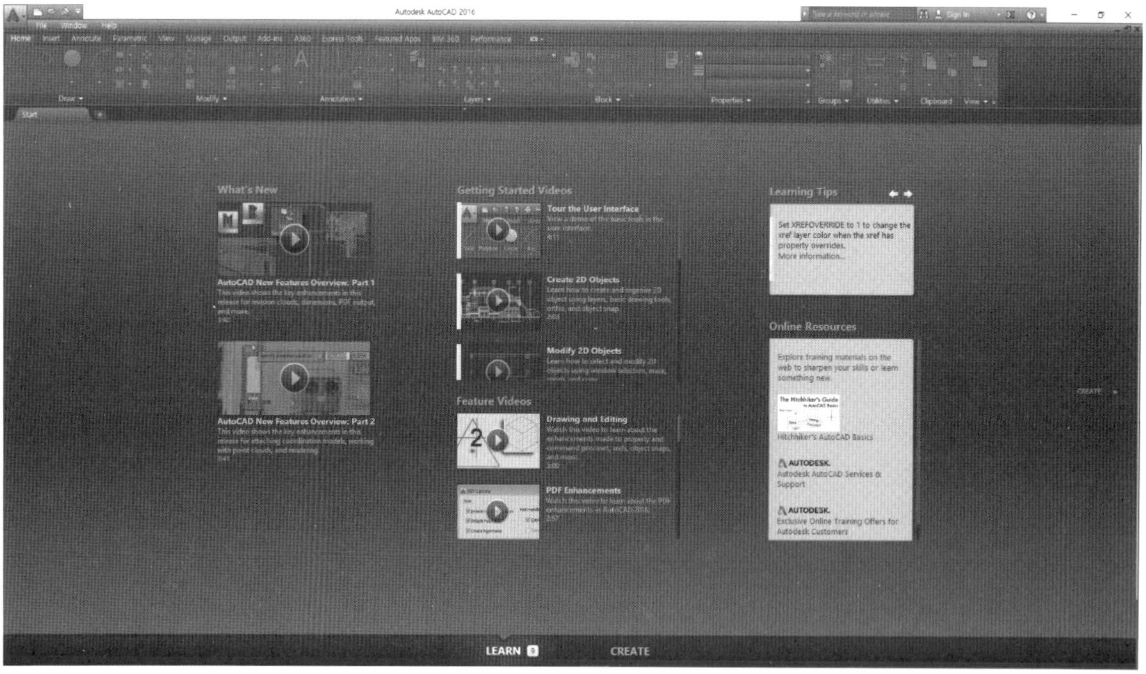


그림 3-1 AutoCAD에서 새로운 작업을 시작하기 위해 메뉴에서 File > New(파일 > 새로 만들기)를 선택한다.

AutoCAD의 설정에 따라 다르지만, 일반적으로 작업을 시작하기 전에 템플릿 파일을 선택할 수 있다. 템플릿 파일은 AutoCAD에서 제도 작업에 자주 사용되는 형상이나 설정 혹은 프레임 등을 정의해두고 항상 사용하는 용도로 지정할 수 있다.

또한, 여러 개의 파일로 구성된 설계 작업을 위해 이에 대한 구성이 정의된 프로젝트를 시작할 수 있다.

도면 작업의 시작은 설계자의 수만큼이나 다양한 방식이 있다고 할 수 있지만 대략 보자면 형상을 직접 그리는 경우와 생성과 형상을 그리기 수월하도록 미리 기준 형상을 먼저 그리는 경우로 나뉠 수 있다. 어떤 경우는 설계자는 제도 대상을 명확하게 파악하여 적절한 방식을 선택할 수 있도록 하고 대상에 대한 이해는 물론 전체 작업에 걸리는 시간과 절차를 검토할 필요가 있다.

본 예제에서는 제도 작업을 위해 전체 형상의 뼈대로 사용할 참고용 수직, 수평선을 그리고 그 기반에서 형상을 다듬어 가는 과정으로 진행하고자 한다. 먼저 형상 모델링의 기준으로 사용할 기준점을 정하고 그 기준점을 통과하는 기준 수직선과 수평선을 그린다.

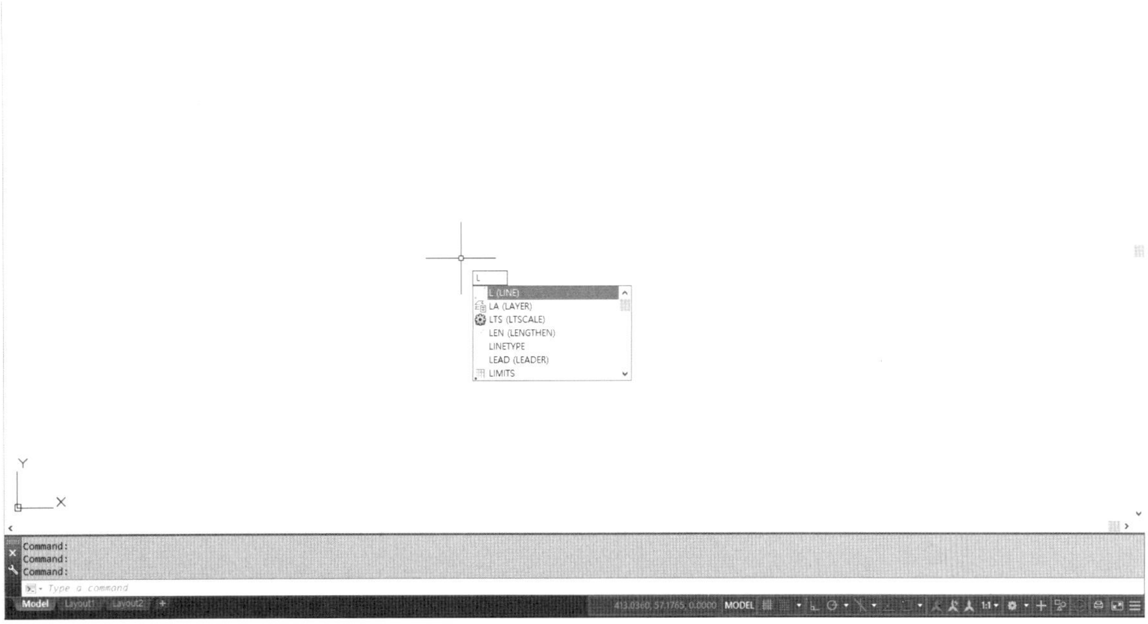


그림 3-2 선 그리기 명령은 메뉴에서 Draw > Line(그리기 > 선)을 이용하여 작업의 기준선을 생성한다.

직선은 두 개의 점을 연결하므로 써 생성된다. 그래서 명령어를 사용하여 두 점의 좌표 정보를 입력하거나 시작점을 기준으로 거리와 각도 값을 입력할 수도 있다. 일반적으로는 마우스를 이용하여 시작점을 지정하고 두 번째 점을 지정한다.

그림 3-3 Line(선) 명령을 이용하여 임의 점을 시작점으로 하는 형상 치수를 기준점을 중심으로 임의 길이의 수직선과 수평선을 그린다.

기준점을 중심으로 기준선을 그리기 위해, 시작점 혹은 끝점이 기준점을 약간 지나는 직선을 생성한다. 예에서는 기준점을 시작점으로 하여 위에서 아래로 수직선을, 왼쪽에서 오른쪽으로 수평선을 생성한다.

▶ 수직선(세로선) 생성

메뉴: Draw 〉 Line(그리기 〉 선)
마우스: 시작점(위 지점) 〉 끝점(아래 지점) 〉 [ENTER]

▶ 수평선(가로선) 생성

메뉴: Draw 〉 Line(그리기 〉 선)
마우스: 시작점(왼쪽 지점) 〉 끝점(오른쪽 지점) 〉 [ENTER]

그림 3-4 이미 생성된 형상을 복사하는 방법으로 새로운 형상을 생성하기 위해 메뉴의 Modify(수정)에서 Offset(간격띄우기) 명령을 선택한다.

직선을 비롯한 도면 형상들을 직접 그리는 것이 일반적인 제도 방법이지만 가능한 한 같은 혹은 참고할 수 있는 형상으로부터 생성, 즉 복사하는 방법을 사용하므로 써 작업의 효율을 높일 수 있다. 특히 반복적으로 사용되는 형상의 생성에 효율적이다.

예에서는 생성된 수직선과 수평선을 이용하여 일정 간격 간 띄워져 형상을 복사하는 Offset(간격띄우기)을 사용한다.

그림 3-5 Offset(간격띄우기) 명령을 사용하여 복사할 거리, 즉 띄워서 복사할 거리 정보를 입력한 후 복사할 형상을 선택으로 진행된다.

Offset(간격띄우기) 명령을 사용하여 수직참조선(세로선)을 복사한다. 간격 값 20 mm를 입력하고 수직참조선(세로선)을 선택하고 마우스를 사용하여 복사 방향(오른쪽)을 지정한다. 명령 종료를 위해 [ESC] 혹은 [ENTER]를 입력한다.

메뉴: Modify 〉 Offset(수정 〉 간격띄우기)
입력: 20
마우스: 원본 형상(수직선) 선택 〉 원본 형상 기준 복사 방향(오른쪽) 영역 지정

이어서 같은 방식으로 원본 수직선 기준으로 간격 12 mm 거리로 Offset(간격띄우기) 명령을 실행한다.

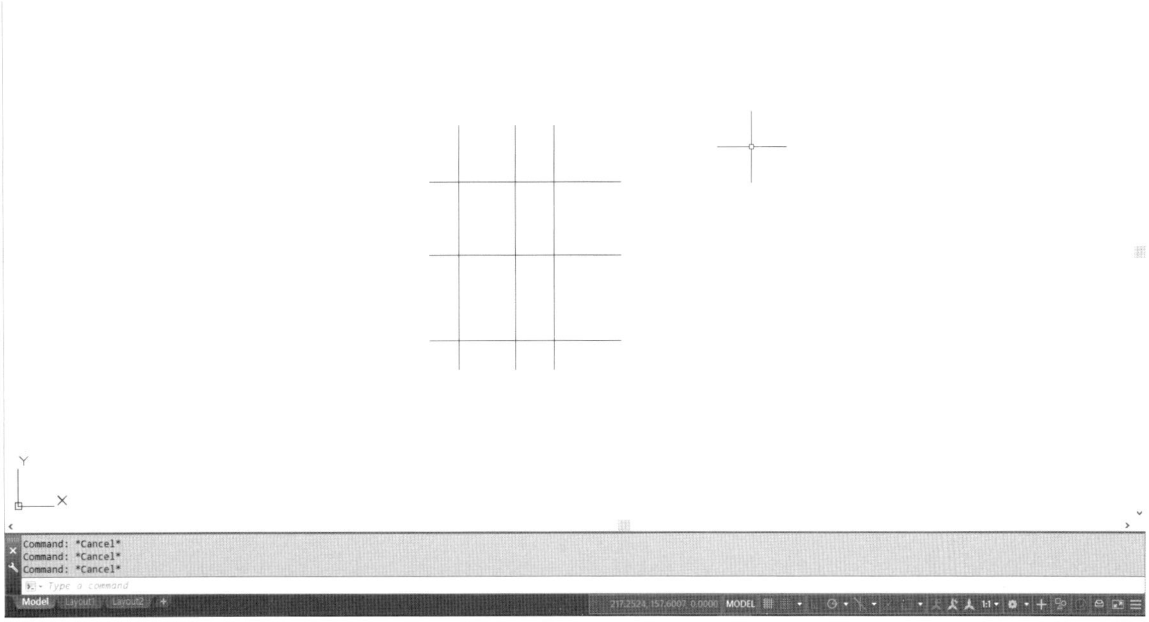


그림 3-6 Offset(간격띄우기) 명령을 반복하여 형상의 수평 참조선을 그린다.

이전의 예와 같이 수평선을 Offset(간격띄우기) 명령을 이용하여 필요한 수평 참조선(가로선)으로 복사한다.

메뉴: Modify 〉 Offset (수정 〉 간격띄우기)
입력: 32.5
마우스: 원본 형상(수평선)선택 〉 원본 형상 기준 복사방향(위쪽) 영역 지정

이어서 같은 방식으로 원본 수평선 기준으로 간격 17 mm 거리로 Offset(간격띄우기) 명령을 실행한다.

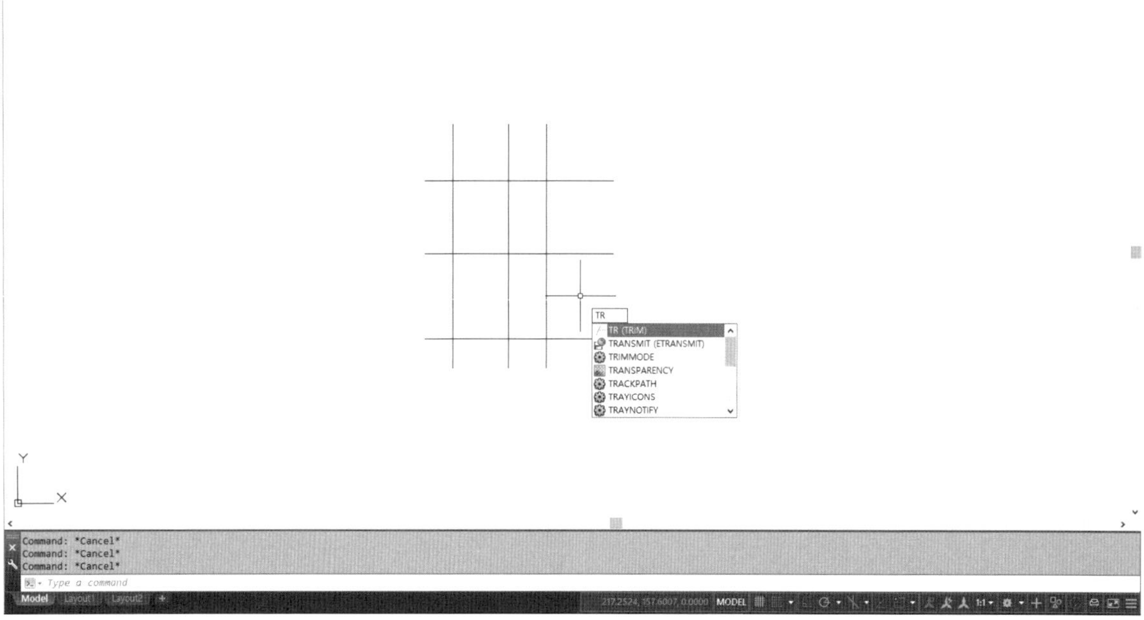




그림 3-7 참조 기준선 구성이 완료된 후, 형상을 표현할 수 있도록 필요 없는 부분을 잘라내기 위해 Trim(자르기) 명령을 선택한다.

Trim(자르기) 명령은 기본적인 형상 수정 및 정리를 위한 명령으로서 그 효율적 기능에 의해 AutoCAD에서 사용 빈도가 가장 높은 명령의 하나이다.

AutoCAD에서의 형상 선택은 지정된 형상을 마우스로 개별 선택하거나 마우스로 드래그하여 사각형 영역을 지정하므로 써 영역 내 형상을 모두 선택한다. 이때 마우스를 왼쪽에서 오른쪽으로 드래그하면 생성된 사각형 영역(실선 형태)에 전체 형상이 포함된 대상만 선택되지만, 오른쪽에서 왼쪽으로 드래그하면 사각형 영역(점선 형태)에 걸쳐진 형상도 선택 된다.

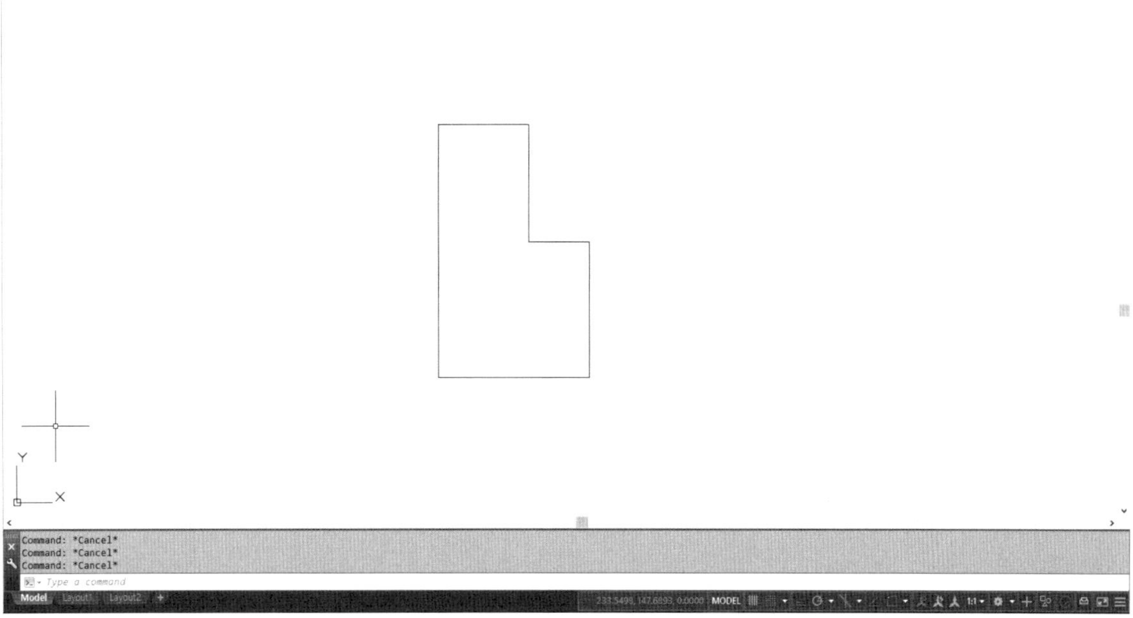

그림 3-8 Trim(자르기) 명령으로 제거하고자 하는 부분을 포함한 형상이나 영역을 선택한 후, 제거하고자 하는 부분을 선택하여 제거하므로 써 예의 형상을 완성한다.

Trim(자르기) 명령을 사용하여 영역 내 형상 선택을 완료한 후(ENTER 입력), 제거 혹은 정리하고자 하는 부분을 마우스로 클릭하거나 드래그하여 영역 내 대상을 일괄 제거할 수 있다. 이때 제거의 기준은 다른 형상 간의 교차점을 기준으로, 마우스로 선택되거나 드래그 영역 내에 전체 형상이 부분이 제거된다.

메뉴: Modify 〉 Trim(수정 〉 자르기)
마우스: 제거 대상 형상 선택(드래그) 후 [ENTER]
정리 대상 부분 선택(드래그)

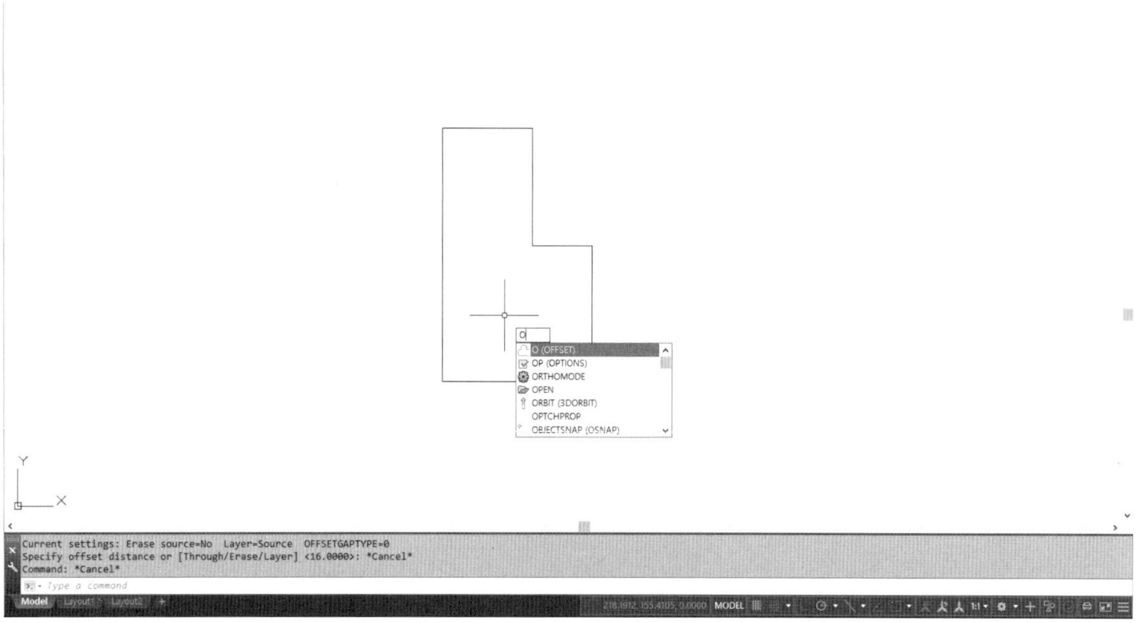


그림 3-9 Offset(간격띄우기) 명령을 이용하여 도면 정보의 내부 형상 간 거리 정보를 참고하여 참조선을 그린다.



이전 명령을 다시 실행하기 위해 [ENTER]를 입력하거나 Offset(간격띄우기) 명령을 실행하여 내부 참조선을 생성한다.

▶ 수평선 복사

메뉴: Modify 〉 Offset(수정 〉 간격띄우기)
입력: 16
마우스: 원본 형상(맨 아래 수평선) 선택 〉 원본 수평선 기준 윗 방향 지정

메뉴: Modify 〉 Offset(수정 〉 간격띄우기)
입력: 15
마우스: 원본 형상(맨 아래 수평선) 선택 〉 원본 수평선 기준 윗 방향 지정

메뉴: Modify 〉 Offset(수정 〉 간격띄우기)
입력: 10
마우스: 원본 형상(맨 아래 수평선) 선택 〉 원본 수평선 기준 윗 방향 지정

▶ 수직선 복사

메뉴: Modify 〉 Offset(수정 〉 간격띄우기)
입력: 1
마우스: 원본 형상(맨 좌측 수직선) 선택 〉 원본 수직선 기준 오른쪽 방향 지정

메뉴: Modify 〉 Offset(수정 〉 간격띄우기)
입력: 9
마우스: 원본 형상(맨 좌측 수직선) 선택 〉 원본 수직선 기준 오른쪽 방향 지정

메뉴: Modify 〉 Offset(수정 〉 간격띄우기)
입력: 17
마우스: 원본 형상(맨 좌측 수직선) 선택 〉 원본 수직선 기준 오른쪽 방향 지정

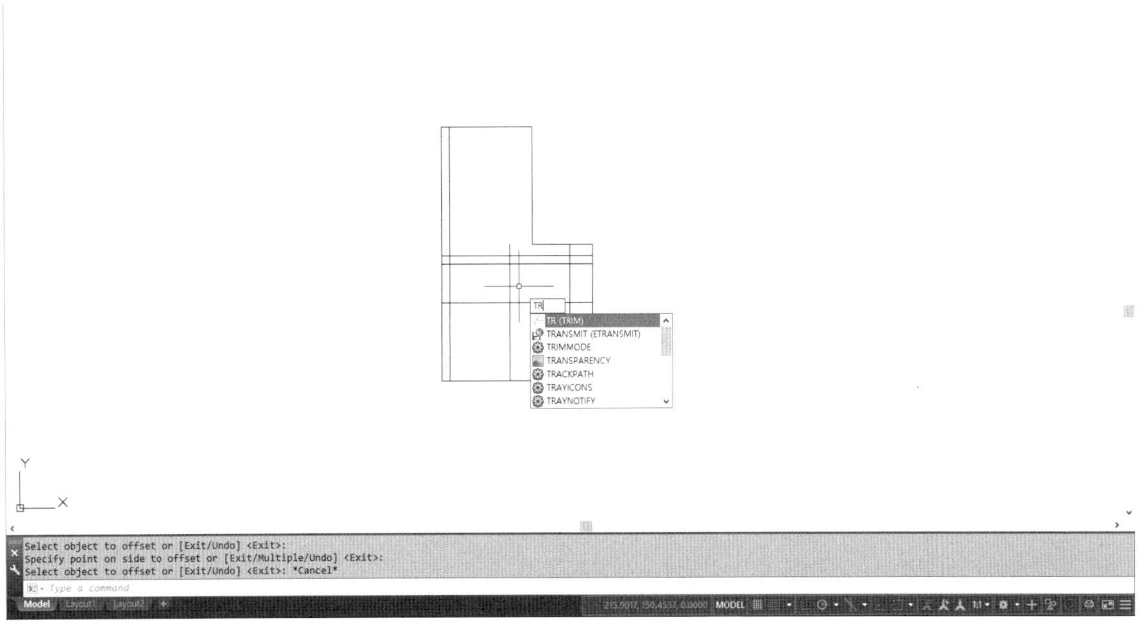


그림 3-10 Offset(간격띄우기) 명령을 이용하여 내부 참조선을 완성한 후 Trim(자르기) 명령을 사용하여 내부 형상을 정리한다.

메뉴: Modify 〉 Trim(수정 〉 자르기)
마우스: 내부선 전체 선택 후 [Enter], 삭제 부분 선택(또는 드래그)로 제거

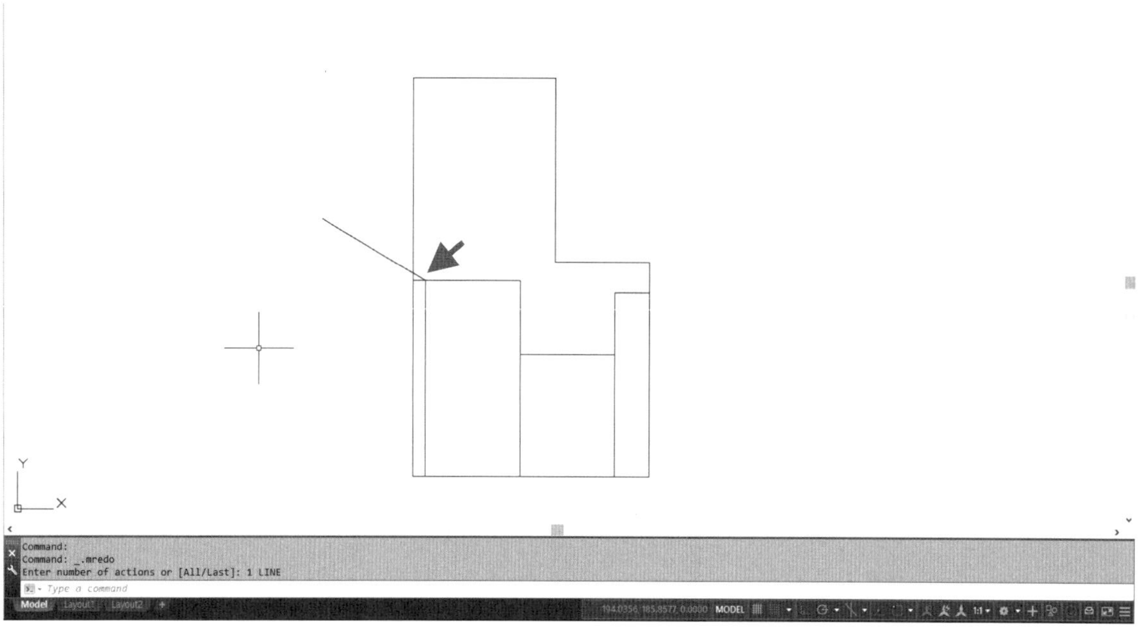


그림 3-11 Line(그리기) 명령으로 수직 혹은 수평 직선이 아닌 각도를 가진 사선을 생성한다.

일반적인 수직, 수평 직선 이외 AutoCAD에서는 극좌표 방식을 이용하여 특정 각도의 사선을 생성할 수 있다. 예에서는 기준점에서 150도 방향으로 길이 10인 사선을 생성한다.

메뉴: Draw 〉 Line(그리기 〉 선)
마우스: 시작점(화살표 지점) 선택 후, @10〈150 입력

길이 앞에 @ 기호는 상대 치수(거리)를 의미하며 〈 기호는 이후 각도를 의미한다.

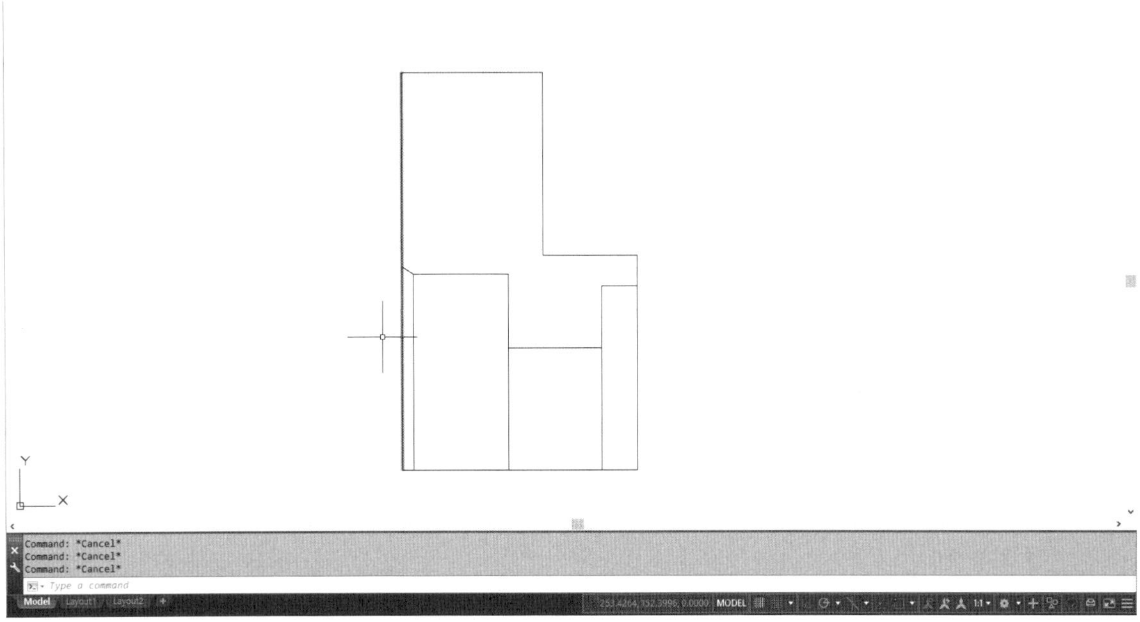


그림 3-12 Trim(자르기) 명령을 이용하여 형상을 벗어난 부분을 삭제한다.

형상 정리를 위해 Trim(자르기) 명령을 사용하여 형상을 벗어난 사선 부분을 제거한다.

메뉴: Modify 〉 Trim(수정 〉 자르기)
마우스: 제거 영역 혹은 정리를 위한 기준선(맨 좌측 수직선) 선택 후 [Enter], 형상 기준선 바깥 돌출 부분 선택 하여 제거.

일반적으로 Trim(자르기) 명령은 모든 영역과 대상을 선택한 후 진행하는 방식이었으나 최근에는 기준선이나 일부 영역만을 선택하거나 혹은 전체 형상을 선택한 후 제거 대상만 정리할 수도 있다.

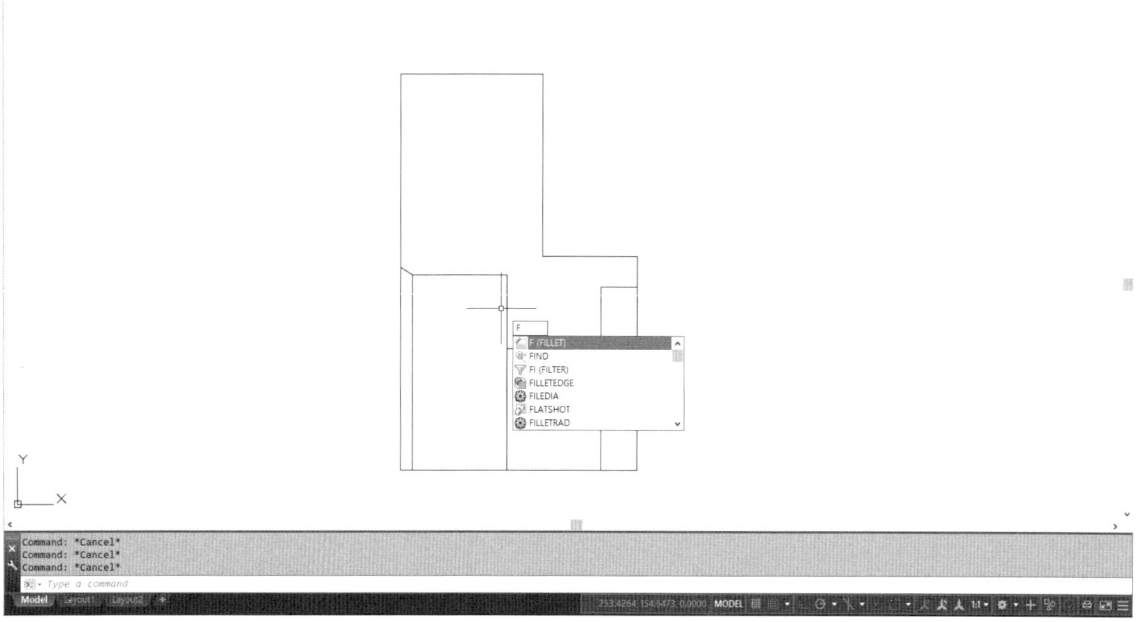


그림 3-13 Fillet(모깍기) 명령을 사용하여 예의 모서리 부분을 부드러운 라운드-스타일의 모깍기 형상으로 수정한다.

평행하지 않은 두 직선으로 연결될 수 있는 각진 형상을 부드러운 곡선 호 형상으로 변형시키기 위해 Fillet(모깍기) 명령을 사용할 수 있다.

Fillet(모깍기) 명령을 두 직선에 내접하는 원에 의해 직선 부분이 곡선 부분으로 변형되는 방식이기 때문에 내접하는 원의 반지름이 필요하다.

Fillet(모깍기) 명령을 수행 후 두 직선을 선택한 후 반지름을 입력하거나 혹은 반지름을 먼저 입력한 후 두 직선을 선택하므로 써 명령이 완료된다. 첫 번째 직선을 선택한 후 두 번째 직선을 선택하기 위해 마우스를 대상 직선에 가져가면 최종 형상이 미리 보기로 나타난다.

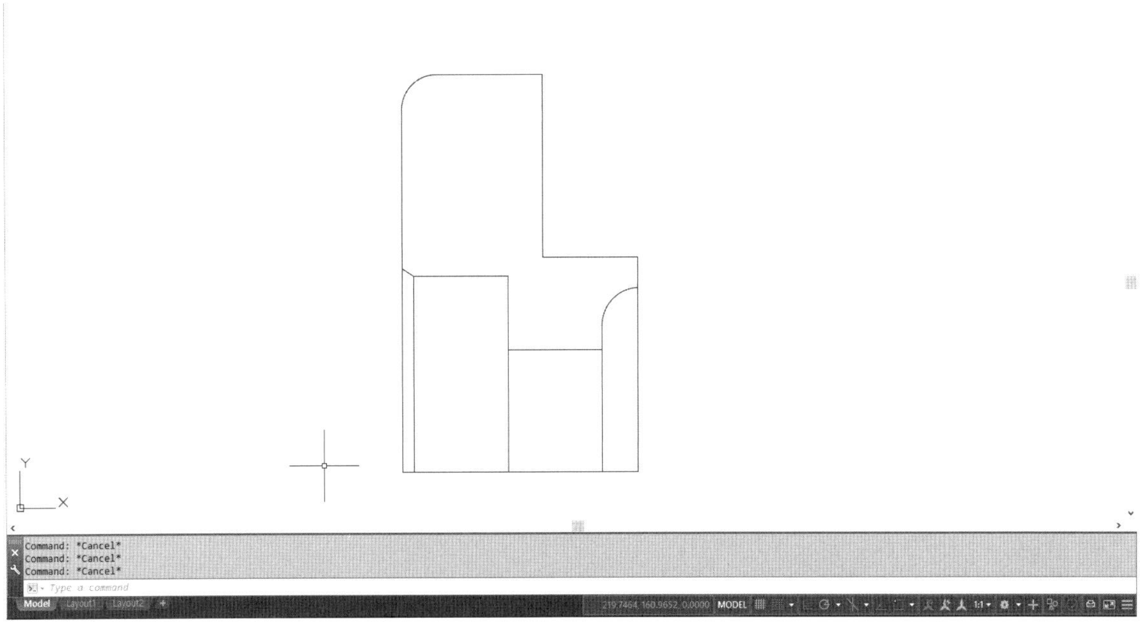


그림 3-14 Fillet(모깍기) 명령을 사용하여 반경 값을 3 mm를 적용한 형상이다.

메뉴: Modify 〉 Fillet(수정 〉 모깍기)
내부 메뉴: R(반지름) 선택 후 3 입력
마우스: 교차 혹은 접하는 두 개의 선 선택

Fillet(모깎기) 명령은 예의 직선 간 연결은 물론 직선과 곡선 그리고 곡선 간으로 연결될 수 있는 부분에도 적용할 수 있다.

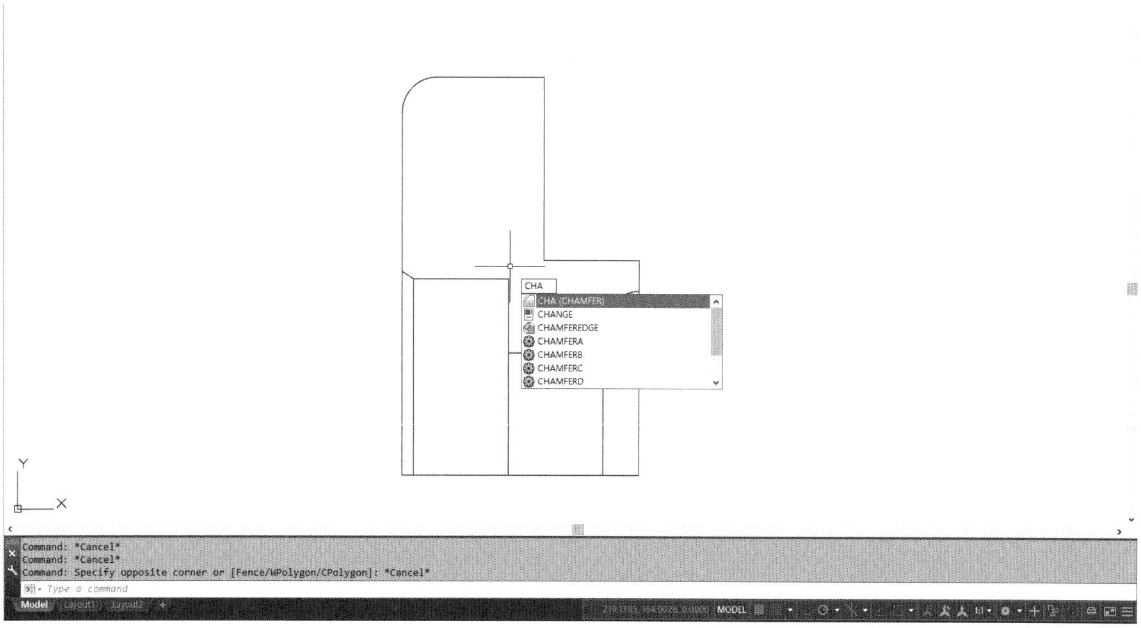

그림 3-15  Chamfer(모따기) 명령을 이용하여 모서리 부분을 모따기 형상으로 수정한다.



앞의 Fillet(모깍기) 명령이 두 직선을 부드럽게 연결하는 용도로 적용할 수 있는 것에 비해 Chamfer(모따기) 명령은 두 직선 가운데를 직선으로 연결하는 형식으로 사용된다. Fillet 명령과 달리 개별 직선 부분의 끝점에서 지정된 길이만큼 지난 부분에서 연결된다.

메뉴: Modify 〉 CHAMFER(수정 〉 모따기)
내부 메뉴: D(거리) 선택
첫 번째 모따기 거리: 1
두 번째 모따기 거리: 1
마우스: 코너에서 만나는 두 개의 선 선택

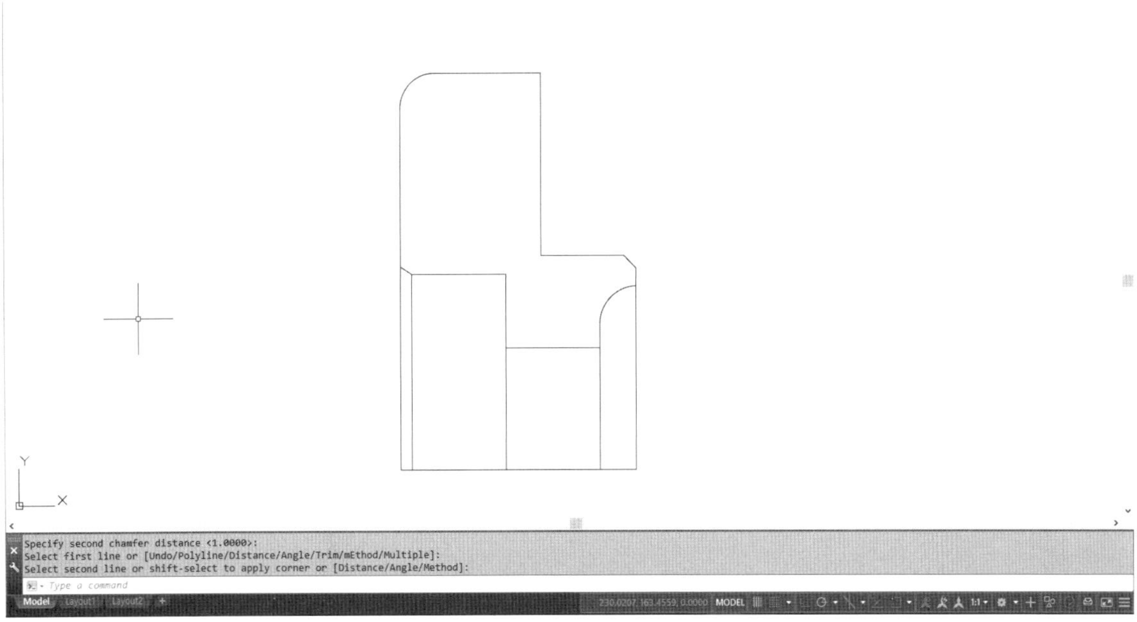

그림 3-16 Chamfer(모따기) 명령을 사용하여 모따기 길이를 1 mm로 지정하여 완료한 형상이다.



형상의 상부 형상을 모델링 하기 위해 참조선을 생성한다. 이전 예에서와 같이 Offset(간격띄우기) 명령을 이용하여 필요한 거리만큼 기준 형상을 복사한다.

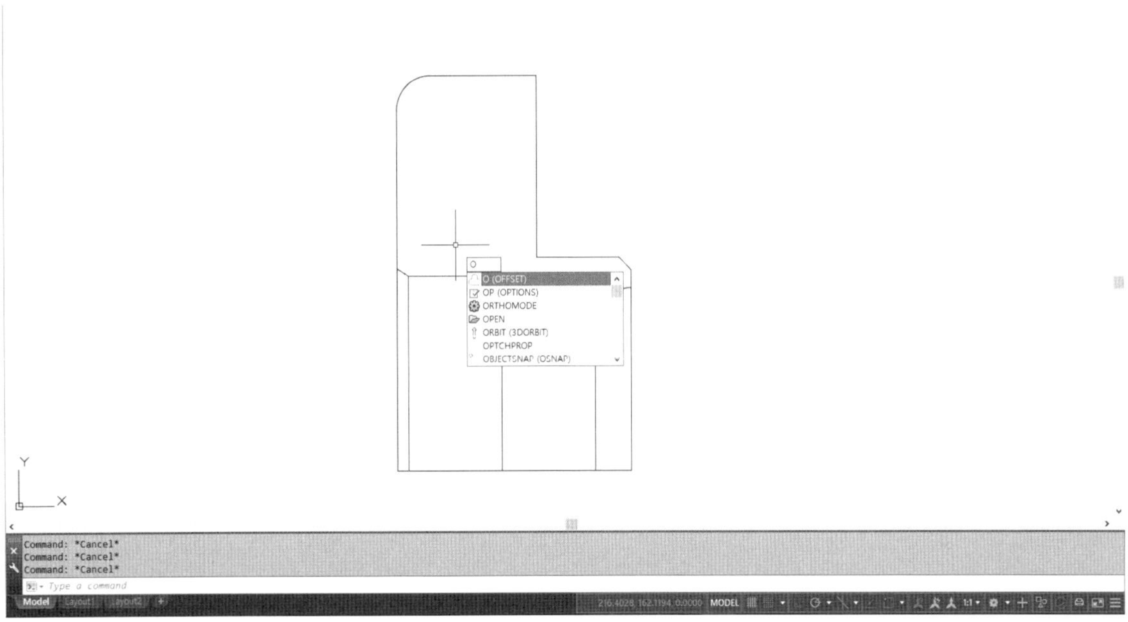

그림 3-17 형상의 상단부에 연결 구멍을 그리기 위해 Offset(간격띄우기) 명령을 이용하여 참조선을 만든다.

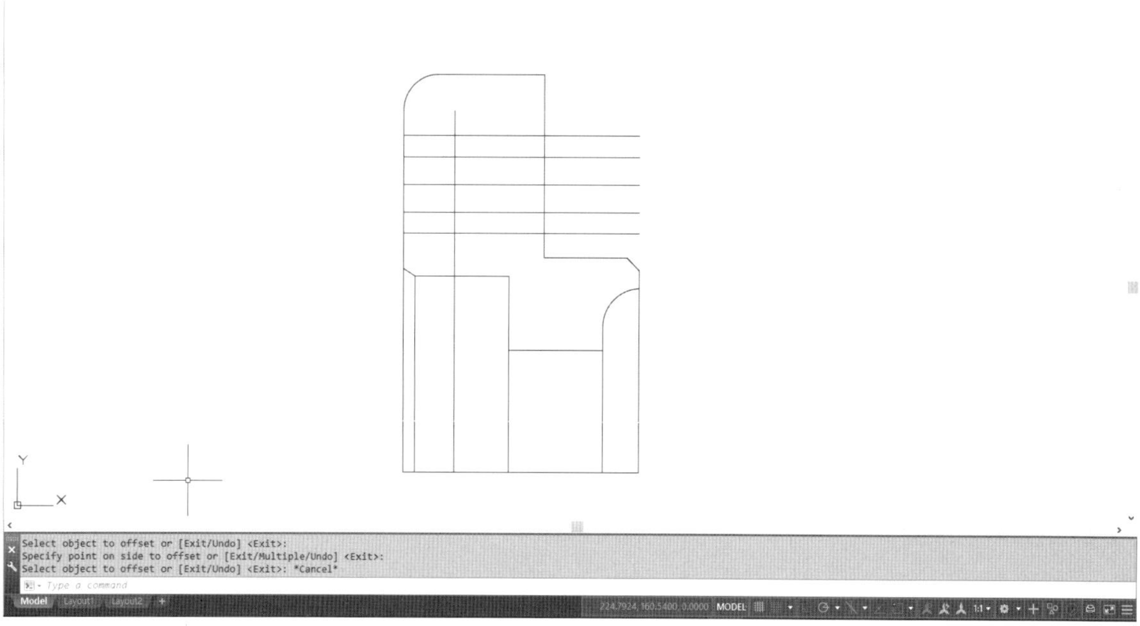


그림 3-18 Offset(간격띄우기) 명령을 사용하여 상단부 형상을 생성하기 참조 기준선을 그린다.



▶ 볼트 홀 제도 작업을 위한 수평선(가로선) 복사

메뉴: Modify 〉 Offset(수정 〉 간격띄우기)
입력: 23.5
마우스: 원본 형상(맨 아래 수평선)선택 후 원본 형상 기준 위 방향 지정

메뉴: Modify 〉 Offset(수정 〉 간격띄우기)
입력: 2.25
마우스: 볼트 홀 구멍 중심선(구멍 수평선)선택 〉 중심선 기준 위 방향 지정 후 다시 볼트 구멍 중심선(구멍 수평선)선택 〉 중심선 기준 아래 방향 영역 지정

메뉴: Modify 〉 Offset(수정 〉 간격띄우기)
입력: 4
마우스: 볼트 홀 구멍 중심선(구멍 수평선)선택 〉 중심선 기준 위 방향 영역 지정 후 다시 볼트 홀 구멍 중심선(구멍 수평선) 선택 〉 중심선 기준 아래 방향 영역 지정

▶ 볼트 제도 작업을 위한 수직선(세로선)복사

메뉴: Modify 〉 Offset(수정 〉 간격띄우기)
입력: 4.4
마우스: 원본 형상 기준 수직선(맨 좌측 수직선)선택 후 원본 형상 기준 수직선에서 오른쪽 지정

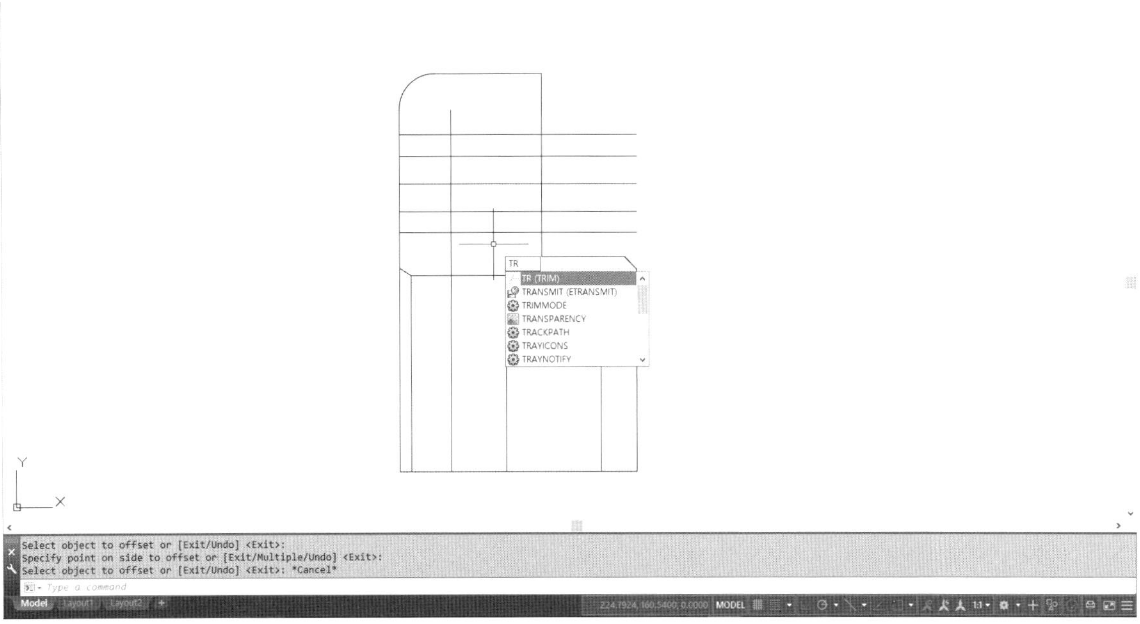


그림 3-19 Trim(자르기) 명령을 사용하여 형상을 벗어난 부분과 내부의 교차 선을 정리한다.



메뉴: Modify 〉 Trim(수정 〉 자르기)
마우스: 전체 선택 후 돌출 부분 선택(또는 드래그) 제거

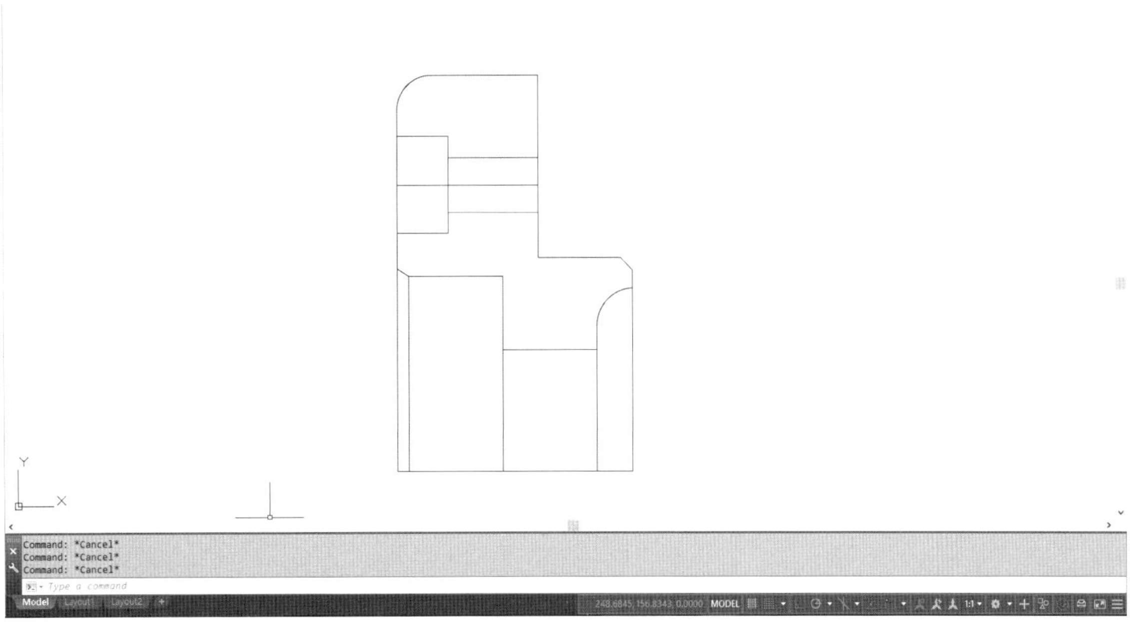


그림 3-20 Offset(간격띄우기)과 Trim(자르기) 명령을 이용하여 예의 형상을 마무리한다.

이상과 같이 직선으로 구성한 대부분의 형상들은 Offset(간격띄우기) 명령과 Trim(자르기) 명령의 반복적 사용을 통하여 구성해 나갈 수 있다.

이후 작업에서는 AutoCAD의 Layer(도면층) 기능을 이용하여 각 형상의 용도에 따라 구분하여 관리할 수 있는 환경을 구성한 후 계속 진행하고자 한다.



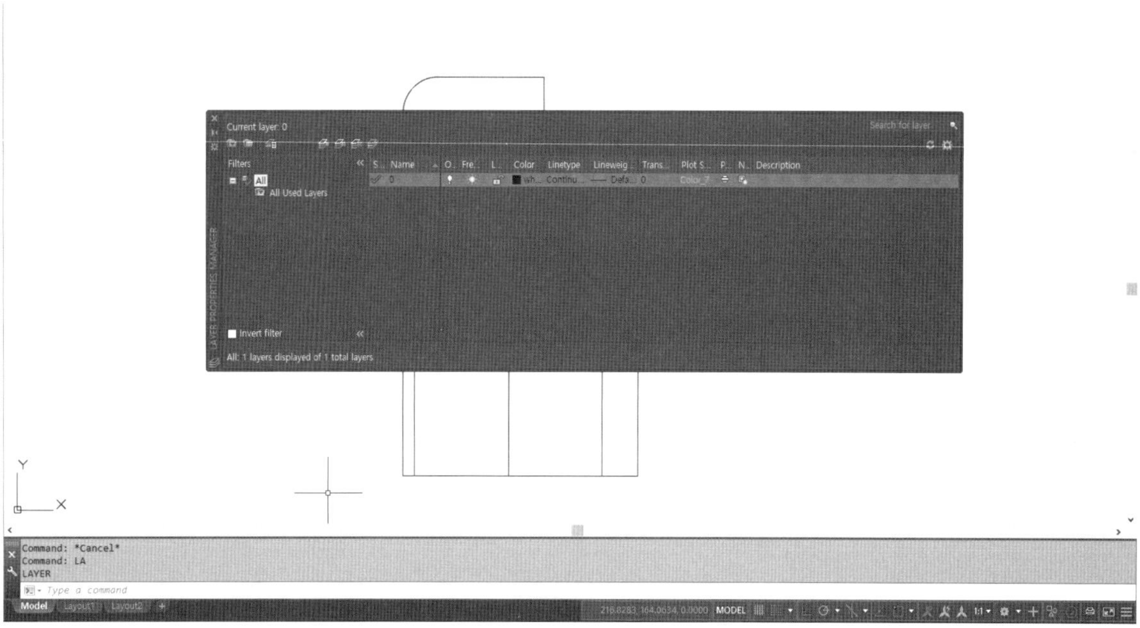

그림 3-21 Layer(도면층 특성) 명령을 사용하여 형상 요소의 색상, 선 형태 등을 관리할 수 있도록 한다.

AutoCAD는 도면의 여러 형상을 효율적으로 관리하기 위해 Layer(도면층)를 사용한다. 각 Layer는 색상, 선 형태, 선 두께 및 출력 여부 등을 설정할 수 있다. 기본적으로 AutoCAD의 모든 기하 요소는 반드시 하나의 Layer에 존재하며, 개별 Layer 설정 부분이 없는 경우는 기본 Layer에 지정되게 된다.

설계자는 AutoCAD의 Layer Properties Manager(도면층 특성 관리자)를 사용하여 필요에 따라 Layer를 생성하고 삭제할 수 있지만, AutoCAD의 기본 Layer의 이름은 0으로 설정되어 있으며 삭제할 수 없다. 또한, 형상이나 치수 등 기하 요소가 존재하는 Layer 역시 삭제될 수 없다.

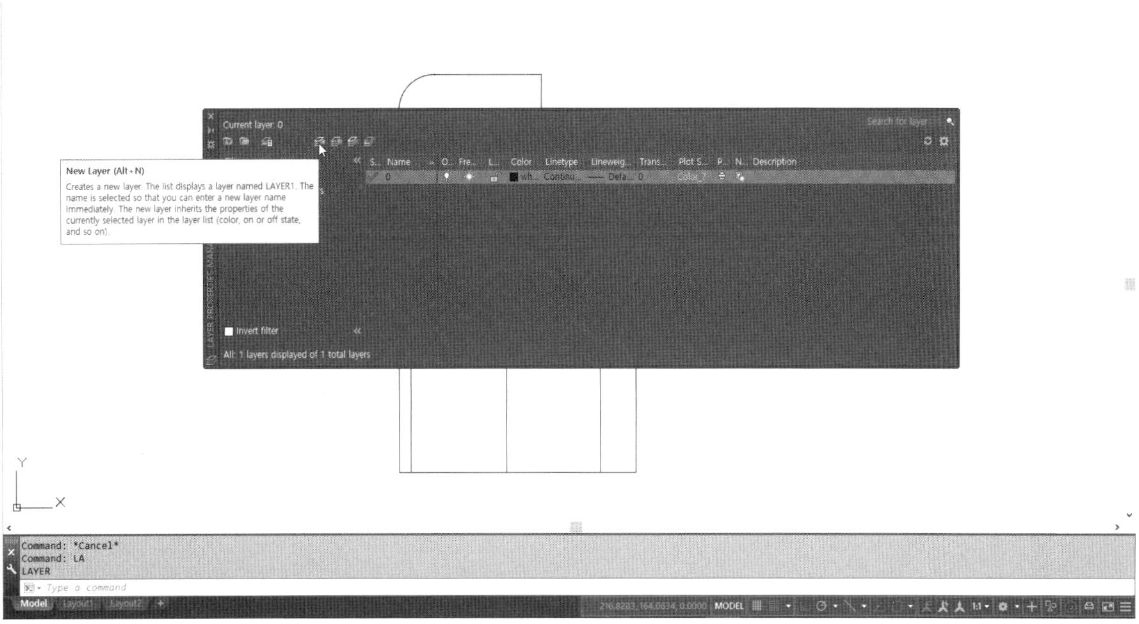

그림 3-22 새로운 Layer(도면층)의 생성

Layer Properties Manager(도면층 특성 관리자)의 상단 메뉴에서 New Layer(새 도면층)를 선택하여 새로운 Layer(도면층)를 생성한다. 새로 생성된 Layer는 AutoCAD의 기본 Layer와 같은 설정으로 나타난다.

예에서는 도면의 중심선 등을 표시하기 위한 새로운 Layer(도면층)를 만들고 이름을 CENTER로 수정하고 사용되는 선의 형태를 필요한 형식으로 바꾼다.

메뉴: Format 〉 Layer(형식 〉 도면층)
마우스: New Layer(새 도면층) 선택
마우스: 새 Layer(도면층)의 이름을 선택하고 CENTER로 수정

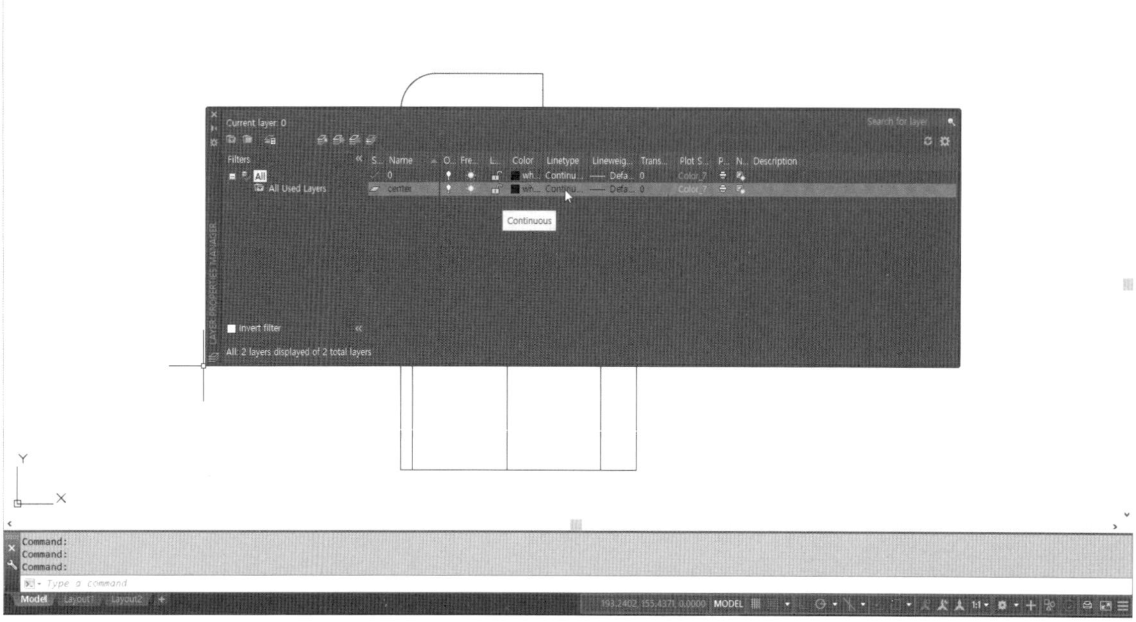

그림 3-23 중심선을 위한 Layer(도면층) 설정



AutoCAD에서는 모든 형상의 선이 기본적으로 연속 직선이므로 이를 일점쇄선 형태의 중심선으로 바꾸기 위해서는 Linetype(선 형태) 부분을 클릭하여 새로운 선을 선택할 수 있도록 한다.

마우스: Linetype(선 형태)의 Continuous 선택

그림 3-24  Lintype(선 형태) 변경을 위한 화면



화면에 나타난 여러 종류의 선 형태 가운데 CENTER라는 이름을 가진 일점 쇄선 형태를 선택하고자 한다. 만일 원하는 선이 없는 경우 Load(로드)를 이용하여 필요한 선 형태를 가져와서 선택할 수 있도록 한다.

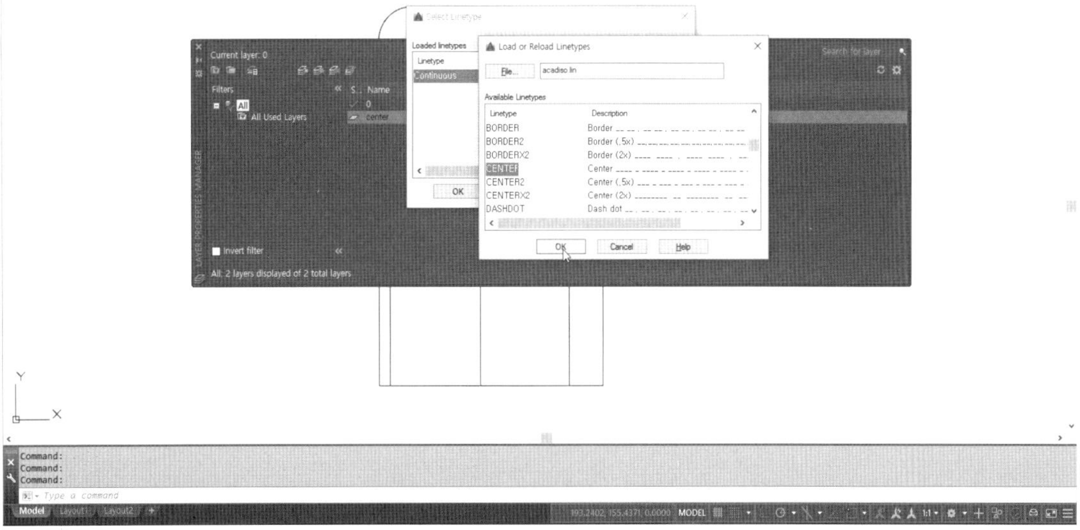

그림 3-25  새로운 Linetype(선 형태) 호출

마우스: Load of Reload Linetypes에서 CENTER 선택, OK

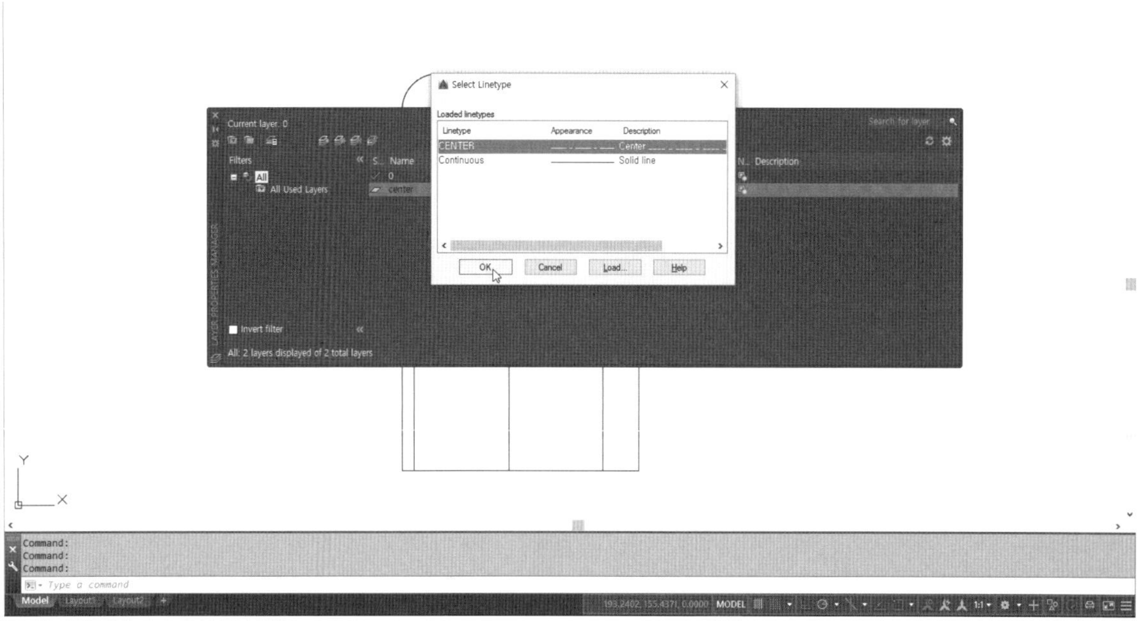


그림 3-26 추가된 Linetype(선 형태) CENTER를 선택한다.



마우스: Select Linetype(선 종류 선택)에서 CENTER 선택, OK

이 과정으로 CENTER Layer의 선 형식이 일점쇄선으로 변경되었다.

선의 형태가 연속 직선에서 일점쇄선 형식의 중심선으로 바꾼 것과 마찬가지로 색상도 변경할 수 있다.

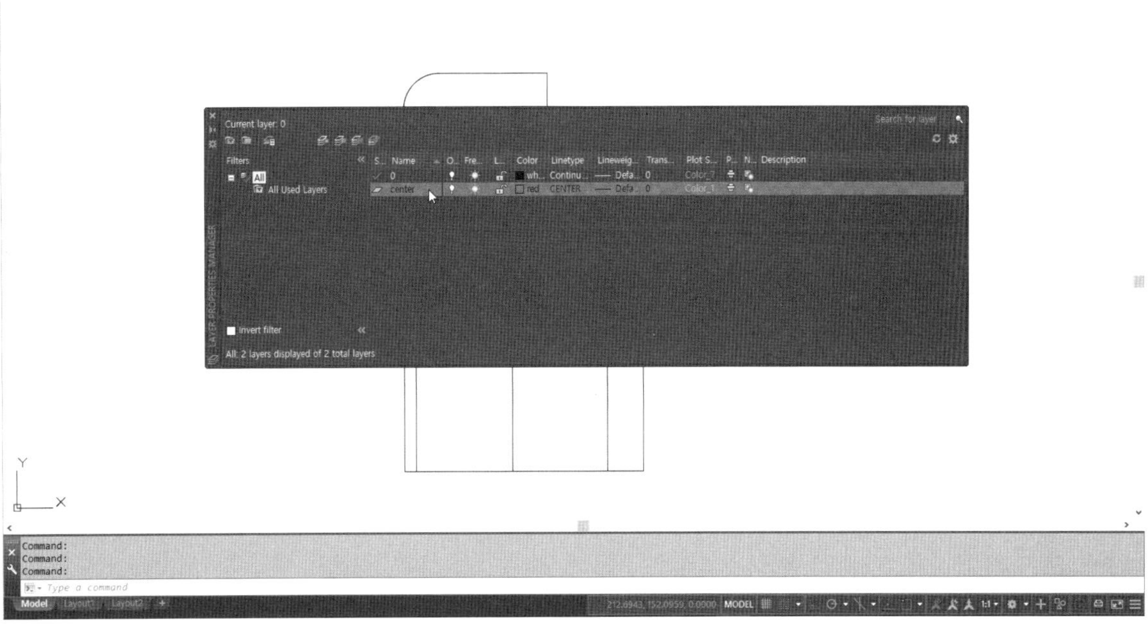

그림 3-27 Linetype(선 형태)과 Color(색상)가 변경된 CENTER Layer(도면층)



예에서는 색상을 RED(빨간색)로 변경하였다. 이후 해당 Layer(도면층)로 놓이는(옮겨지는) 형상들은 별도 색상 혹은 선 형태가 설정되어 있지 않으면 모두 빨간색의 중심선으로 표시되게 된다.

마우스: Color 항목의 네모 색상 상자 선택
마우스: Select color의 Red 선택, OK

이상의 과정으로 Layer(도면층)의 생성과 선 형식 및 색상 변경을 완료한다.

마우스: Layer(도면층) 왼쪽 위의 Close(닫기) 선택

변경된 Layer(도면층)를 이용하여 해당하는 형상을 옮기는 작업을 진행한다.

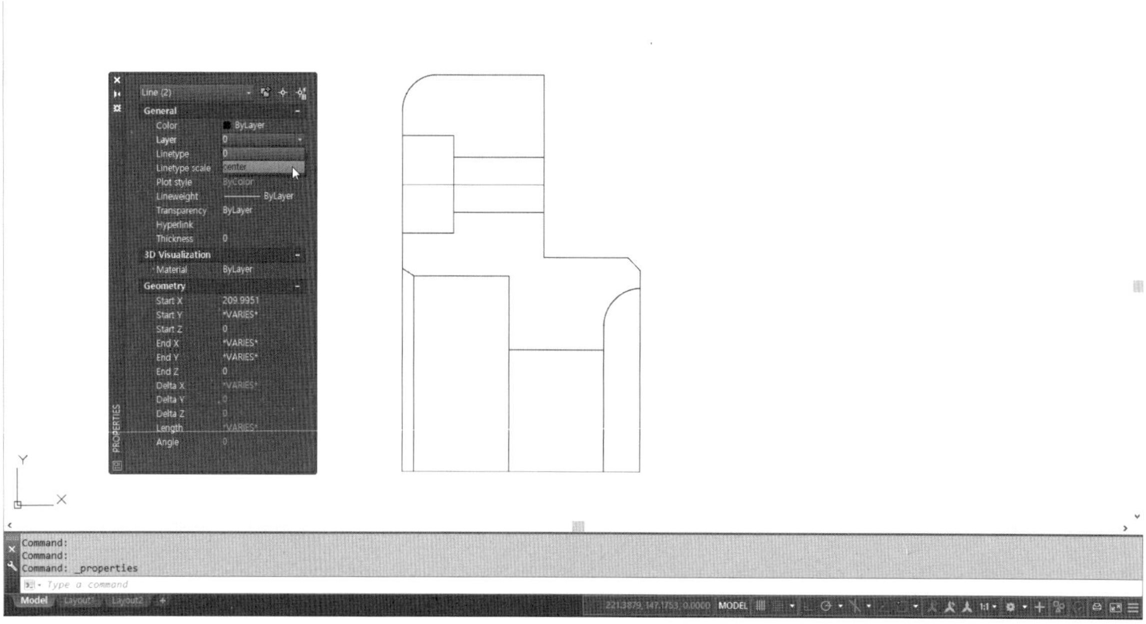

그림 3-28 형상의 Layer(도면층) 변경[Ctrl+1]



AutoCAD에서 형상의 특성을 변경하기 위해 형상의 각 특성 항목을 직접 설정하거나 특징 Layer(도면층)로 옮김으로써 해당 Layer의 특성에 종속되도록 할 수 있다.

형상의 특성을 보기 위해서는 해당 형상을 선택한 후 Properties(특성) 화면을 통하여 변경할 수 있다.

예에서는 부품 중심선과 볼트 홀 중심선 Properties(특성)를 CENTER Layer로 지정한다. 만일 선택한 선이 개별적으로 별도의 색상이 설정되어 있지 않다면 설정한 형상은 빨간색의 중심선으로 바뀌게 된다.

메뉴: Modify 〉 Properties(수정 〉 특성)
마우스: Properties(특성)를 변경할 중심선 2개 선택 후, Properties 화면의 Layer(도면층) 항목을 선택하여 CENTER로 지정

하지만 색상은 빨간색으로 바뀌었지만 선 형태는 의도와 달리 일점쇄선이 아닌 연속 직선으로 유지될 수도 있다. 이러한 경우는 대개 선의 스케일이 현재 화면에 비해 큰 차이가 있으므로 발생하는 문제로 볼 수 있다. 이럴 때는 Properties(특성) 화면에서 선 형태의 스케일을 변경하므로 써 수정할 수 있다.

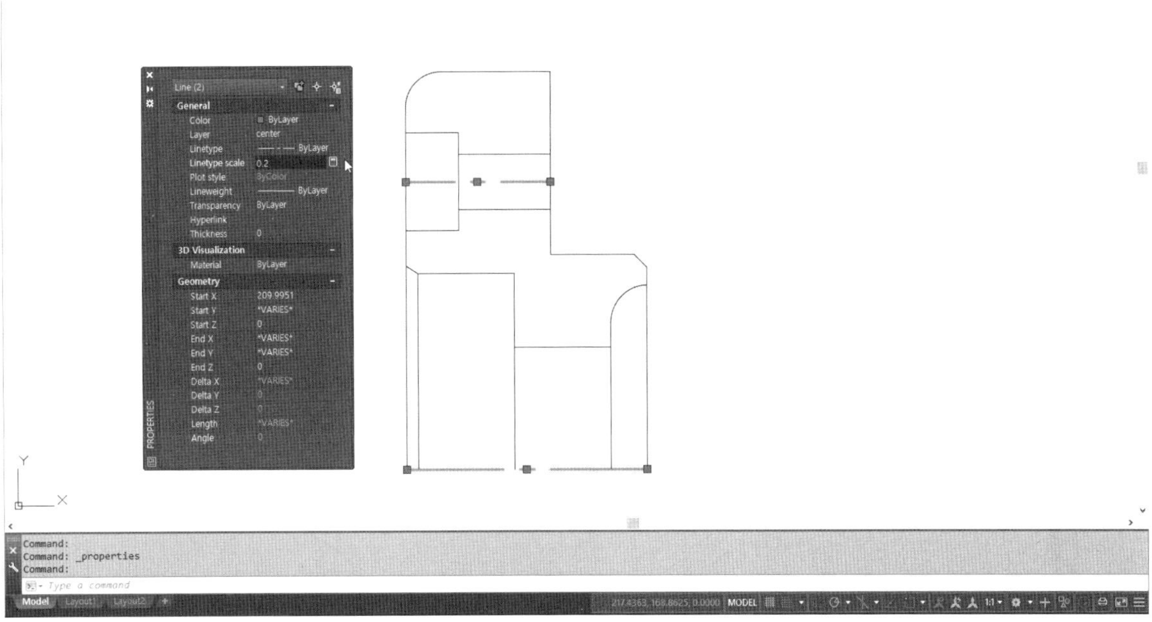

그림 3-29 특성 화면에서 Linetype Scale 변경



특성 화면의 Linetype Scale 항목을 선택하여 값을 조절하여 화면에 일점쇄선 형태가 적절한 비율로 나타나도록 수정한다.

마우스: Linetype Scale(선 종류 크기) 선택 후, 0.2 입력

형상 특성이 CENTER Layer의 내용과 일치하면 특성 화면을 닫는다.

또한, AutoCAD에서는 형상 요소에 대한 특성 변경을 별도의 Change(변경) 명령을 사용하여 수정할 수도 있다.

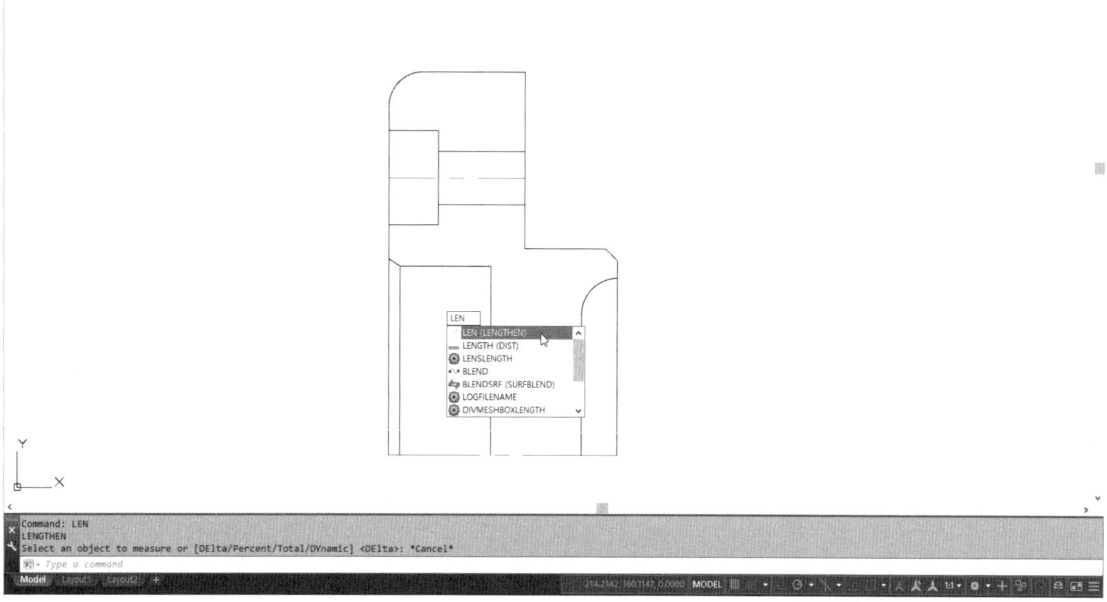


그림 3-30 Lengthen(길이조정) 명령을 사용한 참조선 길이의 연장을 진행한다.



다음은 CENTER Layer로 지정된 참조선의 길이를 양쪽으로 일정 부분만큼 연장하고자 한다. 일반적으로 도면에서 형상의 중심선은 형상보다 양쪽으로 더 나아가 표시되므로 Lengthen(길이조정) 명령을 사용하여 양쪽으로 5 mm만큼 늘리도록 한다.

길이 연장은 선택할 때마다 입력한 만큼 연장된다.

▶중심선 양쪽 끝부분 길이연장

메뉴: Modify 〉 Lengthen(수정 〉 길이연장)
하부 메뉴: DE(증분) 선택
입력 : 2
마우스: 연장하고자 하는 선의 양 끝부분을 차례로 선택

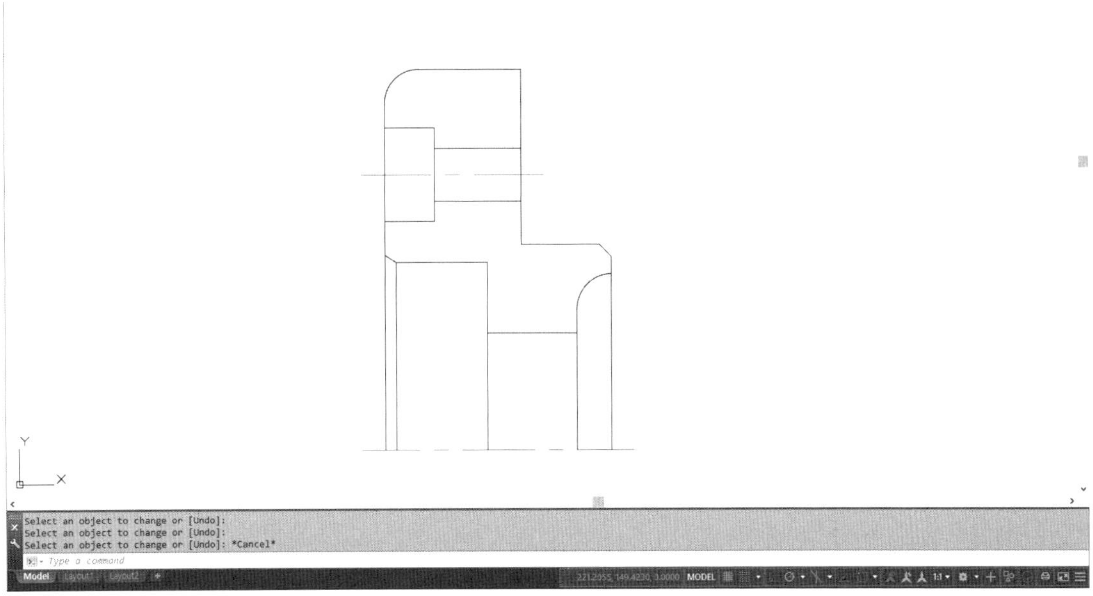


그림 3-31　중심선 길이의 연장



Lengthen(길이조정) 명령은 종료 시까지 지정한 형상에 대하여 길이를 연장한다. 형상 중심선과 상부 중심선이 지정한 길이만큼 연장된 후 [ENTER]로 종료한다.

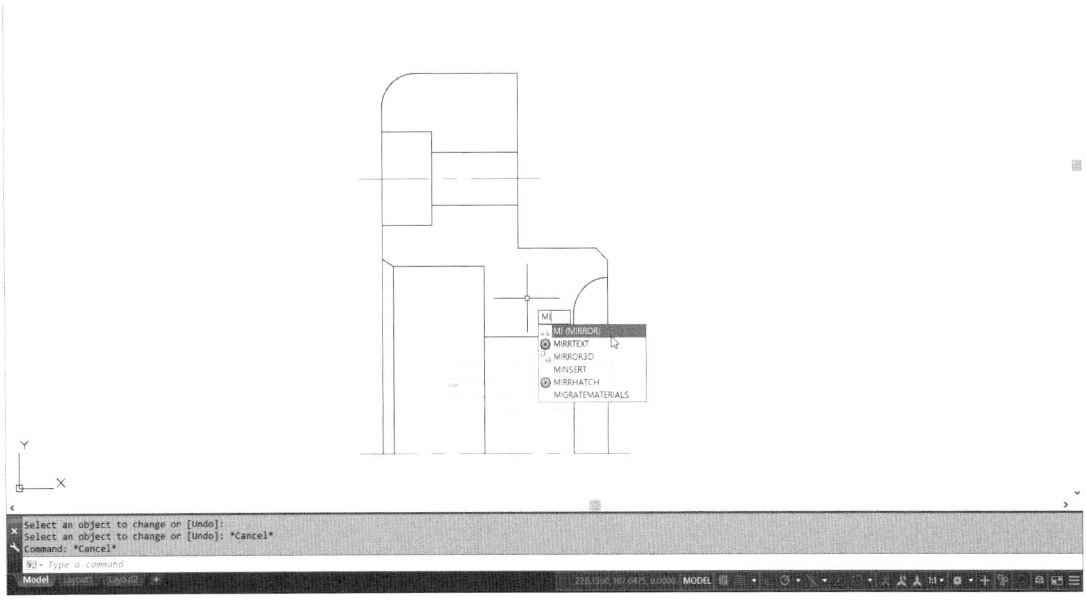


그림 3-32　Mirror(대칭) 명령을 이용한 형상의 대칭 복사를 수행한다.

현재까지 생성된 형상은 설계 형상의 대칭되는 절반 부분에 이를 복사하여 전체 형상을 완성한다.

Mirror(대칭) 명령은 기준 직선을 중심으로 대칭 복사를 수행한다. 이때 기준 직선은 실제 직선 형상이거나 두 개의 점으로 지정한 가상의 직선일 수도 있다.

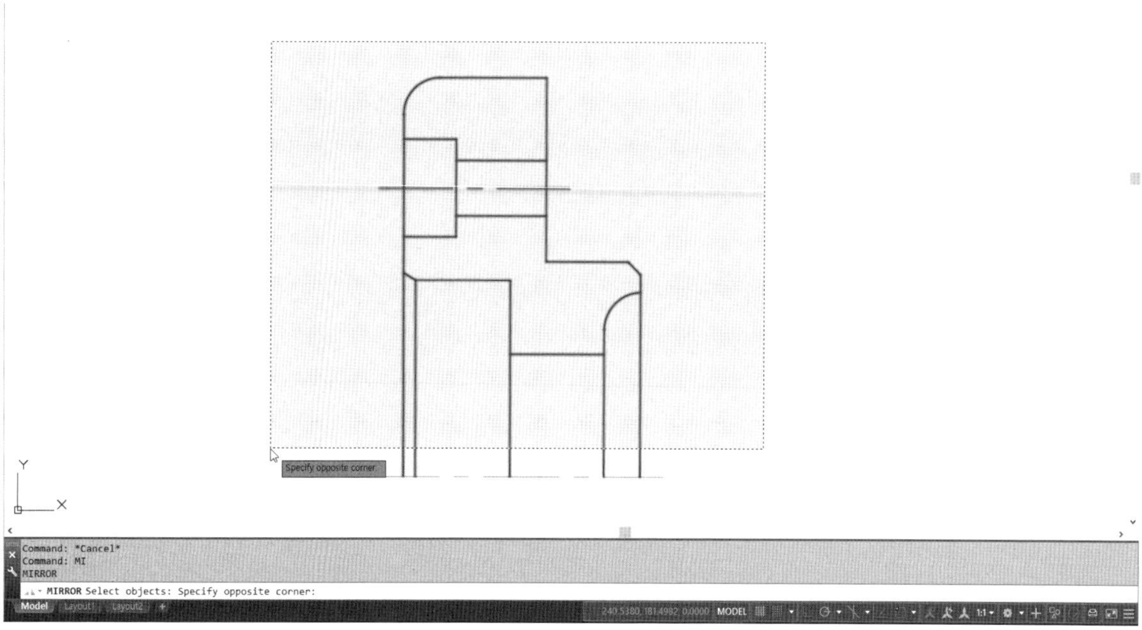


그림 3-33 Mirror(대칭) 명령을 위한 대상 영역의 선택

마우스를 이용하여 형상의 중심선을 제외한 전체 형상을 대칭 복사한다. 형상의 중심선은 대칭 복사를 위한 기준선이 된다.

메뉴: Modify 〉 Mirror(수정 〉 대칭)
마우스: 중심선을 제외한 전체 형상을 오른쪽→왼쪽으로 선택 [ENTER]

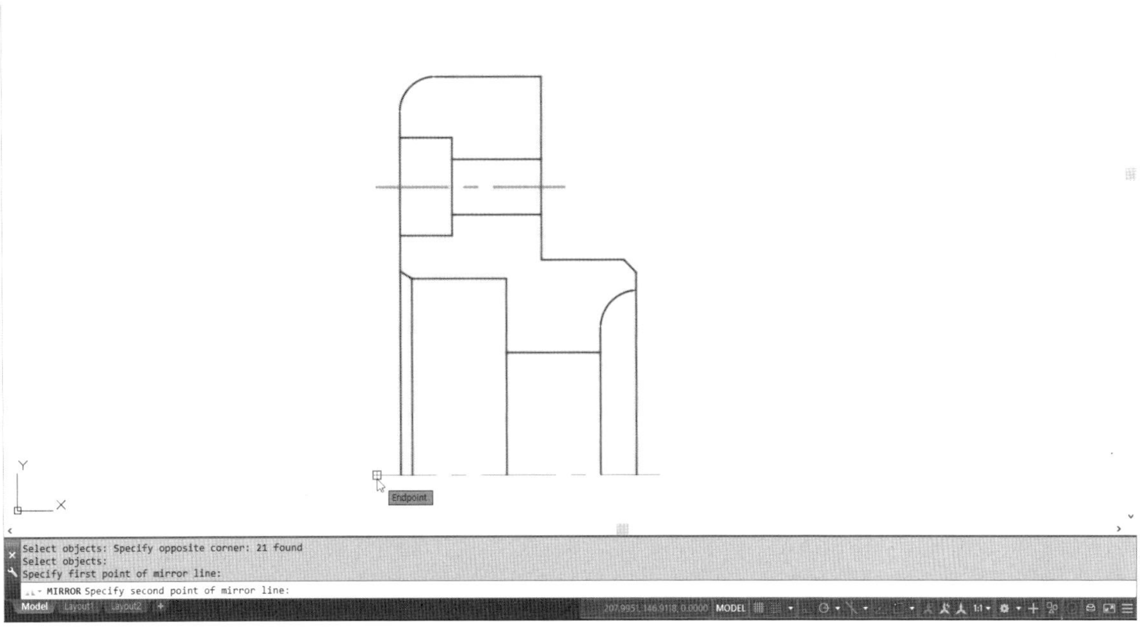


그림 3-34 Mirror(대칭) 명령의 대칭 복사 기준선 선택



형상의 중심선 양 끝점을 대칭 복사를 기준선의 시작과 끝점을 선택한다.

마우스를 이용하여 두 점을 직접 선택하거나 반드시 양 끝점을 선택할 때에는 Object Snap(객체스냅) 기능을 이용하여 정확하게 양 끝점을 지정할 수 있다.

마우스+키보드: [SHIFT]+마우스 오른쪽으로 Object Snap(객체스냅) 메뉴 호출, End point(끝점) 선택 후, 중심선의 왼쪽 끝부분 지정

마우스+키보드: [SHIFT]+마우스 오른쪽으로 Object Snap(객체스냅) 메뉴 호출, End point(끝점) 선택 후, 중심선의 오른쪽 끝부분 지정

마우스만을 이용하여 임의 영역에서의 대칭 복사를 위한 실제 및 가상의 기준선을 지정하고자 한다면 직각모드로 설정[F8]하면 선의 선택이 쉽다.

기준선 선택이 완료되면 원본 삭제 여부를 물어보는데, 대칭 복사를 위해서는 No를 선택한다.

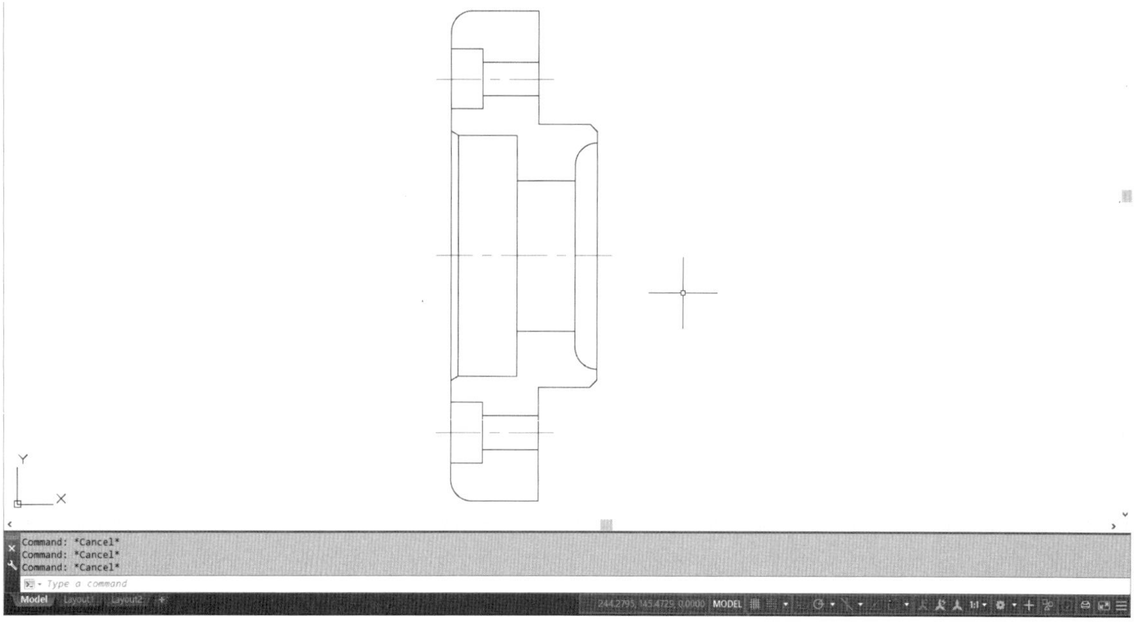


그림 3-35 Mirror(대칭) 명령을 이용한 대칭 복사의 예



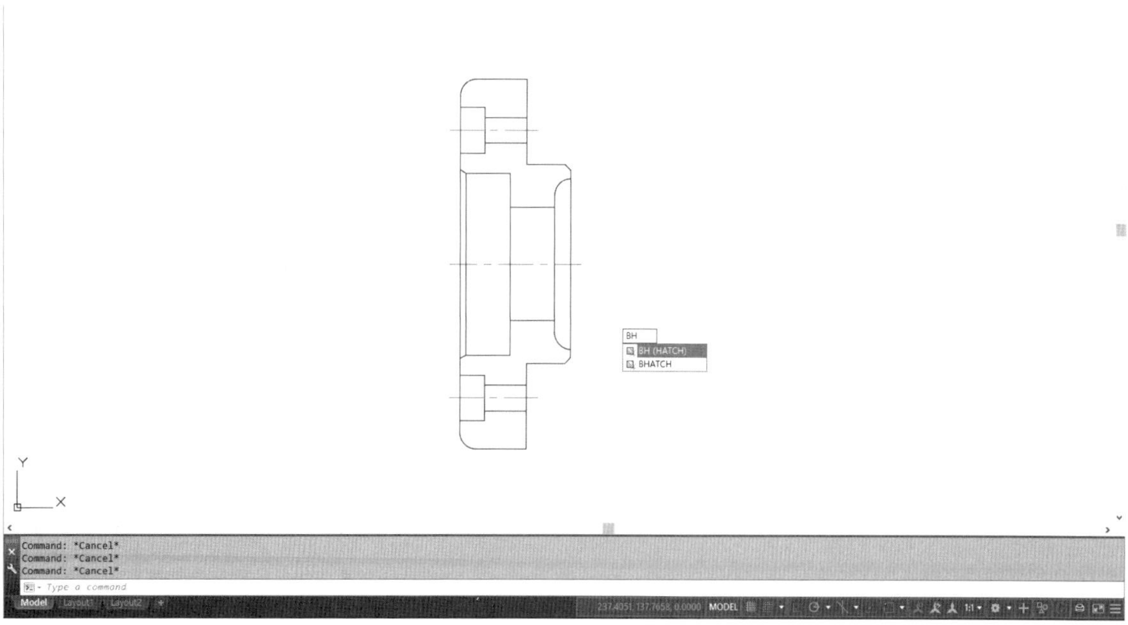


그림 3-36 Hatch(해치) 명령을 이용한 절단면 표시

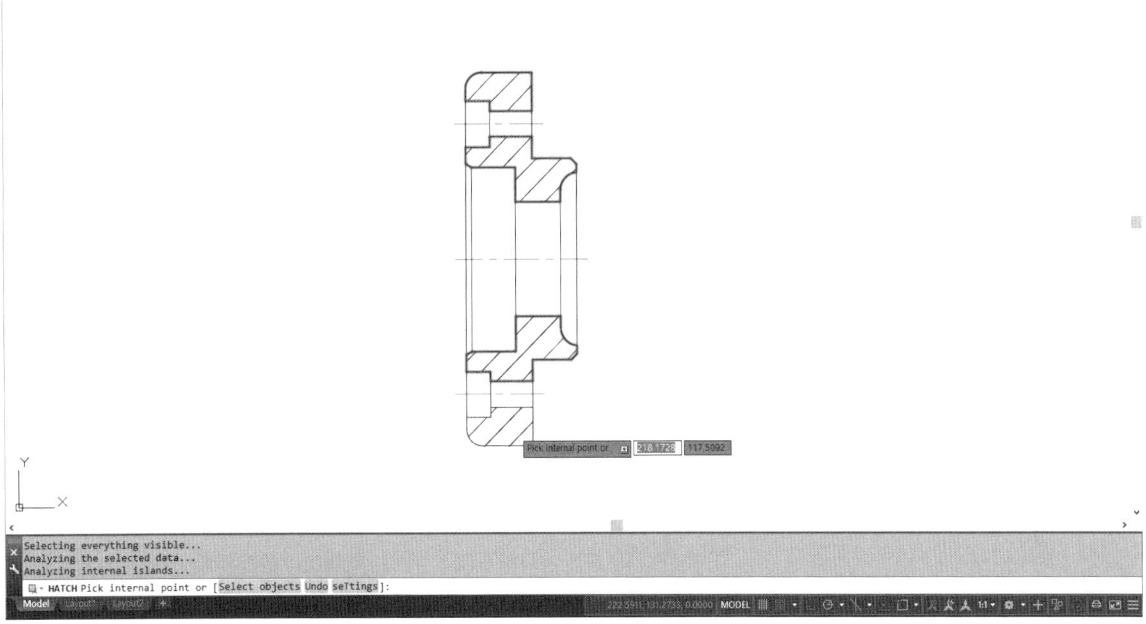


그림 3-37 절단면에 대한 해칭 표시

대칭 복사된 형상은 기하학적 완벽하게 같은 특성을 가진 형상으로 서로 접하지만 연결된 형상은 아니다. 도면에 형상의 내부를 표시할 필요가 있는 경우, 3차원의 대상을 특정 기준면으로 절단했다고 가정함으로써 절단면을 표시할 수 있다. 이러한 절단면은 일반적인 해칭선으로 표시되게 된다. AutoCAD는 해칭선을 Hatch(해치) 명령을 사용하여 작성할 수 있다.

Hatch(해치) 명령을 실행하면 먼저 해칭선이 표시될 영역을 선택한 후 절단면 내부 영역을 지정함으로써 해칭 패턴이 적용되게 된다.

해칭 패턴은 설계가 요구되는 모든 분야에서 사용할 수 있도록 다양한 종류들이 있다. 하지만 일반적인 기계 분야에서는 절단면 표시와 같이 예에서는 사선 형태의 해칭 패턴을 이용한다.

메뉴: Draw 〉 Hatch(그리기 〉 해치)
마우스: Pattern(패턴) ANSI31 선택
마우스: Select(선택) 혹은 Pick Points(선택점) 선택 후 단면 경계 선택 혹은 영역 내부 선택

해칭선의 간격이 적절하지 않으면 Hatch Patten Scale(해치 패턴 축척)의 값을 조절한다.

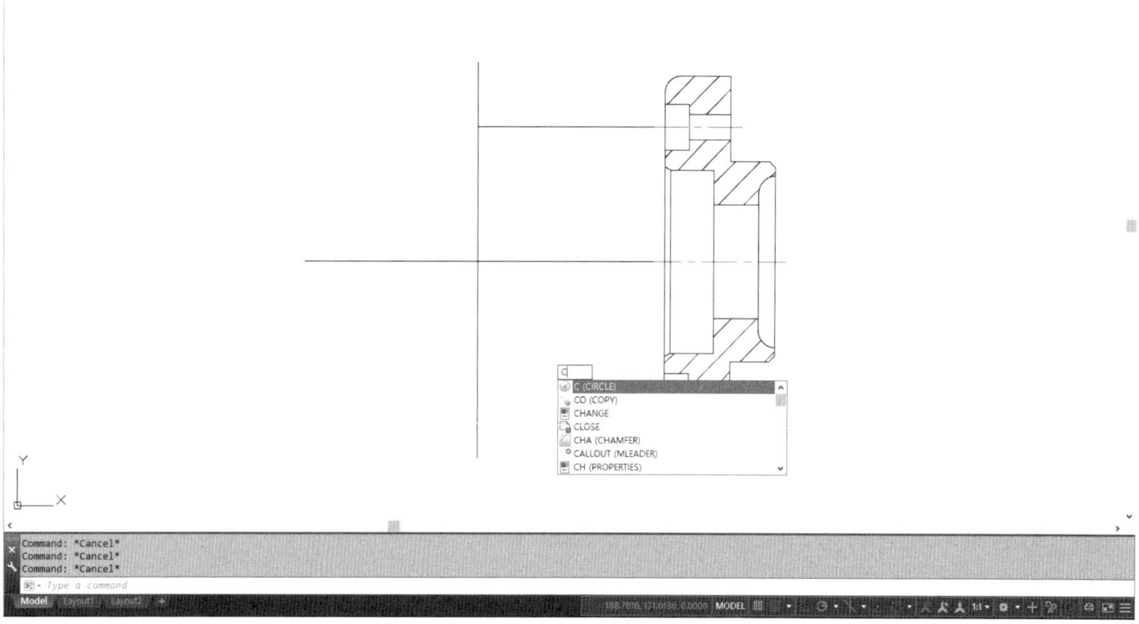


그림 3-38 원 형상을 그리기 위한 참조 직선 생성

이어서 부품 연결을 위한 볼트 홀을 생성하고자 한다. 현재까지 생성한 단면에서는 이를 정확하게 표현할 수 없으므로 왼쪽에 정면도를 추가한다.

적절한 거리만큼 떨어진 좌측에 기존 형상의 중심선을 참고하여 Line(선) 명령이나 Offset(간격띄우기) 명령 등을 활용하여 수직 및 수평 직선을 그린다.

▶ 수평 참조선 생성

메뉴: Draw 〉 Line(그리기 〉 선)
마우스: 형상 중심선의 끝점 선택 〉 좌측 지점 선택 [ENTER]
볼트 홀 중심선 끝점 선택 〉 좌측 지점 선택

▶수직 참조선 생성

마우스 : 임의 시작점 선택(위) 〉 임의 끝점(아래) [ENTER]

참조 중심선을 기준으로 형상의 정면도를 그린다.

Circle(원) 명령을 사용하여 새로 생성한 참조 중심선의 교차점을 중심으로 한 원을 생성한다. 원의 반지름 단면 형상의 중심선에서 홀 중심선까지의 거리이다.

메뉴: Draw 〉 Circle(그림 〉 원)
마우스: 중심선의 교차점 선택
내부 메뉴: D(지름) 선택 후
입력: 47

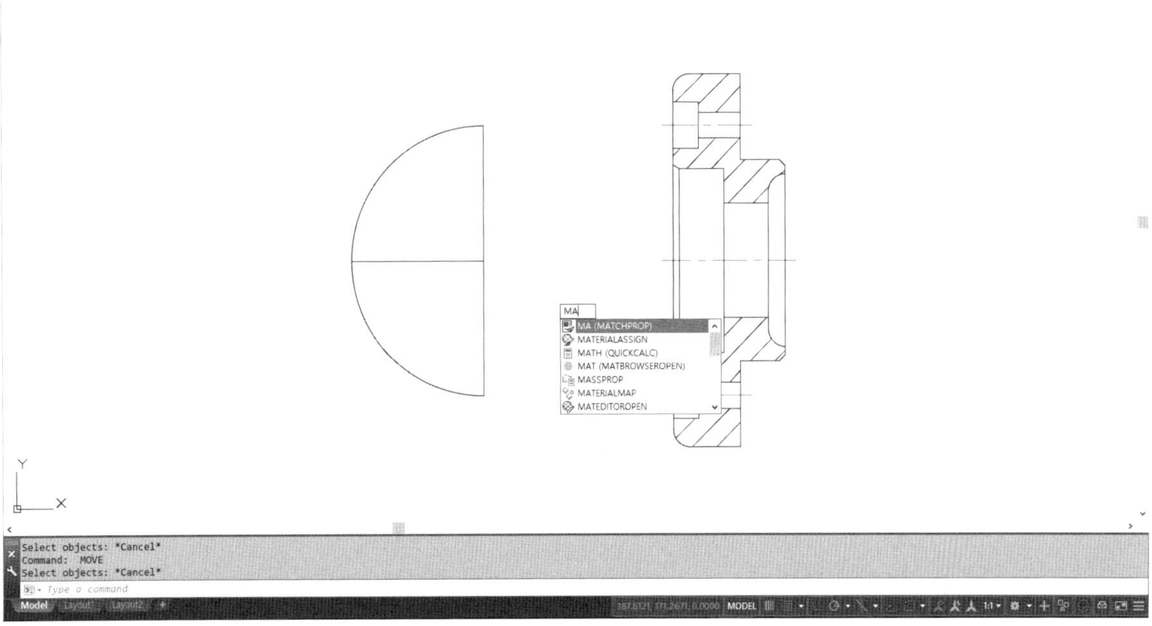


그림 3-39 Circle(원) 명령을 이용한 반원 생성과 Matchprop(특성일치)을 통한 속성 변경

Trim(자르기) 명령을 사용하여 중심선과 원을 예에서와같이 반원 형태로 정리한다.

메뉴: Modify 〉 Trim(수정 〉 자르기)
마우스: 좌측 도면 전체 선택 후 [ENTER], 원의 오른쪽 부분과 바깥 돌출 부분 제거

예제의 정면도에서는 볼트 연결을 위한 홀 부분만 표기하고 별도의 외형선은 표현하지 않는다. 그래서 형상은 모두 일점쇄선으로 바꾸거나 특성을 CENTER Layer로 지정한다.

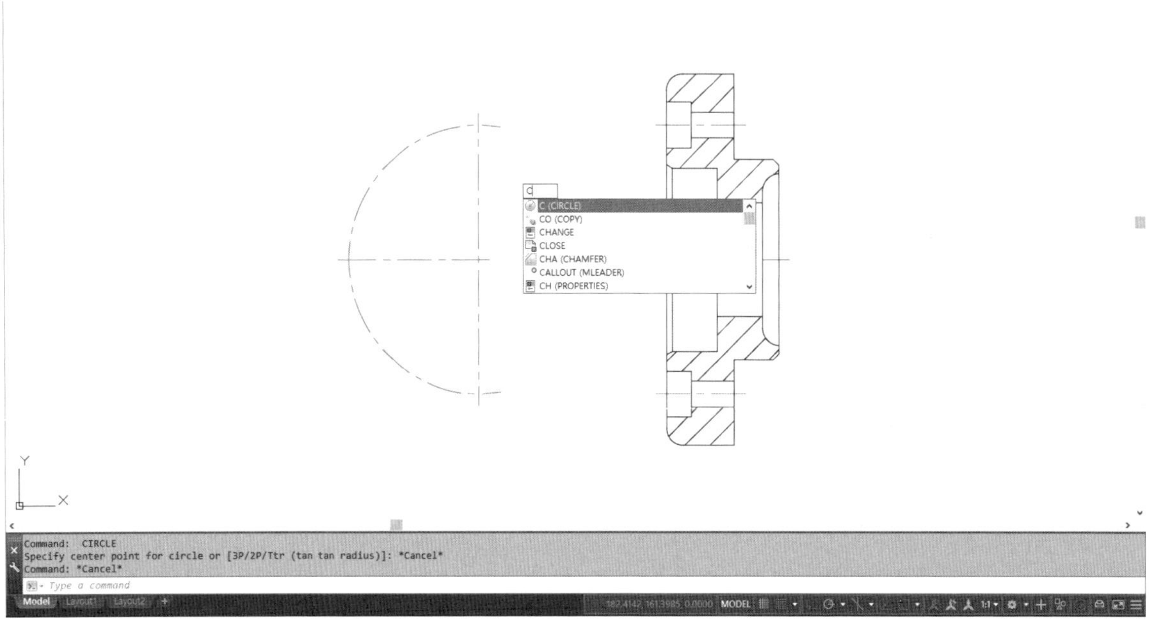

그림 3-40 중심선 형태의 정면 표시



또한 특성 화면이나 개별 속성 지정이 아닌 Matchprop(특성일치) 명령을 이용하여 기존 Layer(도면층)의 속성을 새로운 형상에 이전하도록 할 수 있다. 실행 후 기준 형상을 먼저 선택하고 새로운 형상을 선택한다.

메뉴: Modify 〉 Match Properties(수정 〉 특성일치)
마우스: 측면 중심선 선택 〉 좌측도면 전체 선택 [ENTER]

Matchprop(특성일치) 명령은 이전 형상의 속성 항목이 많거나 복잡한 경우 새로운 형상에 이를 쉽게 적용할 수 있다.

정면도의 중심선을 연장한다.

메뉴: Modify〉 Lengthen(수정 〉 길이연장)
입력: DE(증분) 선택
입력: 5 입력 [ENTER]
마우스: 좌측 정면도의 각 선의 끝부분을 차례로 선택

원과 참조선의 교차점에 볼트 홀을 그린다.

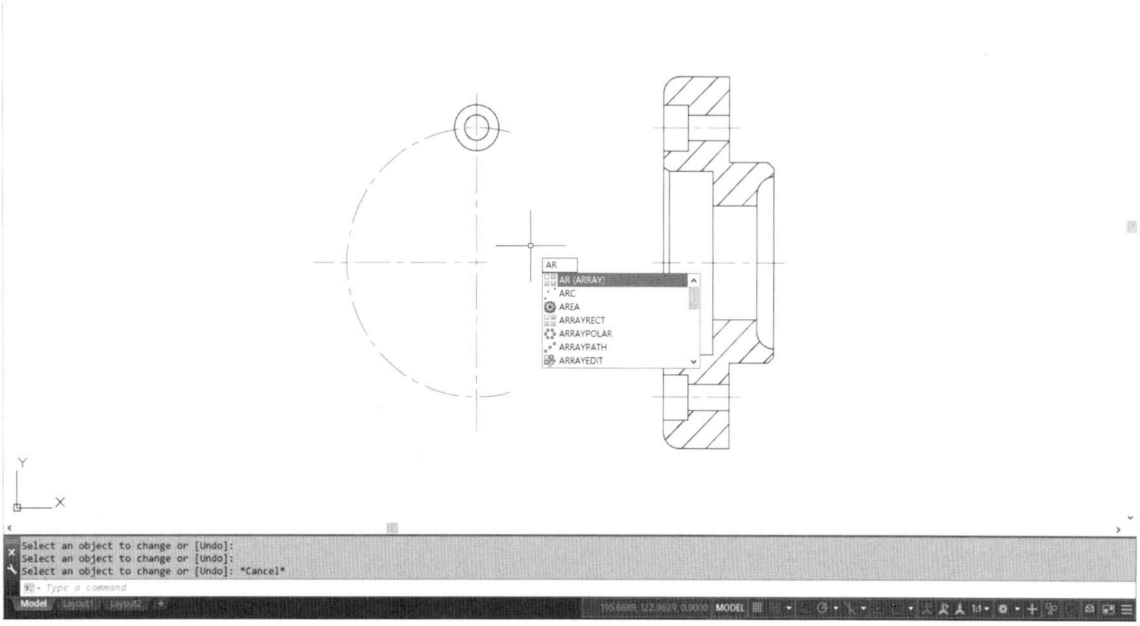

그림 3-41 Circle(원) 명령과 Array(배열) 명령을 이용한 홀 표시



원과 참조선에 의한 임의 교차점에서 Circle(원) 명령을 이용하여 볼트 홀 표시를 그린다.

메뉴: Draw 〉 Circle(그리기 〉 원)
마우스: 상부 교차점을 중심점으로 선택
입력: D(지름) 선택
입력: 8 입력 [ENTER]

메뉴: Draw 〉 Circle(그리기 〉 원)
마우스: 상부 교차점을 중심점으로 선택
내부 메뉴: D(지름) 선택
입력 : 4.5 입력 [ENTER]

생성된 볼트 홀 표시를 Array(배열) 명령을 사용하여 회전 복사한다

메뉴: Modify 〉 Array(수정 〉 배열)
마우스: 복사 원본으로 볼트 홀 전체 [ENTER]
내부 메뉴: Polar(중심 배열) 선택
마우스: 배열 복사를 위한 중심점(원의 중심점) 선택
입력: 4 – 원본 형상을 포함한 복사 수량

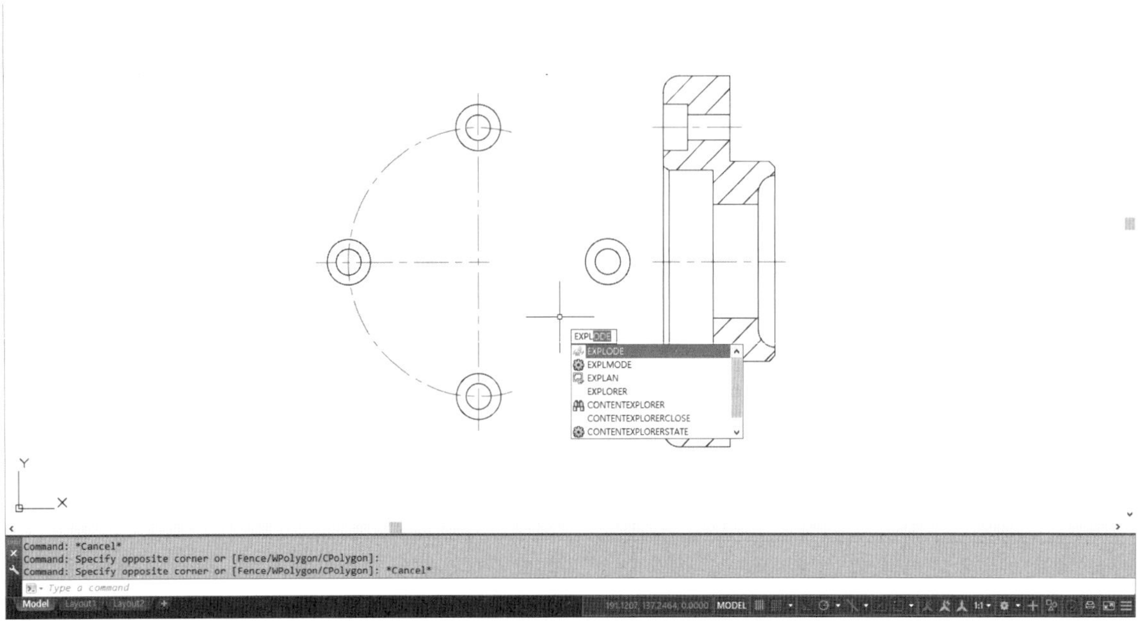

그림 3-42 Explode(분해) 명령을 이용한 형상 요소 분리

예에서 원본 형상을 포함한 총 네 개의 볼트 홀이 생성되었다. Array(배열) 명령을 사용하여 복사된 형상들은 실행 과정에서 Associative(연관)를 해제하지 않으면 하나의 그룹으로 묶여 있게 되는데, 현재 도면 작업에서 필요한 볼트 홀은 세 개로도 가능하므로 오른쪽에 복사된 볼트 홀 형상을 삭제하고자 한다.

AutoCAD는 묶인 형상이나 선이나 호 등으로 연결된 하나의 형상을 분리하기 위해 Explode(분해) 명령을 사용한다.

메뉴: Modify 〉 Explode(수정 〉 분해)
마우스: Array(배열) 명령으로 복사한 네 개의 볼트 홀 선택 [ENTER]

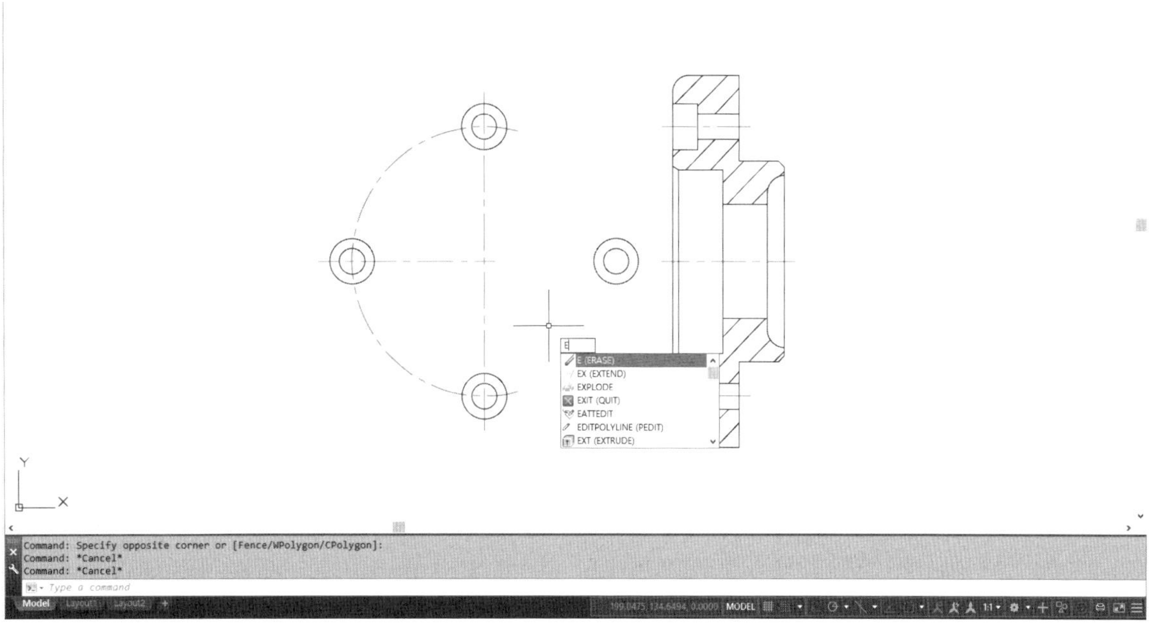


그림 3-43 Erase(지우기) 명령을 이용한 형상 삭제

Explode(분해) 명령으로 분해된 형상 중 오른쪽 볼트-홀을 삭제한다. AutoCAD에는 형상을 삭제하기 위한 별도의 Erase(지우기) 명령이 있지만, 일반적으로 마우스로 삭제 대상을 선택한 후 [DELETE]를 사용하여 제거한다.

메뉴: Modify 〉 Erase(수정 〉 지우기)
마우스: 분해된 형상 중 오른쪽 볼트 홀 형상 선택 [ENTER]

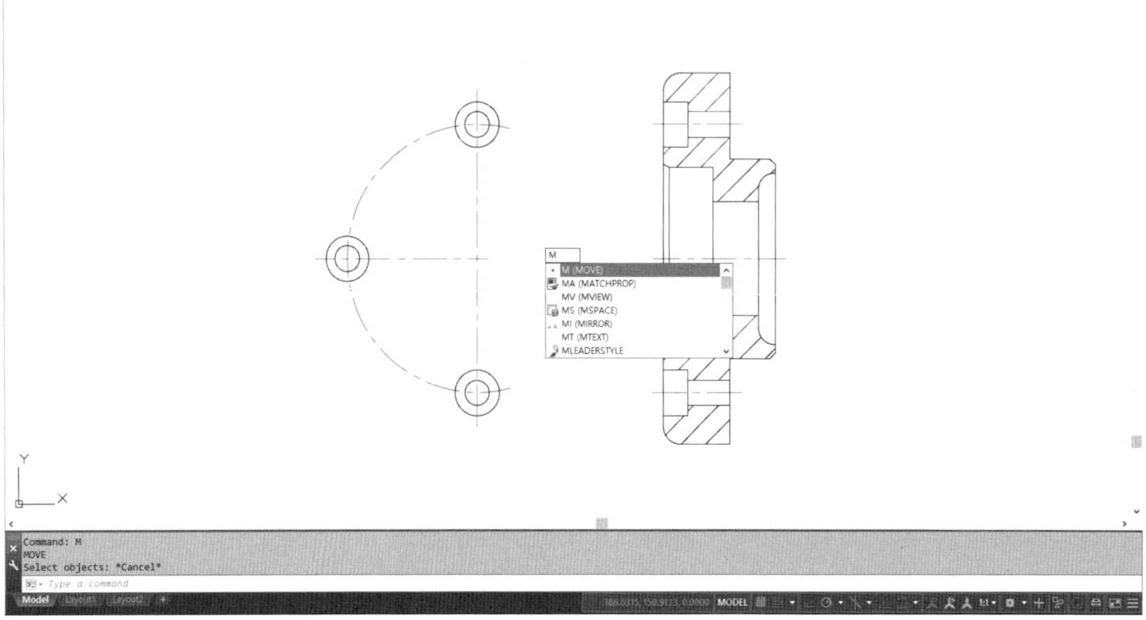


그림 3-44 Move(이동) 명령을 이용한 대상 이동

이상으로 도면의 형상과 관련된 모델링 작업을 완료하였다. 이후의 치수 및 주석 입력 작업에서 원활한 공간을 사용하기 위해 형상 간 배치를 조정하기로 한다.

AutoCAD에서는 형상을 위한 Move(이동) 명령을 사용한다. 또한, 최근에는 일반적인 Windows 환경에서의 복사/이동 방식과 같이 [CTRL]+[C] & [CTRL]+[V]를 사용할 수도 있다.

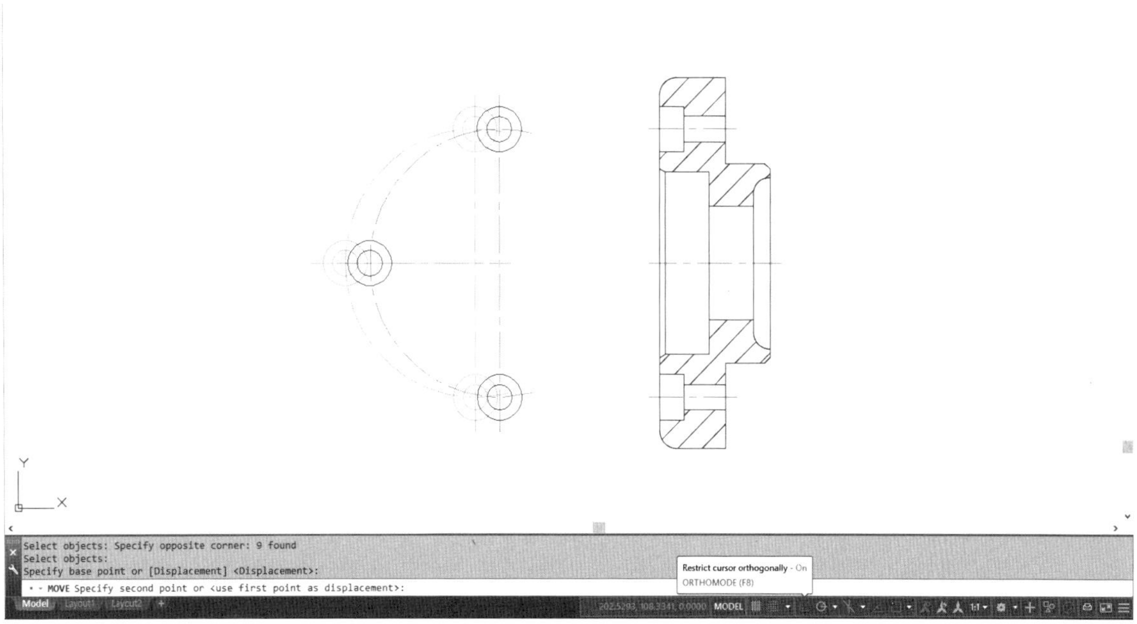


그림 3-45 Move(이동) 명령을 이용한 형상 간 배치 조정



예에서는 왼쪽의 정면도를 Move(이동) 명령을 이용하여 좀 더 왼쪽으로 이동시킨다. 직접 거리 정보를 입력하거나 마우스를 이용하여 참조할 수 있는 거리를 지정할 수도 있다.

메뉴: Modify 〉 Move(수정 〉 이동)
마우스: 왼쪽 정면도 전체 선택 [ENTER]
마우스: 이동을 위한 기준점 선택 후, 이동 지점 선택

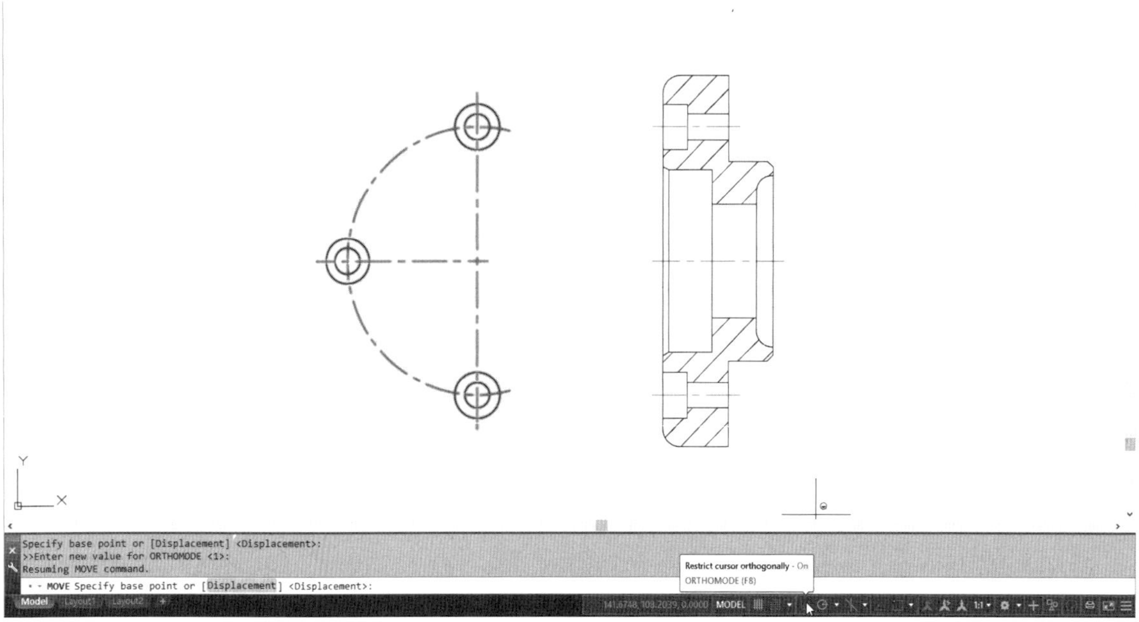


그림 3-46 AutoCAD의 모델링 화면 아래의 설정 모드



이상으로 형상 모델링을 위한 제도 작업이 완료되었다. AutoCAD 화면 하단에는 모델링 작업이 쉽도록 화면 표시나 마우스 움직임을 제어하는 옵션 기능들이 배치되어 있다.

이들 옵션 기능들은 마우스를 이용하거나 지정된 기능키를 입력하므로 써 설정이 On/Off 되는 형식이기 때문에 필요한 경우에 사용할 수 있도록 해당 기능에 관한 내용을 확인하도록 한다.

## 3.4 치수 입력

도면에는 형상 외에 치수 및 주석 등 여러 정보 요소들이 포함되어 있다. 다음 단계에서는 형상에 대한 치수 입력 및 이를 효과적으로 수정할 방법에 관해 학습할 수 있도록 한다.

일반적으로 AutoCAD에서 형상에 대한 치수 표시는 형상 모델링 화면에서 바로 진행할 수 있다. 하지만 치수나 주석 등은 도면 규격 등에 의해 규정되고 필요에 따라 변경될 수 있으므로 이를 관리하기 위해 치수나 주석 작업 전에 미리 현재 도면에서 사용할 형식을 설정하는 것이 유용하다.

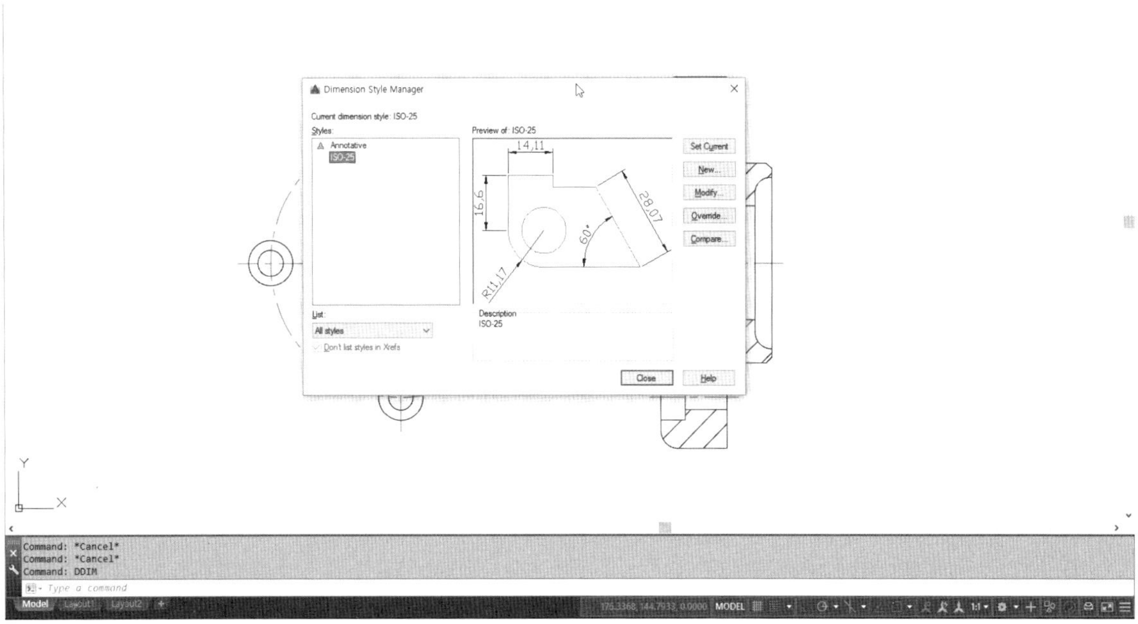


그림 3-47 AutoCAD의 Dimension Style Manager(치수 스타일 관리자)

AutoCAD에서는 도면의 치수 형식 등을 관리하기 위해 Dimension Style Manager(치수 스타일 관리자)를 사용한다.

메뉴: Dimension 〉 Dimension Style Manager(치수 〉 치수 스타일 관리자)

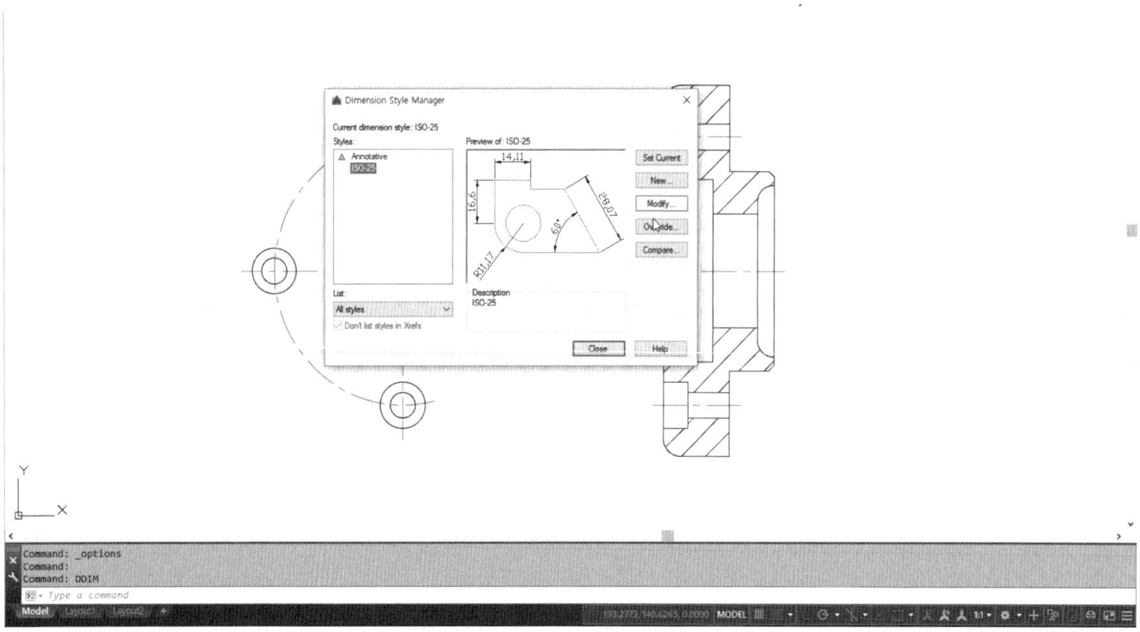


그림 3-48 Dimension Style Manager(치수 스타일 관리자)를 통한 치수 형식 수정

Dimension Style Manager(치수 스타일 관리자)를 사용하는 이유는 앞서 언급한 바와 같이 제도 표기를 위한 주요 국가의 표준이나 협회 규격이 다르기 때문이며, 또한 도면이 사용자가 더욱 쉽게 정보를 이해할 수 있도록 표현하기 위해 일괄 변경할 필요성도 생기기 때문이다.

만일 Dimension Style Manager(치수 스타일 관리자)를 사용하여 치수 등에 대한 일괄 처리가 아닌 개별 치수 및 주석에 대한 변경이 수행하게 되면 치수나 주석의 양이 많은 경우 상당한 시간이 소요되고 이러한 경우가 비효율적인 상황이 반복될 수 있다.

먼저 현재 도면의 Dimension Style(치수 스타일)을 원하는 형식으로 수정한다.

메뉴: Dimension 〉 Dimension Style Manager(치수 〉 치수 스타일 관리자)
마우스: Modify(수정) 버튼 선택

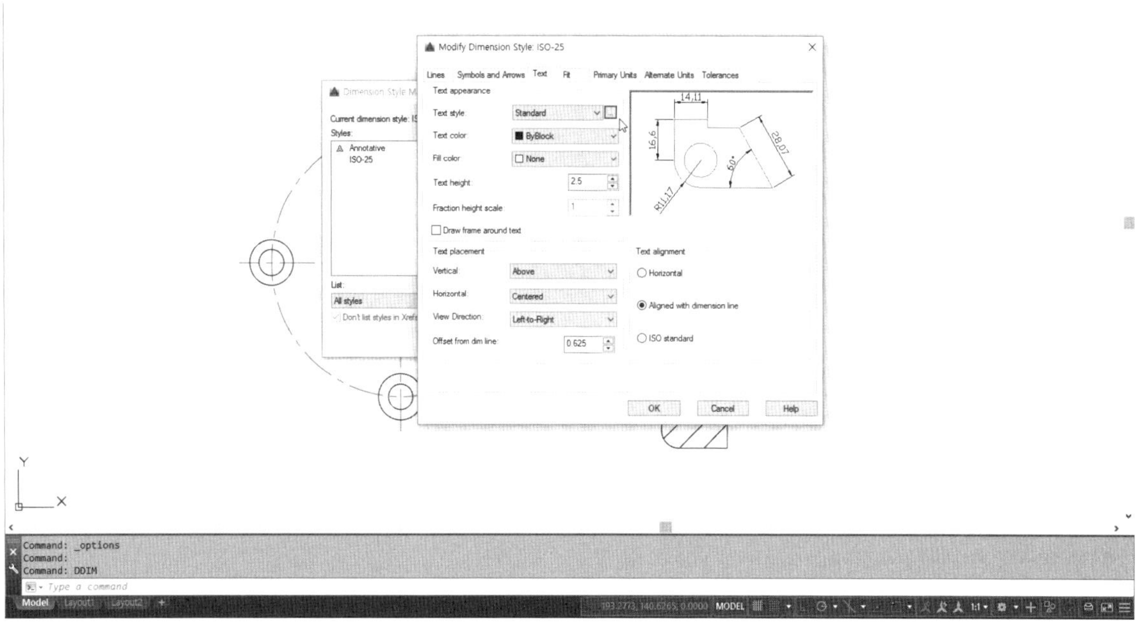


그림 3-49 Dimension Style(치수 스타일)에서의 Text(문자) 형식 수정

일차적으로 치수 표현에 사용되는 Font(글꼴)를 수정한다. 상단 탭 메뉴 중 Text(문자) 탭을 선택하여 문자 설정 화면으로 이동한다.

현재 Standard로 나타나 있는 Text style(문자 스타일) 항목의 오른쪽에 있는 … 버튼을 사용하면 현재 도면에서 사용 가능한 글꼴의 종류가 나타난다.

이어서 원하는 글꼴을 선택한다.

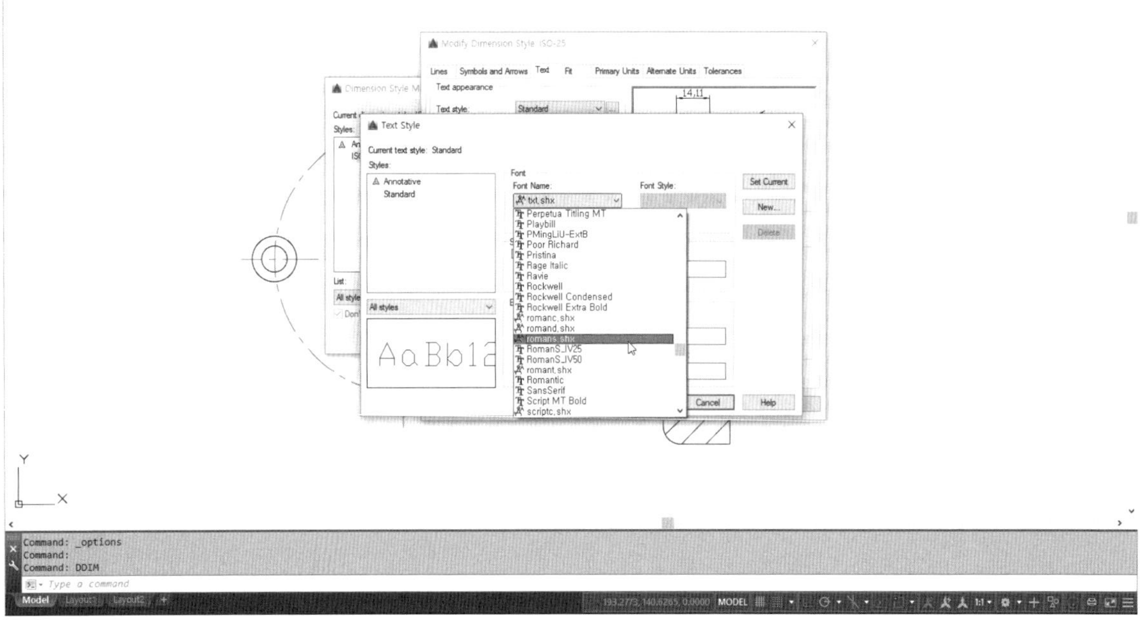


그림 3-50 문자 표현을 위한 Font(글꼴) 선택



예에서는 romans.shx 글꼴을 선택하였다. 도면 파일을 열었을 때 문자 스타일에 따라 Ø 등의 기호가 네모상자(□)로 표시되는 경우, 문자 스타일을 변경해주면 된다.

그림 3-51 수정된 Text Style(문자 스타일)의 적용

마우스: Text(문자) 탭 〉 Text Style(문자 스타일) … 버튼에서 romans.shx 글꼴 선택
마우스: Text Style(문자 스타일) 화면의 Use Big Font(큰 글꼴사용) 체크 상자 선택
마우스: Big Font(큰 글꼴)에서 whgtxt.shx 선택
마우스: Apply(적용) 선택 후 Cancel(취소)

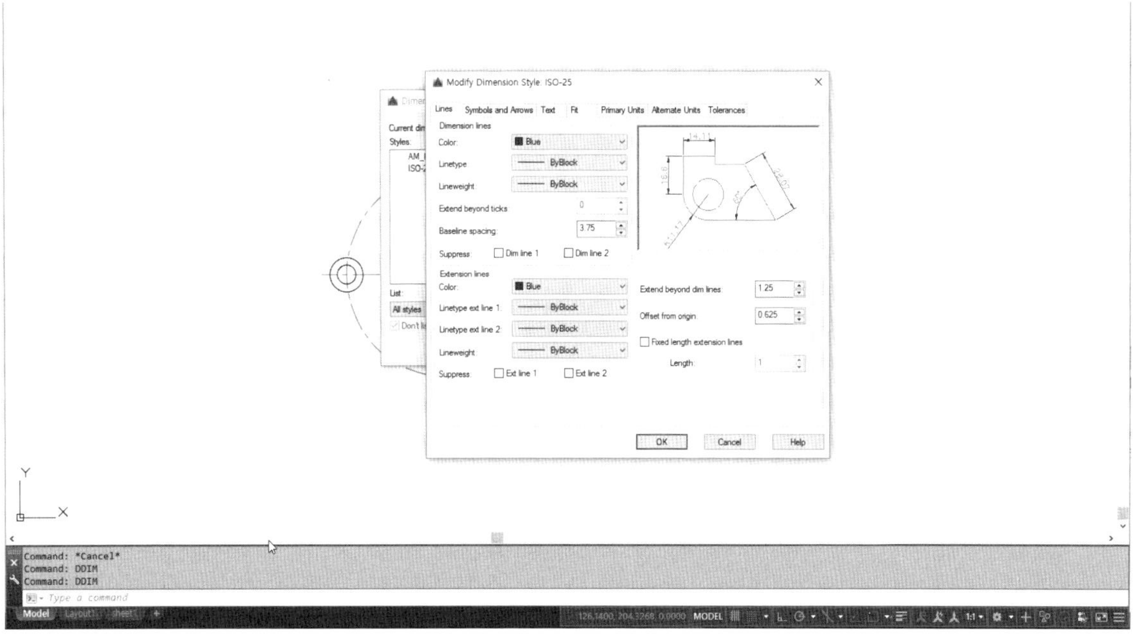

그림 3-52 Dimension Style(치수 스타일)의 적용

Lines(선) 탭을 선택한 후 Dimension lines(치수선)와 Extension lines(치수보조선)의 색깔을 변경한다.

마우스: Dimension lines(치수선)의 Color(색상)를 Blue(파란색)로 변경
마우스: Extension lines(치수보조선)의 Color(색상)를 Blue(파란색)로 변경 [OK]

치수 글꼴과 치수선 및 치수보조선의 색상을 변경한 후, 본격적인 치수 입력 작업을 진행한다.

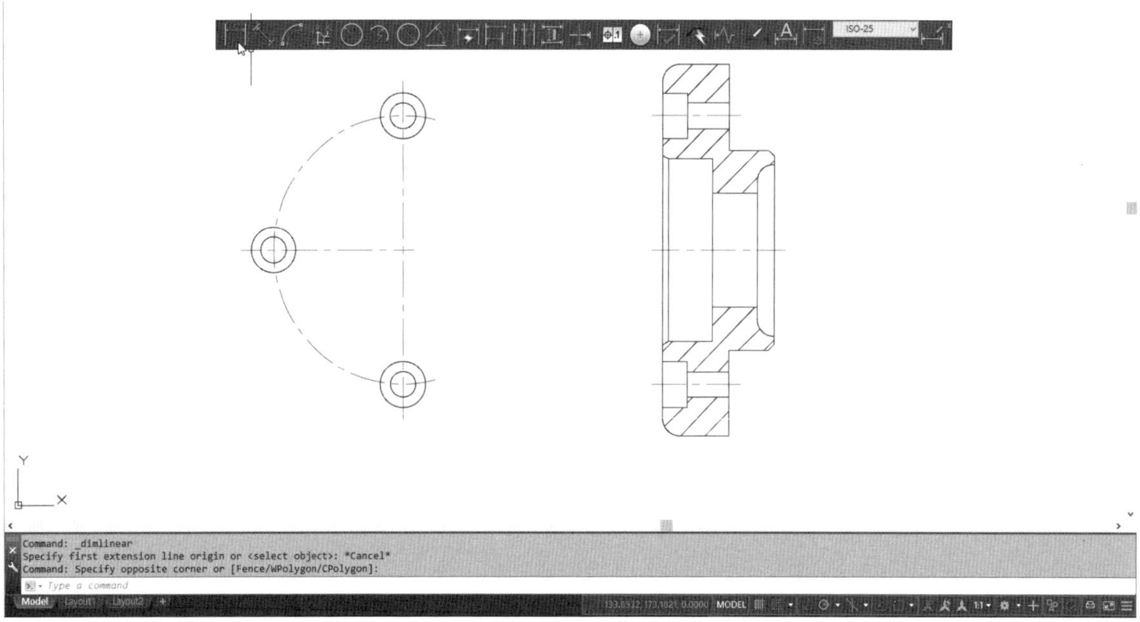


그림 3-53 치수 아이콘의 배치



AutoCAD를 이용한 제도 작업에서 치수 입력은 일반적으로 치수 메뉴의 개별 치수 항목을 선택하지만, 치수 아이콘을 이용하는 방법도 매우 효율적이다. 물론 다양한 선택 조건을 모두 적용하기 위해 직접 명령에 명령어를 입력할 수도 있다.

메뉴: Tools 〉 Toolbar(도구 〉 도구막대) 〉 AutoCAD 〉 Dimension(치수)

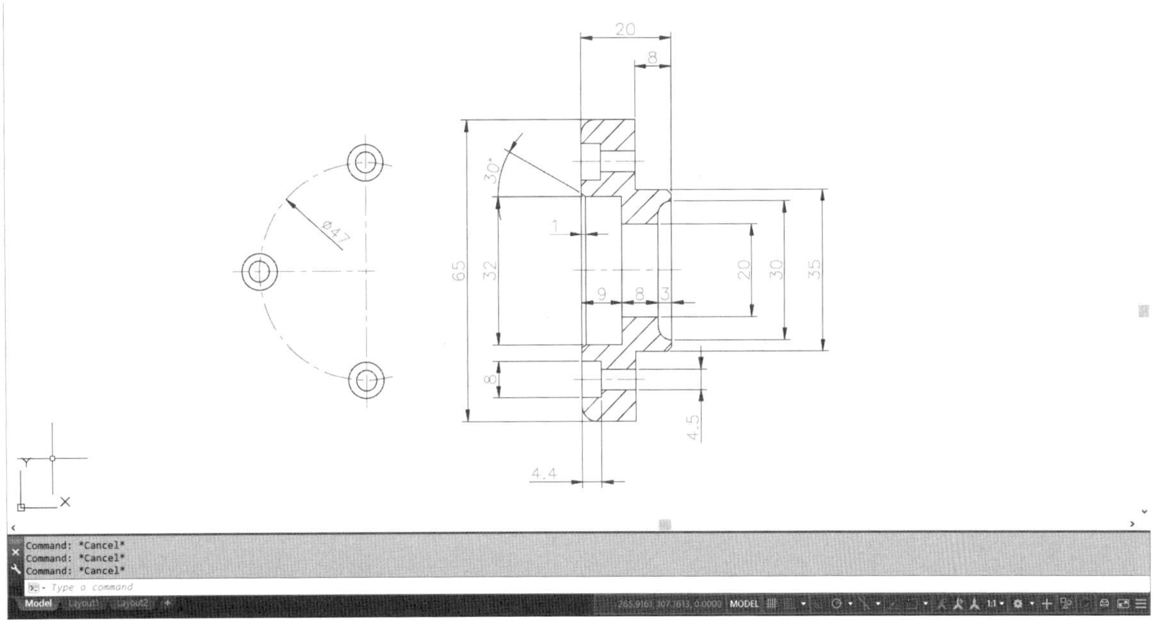


그림 3-54 선형 치수 및 각도 입력



예의 도면을 참고하여 이전 생성된 형상에 치수를 지정한다.

AutoCAD에서의 형상에 대한 치수 기재는 원하는 치수 형태에 대한 메뉴 항목이나 아이콘을 선택한 후 해당 부분을 지정하면 치수가 자동으로 기재된다. 기재된 치수, 치수선, 그리고 치수보조선은 마우스의 움직임에 따라 위치가 적절한 형태가 변화되므로 이후 도면의 형상 및 치수 정보를 명확하게 파악할 수 있는 위치로 조절할 수 있다.

일반적으로 치수는 치수선 위의 중간에 위치하지만, 공간이 좁거나 혹은 필요 때문에 치수선 밖이나 다른 위치로 배치할 수 있다.

예의 도면에서는 치수 메뉴 아래 Dimlinear(선형) 명령을 사용하여 치수가 기재될 부분을 마우스로 선택하여 수직, 수평 형식의 치수를 기재한다. 기울어진 형상에 대한 치수를 입력하고자 할 때는 Dimaligned(정렬) 명령을 사용할 수 있다.

각도 기재 역시 치수 메뉴 아래 Dimangular(각도) 명령을 선택하여 각도가 기재될 두 직선을 선택하면 내부 혹은 외부 각도가 기재된다.

하지만 AutoCAD의 리본 메뉴에 있는 새로운 Dim(치수) 명령을 사용하면 설계자가 지정하는 대상에 가장 적합한 치수를 기재할 수 있도록 한다.

메뉴: Dimension 〉 Linear(치수 〉 선형)
마우스: 대상 선 선택 혹은 시작 모서리 점 선택 후 끝 모서리 점 선택, 치수 값 배치

위 절차를 반복하여 수직, 수평 부분에 선형 치수를 기재한 후, 각도를 입력한다.

메뉴: Dimension 〉 Angular(치수 〉 각도)
마우스: 첫 번째 선 선택 후 두 번째 선 선택, 각도 값 배치

메뉴: Dimension 〉 Diameter (치수 〉 지름)
마우스: 정면도의 반원 형상 선택, 지름 값 배치

기본적으로 치수 배치는 형상과 치수를 가장 명확하게 인지할 수 있도록 정렬할 수 있다면 특별한 제한이 없다고 할 수 있으므로, 설계자를 설계 정보가 가장 효과적으로 전달될 수 있는 치수 및 주석 배치를 염두에 두고 작업을 진행할 수 있어야 한다.



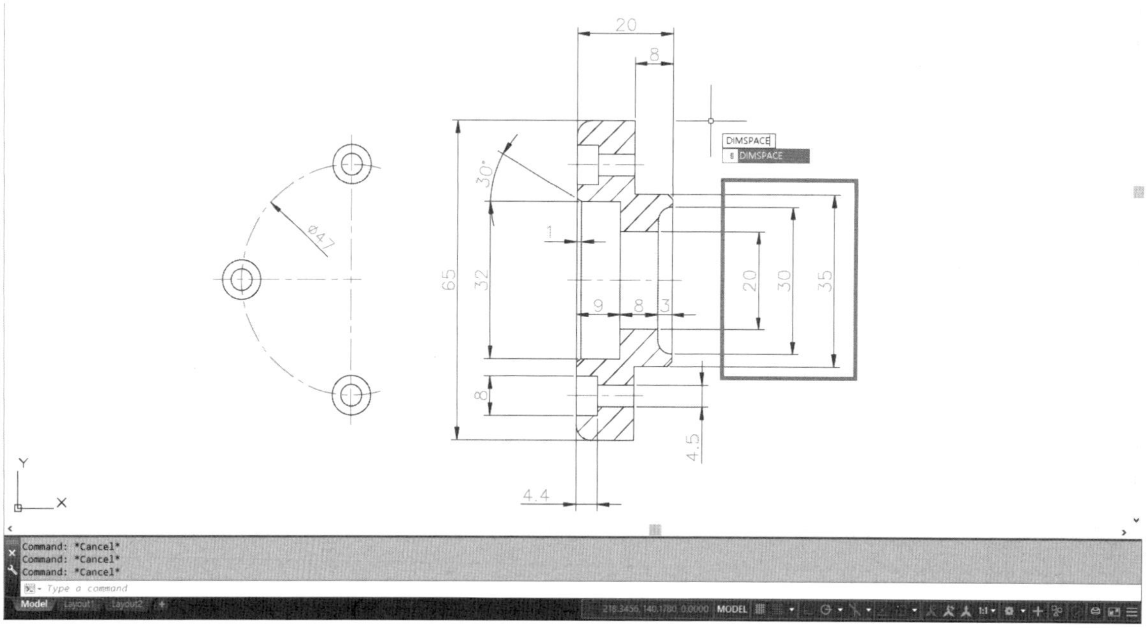


그림 3-55　Dimspace(치수간격) 명령을 위한 치수 배열 조정

예와 같이 도면의 임의 영역에 치수 배치가 집중되어야만 하는 경우 Dimspace(치수간격) 명령을 이용하여 특정 부분의 치수선 간의 수직, 수평 배치를 일정 간격으로 조정할 수 있도록 한다.

제도 작업에서의 치수 입력은 상대적으로 손이 많이 가는 일이기도 하지만 여러 치수가 혼재돼 가시성이 떨어질 수 있으므로 각 치수선의 배치나 간격을 조정할 필요가 생긴다.

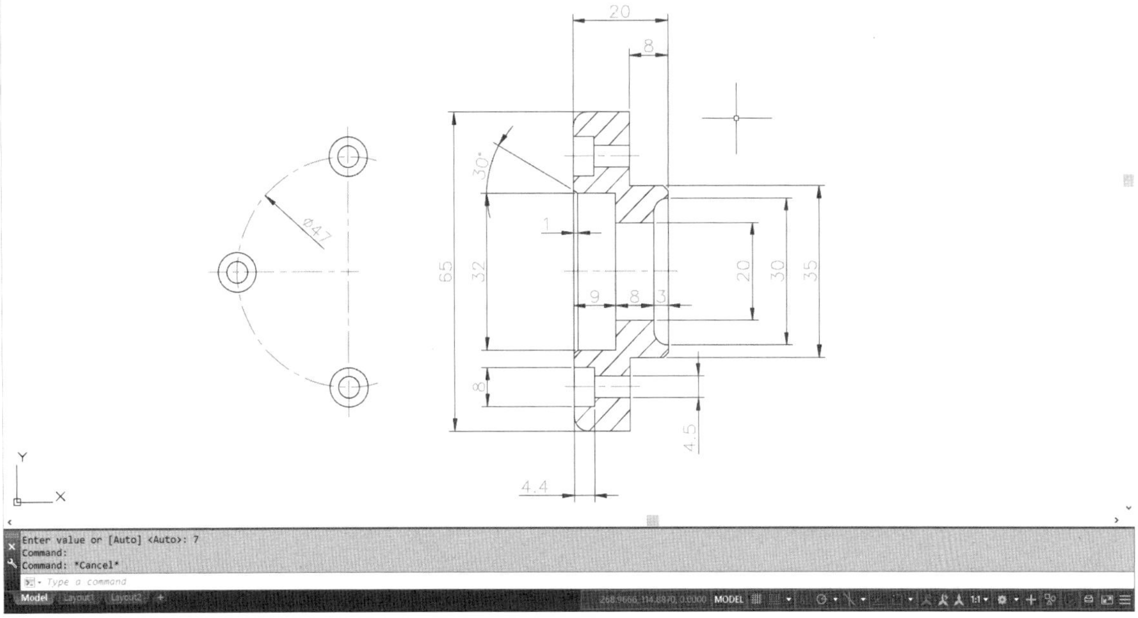


그림 3-56 Dimspace(치수간격) 명령을 사용한 치수 정리



예에서는 Dimspace(공간조정)의 값을 7로 선택하고 지정한 부분의 치수 간격이 변경하도록 한다.

메뉴: Dimension 〉 Dimspace(치수 〉 치수간격)
마우스: 수직 치수 20 선택 후 차례로 30, 35 선택 [ENTER]
입력: 7

또한 예에서와 같이 형상 내부에 여러 치수를 기재할 경우 좁은 공간으로 명확하게 표기하기가 쉽지 않기 때문에 치수보조선 등을 정리할 필요가 있다.

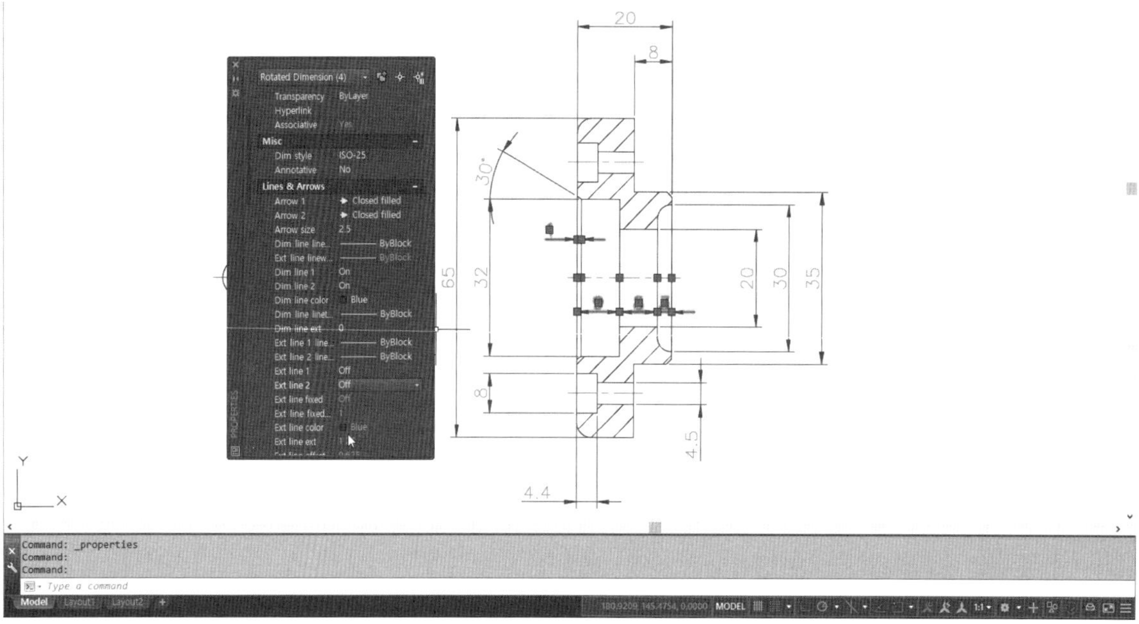


그림 3-57 치수 보조선 억제

형상이 복잡하거나 하는 경우 특히 내부 형상에 대한 치수들은 입력이 제한된 공간에 의해 가시성이 극히 낮을 수 있다. 또한, 여러 치수선이 겹쳐서 출력되는 경우가 많으므로 화면에서 치수 보조선 등이 나타나지 않도록 설정할 수 있다(일반적인 제도에선 형상의 외곽선과 치수보조선 등의 서로 다른 두께로 구분한다).

예에서는 형상 내부의 치수를 선택한 후 Properties(특성) 화면을 열어 특성 항목 중 Ext line 1(치수 보조선 1)과 Ext line 2(치수 보조선 2)를 Off 상태로 설정한다.

마우스: 형상 내부 치수 선택
메뉴: Modify 〉 Properties(수정 〉 특성)
마우스: Ext line 1(치수 보조선 1)과 Ext line 2(치수 보조선 2)를 Off

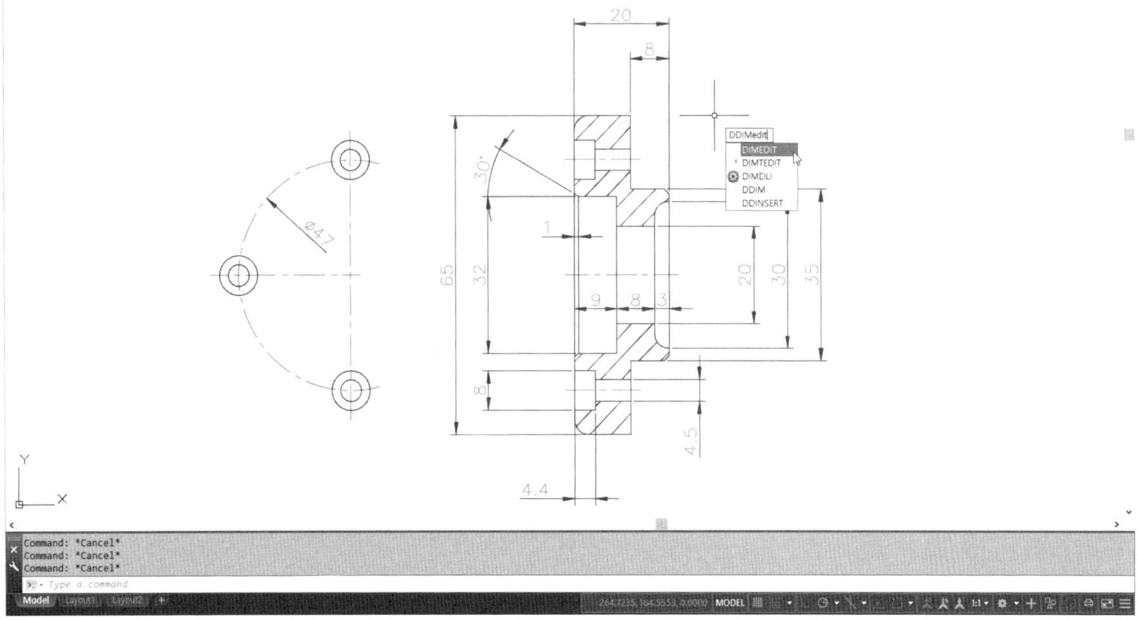


그림 3-58 원형 형상의 지름 치수 표기

치수 표기에 있어 숫자나 문자가 아닌 수학 기호로 나타내는 경우가 많다. 예로 원 형상 지름을 표기할 때 Ø(파이)로 표시한다.

공간 개념이 없는 2D CAD 시스템에서는 원형 형상의 측면에서는 이를 단순한 직선으로 인식할 수밖에 없으므로 선형 치수로 표시된다. 지름으로서 Ø로 표기되기 위해서는 별도로 치수를 수정해야 한다.

이를 위해 AutoCAD에서는 Dimedit(치수편집) 명령을 이용하여 직접 입력하는 방식을 사용한다.

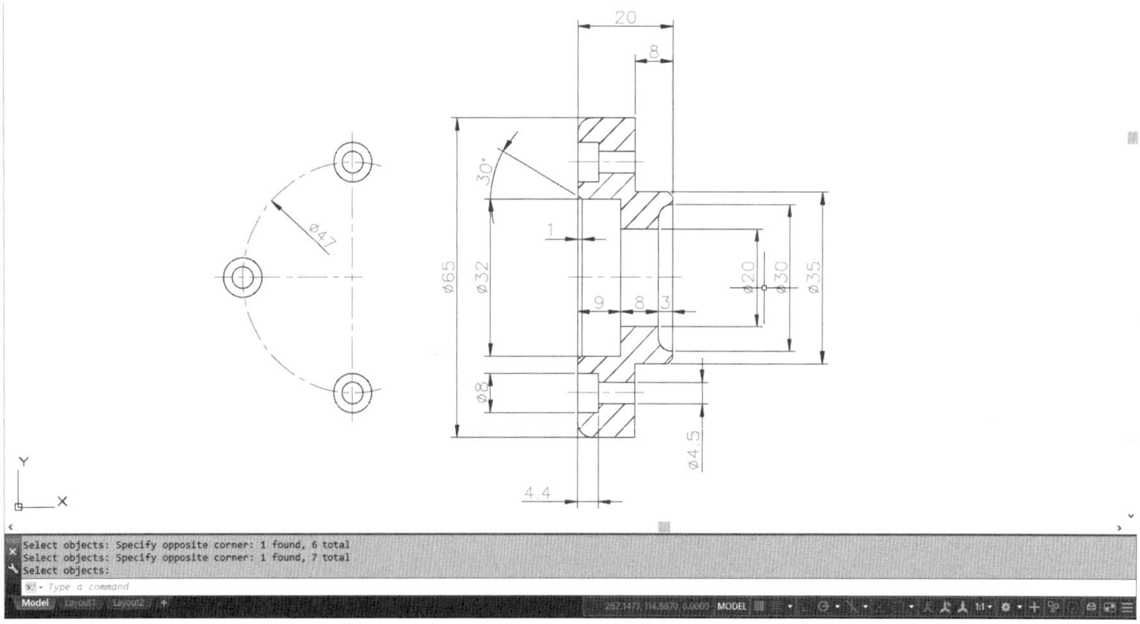


그림 3-59 원형 형상의 지름 기호 표기



간단하게 지름 치수로 표기를 변환하고자 한다면 해당 치수를 마우스로 더블 클릭한 후 %%c를 입력하면 치수 앞에 Ø가 추가된다.

만일 변환 대상이 여러 개가 있다면 Dimedit(치수편집) 명령을 사용할 수 있다. Dimedit 명령 실행 후 New(새로 만들기)를 선택하면 '0'이 나타나는데, '0' 앞에 '%%c'를 입력한다. 이때 '0'은 치수의 실제 값의 존재를 의미하기 때문에 지워서는 안 된다. 이 상태에서 화면의 임의 영역을 지정하면 네모 상자 형태의 커서가 나타난다. 네모 상자 커서로 지름 치수로 표기하고 싶은 치수를 선택하면 치수 앞에 Ø를 추가된 지름 치수로 변경된다.

치수 기호로 사용하는 예로 Ø는 %%C 이며, 각도를 나타내는 ° 는 %%D이고, ±는 %%P 이다.

명령: Dimedit(치수편집)
내부 메뉴: New(새로 만들기) 선택
입력: 0 앞에 %%C
마우스: 화면 임의 영역 선택 후, 수직 치수 65, 32, 20, 30, 35, 8, 4.5 선택

# 3.5 공차 표시

일반적 제품으로 형상이 기계 가공되는 경우 공차를 함께 표기한다. 수작업에 의한 제도에서는 일반적인 치수나 문자보다 공차 표기가 상대적으로 쉽지 않은 과정이었다.

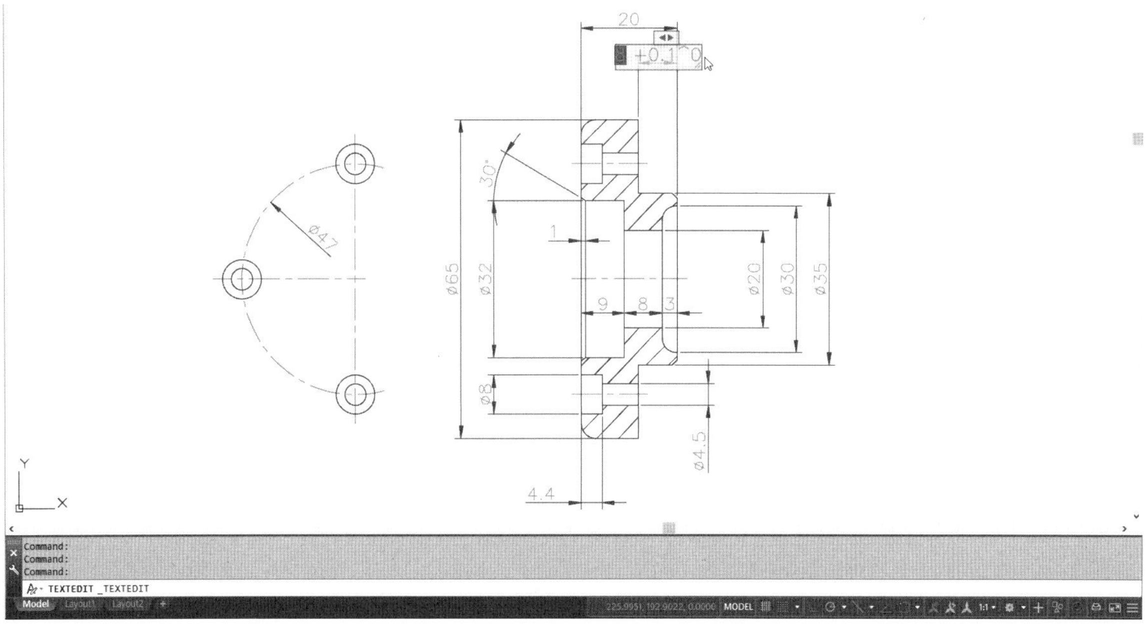


그림 3-60 형상에 대한 치수 공차 표현

제도에서의 실제 공차 표현은 분야별로 매우 다양하므로 본 예제에서는 간단한 선형 치수에 대한 공차를 표기하는 하나의 방법으로 진행한다.

공차를 기재하고자 하는 치수를 마우스로 더블 클릭한 후 치수 뒤로 커서를 옮긴 후 +0.1^0을 추가한다. 공차 부분을 마우스로 드래그하면 '형식 지정' 리본 메뉴가 활성화된다. 리본 메뉴에서 스택 아이콘을 선택하여 치수 공차가 입력되면 마우스로 화면의 임의 부분을 선택하여 공차 입력 모드에서 벗어난다. 혹은 공차가 입력된 상황에서 [ESC]를 누르면 공차 표시 저장 여부를 물으며 종료한다.

마우스: 상단 수평치수선 8 더블 클릭
입력: 치수 8 뒷부분에 +0.1^0 입력 후 공차 부분을 마우스로 선택
마우스: 리본 메뉴에서 활성화 '형식 지정' 메뉴 중 스택 아이콘 선택 후 화면 선택

도면에 따라 형상의 치수 공차 외에 기하 공차도 입력하고자 한다.

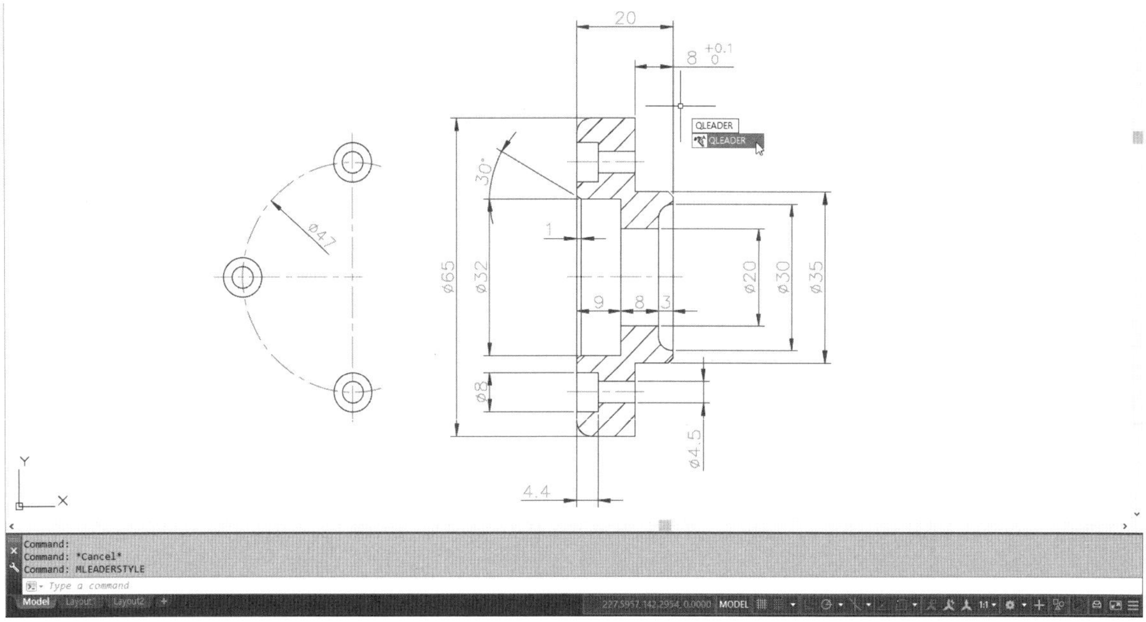


그림 3-61 기하 형상 공차 표현



예에서는 치수 공차가 입력된 부분에 기하 공차를 입력하기 위한 지시선을 만들기 위해 Qleader(지시선) 명령을 사용하여 지시선을 생성한다.

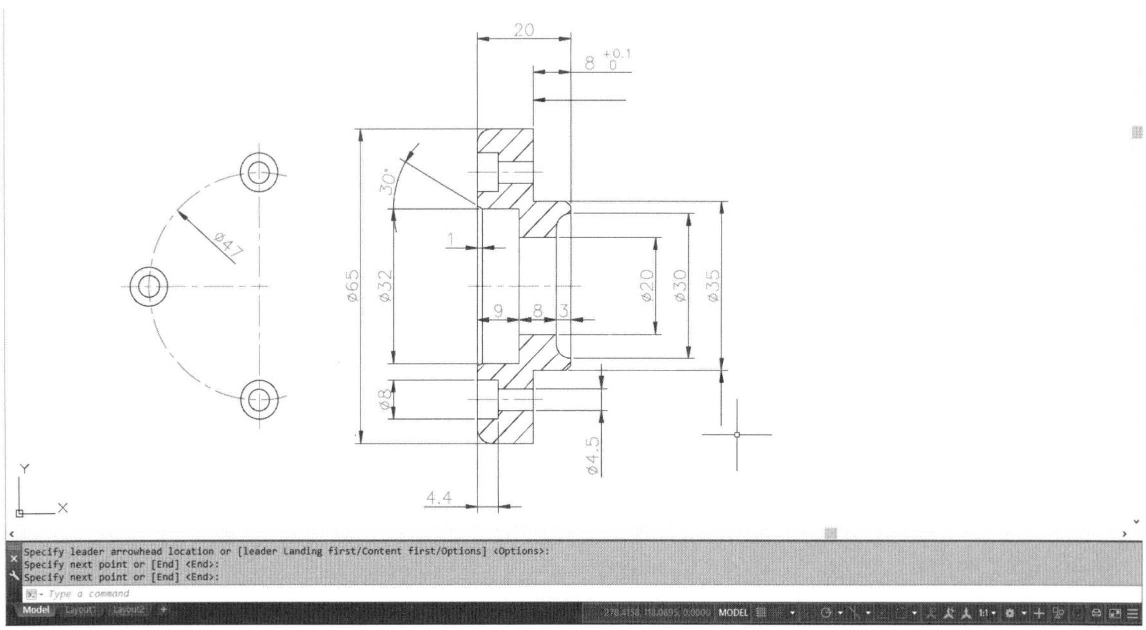


그림 3-62 기하 공차 입력을 위한 지시선 배치

기하 형상 공차를 배치하고자 하는 위치에 수평 지시선을 기재한다.

명령: Qleader(지시선)
마우스: [SHIFT]+[RIGHT] 〉 Object Snap(객체스냅) 메뉴 중 근처점 선택
마우스: 8 치수의 좌측 치수보조선 아래 선택 〉 오른쪽으로 약 20 mm 지점 선택 [ENTER][ENTER]

더하여 Tolerance(공차) 명령을 사용하면 기하 공차를 더욱 쉽게 표시할 수도 있다.

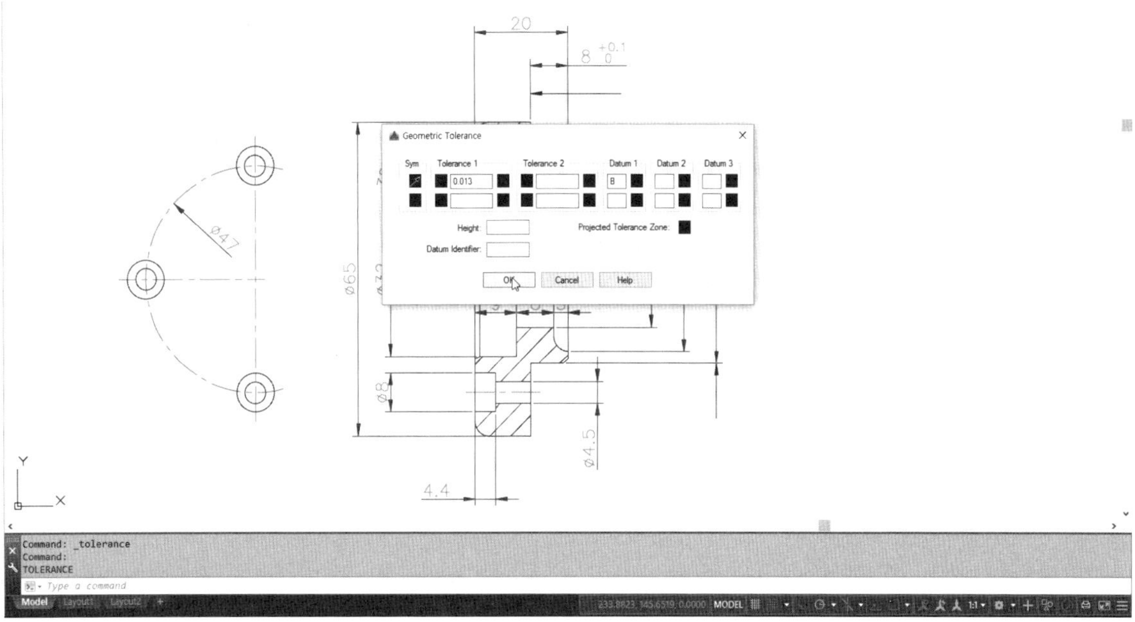

그림 3-63 Tolerance(공차) 명령을 이용한 기하 형상 공차 입력



Tolerance(공차) 명령을 실행하면 Geometric Tolerance(기하 공차) 화면이 나타난다. 예에서는 Sym, Tolerance 1, DATUM 1(데이텀 1)에 지정된 공차 값을 입력한다.

메뉴: Dimension 〉 Tolerance(치수 〉 공차)
입력: Sym 항목에 ⁄ 입력, Tolerance 1에 0.013 입력 후 Datum 1(데이텀 1)에 B 입력
마우스: OK 선택 후 도면 상단 지시선 끝점 선택

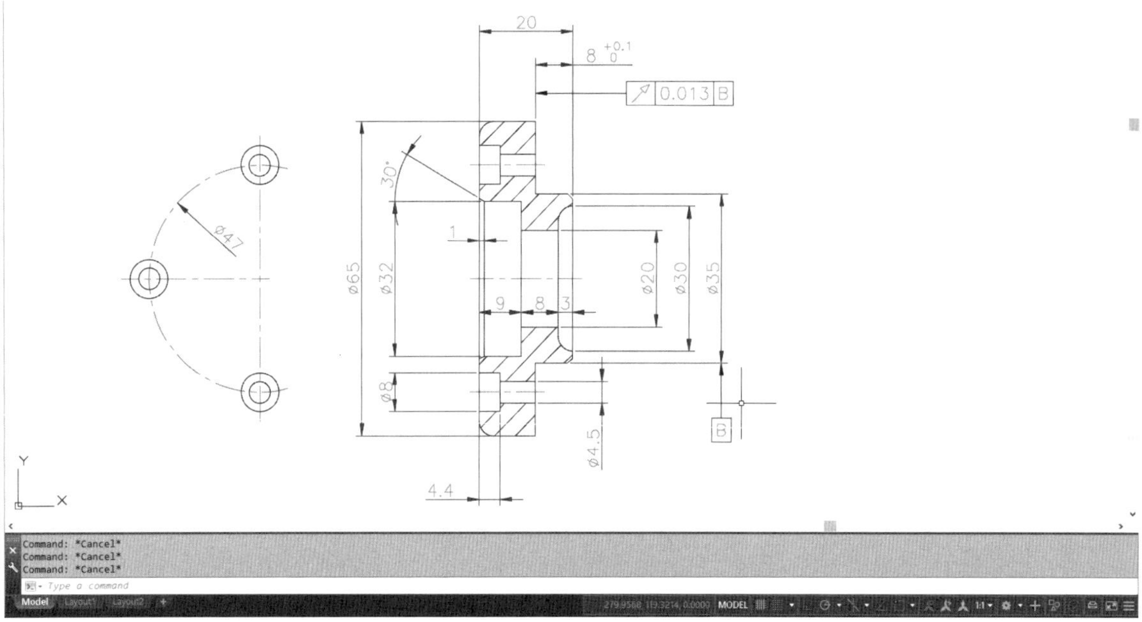


그림 3-64 기하 형상 공차 입력



예의 도면에서 상단 지시선에 기하 공차 값이 표기되었다.

이어 하단 리드선을 생성하고 데이텀 값만을 기재하기 위해 Tolerance(공차) 명령을 다시 사용한다. Datum 1(데이텀 1) 항목에만 B를 입력한 후 해당 지시선에 배치하였다.

명령: Qleader(지시선) 입력
마우스: [CTRL]+[RIGHT] 〉 Object Snap(객체스냅) 메뉴를 이용하여 끝점 선택
마우스: 우측 Ø35의 세로 치수 끝점 선택 후 아래 방향으로 약 10 mm 지점 선택 [ENTER][ENTER]

메뉴: Dimension 〉 Tolerance(치수 〉 공차)
입력: Datum 1(데이텀 1)에 B
마우스: OK 선택 후 도면 하단 지시선 끝점 선택

예의 도면에 표시된 기하 공차 표시를 완료한다. 추가로 데이텀 화살표 항목을 변경한다.

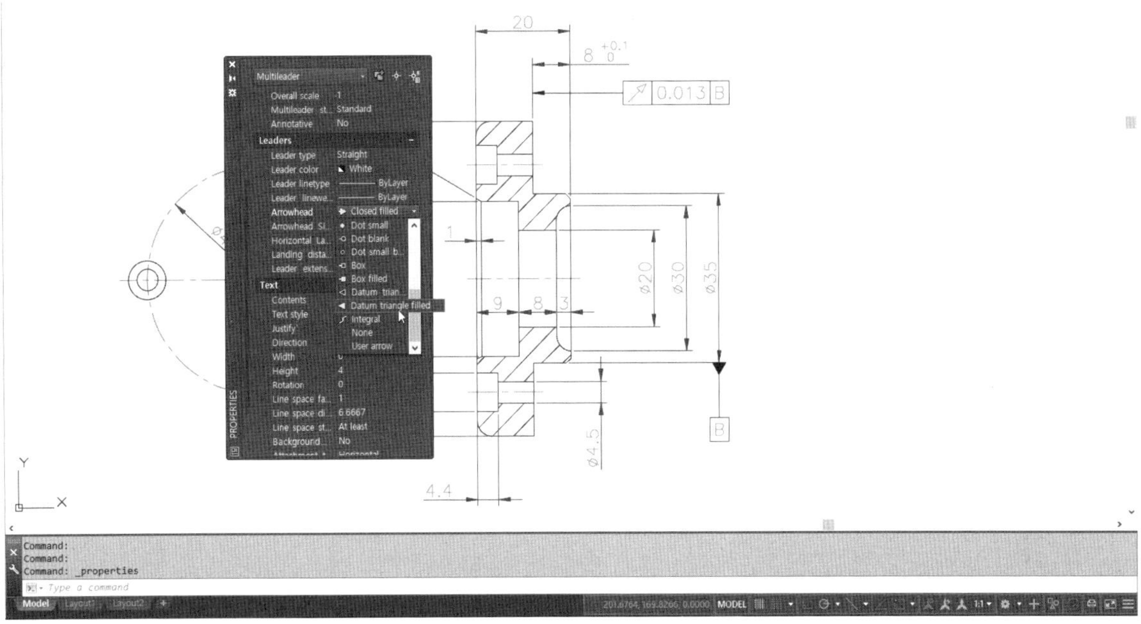


그림 3-65 기하 형상 공차 변형

데이텀 화살표 모양을 변경하기 위해 하다 리드선을 선택한 후 특성 화면을 열어 Arrowhead (화살표) 항목을 선택한 후 데이텀 화살표 모양으로 변경한다

마우스: 하단 지시선 선택
메뉴: Modify 〉 Properties(수정 〉 특성)
내부 메뉴: 선 및 화살표 항목의 Arrowhead(화살표) 선택 후 Datum Triangle filled(데이텀 삼각형 채우기) 지정

## 3.6 블록 삽입

형상과 치수 그리고 공차 표현이 완료된 도면에 대하여 표면 거칠기 기호를 표시하고자 한다. 표면 거칠기 기호처럼 대부분의 기계 가공 도면에 사용되는 기호는 사용 빈도가 높으므로 미리 생성하여 파일로 저장한 후 필요시마다 호출하여 사용하는 것이 효율적이다.

이를 위한 AutoCAD의 Block(블록) 기능을 이용하도록 한다.

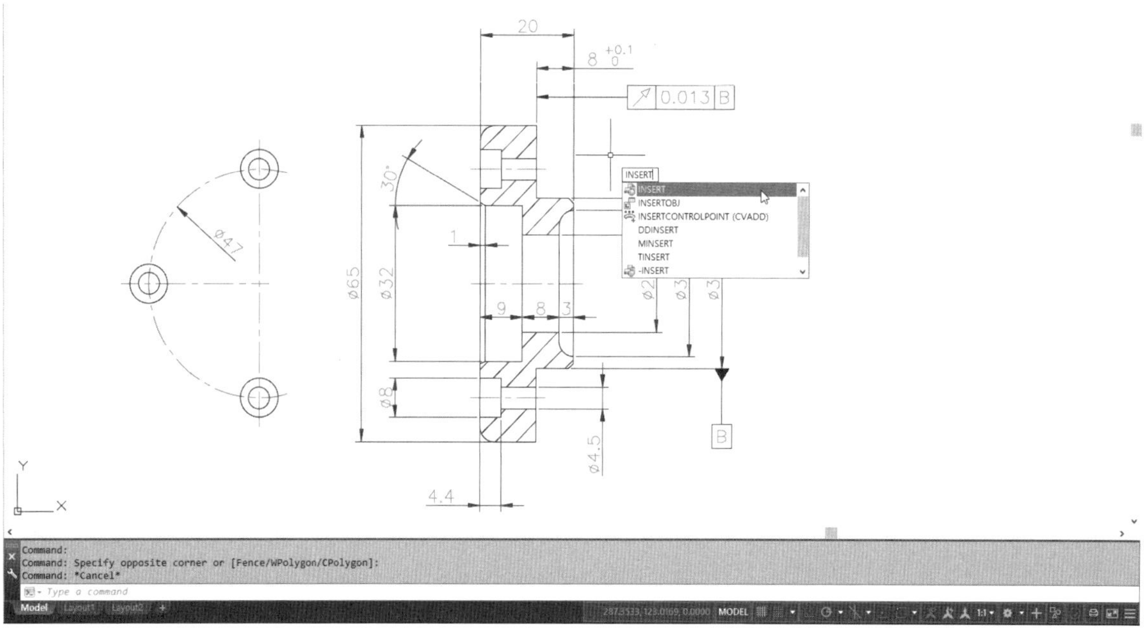


그림 3-66 표면 거칠기 기호 삽입을 위한 Insert(삽입) 명령

표면 거칠기 기호는 별도의 AutoCAD 파일들로 작성하여 예의 surface roughness symbol_w 등과 같은 이름으로 저장한다.

AutoCAD에서는 외부 파일을 블록으로 호출하여 도면에 삽입할 수 있다. Insert(삽입) 명령을 사용하여 해당하는 표면 거칠기 기호가 저장된 파일을 선택한다.

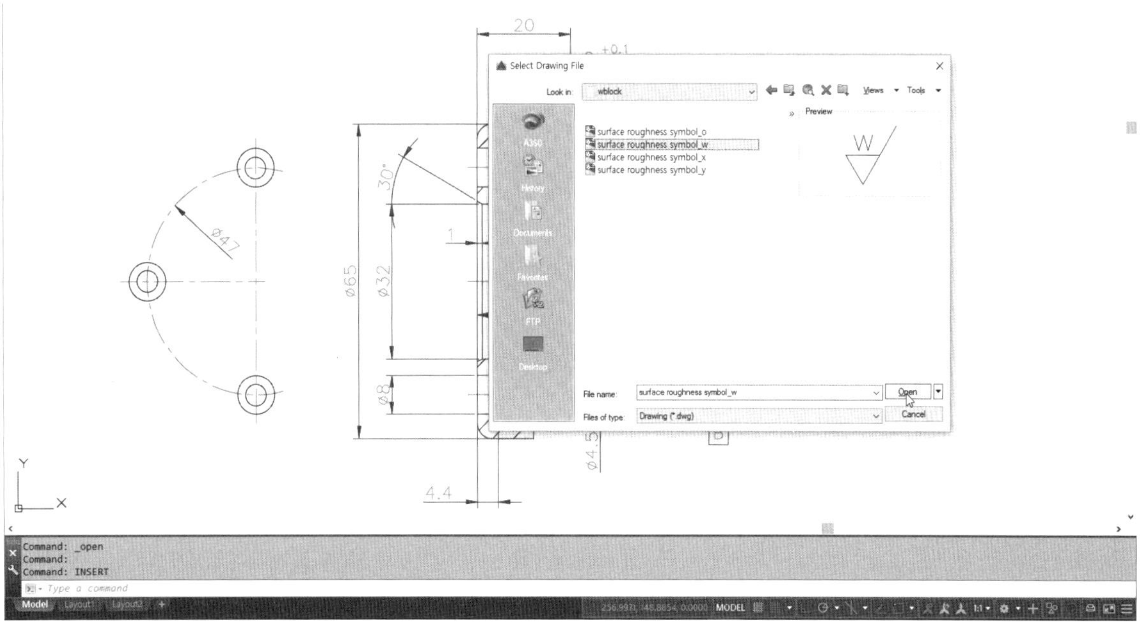


그림 3-67 도면에 삽입할 블록 파일 선택



메뉴: Insert 〉 Block(삽입 〉 블록)
마우스: Browse(찾아보기) 선택 후 파일 화면에서 예의 surface roughness symbol_w 파일 선택 [OK]

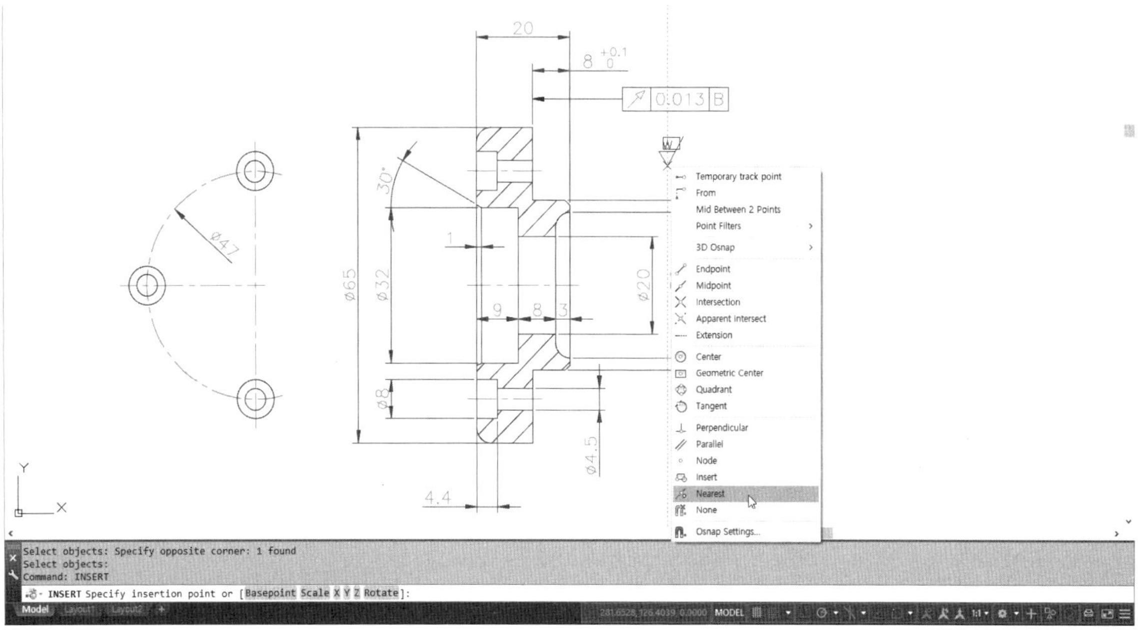


그림 3-68 외부 블록 삽입 위치 지정

호출한 블록 파일을 도면에 위치할 장소를 지정한다. Object Snap(객체스냅) 기능 등을 활용하여 원하는 위치에 블록을 위치시킨다.

마우스: [CTRL]+[RIGHT] 〉 Object Snap(객체스냅) 메뉴에서 Nearest(근처점) 선택
마우스: Ø20 수직 치수선의 상부 치수보조선 선택

같은 방법으로 다음의 표면 거칠기 기호를 도면에 위치시킨다.

surface roughness symbol_o: 작업 화면 임의 지점 선택
surface roughness symbol_x: Ø35 수직 치수선의 상부 치수보조선 선택
surface roughness symbol_y: 20 수평 치수선의 우측 치수보조선 선택

개별 표면 거칠기 기호가 호출되어 지정된 다음에는 필요한 부분에 복사하여 배치한다.

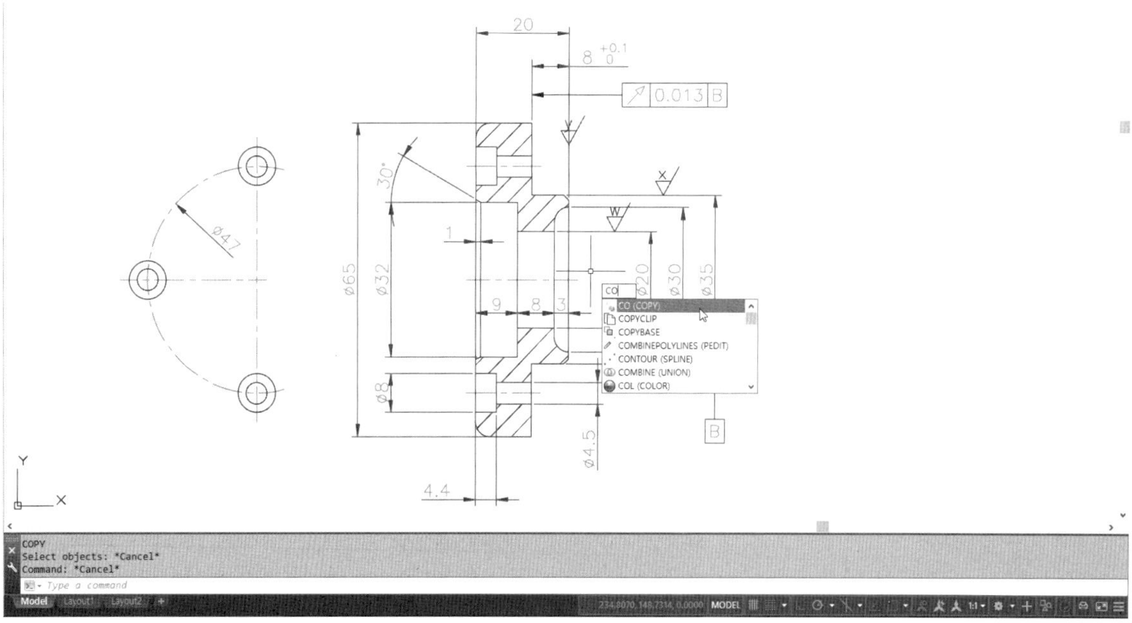


그림 3-69 Copy(복사) 명령을 사용 한 표면 거칠기 기호의 다중 복사

도면에 여러 위치에 표면 거칠기 기호를 위치시켜야 하므로 Copy(복사) 명령을 사용하여 삽입된 형상을 선택하고 입력 완료 후 필요한 위치에 복사를 진행한다.

메뉴: Modify 〉 Copy(수정 〉 복사)

마우스: surface roughness symbol_w 기호 선택

마우스: Ø8 치수의 하단 치수 보조선 중간 선택, Ø4.5 치수선 중간 선택, 아랫부분 4.4 좌측 치수보조선 중간 선택

필요한 표면 거칠기 기호를 복사한다. 예의 surface roughness symbol_x 기호는 8 치수 좌측 치수보조선 중간에 배치한다.

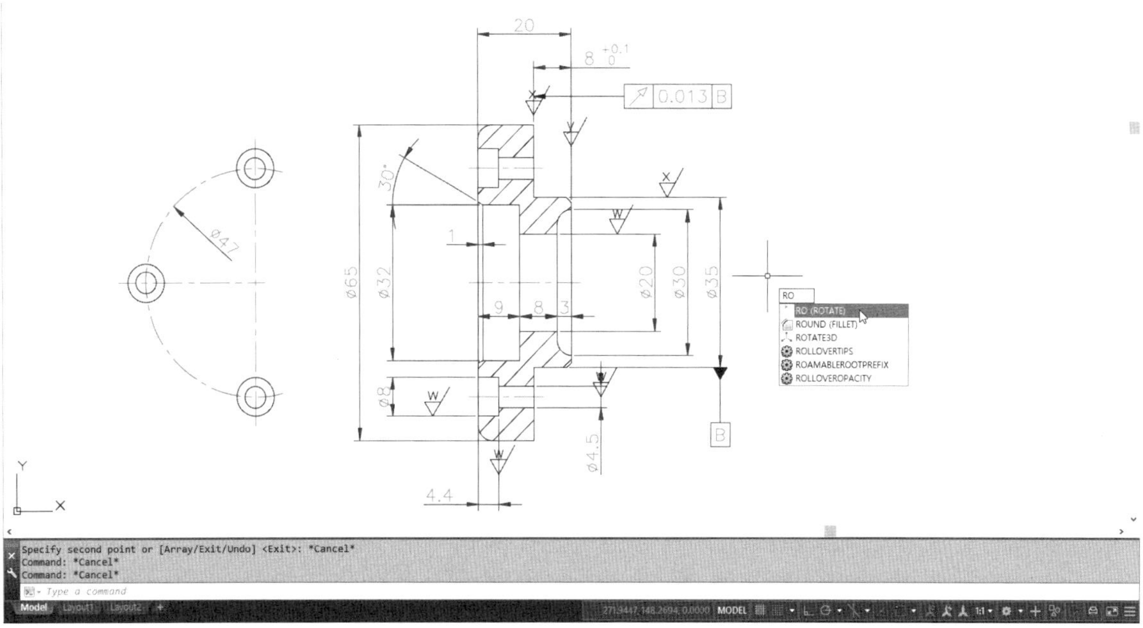


그림 3-70 Rotate(회전) 명령을 이용한 형상 회전

수직면에 대한 표면 거칠기 기호를 세로로 회전시키기 위해 형상 회전을 위한 Rotate(회전) 명령을 사용한다.

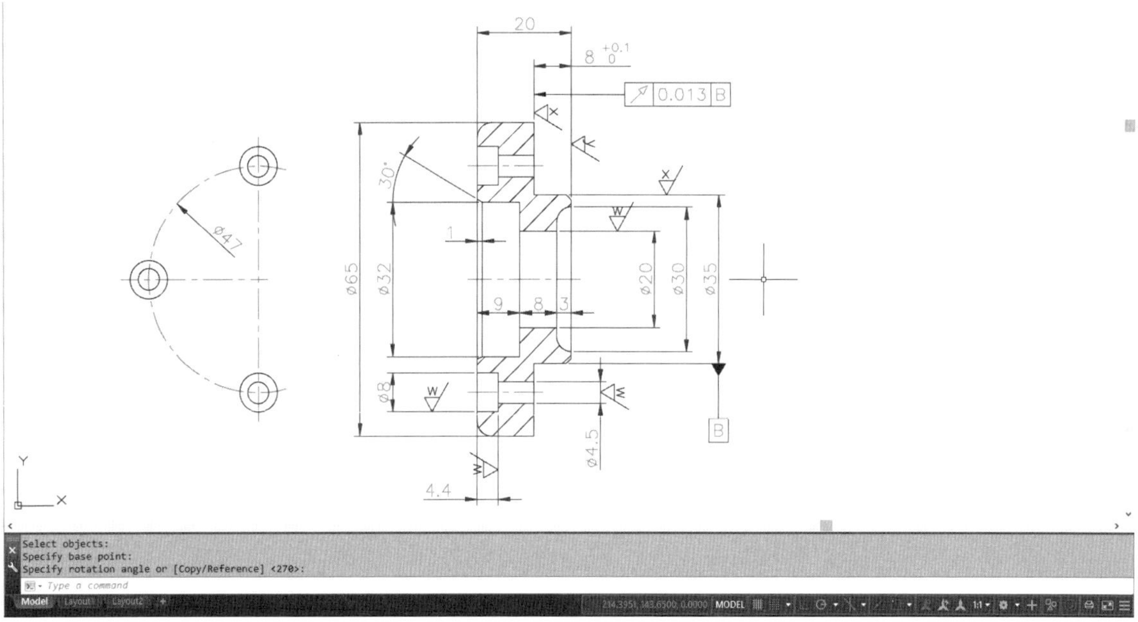


그림 3-71 Rotate(회전)를 이용한 표면 거칠기 기호 배치 수정



Rotate(회전) 명령을 사용하여 표면 거칠기 기호를 개별적으로 90° 회전시킨다.

메뉴: Modify 〉 Rotate(수정 〉 회전)
마우스: 8 좌측 치수 보조선의 symbol_x 선택 [ENTER]
마우스: 심볼 좌측 모서리 선택
입력: -90(시계 반대 방향 회전)

나머지 수직인 치수선 및 치수보조선에 대한 표면 거칠기 기호를 회전시킨다.

## 3.7 문자 입력

문자열로서 표면 거칠기 기호와 기타 문자 입력을 마무리한다.

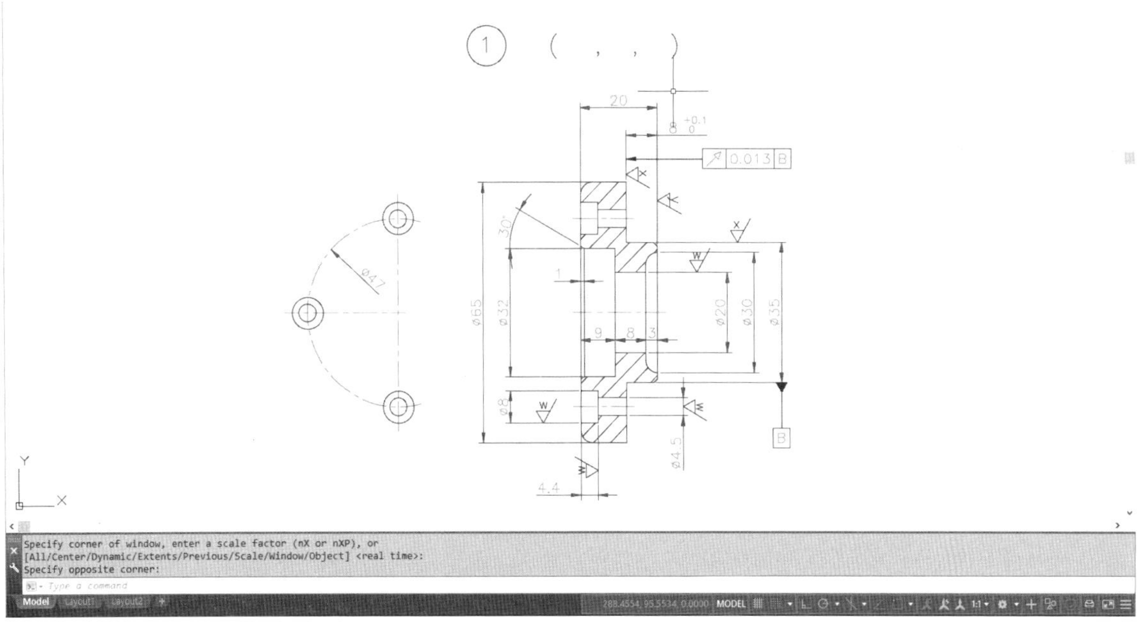


3-72 Mtext(여러 줄 문자)를 이용한 문자열 활용

도면에 형상과 기호 외에 문자를 입력하기 위해서 Mtext(여러줄 문자) 명령을 사용한다.

먼저 문자열의 첫 원 문자를 만들기 위해 적절한 위치에 Circle(원) 명령으로 원을 생성한 후 Mtext(여러줄 문자) 명령으로 원 내에 위치하도록 '1'을 입력하거나 원 내로 이동시킨다. 문자의 크기는 4로 입력한다.

이후 다시 Mtext(여러줄 문자) 명령으로 "( , , )"와 같이 문자열을 생성한다.

도면 작업에 있어 이러한 문자열이 자주 사용되는 경우 블록을 만들어 저장한 후 필요할 때 호출하여 사용할 수 있다.

메뉴: Draw 〉 Circle(그리기 〉 원)
마우스: 도면 상부 임의점 선택 〉 Diameter(지름) 선택
입력 : 10

메뉴: Draw 〉 Text 〉 Multiline text(그리기 〉 문자 〉 여러 줄 문자)

마우스: 마우스로 입력 화면 크기 설정
입력: 4(문자 크기)
입력: 문자 '1'
마우스 : 입력 화면 바깥 임의점 선택

메뉴: Modify 〉 Move(수정 〉 이동)
마우스: 숫자 1 선택 [ENTER]
마우스: 숫자 1의 중간부분을 시작점으로 선택 후 1을 원 중심에 배치

메뉴: Draw 〉 Text 〉 Multiline text(그리기 〉 문자 〉 여러 줄 문자)
마우스: 마우스로 입력 화면 크기 설정
입력: 4(문자크기)
입력: "(  ,  ,  )"
마우스: 입력 화면 바깥 임의점 선택

메뉴: Modify 〉 Move(수정 〉 이동)
마우스: "(  ,  ,  )" [ENTER]
마우스: "(  ,  ,  )"의 아랫부분을 시작점으로 선택 후 1 옆에 수평 배치 선택



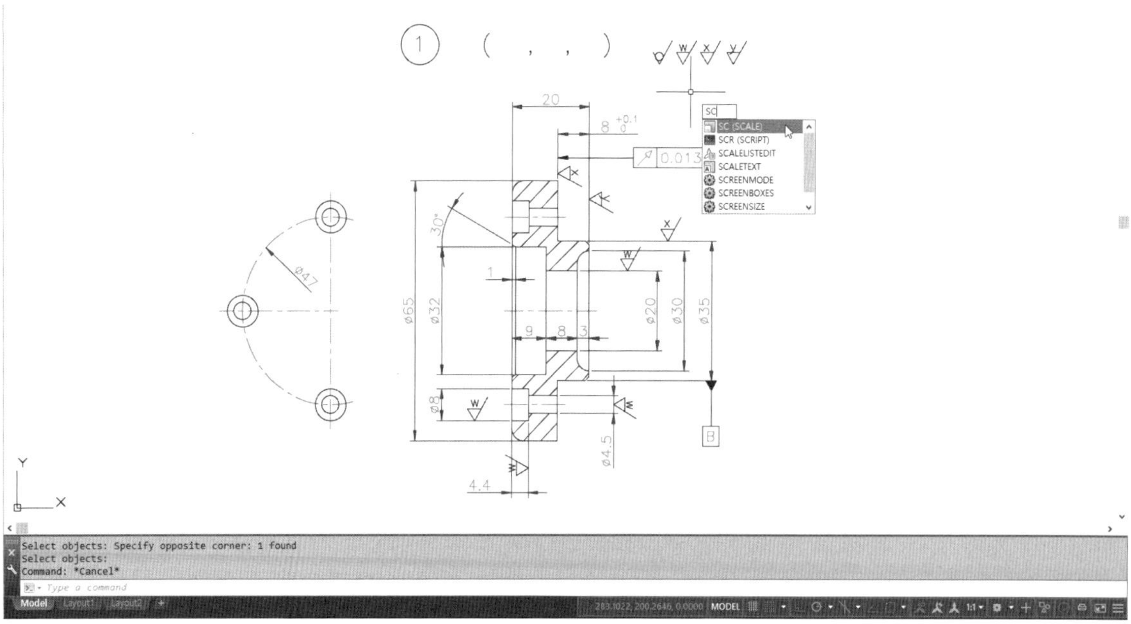


그림 3-73 표면 거칠기 기호 호출과 Scale(축척) 명령을 이용한 배율 조절

Insert(삽입) 명령을 이용하여 표면 거칠기 기호를 예와 같이 위치시킨다.

Mtext(여러 줄 문자)로 작성한 영역에서의 크기와 다소 차이가 나기 때문에 Scale(축척) 명령을 이용하여 배율을 조절한다. Scale 명령 후 대상 형상을 선택한 후 배율을 1.5로 입력한다.

명령: Insert 〉 Block(삽입 〉 블록)
마우스: 파일 선택 화면에서 surface roughness symbol_o 기호 선택 [OK]
마우스: 지정 부분에 블록 위치 [ENTER]

같은 방식으로 나머지 표면 거칠기 기호를 수평으로 나란히 위치시킨다.

메뉴: Modify 〉 Scale(수정 〉 축척)
마우스: 호출된 심볼 전체 선택 [ENTER]
마우스: surface roughness symbol_o 하단부 선택
입력: 1.5



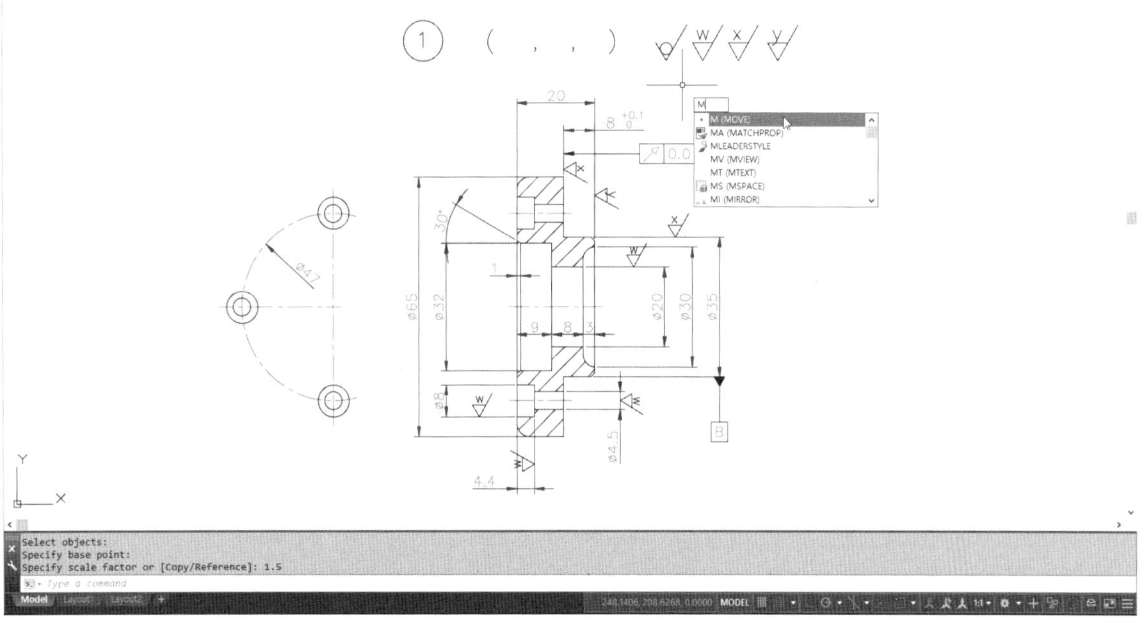


그림 3-74 Move(이동) 명령을 이용한 표면 거칠기 기호 이동

배율이 조절된 표면 거칠기 기호를 Move(이동) 명령을 이용하여 괄호 표시의 문자열 부분으로 이동시킨다.

메뉴: Modify 〉 Move(수정 〉 이동)

마우스: surface roughness symbol_o 선택 [ENTER]
마우스: surface roughness symbol_o 하단 모서리 선택 후 “( , , )”의 괄호 바깥 앞부분 배치

같은 방식으로 나머지 표면 거칠기 기호에 대하여 이동 배치를 완료한다.

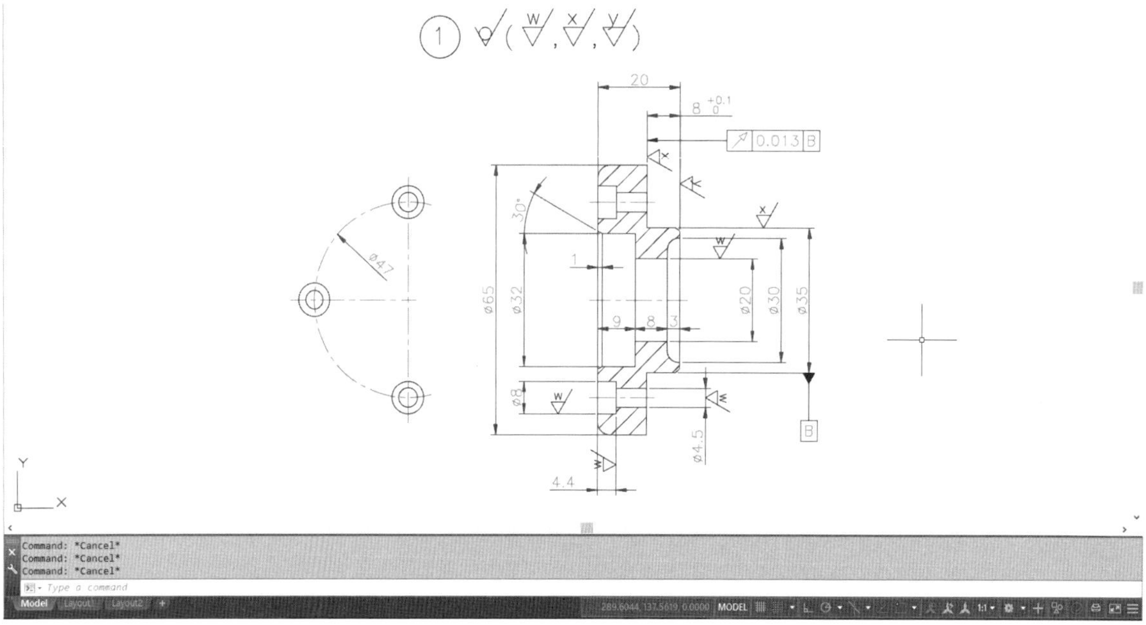


그림 3-75 도면의 형상 검사

예에서와 같이 제도 작업을 종료한 후 도면과 비교하여 미비하였거나 가시성이 떨어지는 부분을 확인하여 수정 과정을 거치도록 한다.

## 3.8 도면 출력

제도 작업을 완료한 후 출력 과정을 거쳐 도면을 생성한다. 본 예에서는 종이로 출력하는 경우가 아닌 PDF 포맷으로 출력한다.

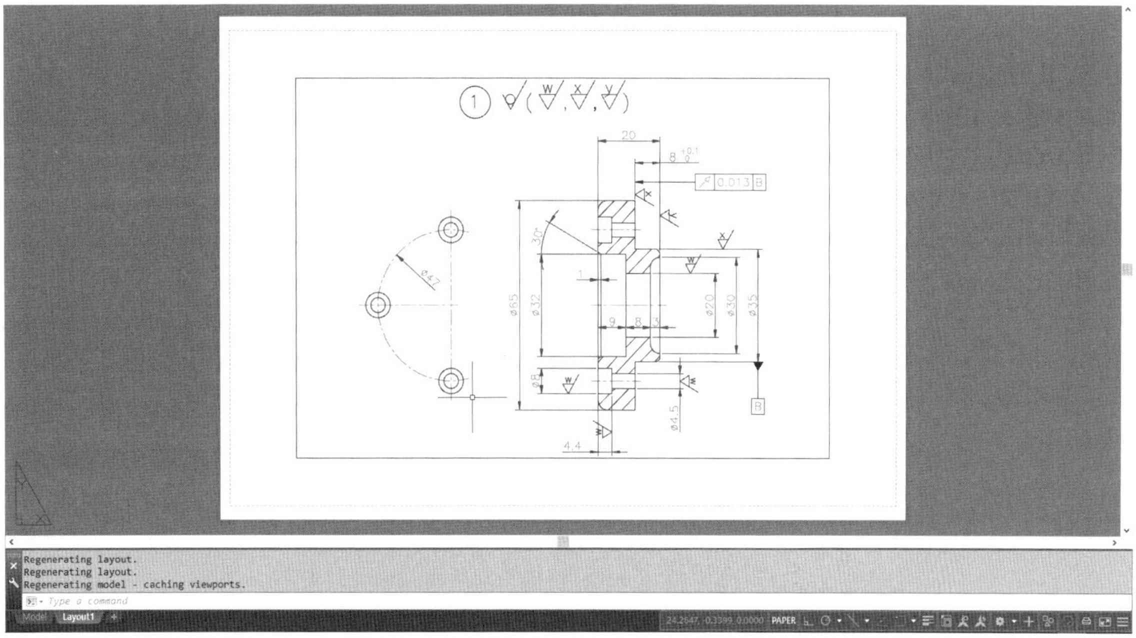

그림 3-76 Layout(레이아웃) 공간으로 이동

도면은 사용하는 측의 요구에 따라 형상 외 치수나 문자들을 여러 형식이 출력되어야 하는 경우가 많다. 또한, 목적에 따라 도면의 형상 배치나 구성을 달리하여 출력할 필요도 많다.

이러한 목적에서 AutoCAD는 제도를 위한 모델링 공간 외에 도면 출력을 위해 Layout(레이아웃) 공간을 사용한다. 기본적으로 Layout은 필요에 따라 생성 및 삭제를 할 수 있다.

마우스: AutoCAD 화면 왼쪽 아래에 Layout1 선택

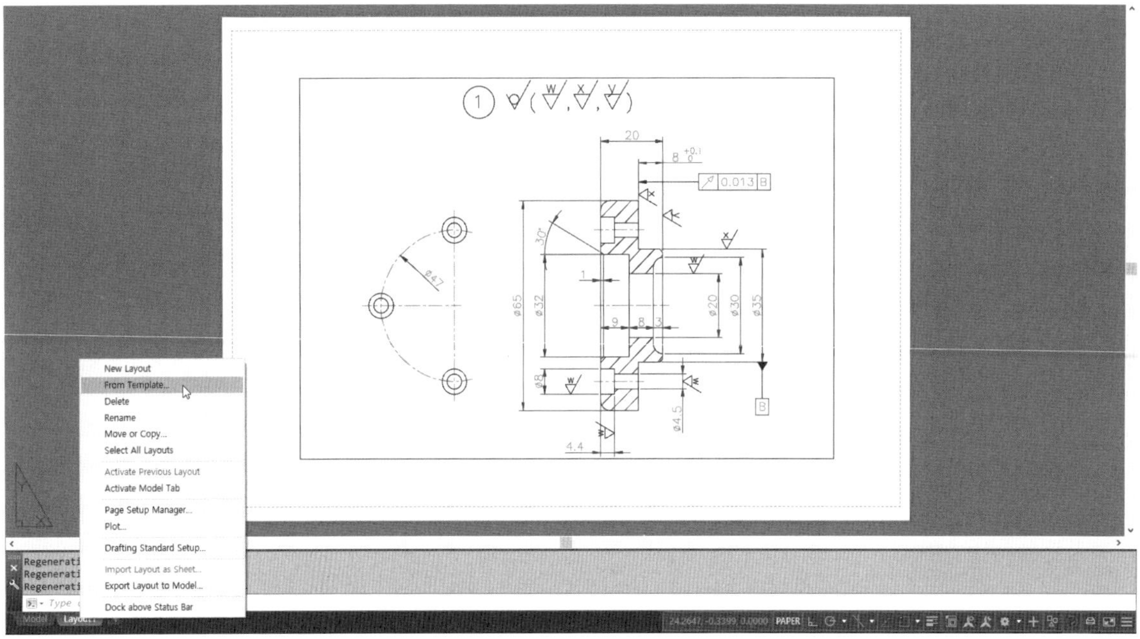


그림 3-77 템플릿 파일을 이용한 Layout(레이아웃) 수정

레이아웃 공간에서 도면 프레임을 적용하기 위해 이미 작성된 프레임용 템플릿 파일을 호출하여 적용할 수 있다. 도면 프레임으로 사용하기 위해 별도로 생성하여 파일로 저장한 파일을 호출하여 사용한다.

하단 Layout 탭을 [RIGHT] 클릭하여 예와 같은 메뉴를 호출한다. From Template(템플릿에서) 명령을 선택하여 사용할 템플릿 파일을 선택하므로 써 도면에 예와 같은 프레임이 삽입된다.

이러한 프레임과 타이틀 블록(표제란)은 기업이나 조직에 따라 자체적으로 다양하게 구성하여 사용하고 있다. 타이틀 블록에 필요한 정보를 입력하기 위해 더블 클릭하여 설정 정보를 입력하거나 수정한다.

마우스: Layout1탭을 [RIGHT]으로 선택 후 From Template(템플릿에서) 선택

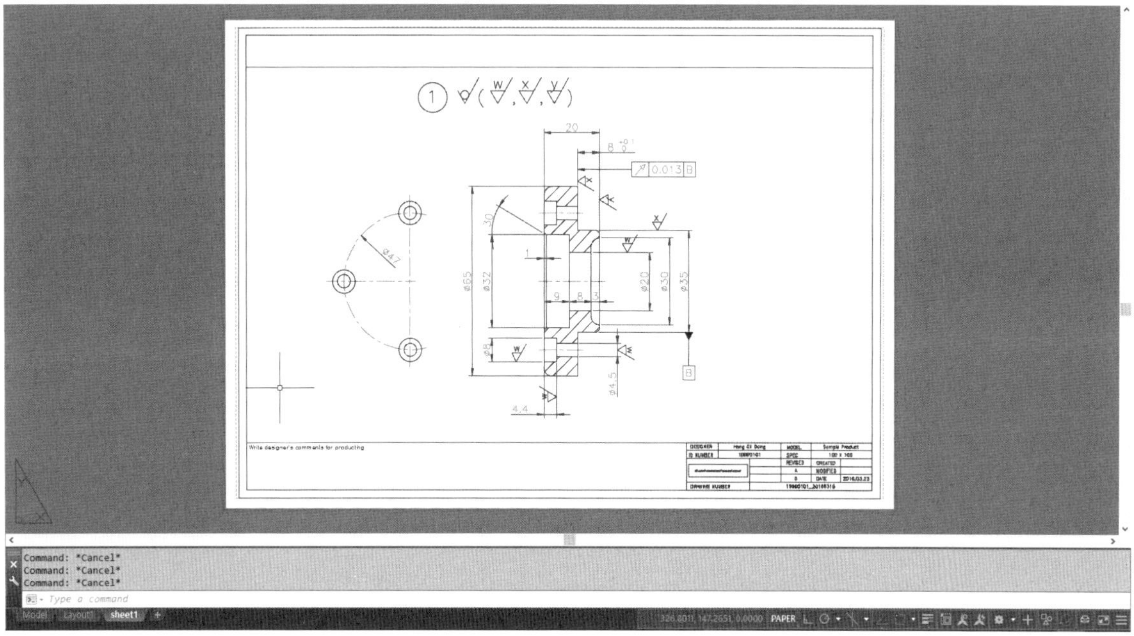

그림 3-78 프레임 템플릿을 적용한 Layout(레이아웃)

예의 프레임용 템플릿 파일이 적용된 레이아웃에서 도면 형상의 배치를 조절하기 위해서는 프레임 내부를 더블 클릭하여 위치 이동과 배율 조절이 가능하다. 배치 완료 후 외부 영역의 클릭 하면 다시 레이아웃 화면으로 돌아온다.

출력을 위한 도면 배치가 완료된 도면 출력을 진행한다.

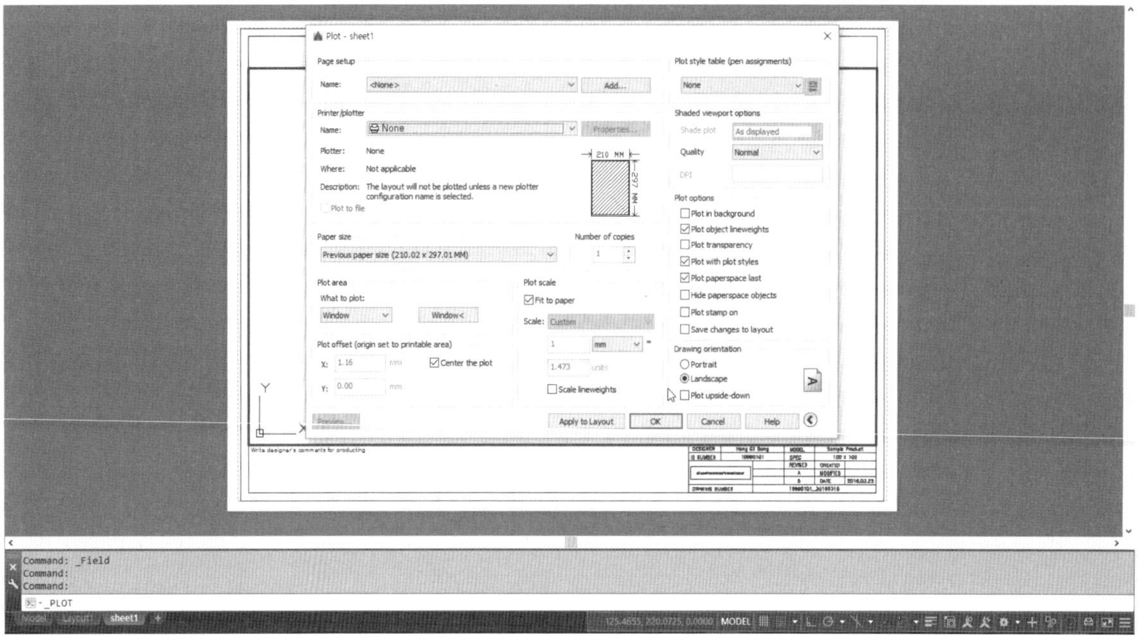

그림 3-79 Plot(출력) 설정 화면



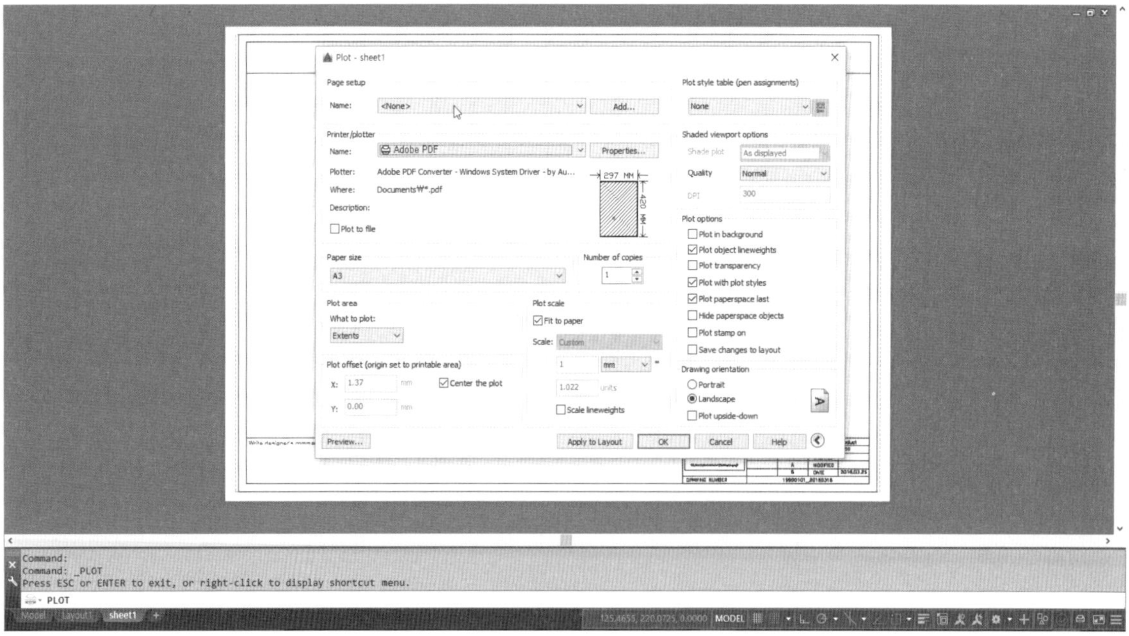

그림 3-80 도면 출력 장치 및 선택 사항

도면을 PDF와 같은 디지털 파일로 출력하여 공유하는 경우가 많지만, 여러 이유로 아직 종이로 출력된 도면이 있어야 하는 경우가 많으므로 필요한 목적에 맞춰 플로터나 프린터 혹은 지정된 파일 형식으로 출력할 수 있도록 한다.

Print/Plotter(프린터/플로터) 부분의 Name(이름)에는 현재 사용 중인 컴퓨터 시스템에 설치된 프린터를 비롯한 출력 장치의 목록이 나타난다. 예에서는 물리적 형태가 아닌 PDF 형식의 디지털 파일로 출력하기 위해 PDF 출력장치를 선택하고, 출력 크기는 A3로 한다.

메뉴: File 〉 Plot(파일 〉 출력)
마우스: Print/Plotter(프린터/플로터)에서 PDF 출력을 지원하는 대상 선택
마우스: Paper size(용지크기) 〉 A3 선택

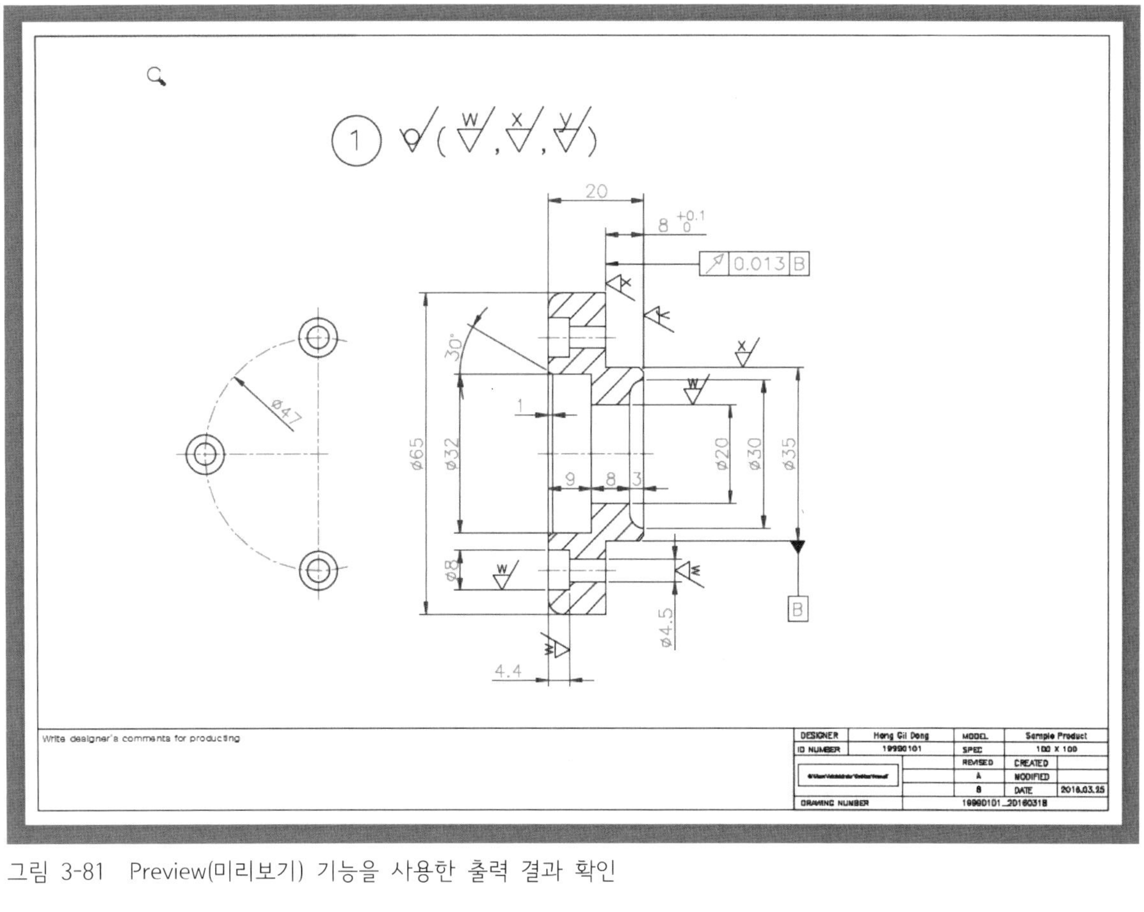


그림 3-81 Preview(미리보기) 기능을 사용한 출력 결과 확인

Plot(출력) 화면에서 Preview(미리보기)를 선택하여 실제 출력물의 결과를 확인할 수 있고 마우스를 이용하여 확대 및 축소를 할 수 있다. [ESC] 입력으로 다시 Plot 화면으로 돌아올 수 있다.

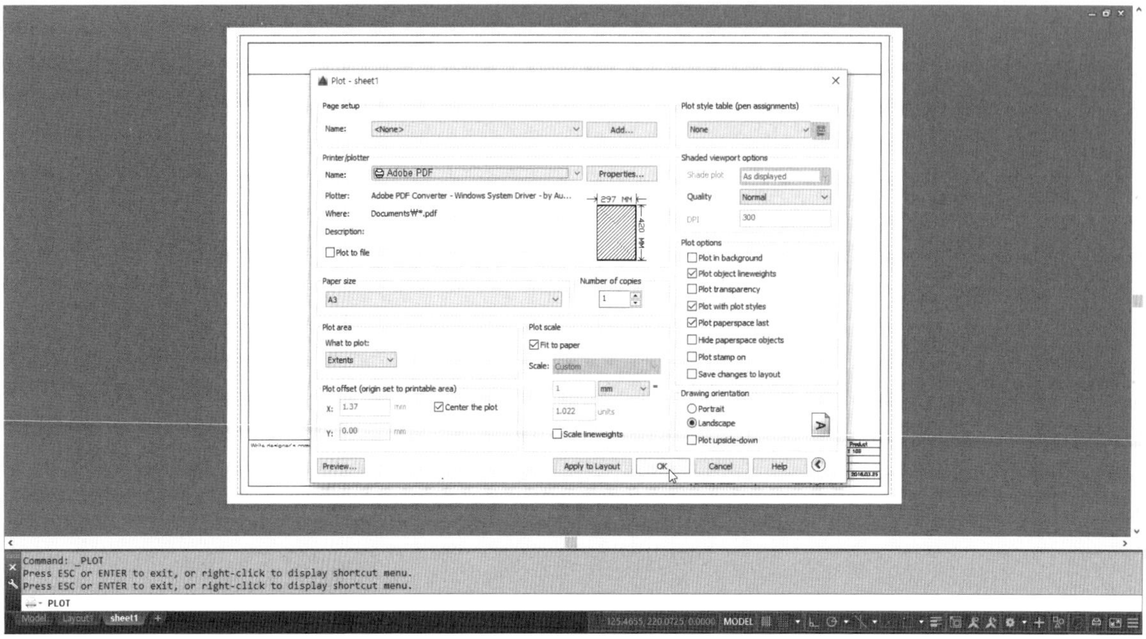


그림 3-82 Printing(도면 출력) 명령 수행



출력 장치와 선택 사항에 설정이 완료되면 OK를 선택하여 출력을 진행한다.

# chapter4 2D CAD 시스템의 기본 기능

AutoCAD는 1980년대 초 출시된 이후 30년이 지난 오늘날에는 2D CAD 시스템의 대표이자 실질적인 산업 표준으로 자리 잡게 된 가장 큰 이유 중의 하나는 무엇보다도 구동을 위한 하드웨어 플랫폼이 IBM PC 및 MS-DOS 호환 기종이라는 개인용 컴퓨터 환경에 맞춰졌기 때문이기도 하다. 1990년대 UNIX 운영환경의 엔지니어링 워크스테이션 기반에서 CAD 시스템의 운용이 확대되었고, AutoCAD 역시 이 시기에 CAD 시장에 들어오게 되지만 시장의 주류였던 엔지니어링 워크스테이션은 물론 개인용 컴퓨터 기반의 CAD 시장에 집중하므로 써, 개인용 컴퓨터의 성능 개선과 함께 오늘날의 2D CAD 시장을 선점하는 결과에 이르게 되었다.

AutoCAD가 가지는 강력한 점은 동시대의 일반적인 개인용 컴퓨터 수준에서 설치 및 운용에 특별한 제약이 없다는 것이다. 비록 시간이 지날수록 3D 모델링 기능이 추가되고 2D 제도 작업이지만 내용이 복잡하고 규모도 커짐에 따라 시스템 반응 속도에 저하되므로 써 이를 극복하기 더 많은 주기억장치 용량과 별도의 전용 그래픽스 서브-시스템을 사용하는 것이 필요할 수도 있지만, 대부분은 일반적 기준에서의 하드웨어 제약은 거의 없다고 볼 수 있다. 하지만 전반적인 성능 개선 과정에서 개인용 컴퓨터의 성능 개선에도 불구하고 많은 부가 기능이 추가됨에 따라 매년 개정될수록 설치 용량도 커지고 반응 속도도 무거워지고 있는 것도 사실이다.

AutoCAD를 비롯한 CAD 시스템의 기업 혹은 개인으로서도 목적한 바를 달성하기 위한 도구로 사용된다는 측면에서 현재 운용 가능한(Autodesk에 의해 지원이 되는 범위의) 시스템이 기대한 효용성을 확보하기 위해서는 평균 수준 이상의 하드웨어 사양에서 운용하는 것이 필요하다.

AutoCAD 역시 제도 작업 및 설계 업무의 생산성을 높이기 위한 많은 효율적 기능 역시 지속해서 추가됐다. 예로서 각국 기술 표준에 따른 스타일 지원이나 표준 부품들이 저장된 라이브러리 제공 등 설계자의 업무를 지원하는 여러 기능을 사용할 수 있다.

설계자는 설계 대상과 설계 목적에 명확하게 구현하기 위한 여러 준비 조치로서 AutoCAD와 같은 설계 도구의 기능 범위와 한계에 관해 확인할 필요가 있다.

## 4.1 기본 제도 환경

종이 위에서는 제도 과정을 준비하기 위해 작업 공간이나 작업 도구를 준비하고 확인하는 과정이 필요하듯이 CAD 시스템을 운용할 때에도 이러한 준비 작업이 필요하다. 물론 CAD 시스템을 통하여 사전 준비 작업을 마친 후에는 여러 경우의 환경 정보를 저장한 후 필요시마다 호출하여 사용할 수 있다는 점이 다르다. CAD 시스템을 운용하는 많은 설계자가 이러한 가장 근본적인 차이를 인식하지 못하는 경우가 많다는 점에서, 시스템에 대한 작은 환경적 변화들이 설계 작업의 효율성이 크게 이바지할 수 있다.

AutoCAD는 도면 생성을 작업 영역으로 모델링 공간과 도면의 제어 및 출력을 위한 페이퍼 공간으로 나뉘어 있다. 어느 공간에서도 기능 수행은 가능하지만, 형상 모델링, 도면 작업은 일반적으로 모델링 공간에서 수행되는 것인 효율적이다.

AutoCAD는 기능 수행을 위한 메뉴, 명령어 그리고 아이콘을 이용할 수 있다. 어느 방식을 사용해도 무방하지만, 기능의 세부 내용은 메뉴 그리고 명령어 순으로 다양하게 적용될 수 있다. 마찬가지로 입력 도구로서 메뉴 선택이나 아이콘을 사용하기 위한 마우스 등을 사용할 수 있지만, 명령어를 직접 키보드로 입력할 수도 있다.



참고로 AutoCAD에서는 시스템 설정에 관련된 선택 사항들을 Option(옵션) 항목에서 조절할 수 있다. 자동 저장 시간 설정, 작업 화면 색상 변경, 각 메뉴의 유무, 커서의 형태, 크기 변경을 할 수 있으며, 또한 저장하는 작업 파일의 버전 지정 등을 변경할 수 있다.

특히 매년 단위로 개정되는 개발 정책으로 다양한 버전의 AutoCAD가 사용되는 경우 이를 공유하고자 하는 경우 가장 낮은 개정 버전으로 지정해야 협업 작업에 문제가 발생하지 않는다.

### 4.1.1 도면 프레임

제도는 제품의 형상 및 치수 등과 같은 물리적 정보와 제작 등을 위한 정보를 포함하고 있다. 이들 정보는 제품의 구현에 있어 가장 주요한 정보들이기는 하지만, 정보 설계 매체로서 도면이 포함하는 또 하나의 핵심 사항은 관리 정보들이다. 관리 정보는 제품명, 도면번호, 제작 및 수요 기업, 재질, 설계 및 검수자 명, 연락처, 작성 날짜, 수정 날짜 더 하여 수정 이유나 기타 부품 목록과 수많은 사항이 기재되고 수정 및 관리된다. 이 정보들은 또한 설계 정보 관리 시스템의 변수로 정보 체계와 도면, 3D 모델 등의 설계 정보와 상호작용하도록 연결된다.

도면에서는 이러한 관리 정보들의 표제란과 같이 별도 공간으로 만들어 도면에 배치한다. 또한, 도면은 표준 종이 크기로 출력되어 전달되는 경우가 많으므로 외곽선과 기준 치수 등을 기재하여 도면 정보를 더욱 쉽게 파악할 수 있도록 해야 한다.

### 4.1.2 표제란 구성

AutoCAD와 같은 2D CAD에서는 도면 프레임이나 표제란 등도 역시 선으로 구성된 대상이며 그 내부 공간에 필요한 내용을 문자 요소로 작성한다. 많은 기업에서 표제란을 자신들만의 목적에 적합하도록 작성하여 사용하기도 하지만 주문의 의뢰한 측의 정보를 포함해야 하는 경우도 적지 않으므로 수정이나 추가가 쉽도록 구성하는 것도 필요하다.

## 4.2 기본 제도 기능

### 4.2.1 기하 요소 지정

AutoCAD의 모든 명령어 및 기능의 수행 시에 강제 중단을 위해서는 ESC 키를 누름으로써 수행이 중단된다. 또한, 특정 명령이나 기능이 수행이 적용되지 않을 때도 [ESC]를 누름으로써 설계자가 인식하지 못하고 있는 기능 등이 중단되므로 써 다시 대기 상태로 돌아올 수 있다.



#### 1) 기하 요소 선택

종이 위에 제도 작업과 CAD 시스템은 마우스나 키보드를 통하여 사용자가 입력하는 기하 정보를 통하여 형상이 구현된다. 그러므로 사용자는 원하는 위치를 정확하게 지정할 수 있는 여러 가지 기능을 사용하게 된다.

하지만 특별한 제약이 없는 일상의 그림 그리기와 달리 치수와 좌표 등 기하 요소에 의해 정의된 도면 형상은 정확한 위치와 거리 등을 입력해야 한다. 키보드를 통하여 직접 수치 정보를 입력하는 것이 가장 정확한 방법일 수 있겠으나 수많은 형상 정보의 값을 매번 일일이 입력한다는 것은 매우 비효율적인 방식이다. 그래서 마우스와 같은 입력 도구를 이용하여 지정된 위치나 거리 등을 지정하게 된다. 하지만 정확한 치수를 입력한 방식이 아닌 마우스를 이용한 선택이라는 측면에서 정확한 위치를 지정하기가 쉽지 않다. 예로 마우스를 직선의 양 끝점을 선택하기는 것은 매우 간단한 일이지만 직선의 중간 위치나 원의 중심을 마우스를 이용하여 정확하게 선택하는 것은 불가능한 일이다. 그 때문에 AutoCAD에서는 마우스를 형상에 가져가면 대상의 끝점, 중간 점, 중심점 등과 같은 기하 요소를 화면에 자동(혹은 수동으로 강제로) 표시하게 해주고 표시된 기하 요소를 선택하면 정확한 입력이 완료되도록 해 준다.

이러한 기능을 사용하여 AutoCAD 사용자들은 가능한 최소의 정보로 형상의 선택 및 생성할 수 있도록 지원한다. 이러한 형상 선택을 위한 기하 요소를 AutoCAD에서는 Object Snap(객체스냅)이라고 부른다. 형상 스냅은 형상 모델링을 위한 명령어가 아니므로 필요에 따라 기능키(F3)에 의해 설정 및 해제할 수 있다.

형상 스냅이 설정된 경우 명령 입력 후 마우스를 임의 형상이나 화면에 가져나면 현재 선택 가능한 기하 요소들이 서로 다르게 표시된다. 각 기호는 기하 요소들의 특징을 나타내며, 필요로 하는 형상 스냅이 나타나지 않으면 [CTRL]이나 [SHIFT]를 누른 채로 마우스의 오른쪽 버튼을 누르면 형상 스냅 리스트가 화면에 나타난다. 필요로 하는 형상 스냅을 선택하고 형상에 마우스를 가져가면 선택한 형상 스냅에 해당하는 기하 요소만을 지정할 수 있다.

형상 스냅을 이용한 형상의 기하 요소 지정은 도면 내용이 복잡하거나 축소된 경우 확대하거나 하는 등의 조치 없이 원하는 형상 요소를 간단하고 정확하게 지정할 수 있는 기능이다.

### 2) 절대 좌표 vs. 상대 좌표

AutoCAD에서는 형상의 시작점 및 끝점의 입력은 마우스로 화면의 특정 지점을 지정하거나 사용자가 직접 값을 입력하게 된다. 이때 원점 기준으로 특정 지점의 절대적 좌표를 입력하는 방법과 지정 지점이 참고 형상(혹은 마지막 입력 지점)을 기준으로 가지는 상대적 좌표이나 거리를 입력하는 방법으로 구분할 수 있다.

절대 좌표는 직접적인 수치로서 좌표가 표현되지만, 상대 좌표는 수치 앞에서 @가 붙은 좌표, 거리 등으로 표현된다.

### 3) 직교좌표 vs. 극좌표

직교좌표계로 구성된 AutoCAD의 작업 화면에서 일반적인 x, y, 그리고 z의 좌표를 입력하는 방법과 XY 평면을 기준으로 @[거리]〈[각도] 형식으로 극좌표를 사용하는 방법이 있다. 극좌표 입력의 경우 주로 상대좌표를 이용한다.

### 4) 직교 모드

직교 설정은 기능키[F8]에 의해 설정 및 해지할 수 있다. 직교 설정이 되면 마우스의 모든 이동이 수직 혹은 수평 방향으로만 지정되기 때문에 수직 및 수평선으로 구성된 형상을 반복적으로 생성하거나 수정하는 작업에 효과적으로 적용할 수 있다.

### 5) 확대, 축소 및 팬

컴퓨터 그래픽스 기반의 CAD 시스템이 종이 위의 제도 작업과 비교할 때 가장 효율적인 기능은 형상의 크기에 제약을 받지 않는다는 점이다. 출력 용지의 크기에 상관없이 화면의 대상을 확대하고 축소하고 또한 임의 영역을 설계자의 시각 중심으로 위치시킬 수 있다는 점이다.

AutoCAD에서 화면의 확대 및 축소는 해당 명령을 실행하여 영역을 지정할 수도 있지만, 마우스의 중앙 휠을 이용하여 확대 및 축소를 할 수 있다. 또는 메뉴에서 View(뷰) 〉 Zoom(줌) 〉 세부 조건 선택' 후 마우스로 영역 지정할 수 있다.

파일 메뉴의 확대/축소 명령어를 이용할 때는 이전 화면이나 전체 화면 보기 등을 지정할 수 있으므로 필요에 따라 유용하게 사용할 수 있다.

작업 화면 내에서의 형상 이동 없이 형상을 시각 즉 화면의 임의 부분에 형상의 특정 영역이 위치하도록 하고자 하면 Pan(팬) 기능을 이용할 수 있다. 화면의 임의 부분에서 마우스의 휠을 클릭하면 화면 커서가 손 모양으로 바뀌게 되고 클릭한 상태에서 화면을 이동할 수 있다.



## 4.2.2 직선 형상 모델링

설계 대상 형상의 대부분은 직선과 같은 선형 형상으로 구성되어 있다. 2D CAD 시스템에서는 컬러 디스플레이를 사용하여 다양한 색상을 사용할 수도 있지만, 제도 도면은 기본적으로 종이 위에 출력된 상태로 볼 때 흑백 상태이기 때문에 형상 구분은 선의 굵기나, 연속 등의 표준 규정으로 나타내게 된다.

AutoCAD에서의 선형 형상의 구현은 형상의 좌표 정보를 직접 혹은 상대적 값으로 입력하거나 필요한 부분이 명시되어 있는 경우 마우스 등의 입력 도구를 사용하여 요구되는 부분을 지정함으로써 완성된다.

2D CAD 시스템이 제공하는 단순한 형상 입력 인터페이스가 일상의 그림 그리기 소프트웨어가 제공하는 기능과 차이를 가지는 점은 설계에 필요한 좌표, 치수 및 상대적 거리 등을 직접 혹은 간접적으로 입력된다는 것이다.

CAD 시스템의 기능이 개선됨에 따라 이미 생성된 형상 요소의 기하 특성을 수정할 수 있으므로 임의로 형상을 지정한 후 정확한 좌표나 위치로 수정하는 방식을 사용할 수도 있다.

AutoCAD에서는 작업 화면에서 생성된 기하 요소의 정보를 특성값 화면을 통하여 수정할 수 있으며 작업 화면에 해당 기하 요소의 값을 출력됨에 동시에 수정할 수 있도록 개선되어 가고 있다.

1) Line(직선)

CAD 시스템에서 가장 많이 사용되는 요소로서, 일반적으로 직선은 시작점과 끝점으로 구성된다. 그리고 한 점과 다른 점 간의 각도 지정을 통해 수직, 수평 혹은 임의 선으로 구성된다. [ESC]나 [ENTER]로 완료(혹은 강제 중단)하지 않으면 연속된 직선으로 구현된다.

메뉴: Draw 〉 Line(그리기 〉 선)

2) Chamfer(모따기)

AutoCAD의 수정 기능의 하나로 두 직선이 만나는 부분을 지정한 거리를 기준으로 모따기를 하여 직선 형상으로 연결하는 명령이다. 일반적으로 기계류의 마무리 가공 작업의 형상을 표현하는 용도로 많이 사용된다.

메뉴: Modify 〉 Chamfer(수정 〉 모따기)



3) Polyline(폴리선)

AutoCAD의 직선 명령이 시작점과 끝점으로 마무리되는 명령어일 때, 연속적으로 연결된 직선 및 닫힌 다각형을 생성하기 위해 사용되던 명령어로 다양한 각형을 생성할 수 있다. 하지만 AutoCAD의 직선이 연속체로 사용되면서 상대적으로 효용성은 낮아졌다.

반면 스플라인 명령이 추가되기 전 AutoCAD에서 자유 곡선을 생성할 수 있는 유일한 명령으로서, 연결된 폴리선을 생성한 후 스플라인 형상으로 변환할 수 있다.

메뉴: Draw 〉 Polyline(그리기 〉 폴리선)

### 4.2.3 원형/곡선 형상 모델링

직선과 함께 가장 많이 사용되는 형상 요소인 원은 설계 형상으로서는 물론 작업의 시작이나 중심 위치를 잡은 참고용으로도 유용하게 사용된다. 동일의 중심 원을 여러 개 생성할 때 혹은 특정 위치를 시작으로 하는 여러 형상이 있을 때 기준으로서도 사용할 수 있다.

시작점과 끝점이 만나면 원이 되고 만나지 않으면 호(원호)가 되지만 실제 모델링에서는 원호를 그리는 경우와 원을 생성한 후 직선 등으로 필요한 원호 만을 남기는 방식을 사용하기로 한다.

한편으로 직선으로 연결된 형상으로 원호를 수정 연결하기 위해 사용하는 필렛 명령을 사용한다. 기능적으로 두 직선에 접하는 내부 원을 생성한 후 일부를 삭제한 경우와 같다. 모따기와 마찬가지로 제품의 최종 가공 단면을 표기하는 용도에 많이 사용된다.

### 1) Circle(원)

원을 그리기 명령어로서, 중심점을 지정한 후 반지름과 지름을 선택하거나 직접 값을 입력할 수 있다.

메뉴: Draw 〉 Circle(그리기 〉 원)
선택: Center(중심점), Radius(반지름)
Center(중심점), Diameter(지름)
2 point(2점)
3 point(3점)
Tan(접선), Tan(접선), Radius(반지름)
Tan(접선), Tan(접선), Tan(접선),



### 2) Arc(호)

원이 아닌 임의 영역의 호를 그리는 명령어로서 중심점을 사용하는 경우와 원 호의 점을 사용하는 경우로 구분된다.

메뉴: Draw 〉 Arc(그리기 〉 호)
선택: 3point(3점)
Start(시작점), Center(중심점), End(끝점)
Start(시작점), Center(중심점), Angle(각도)
Start(시작점), Center(중심점), Length(길이)
Start(시작점), End(끝점), Angle(각도)
Start(시작점), End(끝점), Direction(방향)
Start(시작점), End(끝점), Radius(반지름)
Center(중심점), Start(시작점), End(끝점)
Center(중심점), Start(시작점), Angle(각도)
Center(중심점), Start(시작점), Length(길이)
Continue(연속)

3) Fillet(모따기)

모따기는 형상의 코너 부분을 라운딩(곡선 형상화) 처리할 때 사용하는 명령이다. 일반적으로 완성된 형상의 직각 부분의 코너를 곡선화하는 데 사용되는 필수적 명령이며, 또한 필요에 따라 원이나 호 명령 대신 직선 부분의 원형 처리에도 이용할 수 있다.

메뉴: Modify 〉 Fillet(수정 〉 모따기)

4) Spline(스플라인)

스플라인(Spline)은 AutoCAD에서 곡선을 생성하기 위해 기존 Polyline(폴리선)에 더하여 사용하는 명령으로 직선을 생성한 후 곡선으로 변환이 가능한 폴리선과 달리 직선 곡선 위의 점을 지나는 자유 곡선을 생성할 수 있다. 곡선이 생성된 후 곡선을 지나는 조정점을 제어하여 곡선 형상을 자유롭게 변형시킬 수 있다.



메뉴: Draw 〉 Spline(그리기 〉스플라인)
선택: Pit Points(맞춤점), Control Vertices(조정점)

## 4.2.4 형상 확장 및 자르기

AutoCAD에서는 이미 생성된 기하 요소를 삭제할 수도 있지만 생성된 요소 중 일부분만을 남기거나 혹은 미완의 형상을 지정한 부분까지 확장할 수도 있다.

1) Trim(자르기)

Trim(자르기) 명령어는 일반적인 기능으로 본다면 선을 자르기 용도로 사용되지만, 제도 및 설계 기능적 관점에서도 보자면 정리의 역할을 AutoCAD가 제공하는 제도 기능의 핵심 요소라고 할 수 있다.

일반적으로 형상 모델링을 임의의 기하 요소들로 구성한 후 각 요소 간의 경계를 기준으로 불필요한 부분을 잘라 제거한다. 우선 자를 대상 혹은 부분이 포함된 일부와 전체 형상을 선택한 후 형상 간의 접하거나 걸쳐진 부분을 기준으로 이후 선택된 형상을 제거할 수 있다.

메뉴: Modify 〉 Trim(수정 〉 자르기)

2) Extend(연장)

생성된 형상 요소 끝부분을 지정한 기준선까지 곡률 변화 없이 연장하는 명령이다. 형상 선이 특정 영역까지 연결되지 않을 때 연장하는 용도로 사용할 수 있다.

메뉴: Modify 〉 Extend(수정 〉 연장)

3) Break(끊기)

생성된 형상을 임의 부분에서 끊기 위해 수행하는 명령이다. 임의로 생성된 선들이 범위를 너무 벗어나면 정리하는 용도로 사용할 수 있다. 원의 경우 특정 지점과 지점 사이를 끊어서 삭제할 때 유용하게 사용된다.

메뉴: Modify 〉 Break(수정 〉 끊기)



4) Stretch(신축)

형상을 유지하면서 크기를 조절하는 명령과 형상의 한 점을 기준으로 임의 부분을 늘리거나 줄이는 용도의 명령어이다.

메뉴: Modify 〉 Stretch(수정 〉 신축)

### 4.2.5 형상 이동, 복사, 및 변환

CAD 시스템의 가장 큰 효용성 중 하나는 생성된 형상을 무한 복사하거나 이동할 수 있다. 형상을 지정한 거리 혹은 위치로 이동 후 원본 형상을 남겨두거나 삭제할 수 있다.

선택한 형상 복사를 특정 점 혹은 선을 기준으로 대칭 복사할 수 있으며 원점을 중심으로 회전 복사하거나 특정 지점을 기준으로 가로세로 방향으로 임의 수량만큼 복사하는 배열 기능을 운용하므로 써 같은 형상을 새로 작성하지 않고 쉽게 재생성할 수 있다. 생성된 형상들은 개별 복사로 재생성된 경우와 같은 기하 정보를 가진다.

1) Move(이동)

생성된 형상을 임의 부분으로 이동시키는 명령이다.

메뉴: Modify 〉 Move(수정 〉 이동)

2) Copy(복사)

생성된 형상을 임의 부분으로 복사하여 이동시키는 명령이다. 명령이 종료될 때까지 계속 대상 형상으로 복사할 수 있다.

메뉴: Modify 〉 Copy(수정 〉 복사)

3) Offset(간격띄우기)



생성 형상 형상을 일정 간격으로 띄워 복사하는 명령어로 종료될 때까지 다중 복사가 지원된다.

AutoCAD와 같은 2D CAD에서는 제도 과정에서 참조선 등을 생성하기 위해 임의의 수평, 수직선을 형상 간 간격만큼 띄워 다중 복사하는 용도로 유용하게 사용될 수 있다.

메뉴: Modify 〉 Offset(수정 〉 간격띄우기)

4) Mirror(대칭)

생성된 형상 형상을 실제 및 가상의 기준선을 중심으로 대칭 복사하는 명령이다. 원본을 삭제할 수 있으므로 대칭 이동으로 사용할 수도 있다.

메뉴: Modify 〉 Mirror(수정 〉 대칭)

5) Rotate(회전)

생성된 형상 형상을 임의 기준점을 중심의 회전 복사 또한 회전 이동하는 명령이다.

메뉴: Modify 〉 Rotate(수정 〉 회전)

6) Array(배열)

하나의 형상을 임의 기준점을 중심으로 경로, 원형 및 가로/세로 방향으로 일정 간격만큼 다중 복사하는 명령이다. 일정 간격으로 반복된 형상을 동시에 복사할 때 유용하게 적용할 수 있다. 회전 배열 시에는 형상 자체를 회전할 것인지 유지할 것인지를 지정할 수 있다.

메뉴: Modify 〉 Array(수정 〉 배열)
선택: Rectangular Array(직사각형 배열)
Path Array(경로 배열)
Polar Array(원형 배열)

7) Scale(축척)

생성된 형상을 기준으로 배율만큼 크기를 확장하거나 축소하는 명령이다. 형상 형상의 기본값은 1이며 1 이상의 값은 확대, 이하의 값은 축소가 된다.

메뉴: Modify 〉 Scale(수정 〉 축척)



### 4.2.6 절단면 표현

1) Hatch(해치)

절단된 형상의 내부를 표현하기 위해 사용되는 명령으로 형상을 임의 평면으로 절단된 영역을 표시하며, 영역을 포함한 경계 영역을 선택한 후 내부 영역을 지정하므로 써 표시할 수 있다.

기계 도면에서는 사선으로 표현한다. AutoCAD에는 산업 분야에 따라 다양하게 적용할 수 있는 패턴이 내장되어 있다

메뉴: Draw 〉 Hatch(그리기 〉 해치)

### 4.2.7 문자 입력

도면에 문자를 입력하기 위한 기능으로 AutoCAD 개발 초기 단계에서부터 지원된 단일 문자 입력 명령에 더하여 Windows 환경으로 이전되면서 다중 문자 입력 명령이 지원되었고 한글 입출력도 아무런

문제가 없다.

DOS 환경에서의 AutoCAD 초기 버전에서는 기본적으로 한글 입력이 불가능하며 부득이한 경우 별도의 외부 프로그램을 사용하여 제한된 한글 입출력 기능을 사용하기도 했다. 이러한 경우에서 알 수 있듯이 Windows 환경에서의 운영체제가 제공하는 글꼴을 사용하기 이전에 AutoCAD 내부에서의 문자는 하나의 형상 모델링의 결과와 같다고 볼 수도 있었다.

### 1) Mtext(여러 줄 문자)

도면 내에 설계 사양이나 기타 주요 설명 등을 문장으로 작성하는 용도로 사용할 수 있다. 일반적으로 Windows 환경에서의 문장 작성과 같이 글꼴, 색상 및 크기 등을 자유롭게 구현할 수 있으며, 별도의 리본 메뉴로 전환되어 내용에 분수나 첨자 등 수학 기호 등의 설계 정보 기록에 필요한 다양한 문자를 사용할 수도 있다.

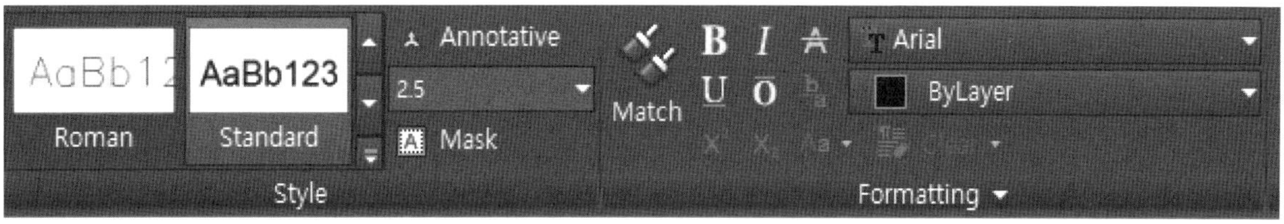


그림 4-1 Mtext(여러 줄 문자) 명령 메뉴

다중 문자 입력을 위한 리본 메뉴에 있는 Paragraph(단락) 설정 기능을 이용하여 일반적인 워드프로세서에서의 기본 문자 처리 기능과 같은 수준으로 작성할 수 있다. 문자 입력이나 수정이 완료된 후에는 문자입력기 닫기를 선택하여 작업을 종료한다.

메뉴: Draw 〉 Text 〉 Multiline Text(그리기 〉 문자 〉 여러 줄 문자)
리본 메뉴: Annotate 〉 Multiline Text(주석 〉 여러 줄 문자)

### 2) Dtext(단일 문자)

AutoCAD의 표준 문자 입력 명령으로서 다중 문자와 달리 별도의 입력용 리본 메뉴가 없으며 시작점, 글꼴 크기 그리고 회전 각도를 지정한 후 내용을 입력할 수 있다. 많은 내용을 기록하기 위한 다중 문자와 달리 특정 위치에 회전 문자 등 입력하는데 유용하다.

메뉴: Draw 〉 Text 〉 Single lines(그리기 〉 문자 〉 단일 행 문자)
리본 메뉴: Annotate 〉 Single lines(주석 〉 단일 행 문자)

3) DEDIT(문자 편집)

다중 문자 및 단일 문자로 입력한 문자열을 수정하기 위해서는 Ddedit(문자편집)명령을 수행한 후 대상 문자열을 지정하거나 해당 문자열을 마우스로 더블클릭하면 생성 명령에 적합한 수정 화면으로 전환된다.

### 4.2.8 테이블 구성

도면에는 문자나 기호 등을 이용하여 여러 정보를 기록하지만, 또한 도면 해독이 나 이해가 쉽도록 표 형식으로 나타낼 수도 있다. AutoCAD에서는 이러한 표 작성을 위해 직선을 이용하여 별도 구성이 필요 없도록 별도의 Table(테이블) 명령을 사용할 수 있다.

메뉴: Draw 〉 Table(그리기 〉 테이블)
리본 메뉴: Annotate 〉 Table(주석 〉 테이블)



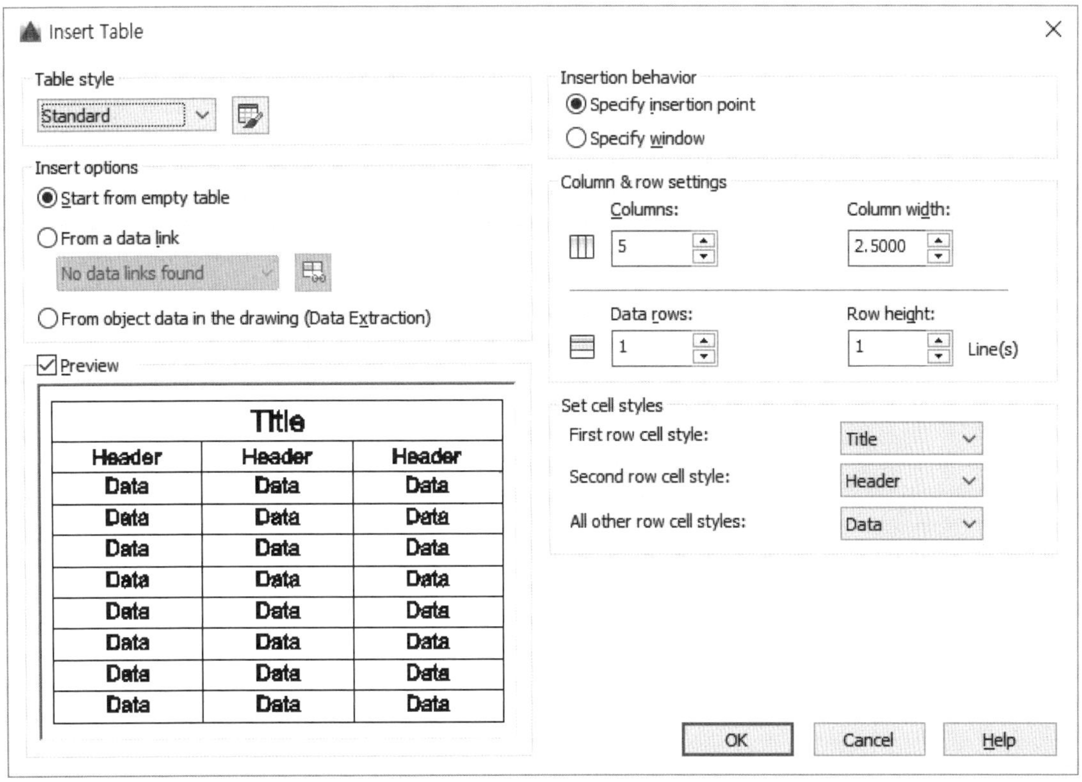


그림 4-2 Insert Table(테이블 삽입) 화면

테이블 명령을 수행하면 Insert Table(테이블 삽입) 화면이 나타나고 설계자가 직접 빈 테이블을 구성한 후 내용을 입력하거나 스프레드시티 프로그램인 Excel로부터 데이터를 연결할 수도 있다.

또한, 도면의 형상에 대한 정보를 추출하여 별도 파일로서 외부에 저장하거나 도면 내에 테이블로 삽입할 수도 있다.

# chapter5 도면 스타일 관리



도면은 형상, 치수 그리고 기타 제품과 관련된 정보들이 기재되는 정보 매체이다. 일반적인 관점에서 형상과 치수는 어느 경우라도 같은 정보라고 할 수 있지만, 기하 공차나 여러 가공 기호들은 설계자에 따라 구성이나 위치가 다양하게 표현될 수 있다. 더욱 중요한 점은 같은 형상임에도 치수나 기호 표현 등이 제품 개발의 의뢰자 측이나 외부 기준에 의해 달라질 수 있다는 것이다. 설계자가 이러한 경우를 모두 사안에 따라 대응하기란 쉽지 않다. 그래서 CAD 시스템에서도 형상 외 다양한 정보들을 필요에 따라 변환하는 기능을 지원한다. AutoCAD에서는 치수, 문자 그리고 기타 기호 요소 등을 지정한 스타일에 따라 변경할 수 있는 기능을 제공한다.

AutoCAD 사용자는 설계 대상의 도면 생성 과정에서 규정된 사안에 따라 스타일 기능을 이용하여 요구 사항에 따른 형식으로 변환시키므로 써 도면 활용성을 높일 수 있도록 이에 대한 기능을 참고하는 것이 좋다.

AutoCAD의 스타일 적용은 기본적으로 ByBlock(블록 단위)으로 지정되는데, 설정한 내용이 형상에 지정된 블록 값에 의하는 것으로 필요에 따라 ByLayer(도면층 단위) 혹은 개별 설정값으로 지정될 수 있다.

## 5.1 치수 스타일 관리

2D CAD 시스템에 의해 생성된 도면에는 제품 형상과 치수 외에 가공 및 관리를 위한 치수나 공차 등과 주석과 기호 정보가 포함되어야 한다. 관련 세부 정보들은 설계자에 의도에 따라 기재되지만, 대부분은 국가나 협의 규격에서 요구되는 값으로 설정된다.

치수 외의 기하 공차 등은 제품들의 가공 특성을 미리 염두에 두고 설정하는 부분이라는 점에서 설계자의 제품 개발 의도와 가공 공정 이해 정도가 드러난다고 할 수 있다.

AutoCAD는 치수와 주석 부분에 대한 설정을 치수 스타일 관리자를 통하여 조정한다. 치수 외 치수선, 치수보조선, 문자 배치, 공차 및 대체 공차 등을 여러 규격에 따라 세밀하게 설정해두고 이후 입력하는 치수나 주석 등에 적용되도록 하거나 한 번에 변경할 수도 있다.

AutoCAD가 제공하는 Dimension Style Manager(치수 스타일 관리자)는 아래와 같은 형식을 구동된다. 관리자를 통하여 새로운 스타일을 New(새로 만들기), Modify(수정), Set Current(현재 스타일 설정) 및 형상에 대한 Override(재지정)을 수행할 수 있다. 또한, 생성된 스타일의 간의 세부 설정을 Compare(비교)할 수도 있다.



메뉴: Format 〉 Dimension Style(형식 〉 치수 스타일)

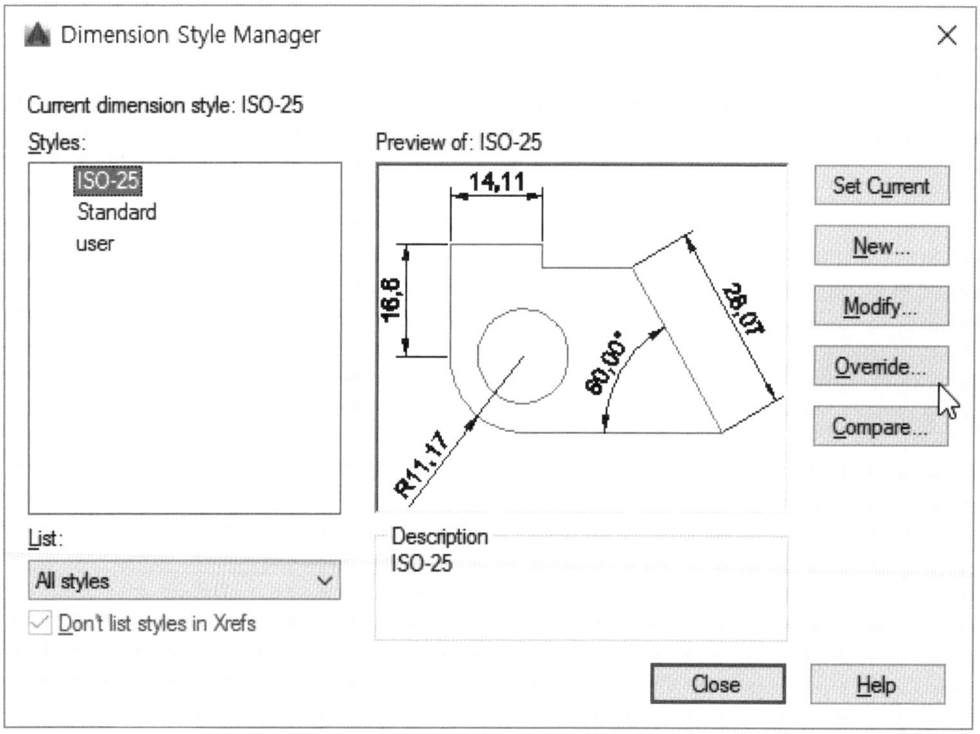


그림 5-1 Dimension Style Manager(치수 스타일 관리자) 화면

AutoCAD는 다른 도면 등에서 설정된 외부 스타일을 참조할 수도 있다. 치수 스타일 관리자에서는 이러한 외부 스타일은 표시되지 않도록 할 수 있다.

새로운 치수 스타일을 생성할 경우는 스타일의 이름과 기본 스타일로 참고할 치수 및 주석 스타일 그리고 전체 치수에 적용할 것인지 일부(선, 원 등) 형상에만 적용할 것인지를 지정할 수 있다.

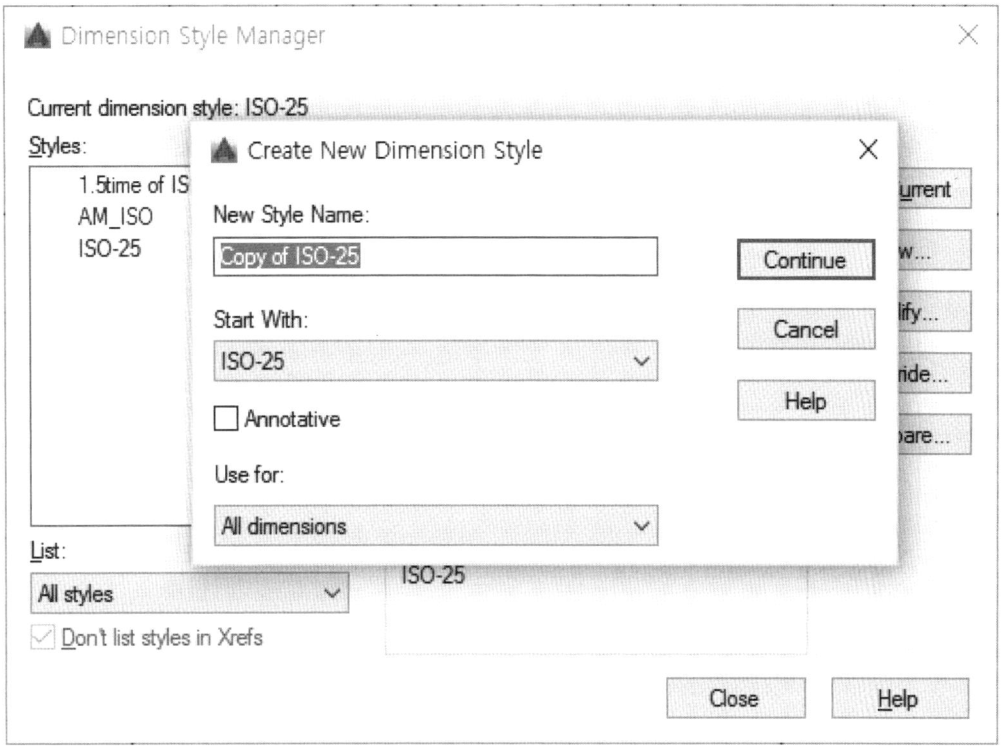


그림 5-2 Create New Dimension Style(새로운 치수 스타일 생성) 화면

이미 생성된 스타일을 필요한 규격으로 수정할 때에는 해당 스타일을 선택한 후 수정 화면으로 들어가면 AutoCAD의 치수 스타일이 제공하는 선(Lines), 기호 및 화살표(Symbols and Arrows), Text(문자), Fit(맞춤), Primary Units(1차 단위), Alternate Units(대체 단위) 그리고 Tolerances(공차) 항목이 탭으로 구성되어 있다.

### 5.1.1 선 스타일 수정

Lines(선) 탭을 선택하면 아래와 같은 치수선 및 치수 보조선과 관련된 각 항목을 설정할 수 있다.

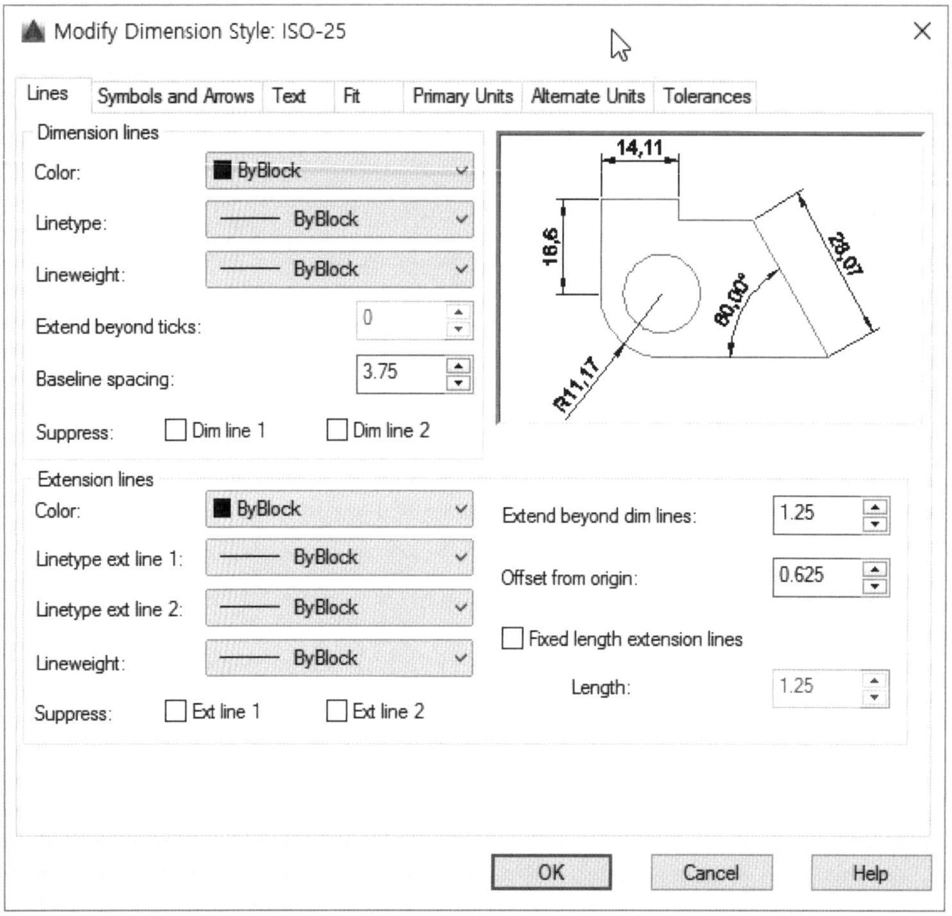

그림 5-3 Modify Dimension Style(치수 스타일 수정)의 Lines(선) 탭 화면

1) Lines(치수선)

| 치수선 Properties(특성) 항목 | 항목 기능 |
|---|---|
| Color(색상) | 색상 수정 |
| Linetype(선종류) | 선 종류 수정 |
| Lineweight(선가중치) | 선 가중치 수정(선 두께 수정) |
| Extend beyond ticks(눈금 너머로 연장) | 치수보조선 너머로 치수선 연장 |
| Baseline spacing(기준선 간격) | 기준 치수선과 치수선 사이 간격 |
| Suppress(억제) | 치수 문자 중심으로 치수선 억제 선택 |

2) Extension lines(치수보조선)

| 치수보조선 Properties(특성) 항목 | 항목 기능 |
|---|---|
| Color(색상) | 색상 수정 |
| Linetype EXT LINE1(치수 보조선1) | 선 종류 수정 |
| Linetype EXT LINE2(치수 보조선2) | 선 종류 수정 |
| Lineweight(선 가중치) | 선 가중치 |
| Suppress(억제) | 치수보조선 억제 |
| Extend beyond dim line(치수선 너머로 연장) | 치수선 너머 연장 길이 |
| Offset from origin(원점에서 간격 띄우기) | 치수 정의 원점 기준 치수보조선까지 거리 |
| Fixed length extension line(고정 길이 치수보조선) | 고정 길이 적용 |
| Length(길이) | 치수/치수보조선 정의 점까지 거리<br>(고정길이 치수보조선 선택 활성화) |

### 5.1.2 기호 및 화살표 스타일 수정

Symbols and Arrows(기호 및 화살표) 탭을 선택하면 아래와 같은 기호와 화살표와 관련된 각 항목을 설정할 수 있다.

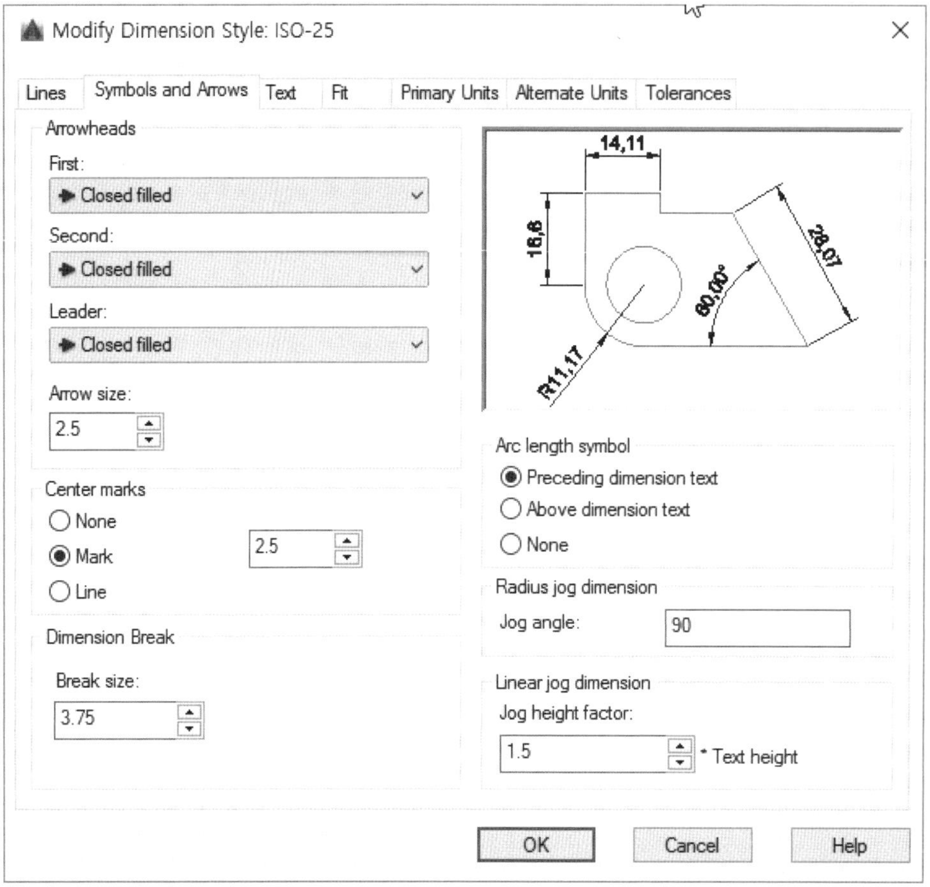


그림 5-4 Modify Dimension Style(치수 스타일 수정)의 Symbols and Arrows(기호 및 화살표) 탭 화면

1) Arrowheads(화살촉)

| 화살촉 Properties(특성) 항목 | 항목 기능 |
|---|---|
| First(첫 번째) | 첫 번째 화살촉 모양 수정<br>(양쪽 동시 수정) |
| Second(두 번째) | 두 번째 화살촉 모양 수정 |
| Leader(지시선) | 지시선 화살촉 수정 |
| Arrow size(화살표 크기) | 화살촉 크기 수정 |

2) Current mark(중심 표식)

| 중심 표식 Properties(특성) 항목 | 항목 기능 |
|---|---|
| None(없음) | 원 중심 표시 없음(입력값 활성화되지 않음) |
| Mark(표식) | 원 중심에 입력값 크기의 십자 모양 |
| Line(선) | 원 전체를 중심선(일점쇄선) 형태의 십자가 모양<br>(Linetype 호출 형상과 무관) |

3) Dimension Break(치수 끊기)

치수 끊기 크기 입력 후 치수 끊기 명령을 실행하면 치수선이나 치수보조선 등 서로 겹쳐진 부분을 입력한 값 간격으로 끊어주게 된다.

4) Arc length symbol(호 길이 기호)

| 호 길이 Properties(특성) 항목 | 항목 기능 |
|---|---|
| Preceding dimension text(앞의 치수 문자) | 길이 기호가 치수 앞에 위치 |
| Above dimension text(위의 치수 문자) | 길이 기호가 치수 위에 위치 |
| None(없음) | 길이 기호 없음 |

5) Radius jog dimension(반지름 꺾기 치수)

반지름 꺾기 치수 입력 시 입력된 각도 값만큼 치수선이 꺾어진다.

6) Liner jog Dimension(선형 꺾기 치수)

꺾기 명령을 실행하여 기재된 선형 치수에 치수 문자 크기 대비 비율로 꺾기가 치수선에 삽입된다.

설정은 입력값 × 문자 높이 = 꺾기 높이 비율(꺾기 크기)로 된다.

### 5.1.3 문자 스타일 수정

Text(문자) 탭을 선택하면 아래와 같은 문자와 관련된 각 항목을 설정할 수 있다.

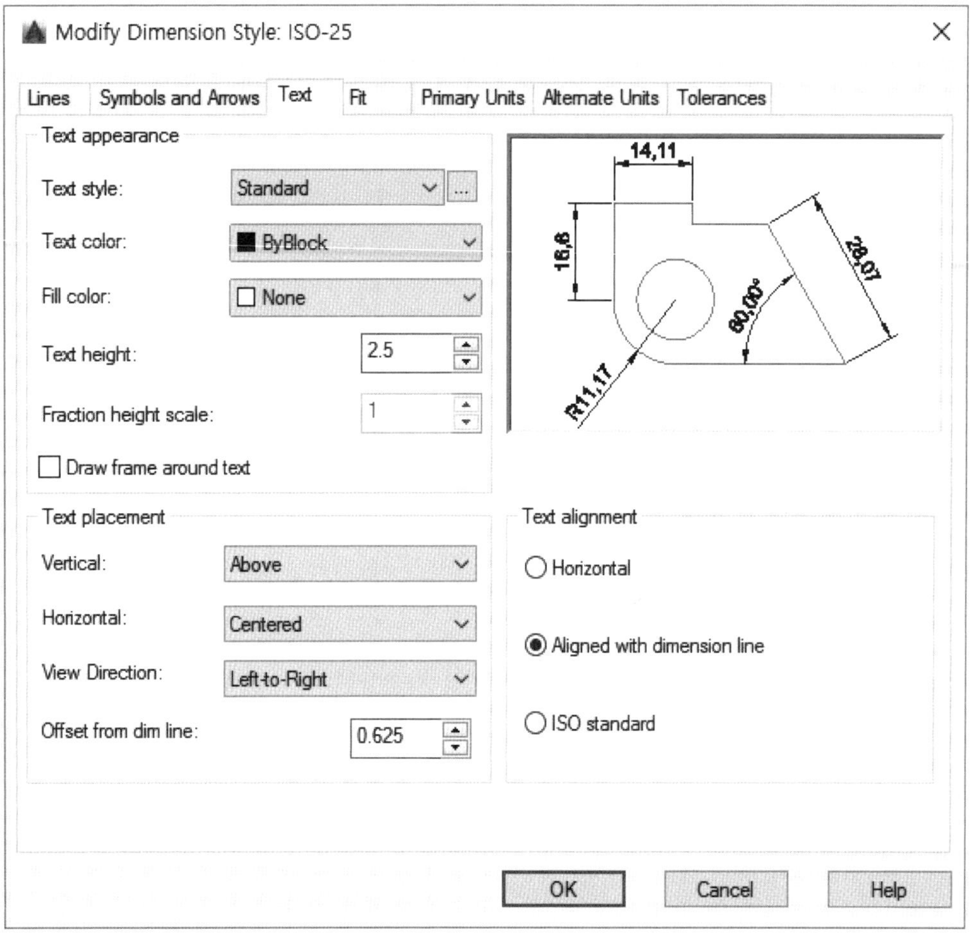


그림 5-5 Modify Dimension Style(치수 스타일 수정)의 Text(문자) 탭 화면

1) Text appearance(문자 모양)

| 문자 모양 Properties(특성) 항목 | 항목 기능 |
|---|---|
| Text style(문자 스타일) | 문자 스타일을 지정할 수 있음(문자 스타일 버튼) |
| Text color(문자 색상) | 문자 색상 지정 |
| Fill color(채우기 색상) | 문자를 감싸는 상자 색상 지정(대부분 '없음'설정) |
| Text height(문자 높이) | 문자 크기 |
| Fraction height scale<br>(분수 높이 ) | 1차 단위(Primary Unit) 탭에서 단위 형식(Unit format)을 분수가 있는 형식으로 지정 시 활성화.<br>치수 크기 대비 분수 크기 값을 기재 |
| Draw frame around text<br>(문자 주위에 프레임 그리기) | 치수문자에 네모 상자 생김(선택 항목) |

2) Text Placement(문자 배치)

| 문자 배치 Properties(특성) 항목 | 항목 기능 |
|---|---|
| Vertical(수직) | Center(치수선 중심)에 표기 |
| | Above(치수선 상단)에 표기 |
| | Outside(치수선 바깥)에 표기 |
| | JIS(일본 산업 표준)에 맞게 표기 |
| | Below(치수선 아래)에 표기 |
| Horizontal(수평) | Center(치수선 중심)에 옆 표기 |
| | At Ext Line 1(치수선의 첫 번째 치수보조선) 옆 표기 |
| | At Ext Line 2(치수선의 두 번째 치수보조선) 옆 표기 |
| | Over Ext Line 1(첫 번째 치수보조선) 너머 표기 |
| | Over Ext Line 2(두 번째 치수보조선) 너머 표기 |
| View Direction(뷰 방향) | 보는 방향의 시작을 왼쪽 혹은 오른쪽으로 설정 |
| Offset from dim line<br>(치수선에서 간격 띄우기) | 치수문자와 치수선 사이의 간격(값 입력) |

3) Text alignment(문자 정렬)

| 문자 정렬 Properties(특성) 항목 | 항목 기능 |
|---|---|
| Horizontal(수평) | 수평으로 정렬 표기 |
| Aligned with dimension line<br>(치수선에 정렬) | 치수선과 나란히 정렬 표기(일반적 설정) |
| ISO standard(ISO 표준) | 치수보조선 내부의 경우 나란히 정렬, 외부의 경우 수평 정렬 |

## 5.1.4 맞춤 스타일 수정

Fit(맞춤) 탭을 선택하면 아래와 같은 치수 문자, 지시선 등의 배치와 관련된 각 항목을 설정할 수 있다.

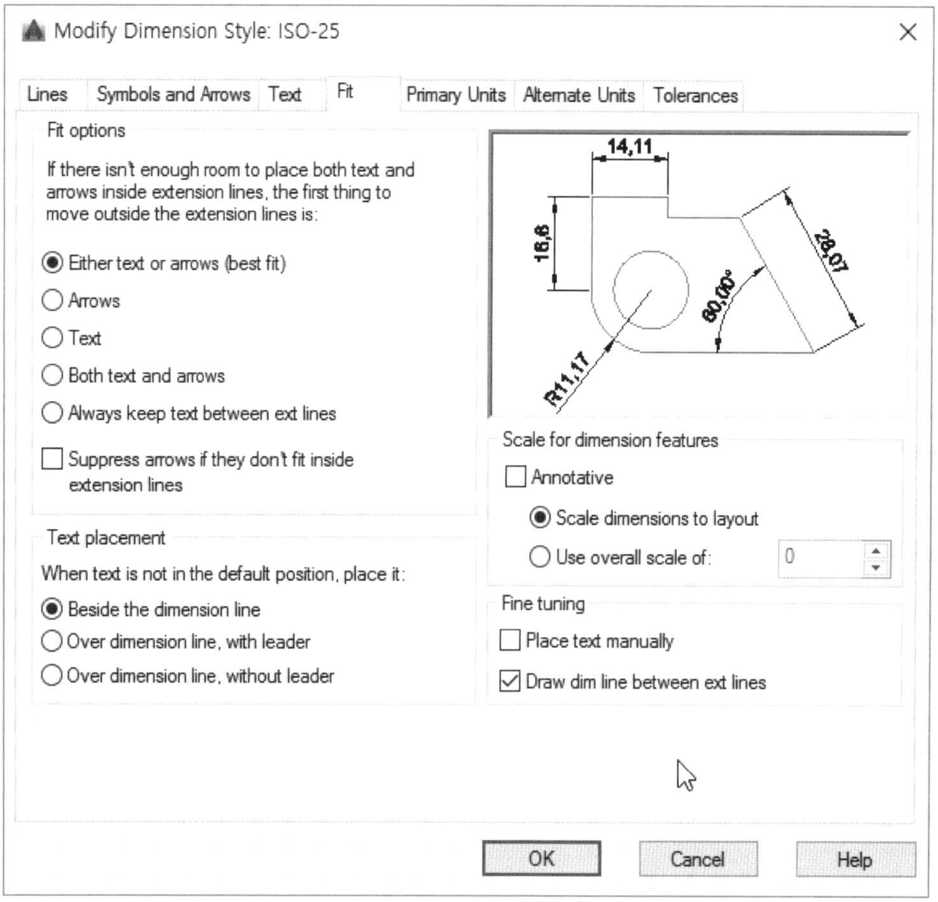


그림 5-6 Modify Dimension Style(치수 스타일 수정)의 Fit(맞춤) 탭 화면

1) Fit Option(맞춤 옵션)

| 맞춤 옵션 Properties(특성) 항목 | 항목 기능 |
|---|---|
| Either text or arrows (Best fit)<br>(문자 또는 화살표 (최대 맞춤)) | 치수보조선 간격 따라 치수문자와 화살표 모두 또는 둘 중 하나 표기 |
| Arrows(화살표) | 치수보조선 공간에 따라 화살표 우선 표기 |
| 문자(Text) | 치수보조선 공간에 따라 치수문자 우선 표기 |
| Both text and Arrows<br>(문자 화살표 모두) | 치수보조선 공간에 따라 치수문자와 화살표를 모두 치수보조선 사이 또는 바깥에 표기 |
| Always keep text between ext line<br>(항상 치수보조선 사이 문자 유지) | 치수보조선 사이가 좁아도 문자는 항상 치수보조선 사이에 표기 |
| Suppress arrows if they don't fit inside extension lines<br>(화살표가 치수보조선내에 맞지 않으면 억제) | 치수보조선 사이에 화살표가 표기될 공간이 부족할 경우 화살표 자동 억제 |

2) Text Placement(문자 배치)

좁은 곳에서의 치수 문자 배치

| 문자 배치 Properties(특성) 항목 | 항목 기능 |
|---|---|
| Beside the dimension line<br>(치수선 옆 배치) | 치수문자가 치수 보조선 밖에 기재 |
| Over dimension line, with leader<br>(지시선 사용 치수선 위 배치) | 치수선 위 문자 위치 변경 시 리드선 연결 |
| Over dimension line, without leader<br>(지시선 없이 치수선 위 배치) | 치수선 위 문자 위치 변경 시 리드선으로 연결하지 않음 |

3) Scale for dimension features(치수 피처 축척)

| 치수 피처 축척 Properties(특성) 항목 | 항목 기능 |
|---|---|
| Annotative(주석) | 체크 시 비활성화 |
| Scale dimension to layout<br>(배치할 치수 축척) | 레이아웃 영역을 기준으로 치수 크기 적용 |
| Use overall scale(전체 축척) | 설정된 치수스타일의 전체 크기 조절<br>(다양한 치수 스타일 적용) |

4) Fine tuning(최상으로 조정)

| 최상 조정 Properties(특성) 항목 | 항목 기능 |
|---|---|
| Place text manually(문자 수동 배치) | 치수기재 시 문자를 수동으로 배치할 수 있음 |
| Draw dim line between ext line<br>(치수보조선 사이 치수선 그리기) | 치수보조선 사이에 항상 치수선을 항상 나타낸다<br>(체크 해제하면 치수보조선 사이 치수선이 억제) |

### 5.1.5 1차 단위 스타일 수정

Primary Units(1차 단위 스타일) 탭을 선택하면 아래와 같은 1차 치수 단위의 형식과 관련된 각 항목을 설정할 수 있다.

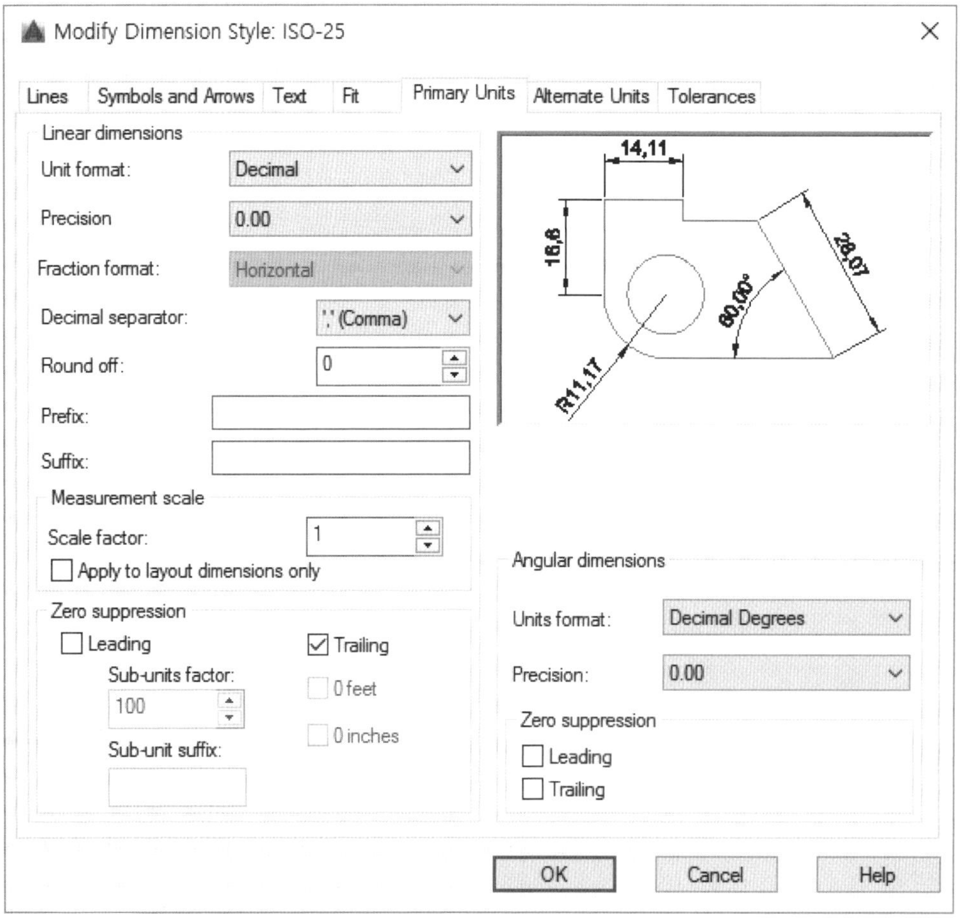


그림 5-7 Modify Dimension Style(치수 스타일 수정)의 Primary Units(1차 단위) 탭 화면

1) Linear Dimensions(선형 치수)

| 선형 치수 Properties(특성) 항목 | 항목 기능 |
|---|---|
| Unit format(단위 형식) | 선형, 지름, 반지름 치수의 단위형식 지정<br>(지수, 소수, 공학, 건축, 분수 등 표기) |
| Precision(정밀도) | 소수점 이하 자리 설정 |
| Fraction format(분수 형식) | 분수 형태를 바꿀 수 있음<br>(단위 형식에서 분수 형식으로 설정 시 활성화) |
| Decimal separator(소수 구분 기호) | 소수점 표시 형태 지정<br>(Period, Comma, Space로 구분) |
| Round off(반올림) | 설정 값 이상일 경우 반올림<br>(각도 치수는 제외) |
| Prefix(머리말) | 치수 앞에 임의 문자를 기재 |
| Suffix(꼬리말) | 치수 뒤에 임의 문자를 기재 |

2) Measurement scale(측정 축척)

| 측정 축척 Properties(특성) 항목 | 항목 기능 |
|---|---|
| Scale factor(축척 비율) | 기재된 비율만큼 치수를 곱하여 표현 |
| Apply to layout dimension only<br>(배치 치수에만 적용) | 치수의 축적을 레이아웃에서만 표현 |

3) Zero Suppression(0 억제)

| 0 억제 Properties(특성) 항목 | 항목 기능 |
|---|---|
| Leading(선행) | 소수점 앞 0 억제(0.123→.123) |
| Sub-unit factor(보조 단위 비율) | 선행 체크 시 활성화 |
| Sub-unit suffix(보조 단위 꼬리말) | 선행 체크 시 활성화 |
| Trailing(후행) | 숫자 끝자리 0 억제(10.000→10) |
| 0 feet(피트) | 1피트 미만 값 표기 않음(공학, 건축 형식 지정 시 활성) |
| 0 inches(인치) | 값의 피트 부분만 표기(공학, 건축 형식 지정 시 활성) |

4) Angular Dimensions(각도 치수)

| 각도 치수 Properties(특성) 항목 | 항목 기능 |
|---|---|
| Unit format(단위 형식) | 단위형식 변경 |
| Precision(정밀도) | 소수점 이하 자리 지정 |
| 0 Zero suppression-Leading(억제 선행) | 각도 치수에서 소수점 앞 0 억제 |
| 0 Zero suppression-Trailing(억제 후행) | 각도 치수에서 소수점 이하 0 억제 |

## 5.1.6 대체 단위 스타일 수정

Alternate Units(대체 단위 스타일) 탭을 선택하면 치수 측정에 대한 대체 단위 지정과 관련된 각 항목을 설정할 수 있다.

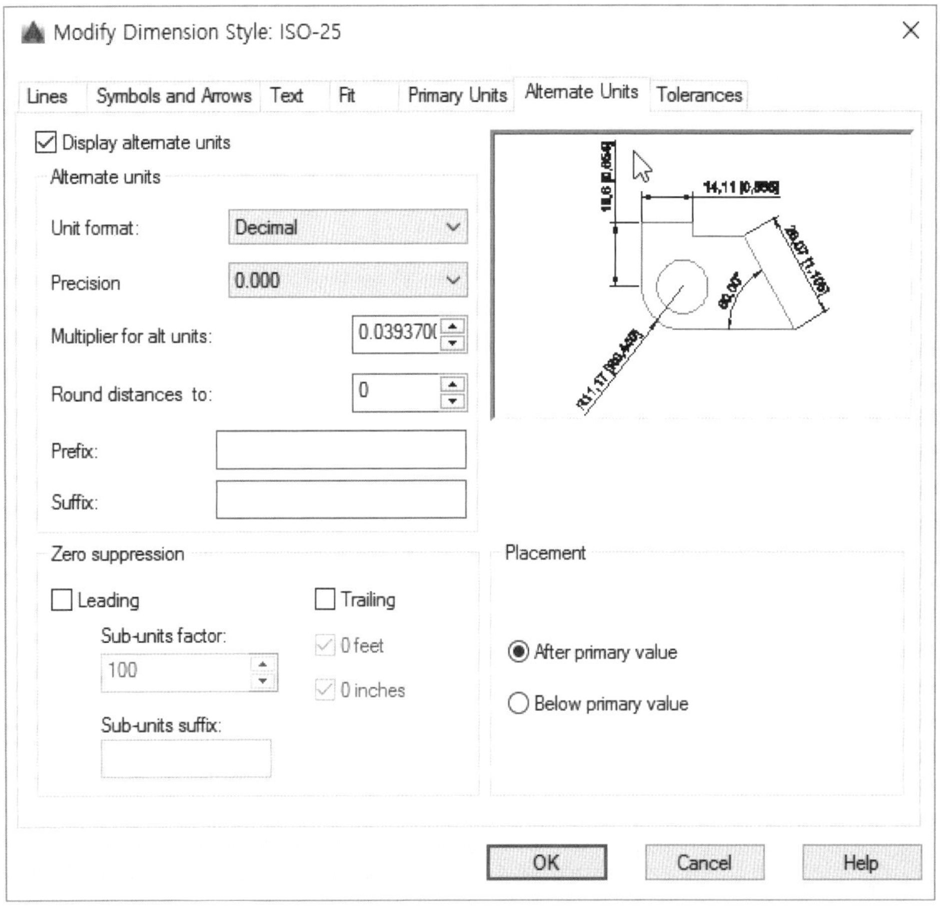


그림 5-8 Modify Dimension Style(치수 스타일 수정)의 Alternate Units(대체 단위) 탭 화면

1) Alternate Unit(대체 단위)

Display alternate units(대체 단위 표시) 활성화 후 수정할 수 있다.

| 대체 단위 표시 Properties(특성) 항목 | 항목 내용 |
|---|---|
| Unit format(단위 형식) | 단위형식 변경 |
| Precision(정밀도) | 소수점 이하 자리 지정 |
| Multiplier for alt units(대체 단위에 대한 승수) | 1차 단위와 대체 단위 사이 전환 값 |
| Round distances(반올림 거리) | 치수를 반올림(각도 제외) |
| Prefix(머리말) | 치수 앞에 임의 문자 기재 |
| Suffix(꼬리말) | 치수 뒤에 임의 문자 기재 |

2) Zero Suppression(0 억제)

| 0 억제 Properties(특성) 항목 | 항목 기능 |
|---|---|
| Leading(선행) | 소수점 앞 0 억제(0.123→.123) |
| Sub-unit factor(보조 단위 비율) | 선행 체크 시 활성화 |
| Sub-unit suffix(보조 단위 꼬리말) | 선행 체크 시 활성화 |
| Trailing(후행) | 숫자 끝자리 0 억제(10.000→10) |
| 0 feet(피트) | 1피트 미만 값 표기 않음(공학, 건축 형식 지정 시 활성) |
| 0 inches(인치) | 값의 피트 부분만 표기(공학, 건축 형식 지정 시 활성) |

3) Placement(배치)

| 배치 Properties(특성) 항목 | 항목 기능 |
|---|---|
| After primary value(선행 값 뒤) | 대체 단위가 치수 뒤에 표시 |
| Below primary value(선행 값 아래) | 대체 단위가 치수 아래에 표시 |

### 5.1.7 공차 스타일 수정

Tolerances(공차) 탭을 선택하면 아래와 같은 공차와 관련된 각 항목을 설정할 수 있다.

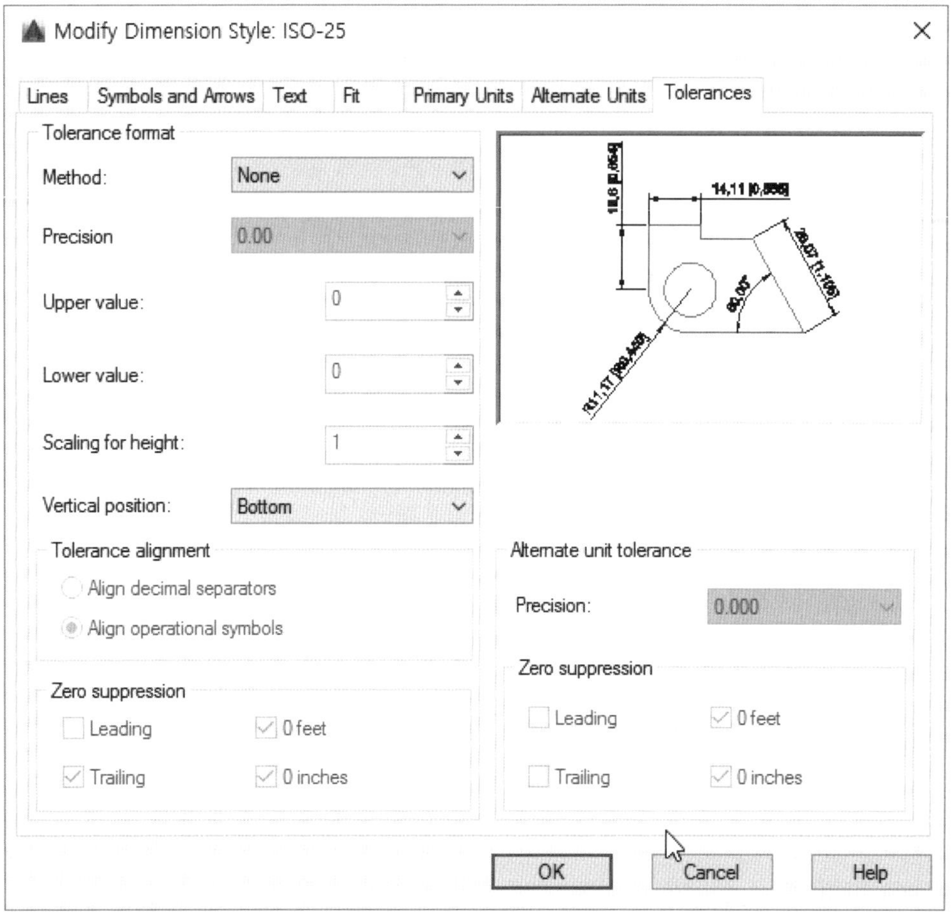


그림 5-9 Modify Dimension Style(치수 스타일 수정)의 Tolerances(공차) 탭 화면

도면에서의 가공 공차는 제품 가공과 마무리 과정에서 필요한 사항일 수 있으므로 제품에 설계 및 개발 상황에 따라 확인할 수 있어야 한다.

1) Tolerance format(공차 형식)

| 공차 형식 Properties(특성) 항목 | 항목 기능 |
|---|---|
| Method(방법) - None(없음) | 공차가 표시되지 않는다 |
| Method(방법) - Symmetrical(대칭) | 공차가 ±0 형태로 표시 |
| Method(방법) - Deviation(편차) | 공차가 편차 형태로 표시 |
| Method(방법) - Limits(한계) | 공차가 한계 형태로 표시 |
| Method(방법) - Base(기준) | 치수문자에 상자가 씌워짐<br>(상자 표시는 이론적으로 정확한 치수) |
| Precision(정밀도) | 공차 소수 자리 설정 |
| Upper value(상한 값) | +공차 입력 |
| Lower value(하한 값) | -공차 입력 |
| Scaling for height(높이에 대한 축척) | 공차 문자 크기(치수 문자보다 0.6배가 적절) |
| Vertical position(수직 위치) - Top(위) | 공차를 기준으로 치수문자가 상단 배치 |
| Vertical position(수직 위치) - Middle(가운데) | 공차를 기준으로 치수문자가 중간 배치 |
| Vertical position(수직 위치) - Bottom(아래) | 공차를 기준으로 치수문자가 하단 배치 |

2) Tolerance alignment(공차 정렬)

| 공차 정렬 Properties(특성) 항목 | 항목 기능 |
|---|---|
| Align decimal separators(십진 구분 기호 정렬) | 공차 방식이 Deviation과 Limits 선택 |
| Align operational symbols(작동 기호 정렬) | 공차 방식이 Deviation과 Limits 선택 |

3) Zero Suppression(0 억제)

| 0 억제 Properties(특성) 항목 | 항목 기능 |
|---|---|
| Leading(선행) | 소수점 앞 0 억제(0.123→.123) |
| Trailing(후행) | 숫자 끝자리 0 억제(10.000→10) |
| 0 feet(피트) | 1피트 미만 값 표기 않음(공학, 건축 형식 지정 시 활성) |
| 0 inches(인치) | 값의 피트 부분만 표기(공학, 건축 형식 지정 시 활성) |

4) Alternate unit tolerance(**대체 단위 공차**)

정밀도: 소수 자릿수의 정밀도를 지정한다.

- Zero suppression(대체 단위 공차 0 억제)

대체단위 탭을 선 활성화 후 대체단위 공차 부분도 활성화가 된다.



| 0 억제 Properties(특성) 항목 | 항목 기능 |
|---|---|
| Leading(선행) | 소수점 앞 0 억제(0.123→.123) |
| Trailing(후행) | 숫자 끝자리 0 억제(10.000→10) |
| 0 feet(피트) | 1피트 미만 값 표기 않음(공학, 건축 형식 지정 시 활성) |
| 0 inches(인치) | 값의 피트 부분만 표기(공학, 건축 형식 지정 시 활성) |

## 5.2 문자 스타일 관리

치수와 함께 도면에서 정보 전달을 위한 문자로 특정 사안을 기록하게 된다. AutoCAD에서는 다양한 방식으로 제도 표준 규격에 적합한 문자 표현을 위한 Text Style Manager(문자 스타일 관리자)를 제공한다.

메뉴: Format 〉 Text Style(형식 〉 문자 스타일)

치수 스타일의 경우와 마찬가지로 새로운 문자 스타일을 New(새로 만들기), Delete(제거) 및 Set Current(현재 스타일)로 지정할 수 있다. 새로 문자 스타일을 생성할 때에는 스타일 이름을 새로 규정하고, 치수 스타일 관리자와 달리 세부 항목에 대한 설정은 없다.

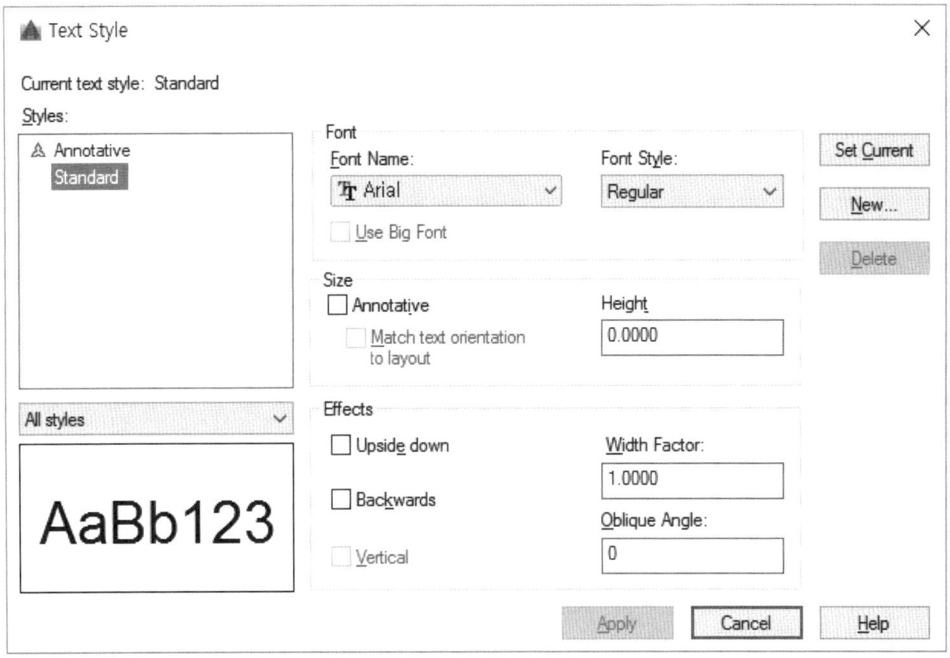


그림 5-10 Text Style(문자 스타일) 화면

### 5.2.1 문자 스타일 구성

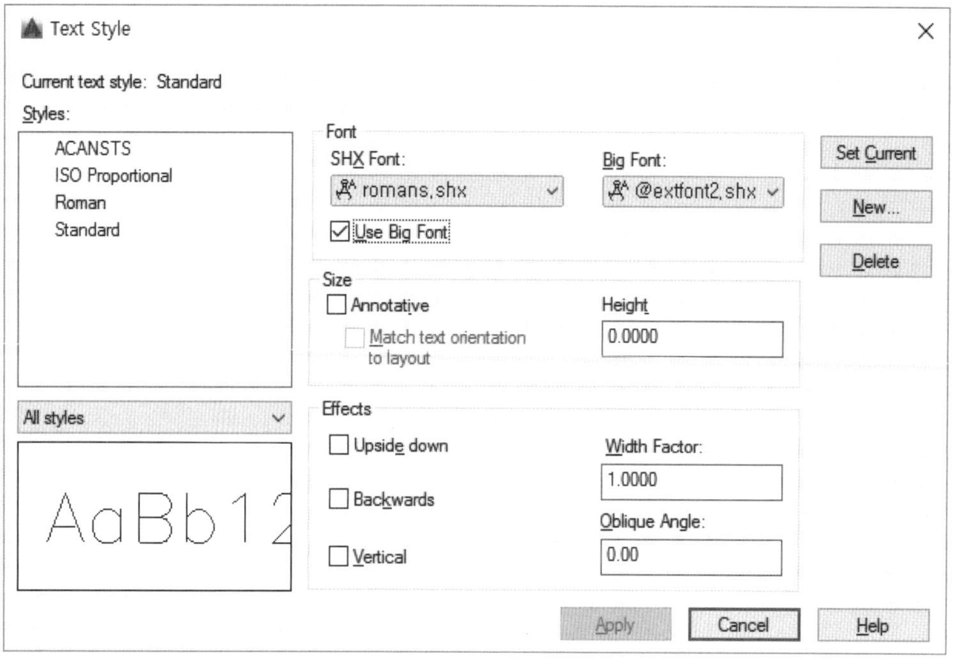


그림 5-11 Text Style(문자 스타일) 화면에서 글꼴 선택



1) Style List Filer(스타일 리스트 필터)

적용 가능한 Styles(전체 스타일) 중 현재 도면에서 Styles in use(사용 중인 스타일)만을 표시하거나 All styles(모든 스타일)을 표시하거나 할 수 있다.

2) Font(글꼴)

| 글꼴 Properties(특성) 항목 | 항목 기능 |
|---|---|
| Font name(글꼴 이름) | 시스템에 설치된 선택 가능한 글꼴 목록 |
| Font style(글꼴 스타일) | 트루타입 글꼴 선택 시 세부 표현 항목 목록 |
| Use Big Font(큰 글꼴 사용) | SHX 글꼴 선택 시 큰 글꼴 사용 활성화 |

3) Size(크기)

| 크기 Properties(특성) 항목 | 항목 기능 |
|---|---|
| Annotative(주석) | 문자가 주석임을 설정 |
| Match text orientation to layout (배치에 맞게 방향 지정) | 도면 공간 뷰포트의 문자 방향이 배치의 방향과 일치하도록 지정 |
| Height(높이) | 문자 크기 지정 |

4) Effect(효과)

| 효과 Properties(특성) 항목 | 항목 기능 |
|---|---|
| Upside-down(거꾸로) | 문자가 상하가 뒤집힘 |
| Backwards(반대로) | 문자가 좌우가 뒤집힘 |
| Vertical(수직) | 문자가 세로 방향으로 쓰임 |
| Width factor(폭 비율) | 문자 간격 조절 |
| Oblique angle(기울기 각도) | 문자의 기울기 조절(-85~85) |



## 5.3 지시선 스타일 관리

도면의 형상에 대한 치수 표현은 치수선과 치수보조선에 의해 지원되며 또한 문자는 임의 영역에 지정할 수 있다. 하지만 필요에 따라 특정 부분에서 형상이 임의 부분을 지정하는 등의 경우 별도의 지시선을 사용하므로 써 특정 정보를 명확하게 지정할 수 있다.

AutoCAD에서는 이러한 지시선을 구성하고 적용하기 위해 다중 지시선 스타일 관리자를 사용하여 지시선 규칙을 New(새로 만들기), 수정(Modify), Delete(삭제) 및 Set Current(현재 스타일로 지정)할 수 있다.

다중 지시선 스타일 명령을 선택하여 아래와 같은 Multileader style manager(다중 지시선 스타일 관리자) 화면이 나타난다.

메뉴: Format 〉 Multileader Style(형식 〉 다중 지시선 스타일)

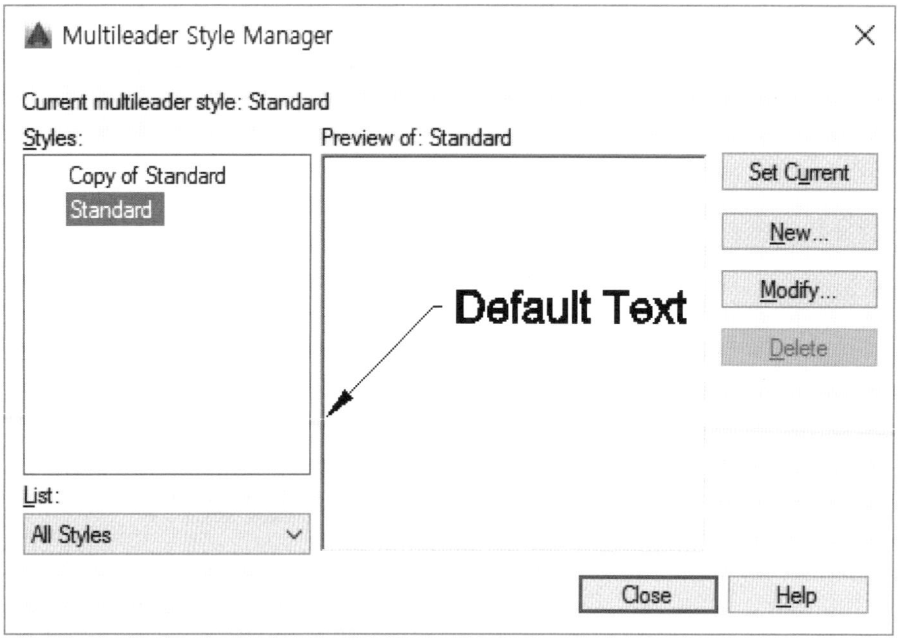


그림 5-12 Multileader Style Manager(다중 지시선 스타일 관리자) 화면



문자 스타일의 경우와 마찬가지로 현재 사용 가능한 스타일 가운데 사용 중인 스타일만을 표시할 수 있다.

새로운 다중 지시선을 시작하면 스타일 이름과 기준으로 스타일 이름 그리고 주석 표현을 선택할 수 있다. 새로운 스타일을 생성하거나 스타일 수정을 선택하면 Leader Format(지시선 형식), Leader Structure(지시선 구조) 및 Content(내용) 탭에서 상세 설정을 진행할 수 있다.

### 5.3.1 지시선 형식

Leader Format(지시선 형식) 탭에서는 다중 지시선과 화살촉에 관련된 항목을 설정할 수 있다.

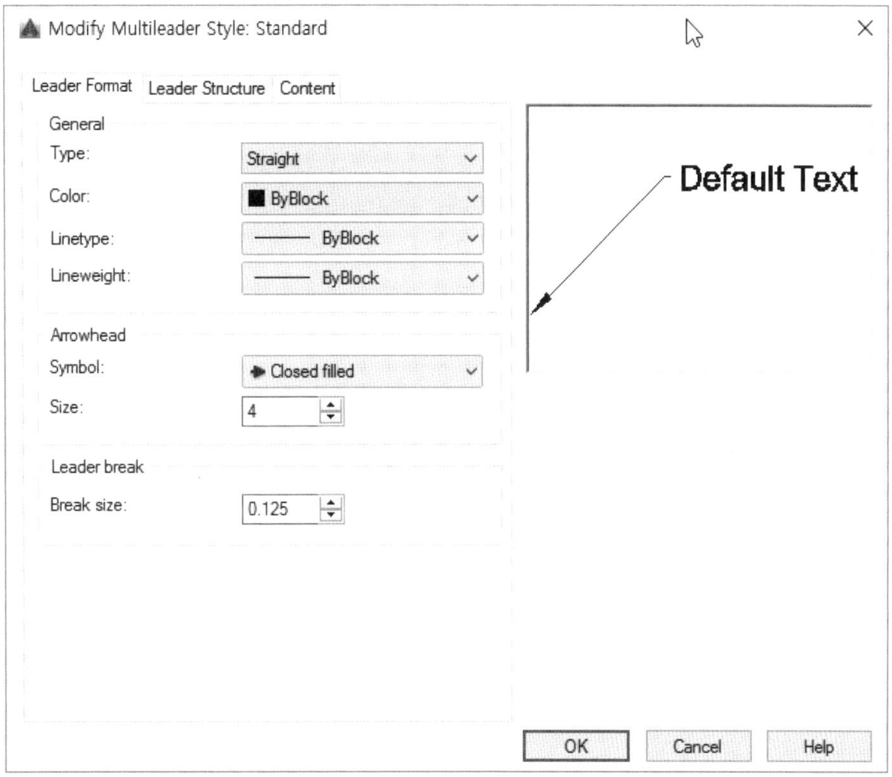


그림 5-13 Multileader Style Manager(다중 지시선 스타일 관리자)의 Leader Format (지시선 형식) 탭 화면



1) General(일반)

| 지시선 Properties(특성) 항목 | 항목 기능 |
|---|---|
| Type(유형) | 지시선의 형태 지정 |
| Color(색상) | 지시선 색상 선택 |
| Linetype(선종류) | 지시선 선 타입 지정 |
| Lineweight(선가중치) | 선 굵기 지정 |

2) Arrowhead(화살촉)

| 화살촉 Properties(특성) 항목 | 항목 기능 |
|---|---|
| Symbol(기호) | 지시선 화살표 모양 선택 |
| Size(크기) | 지시선 화살표 크기 지정 |

3) Leader break(지시선 끊기)

Break size 값 입력을 입력하여 Dimbreak 명령에 사용되는 끊기 크기를 지정한다.

## 5.3.2 지시선 구조



Leader Structure(지시선 구조) 탭에서는 다중 지시선의 구속조건과 연결선 등에 관련된 항목을 설정할 수 있다.

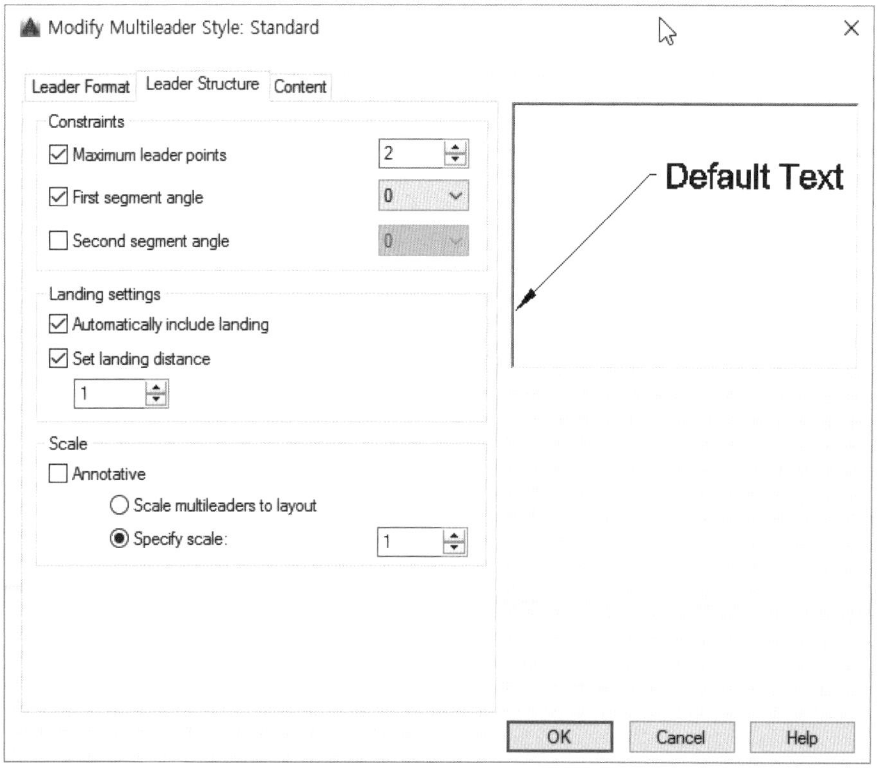


그림 5-14 Multileader Style Manager(다중 지시선 스타일 관리자)의 Leader Structure(지시선 구조) 탭 화면

1) Constraints(구속조건)

| 구속조건 Properties(특성) 항목 | 항목 기능 |
|---|---|
| Maximum leader point(최대 지시선 수) | 지시선 포인터 수 |
| First segment angle(첫 번째 세그먼트 각도) | 첫 번째 지시선 포인트 각도 |
| Second segment angle(두 번째 세그먼트 각도) | 두 번째 지시선 포인트 각도 |

2) Landing setting(연결선 설정)

| 연결선 Properties(특성) 항목 | 항목 기능 |
|---|---|
| Automatically include landing<br>(자동 연결선 포함) | 연결선이 자동으로 생성됨<br>(체크 시 연결선 거리 설정이 활성화됨) |
| Set landing distance(연결선 거리 설정) | 연결선의 길이 조절<br>(체크 시 입력값 화면이 활성화됨) |



3) Scale(축척)

| 축척 Properties(특성) 항목 | 항목 기능 |
|---|---|
| Annotative(주석) | 다중 지시석이 주석이 되도록 설정 |
| Scale multileaders to layout<br>(배치 다중 지시선 축척) | 모형 공간 및 도면 공간 뷰포트의 축척에 따라 다중 지시선의 축척 비율을 결정 |
| Specify scale(축척 지정) | 축척값 입력 |

### 5.3.3 내용

Content(내용) 탭에서는 Multileader type(다중 지시선 유형)에 Mtext(여러 줄의 문자)가 표시될 경우와 Block(블록)으로 구성되는 경우 관련한 항목을 설정할 수 있다.

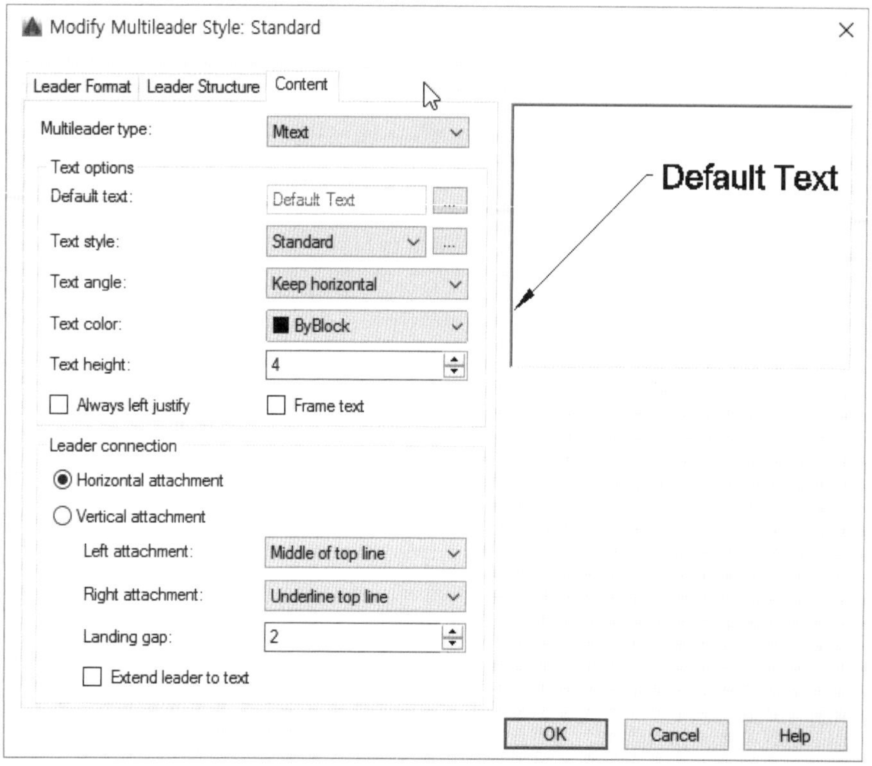


그림 5-15 Multileader Style Manager(다중 지시선 스타일 관리자)의 Content(내용) 탭 화면

1) Text option(문자 옵션)

| 문자 옵션 Properties(특성) 항목 | 항목 기능 |
|---|---|
| Default text(기본 문자) | 미리보기 화면에 기본문자를 보여준다 |
| Text Style(문자 스타일) | 문자 스타일 변경(문자 스타일 화면) |
| Text angle(문자 각도) | 문자의 각도 지정 |
| Text color(문자 색상) | 문자 색상 지정 |
| Text height(문자 높이) | 문자 크기 조절 |
| Always left justify(항상 왼쪽 맞추기) | 문자가 왼쪽 라인에 맞춰서 정렬 |
| Frame text(프레임 문자) | 문자에 네모 상자가 생김 |

2) Leader connection(지시선 연결)

| 지시선 연결 Properties(특성) 항목 | 항목 기능 |
|---|---|
| Horizontal attachment(수평부착) | 지시선의 위치를 지정 |
| Extent leader to text<br>(지시선을 문자까지 연장) | 지시선이 문자까지 연장됨<br>(체크 시 실행) |
| Horizontal(수평): Left attachment(왼쪽) | 지시선을 문자 왼쪽에 위치 |
| Horizontal(수평): Right attachment(오른쪽) | 지시선을 문자 오른쪽에 위치 |
| Vertical(수직): Top attachment(맨 위) | 지시선을 문자 위에 위치 시 지시선과 연결되는 수평선이 생성 |
| Vertical(수직): Bottom attachment(맨 아래) | 지시선을 문자 아래에 위치 시 지시선과 연결되는 수평선이 생성 |
| Landing gap(연결선 간격) | 문자와 지시선과의 거리 |
| Extend leader to text<br>(지시선을 문자까지 연장) | 지시선이 부착된 문자 행 모서리까지 연결되도록 연장 |



## 5.4 테이블 스타일 관리

도면에는 형상 및 치수뿐만 아니라 다양한 부품 정보 및 이력 정보 등을 관리하기 위한 테이블 구성이 필요하다. AutoCAD에서는 테이블 생성을 위한 Table Style(테이블 스타일) 명령을 사용한다.

메뉴: Format 〉 Table Style(형식 〉 테이블 스타일)

테이블 스타일에서는 새로운 테이블을 New(새로 만들기), Modify(수정), Delete(삭제) 그리고 Set Current(현재 테이블로 지정)할 수 있다.

### 5.4.1 테이블 스타일

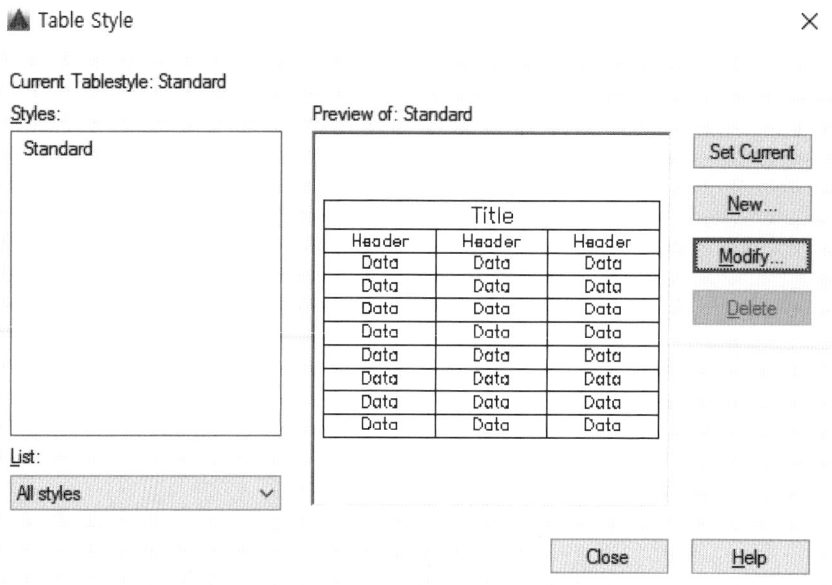




그림 5-16 Table Style(테이블 스타일) 화면

1) Starting Table(시작 테이블)

Starting Table(시작 테이블)에서는 이미 생성된 테이블을 기준으로 새로운 테이블을 생성(Select Table to start from)할 수 있다.

2) General(일반)

테이블의 방향을 설정한다.

## 5.4.2 셀 스타일

표에 사용하고자 하는 셀의 스타일을 용도 별로 생성하여 적용할 수 있다.

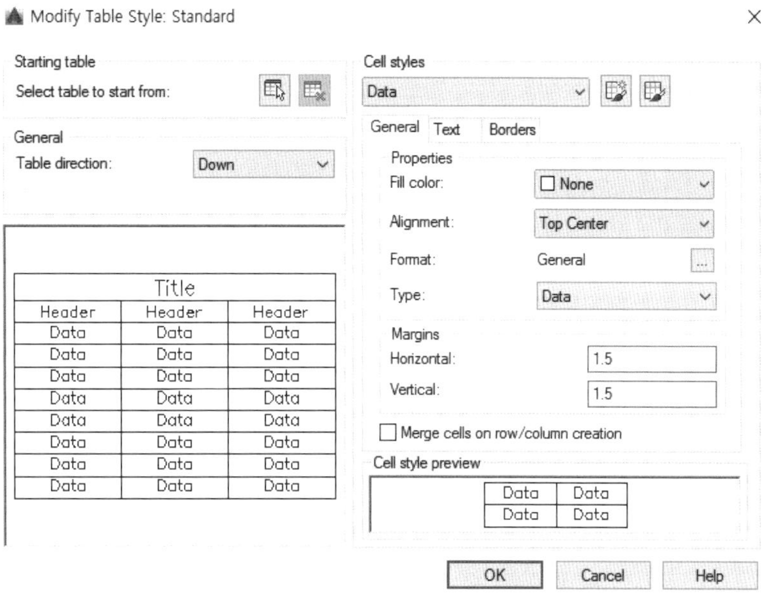


그림 5-17 Modify Table Style(테이블 스타일 수정) 화면

### 1) General(일반)

| 일반 특성 항목 | 항목 기능 |
|---|---|
| Fill color(채우기 색상) | 셀 내부 색상 |
| Alignment(정렬) | 셀 내부 정렬 |
| Format(형식) | 값 형식 지정 |
| Type(유형) | 테이블 표제와 값 구분 |
| Horizontal Margins(수평 여백) | 수평 여백 값 |
| Vertical Margins(수직 여백) | 수직 여백 값 |
| Merge cells on row/column creation<br>(행/열 작성 시 셀 병합) | 셀 간 병합 지원 |

2) Text(문자)

| 문자 특성 항목 | 항목 기능 |
|---|---|
| Text style(문자 스타일) | 문자 스타일 지정 |
| Text height(문자 높이) | 문자 높이 지정 |
| Text color(문자 색상) | 문자 색상 지정 |
| Text angle(문자 각도) | 문자 각도 지정 |

3) Borders(경계)

| 경계 특성 항목 | 항목 기능 |
|---|---|
| Lineweight(선가중치) | 테이블 선 두께 설정 |
| Linetype(선종류) | 테이블 선 형식 설정 |
| Color(색상) | 테이블 선 색상 설정 |
| Double Line Spacing(이중선 간격두기) | 이중선의 간격 설정 |

# chapter6 설계 지원 기능 활용



2D CAD 시스템의 주요 기능이 제도 작업을 위한 것이기는 하지만, 이러한 변화는 제도판 위에서의 작업을 컴퓨터 내로 이전한 수준이 아닌 설계자를 위한 새로운 도구로서 발전해 왔다. 특히 AutoCAD 같은 경우에는 단순한 제도 기능뿐만 아니라 이를 효율적으로 운용할 수 있게 하고 또는 설계된 도면의 정보를 보다 효과적으로 활용할 수 있는 다양한 기능을 제공하므로 써 시장을 선도해 오고 있다.

본 장에서는 단순한 기능적 측면에서 보자면 AutoCAD의 제도 작업과는 다른 관리 기능으로 도면 정보의 활용, 도면 출력 등 설계 작업을 보다 효율적으로 진행할 수 있는 지원 및 응용 기능에 대한 사항을 설명하고자 한다.

특히 AutoCAD에서 강화되고 있는 기능의 하나는 2D CAD 시스템 간은 물론 나아가 다른 소프트웨어들과 정보를 공유할 수 있도록 해주는 것이라 할 수 있다. 이를 통하여 설계자는 효율적인 제도 및 설계 작업을 수행하므로 써 기대한 설계 생산성 개선에 적용할 수 있다.

## 6.1 도면층 활용

수작업에 의한 설계 과정에서의 제도 작업은 종이 위에서 완성되었다. 하지만 현재와 같은 복사 및 출력 환경이 갖춰지기 이전이었기 때문에 유일한 원본으로서 도면을 제품 제작과 관련된 이들이 모두 같은 정보를 공유할 수 없었으며 또한 여러 목적에 의해 도면의 일부 정보만이 공유될 필요가 있었다. 이러한 목적으로 종이 위에서 트레이싱 페이퍼 등을 만들고 이후 블루 프린트(청사진) 등을 제작하여 오염이나 손실의 위험도를 낮추면서 정보를 공유할 수 있게 되었다.

이러한 과정에서 앞서 원본 도면의 모든 요소가 같이 복사될 필요가 없는 경우 도면의 일부 요소들이 각각의 트레이싱 도면에 생성되고 최종 전체 도면 정보는 이들 각 트레이싱 도면이 겹쳐지므로 써 전체 정보가 완성되게 되었다. 이와 같은 전통적으로 설계 정보를 포함하고 있지만, 필요에 따라 청사진 등에 포함되거나 삭제되거나를 관리했던 기능이 AutoCAD나 현대적인 CAD 시스템에서는 Layer(도면층)이라는 기능으로 운용되고 있다. AutoCAD의 Layer에는 색상, 선 종류, 선 두께, 화면 표시, 출력 여부 등 여러 Properties(특성)를 지정할 수 있다.

Layer(도면층)은 도면의 모든 정보가 하나의 도면층에 존재해도 상관없지만 앞서 경우처럼 관리의 목적(화면에는 표시되나 출력은 되지 않음)에 사용될 수 있다. 일반적인 도면층은 도면의 복잡한 생성 과정 혹은 완성 도면의 요소별, 항목별 혹은 여러 목적에 의해 구분하여 묶어 사용된다. 이러한 도면층의 활용을 통하여 불필요한 요소들에 의해 모델링 작업이 방해받지 않도록 하므로 써 제도 효율을 크게 향상할 수 있다.



비록 Layer(도면층)은 AutoCAD와 같은 2D CAD 시스템에서의 형상이나 치수 등을 구현하는 직접적인 설계 혹은 제도 기능이 아니므로 이를 운용하거나 활용하는 것은 설계자의 판단이다. 하지만 제품이 복잡해질수록 혹은 관리 목적이 다양할수록 적절한 Layer의 설정과 운용은 설계 생산성을 크게 개선할 수 있다.

메뉴: Format 〉 Layer(형식 〉 도면층)

### 6.1.1 Layer(도면층) 특성 관리자

Layer Properties Manager(도면층 특성 관리자)는 도면층의 생성, 삭제 및 세부 설정을 제어한다.

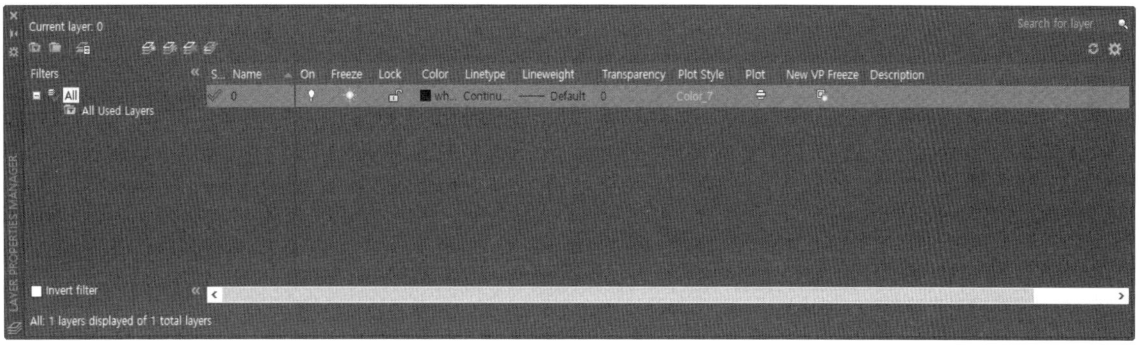


그림 6-1 Layer Properties Manager(도면층 특성 관리자) 화면

## 6.2 블록 기능



설계 대상이 단일 제품으로서 단일 부품일 경우도 있지만 많은 설계 대상의 제품이 다른 제품의 부품 혹은 부품의 하위 부품인 경우도 많다. 매번 같은 부품이 여러 상위 부품이나 제품에 사용된다면 이를 필요로 하는 경우 매번 복사하여 사용할 수 있겠지만, 하위 부품의 형상이나 치수 변형이 발생하면 상위 도면에서 지속해서 재복사가 이뤄질 수도 있어야 한다.

AutoCAD는 재사용 빈도가 높은 형상 혹은 형상 일부를 별도의 설계 파일로 저장한 후 필요한 상황에서 이를 도면 내로 호출하여 사용할 수 있다. 그리고 원본 파일의 수정이 발생하면 이를 사용한 모든 부품 혹은 제품에서도 파일이 새로 열리게 되면서 이러한 변환을 수행하게 할 수 있다. 일반적으로 이러한 제도 및 설계 작업을 위한 별도 형상 요소들의 모음을 라이브러리라고 한다.

AutoCAD에서 형상을 라이브러리로 사용하기 위해서는 Wblock(블록 쓰기) 명령을 이용하여 블록 대상을 지정하거나 블록 파일로 저장할 수 있다. 그리고 저장된 블록 파일은 Insert(삽입) 명령으로 호출하여 사용할 수 있다. 하지만 참고한 형상이 포함된 파일이 삭제되어 대체할 다른 설계 정보가 없거나 파일의 위치가 바뀌거나 이름이 바뀌게 되면 두 도면 간의 연결 오류가 발생할 수 있다.

### 6.2.1 블록 삽입

현재 작업 중인 도면에서 블록으로 생성되었거나 외부에 블록 파일로 저장된 도면을 사용하기 위해 Insert Block(블록 삽입) 명령을 수행한다. 삽입 화면에서는 필요로 하는 내외부의 블록을 선택한 후 현재 도면에 위치할 좌표를 입력하거나 마우스로 선택한다.

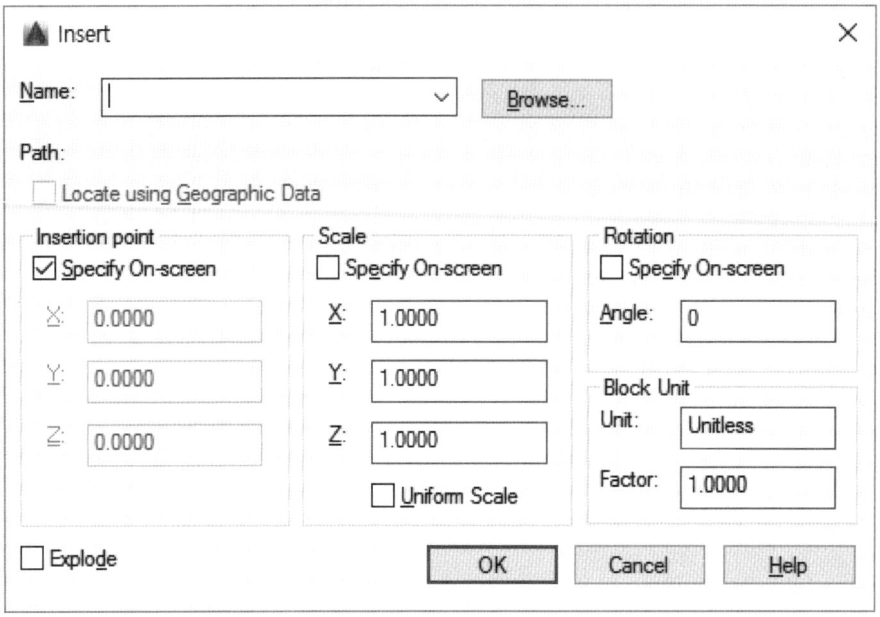


그림 6-2 블록 삽입을 위한 Insert(삽입) 화면에서의 설정

내부에서 정의된 블록은 이름 목록에 나타나며 외부에 저장된 블록은 호출하여 목록에 포함할 수 있다.

블록을 위치시키기 위해 기준점, 축척, 회전 등을 절대 위치와 상대 위치로 지정할 수 있다. 또한, 위치할 블록을 연결체가 아닌 분해 상태로 호출하게 할 수도 있다.

메뉴: Insert 〉 Block(삽입 〉 블록)
리본 메뉴: Home 〉 Block 〉 Insert(홈 〉 블록 〉 삽입)

### 6.2.2 블록 정의

현재 작업 중인 형상을 단순한 복사가 아닌 계속해서 이용할 수 있는 정보로 활용하려는 방법으로서 블록으로 저장 후 필요시마다 사용할 수 있다. 블록을 생성하기 위해서는 먼저 Block Definition(블록 정의 명령)을 실행한다.

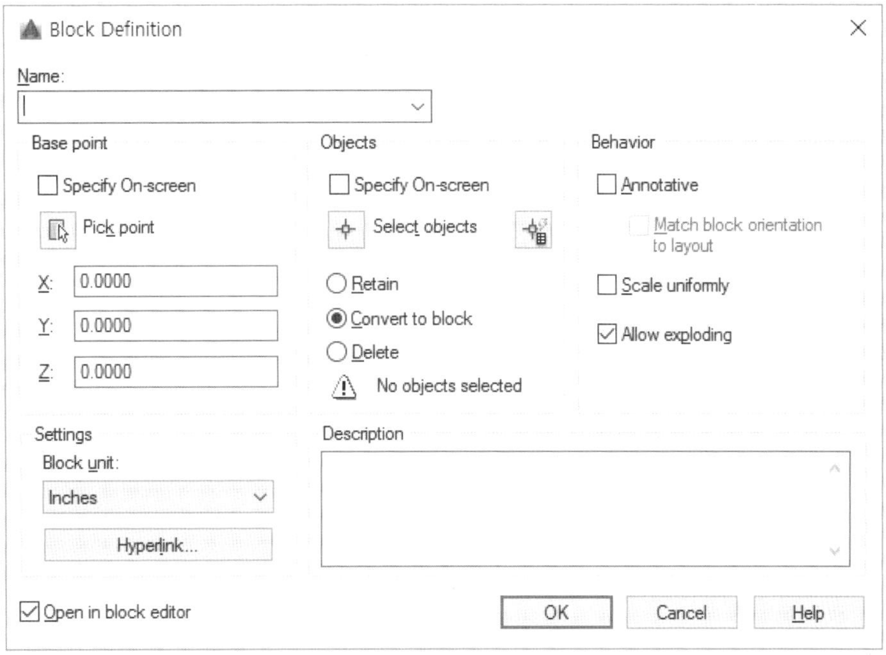


그림 6-3 Block Definition(블록 정의) 화면

정의된 블록은 기본적으로 현재 작업 중인 도면 내에서만 사용할 수 있다. 만일 다른 제도 작업이나 앞으로 작업에 계속 사용하기 위해서는 외부 파일로 저장한다.

메뉴: Draw 〉 Block(그리기 〉 블록)
선택: Make 〉 Base 〉 Attribute Definition(만들기 〉 기준 〉 속성정의)
리본 메뉴: Home 〉 Block 〉 Create(블록 작성)
리본 메뉴: Insert 〉 Create Block 〉 Create Block (삽입 〉 블록작성 〉 블록작성)

### 6.2.3 블록 쓰기

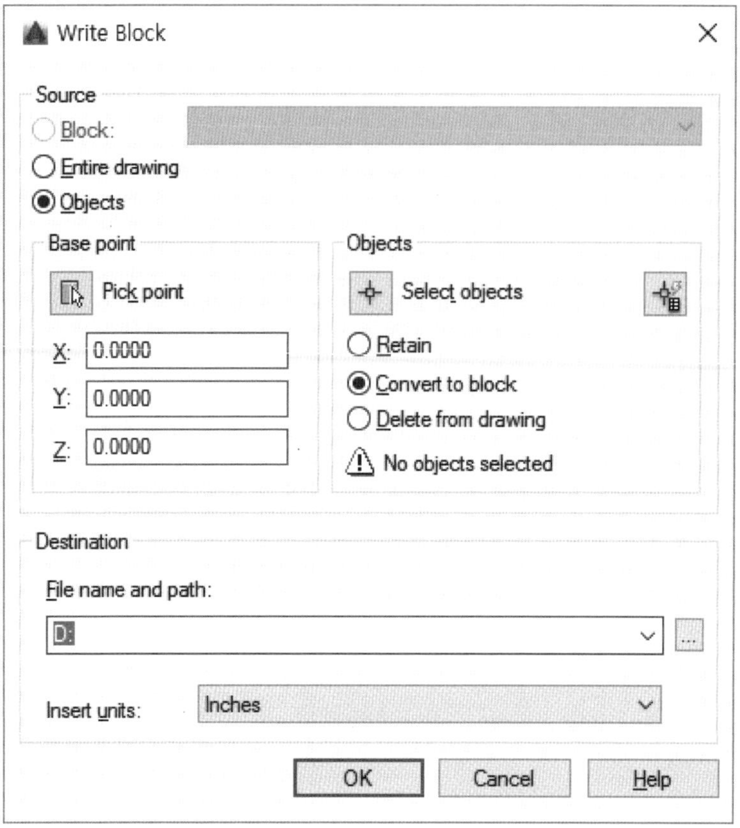


그림 6-4 Write Block(블록 쓰기) 화면

Write Block(블록 쓰기) 명령에 따라 전체 도면 혹은 지정된 형상은 블록으로서 외부 파일로 저장될 수 있으며 현재 도면에서도 블록을 사용될 수도 있다.

블록으로 저장된 경우라도 AutoCAD에서 일반적인 도면 파일로서 처리된다. 그러므로 별도의 도면 역시 블록으로서 현재 도면에 포함될 수 있다.

Object(객체) 선택 시 Convert to block(블록으로 변환) 항목을 설정하면 선택한 선들이 한 개의 형상으로 묶어진다. Retain(유지) 항목을 선택하며 원본 상태를 유지하고, Delete from drawing(도면에서 삭제) 항목을 선택하면 원본은 삭제된다.

리본 메뉴: Insert 〉 Block Definition 〉 Write Block(삽입 〉 블록정의 〉 블록 쓰기)

### 6.2.4 블록 편집

블록으로 지정된 형상을 편집하기 위해서는 블록 정의 명령(Edit Block Definition)을 실행한 후 편집 대상의 블록을 선택하면 별도의 블록 편집기 화면으로 전환된다.

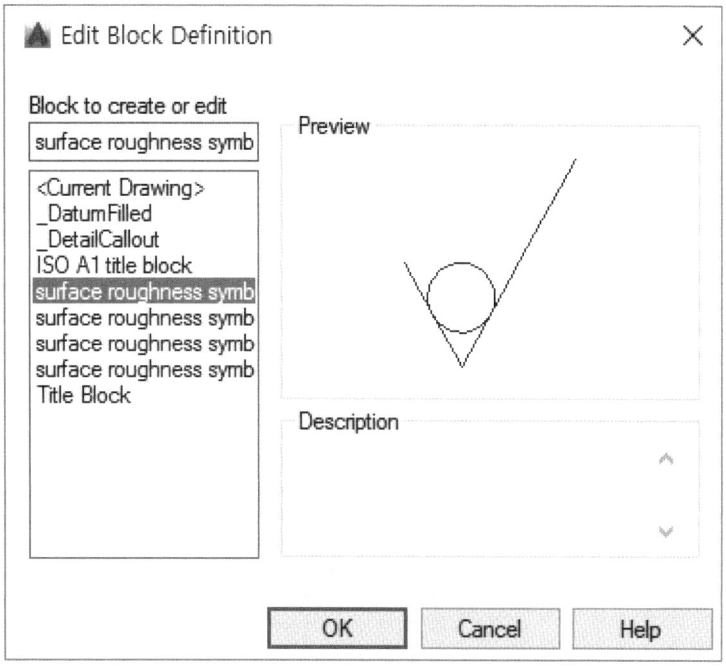


그림 6-5 Edit Block Definition(블록 정의 수정) 화면

블록 편집기 내에서는 일반적인 모델링 작업에서와 같은 제도 기능을 수행할 수 있으며 블록에 대한 Properties(특성)도 설정할 수 있다. 블록에 대한 수정이 완료되면 블록 편집기를 닫고 종료한 후 모델링 화면으로 돌아온다.

설계의 신뢰성을 유지하기 위해 삽입된 블록은 삭제될 수 없다. 또한, 블록 사용에 관하여 주의할 사항은 블록을 단순한 이름으로 저장하면 같은 이름의 블록이 존재하는 도면에서 충돌 문제가 발생할 수 있다.

리본 메뉴: Insert 〉 Block Definition 〉 Block Editor(삽입 〉 블록정의 〉 블록 편집기)

## 6.3 외부 참조

AutoCAD의 외부 참고 기능은 기본적으로 블록과 유사한 기능을 제공한다. 하지만 블록과 달리 원본 블록과 호출되어 사용된 블록 간의 연결성이 유지될 수 있다. 그 때문에 원본 블록의 수정 사항이 삽입된 블록에 적용되므로 써 하나의 설계 수정 사항이 관련된 전체 도면 파일에 자동으로 수정되도록 할 수 있다.

특히 협업 과정에서 공용으로 사용하는 부품 등의 라이브러리 내용이 일괄 변경되도록 하므로 써 설계 효율을 크게 개선할 수 있다. 또한, 현재 작업 중 파일에 포함되어 있지 않고 원본 블록이나 파일로부터 정보를 가져와 보여주는 형식이기 때문에 파일의 크기가 현저히 줄어드는 장점도 있다.

현재 도면에서 외부 참조 생성하거나 현황을 확인하기 위해 외부 참조 명령을 수행한다.

메뉴: Insert 〉 External Reference (삽입 〉 외부 참조)

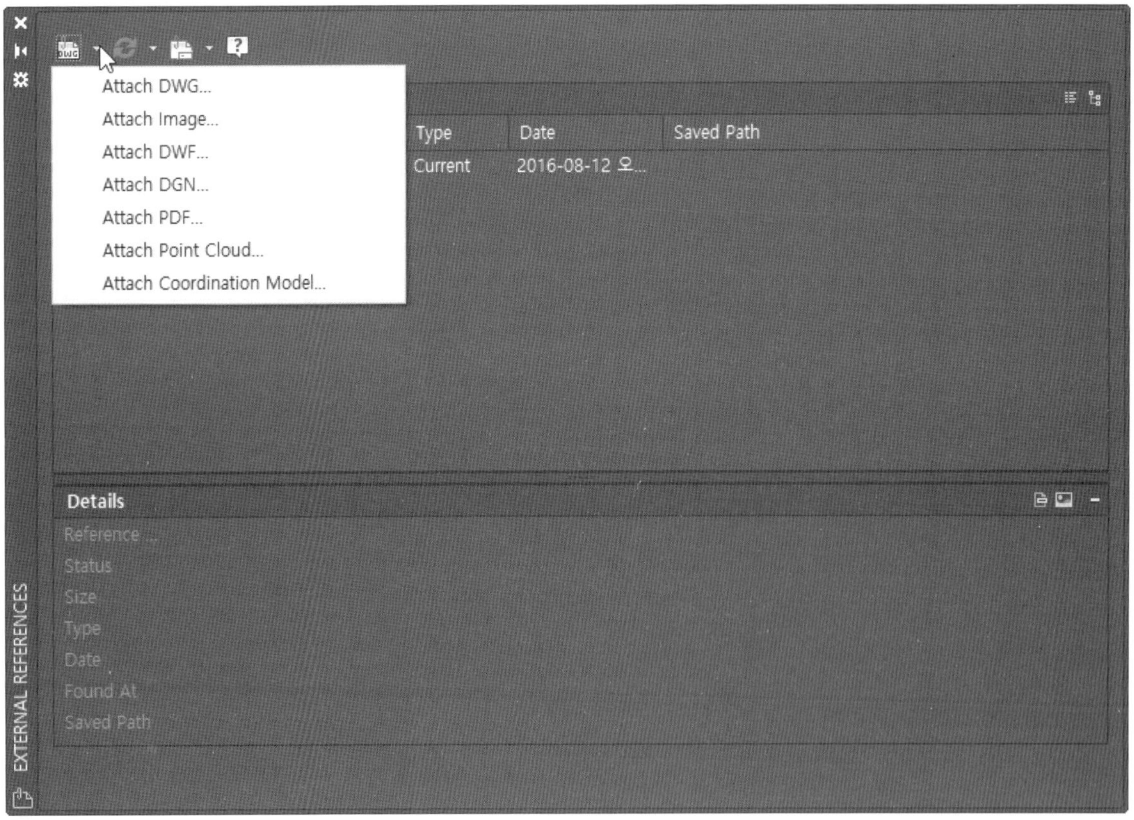


그림 6-6 External Referance(외부 참조) 화면에서의 부착 대상 선택

### 6.3.1 부착

외부 참조를 사용하기 위한 외부 참조 화면에서 Attach(부착) 명령을 수행하여 사용할 파일을 선택한다. 참조에 사용할 파일은 AutoCAD 도면이나 블록뿐만 아니라 이미지이나 PDF 등 여러 종류가 지원된다.

참조 부착에서 주의할 사항은 외부 경로를 절대 경로와 상대 경로를 명확하게 결정해야 한다. 향후 경로 변경이나 오류로 인하여 참조된 형상이나 정보가 도면에 나타나지 않을 수도 있다. 만일 참조된 파일이 작업 도면과 같은 위치에 있다고 전제하면 경로 제거를 선택한다.

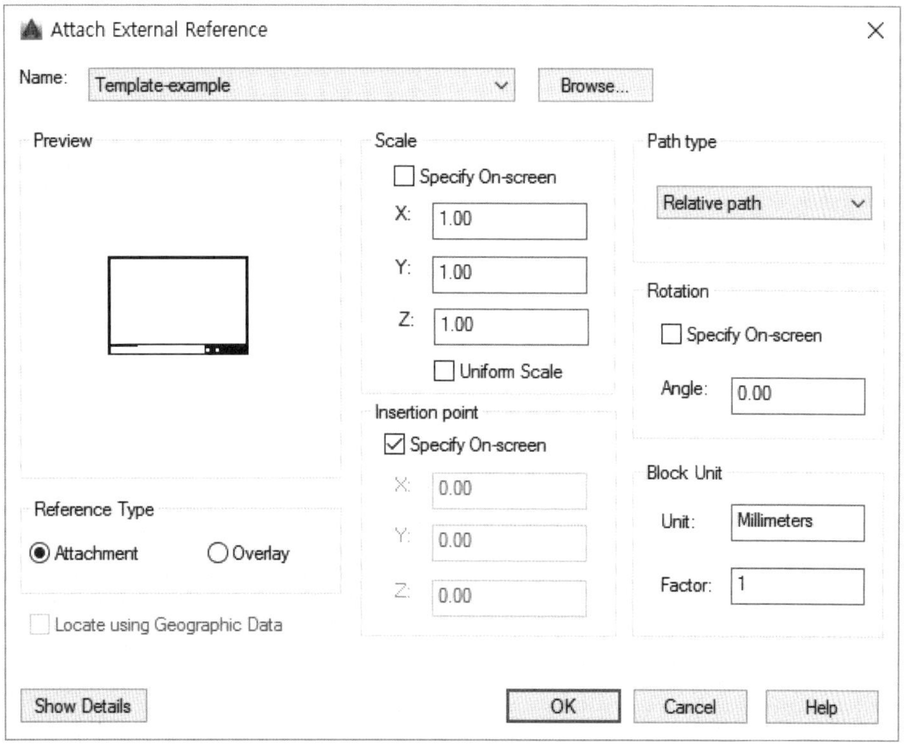


그림 6-7 Attach External Reference(외부 참조 부착) 화면에서의 부착 파일 설정

외부 참조를 위한 파일을 선택하면 Attach External Reference(외부 참조 부착) 화면에서 블록 삽입의 경우와 유사한 위치, 축척 및 회전 등을 정의할 수 있다.

Reference Type(참조 유형)으로 Attachment(부착)의 경우는 부착된 참조 파일이 도면 내에서 유지되며 Overlay(중첩)는 현재 도면이 다른 도면의 외부 참조로 이용될 경우 참조된 파일을 제거하고 참조된다.

### 6.3.2 분리

외부 참조 화면에서 현재 도면에 참조된 외부 참조 대상을 제거한다.

## 6.4 외부 프로그램 정보 연동

### 6.4.1 Excel 데이터 연동

AutoCAD에서는 외부 프로그램과 연동하여 정보를 공유할 수 있도록 기능이 개선되고 있다. 특히 테이블 생성이나 표 계산 용도로 많이 사용되는 Microsoft의 Excel 스프레드시트와 형태로 행태로 자료를 공유할 수 있으므로 유용하게 사용할 수 있다.

메뉴: Tools 〉 Data link 〉 Data Link Manager(도구 〉 데이터 링크 〉 데이터 링크 관리자)

| 4 | 피스톤 | C | 1 | |
|---|---|---|---|---|
| 3 | 아답터 | B | 1 | |
| 2 | 바디 | A | 1 | |
| 1 | 품명 | 재질 | 수량 | 비고 |

그림 6-8 Excel 파일에서의 작성한 테이블 예

예에서는 Excel에서 생성된 표 형태의 스프레드시트 파일로서 파일 이름 BOM.xls로 저장되었다.

그림 6-9  Table(테이블) 명령을 사용한 테이블 생성

AutoCAD에서 BOM.xls 파일의 정보를 가져오기 위해 먼저 저장이 저장된 테이블을 생성한다.



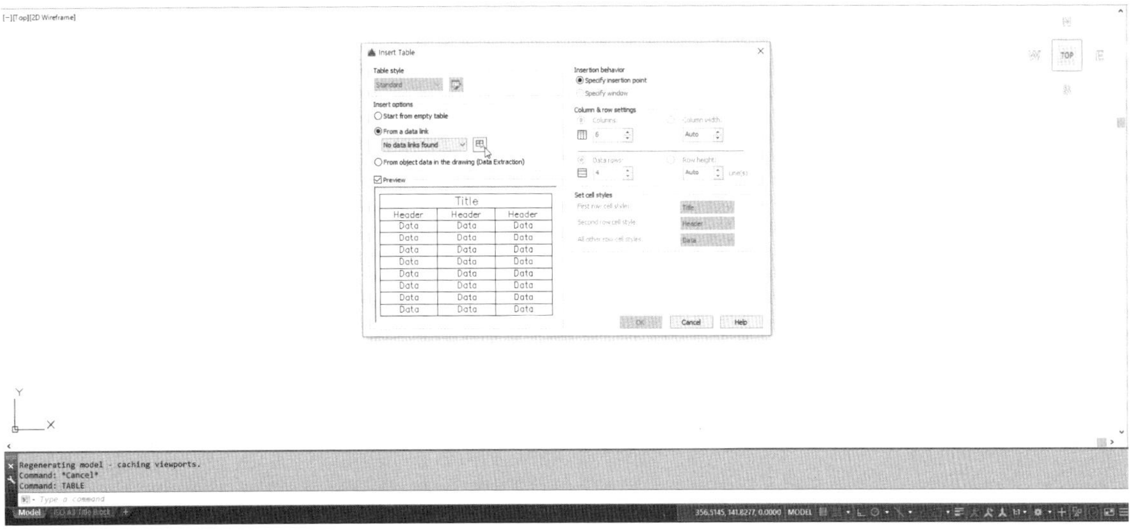


그림 6-10  테이블에 외부 정보를 연결하기 위한 From a data link(데이터 링크) 선택

테이블 삽입 화면의 Insert(삽입) 옵션에서 From a data link(데이터 링크에서) 항목을 선택한 후 옆에 있는 데이터 링크 관리자 실행 대화상자 아이콘을 선택한다.

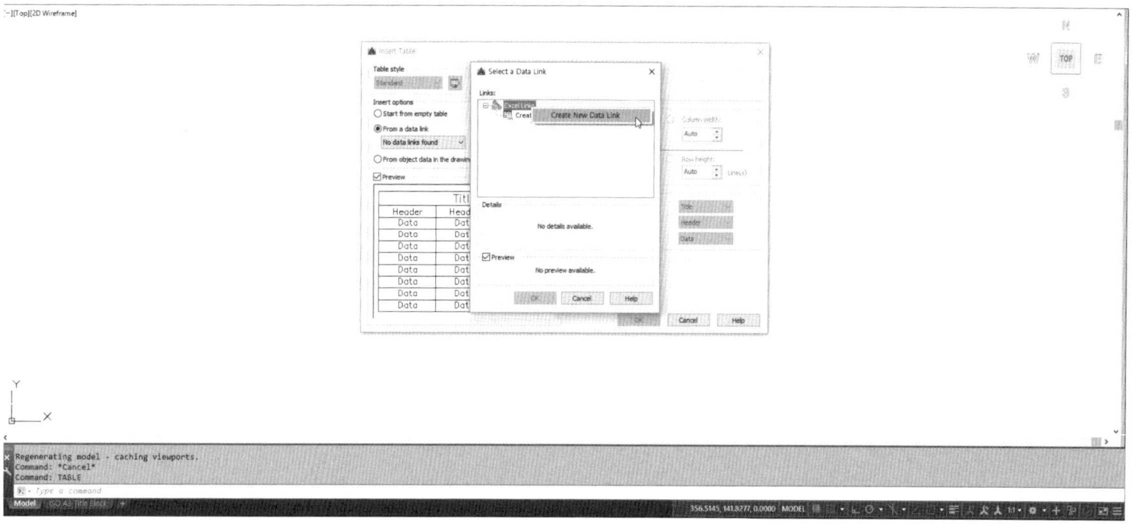


그림 6-11　테이블 연결을 위한 Excel 데이터 선택

Select a Data Link(테이블 링크 선택) 화면의 Excel Link(Excel 링크) 구조에서 새 Excel 데이터 링크 작성을 선택한다. [RIGHT]을 이용하여 선택하여 나타난 새 데이터 링크 작성을 선택할 수도 있다.

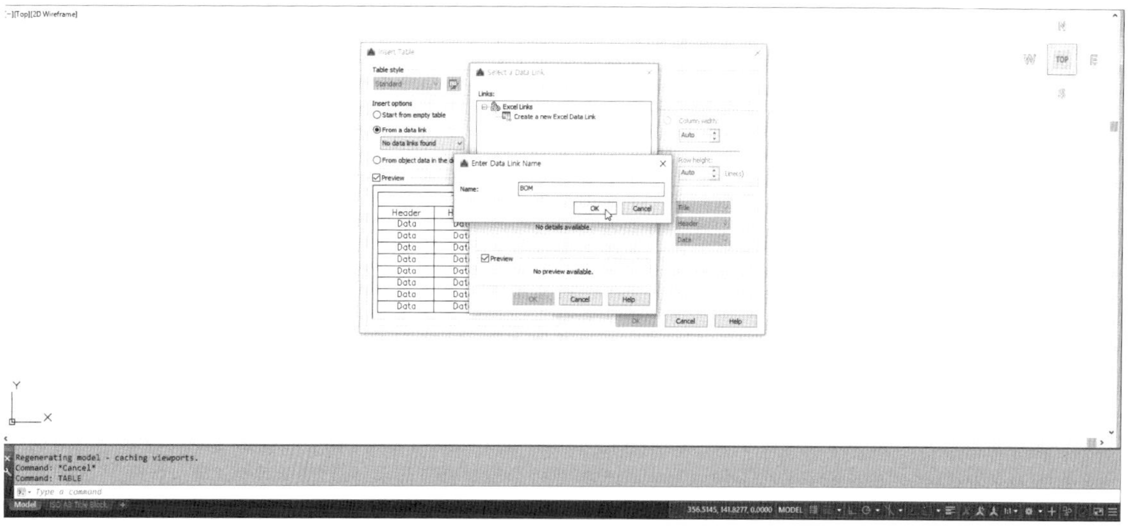


그림 6-12　데이터 연결을 위한 대상 파일 정보 지정

Enter Data Link Name(데이터 링크 이름을 입력)하면 Excel 파일 경로를 지정하기 위한 화면에서 지정된 파일을 선택할 수 있도록 한다. 또한, 필요한 환경에 적합하도록 Excel 파일이 위치한 경로 정보를 절대 경로, 상대 경로 및 경로 제거로 선택한다.

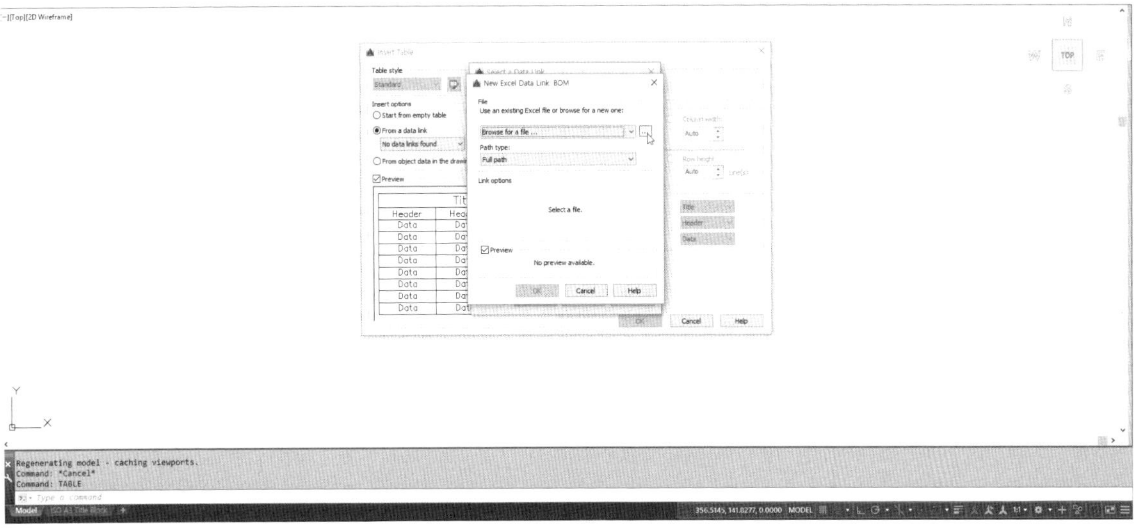

그림 6-13 데이터 연결을 위한 대상 파일 내의 범위 지정 화면

선택된 Excel 파일의 전체 내용을 가져올 수도 있으며 특정 시트의 범위를 지정할 수도 있다. 가져올 내용을 확인하고 삽입 설정을 완료한다.



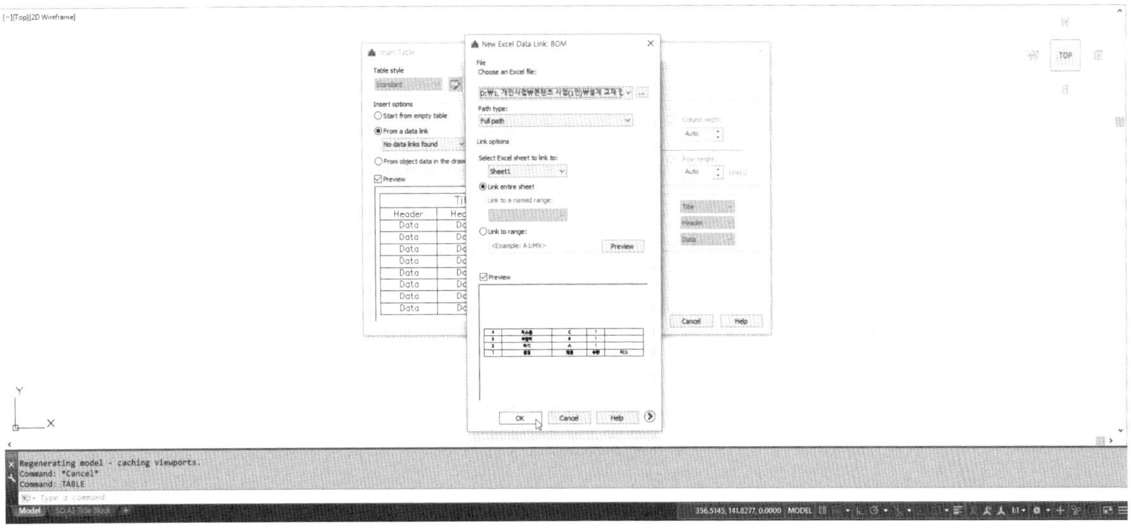

그림 6-14 데이터 연결을 위한 대상 파일 선택 및 미리 보기 확인

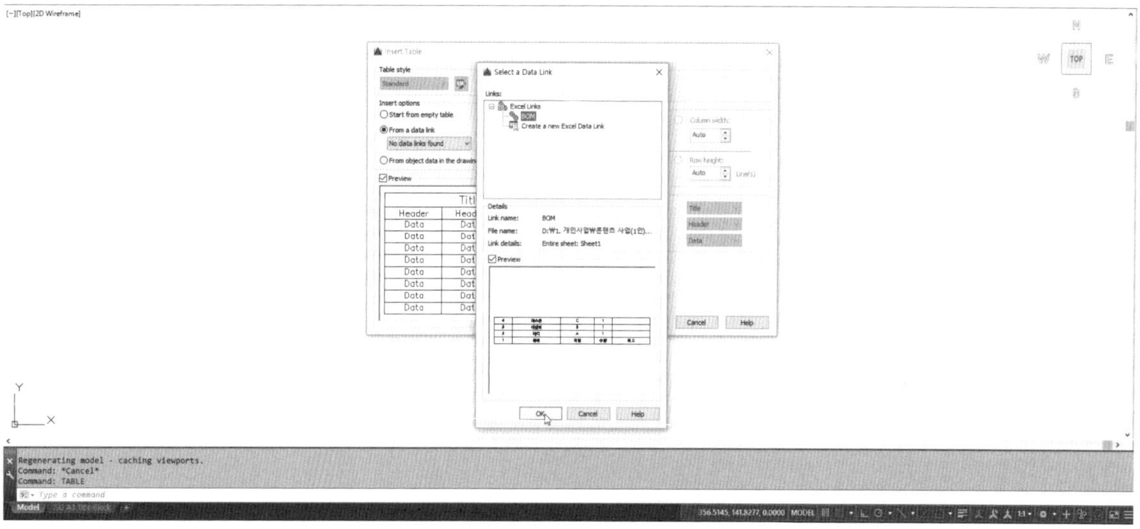


그림 6-15　데이터 연결을 위한 대상 파일 선택 확인



Select a Data Link(테이블 링크 선택) 화면에서 해당 Excel의 선택 여부를 확인 후 Select a Data Link(테이블 링크 선택) 화면을 종료한다. Insert Table(테이블 삽입) 화면으로 돌아와 확인 버튼을 눌러 절차를 종료하면, 화면에 Excel에서 생성된 자료의 테이블 형태가 나타나고 위치를 지정하면 도면에 테이블로서 생성된다.

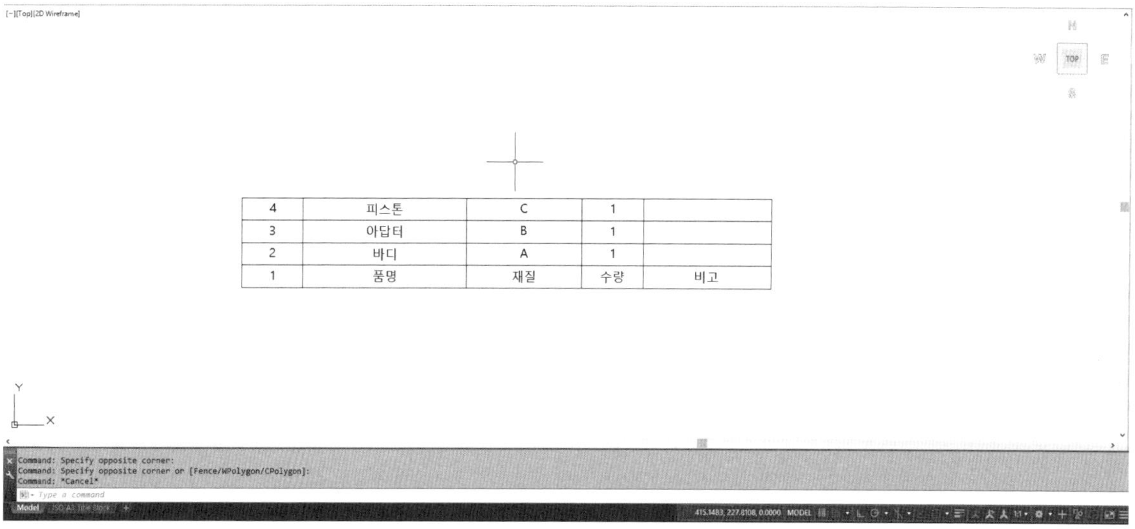


그림 6-16　도면 테이블에 연결된 외부 데이터

이상의 절차로서 Excel의 정보가 AutoCAD의 테이블 정보로 연결되었다.

AutoCAD는 연결된 Excel 데이터의 변경 사항을 지속하도록 하거나 연결을 종료하도록 설정할 수 있다.

우선 Excel 정보가 변경되었을 경우 Excel 정보와 연결된 도면 내의 테이블 값을 변경된 값으로 업데이트할 수 있다.

| 4 | 플랜지 | C | 1 | |
|---|---|---|---|---|
| 3 | 아답터 | B | 1 | |
| 2 | 바디 | A | 1 | |
| 1 | 품명 | 재질 | 수량 | 비고 |

그림 6-17  외부 원본 데이터 내용의 수정

예의 BOM.xls 파일의 내용 중 임의 항목을 변경하고 저장한다. 예에서는 피스톤이라는 셀 내용을 플랜지로 변경하였다.

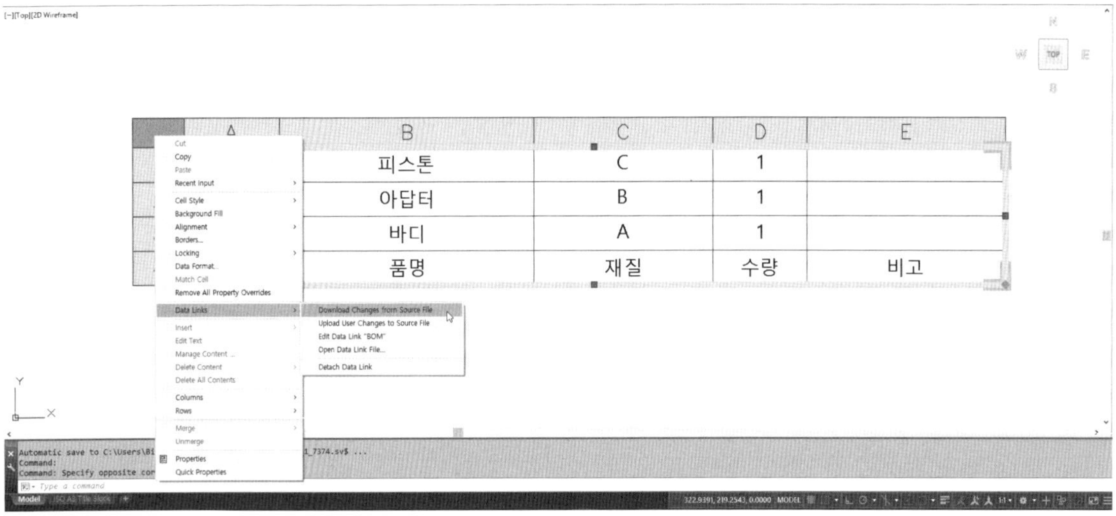


그림 6-18 Data Links 메뉴를 통한 외부 연결 데이터의 변경 사항 업데이트

AutoCAD에서 BOM.xls의 변경된 정보가 테이블에 반영되도록 하기 위해서는 테이블을 선택한 후 나타나는 테이블 프레임의 왼쪽 위 부분을 선택하고 나서 [RIGHT]을 클릭하면 Data Link(데이터 링크) 옵션이 나타난다. 그중 Download Changes from source file(원본 파일에서 변경 사항 다운로드)를 선택하면 변경된 BOM.xls의 파일의 정보가 테이블에 반영된다.



또는 테이블을 선택한 상태에서 [RIGHT]을 클릭하면 나타나는 Table Data Link Update(테이블 데이터 링크 업데이트)를 이용할 수도 있다.

그림 6-19 외부 데이터 변경에 따른 테이블 정보 수정

만일 테이블의 정보와 Excel.xls 간의 정보 사이의 연결을 끊고자 한다면 위 연결 설정 중 첫 번째 경우에서와 같은 메뉴의 데이터 링크에서 데이터 링크 분리를 선택한다.

### 6.4.2 형상 정보 추출

AutoCAD는 도면에서 생성된 형상에 대한 모든 정보를 테이블 형태로 외부에 저장하거나 테이블로 생성하여 도입에 삽입할 수 있는 기능을 제공한다.

형상 형상에 대한 정보 추출을 위해서는 작업이 저장된 상태에서 도면에 있는 전체 형상 혹은 특정 형상을 선택한 후 정보를 테이블 형태로 외부 혹은 내부에 테이블 형태로 저장할 수 있다.

## 6.5 도면 출력



AutoCAD와 같은 2D CAD 시스템의 보급으로 예전과 같이 종이 도면을 직접 하는 일이 대체되었지만, 아직 대부분의 제품 제작 과정에서는 종이 도면을 필요로 하는 경우가 많다. 다시 말해 현재까지의 설계 작업의 최종 단계는 도면 출력이라도 볼 수 있다.

하지만 많은 2D CAD 시스템에서 화면이 보이는 정확한 형상의 설계 정보가 다시 종이 위로 출력되도록 하기 위해서는 작성된 도면 환경 및 출력 장치가 지원하는 기능에 따라 실제 종이 도면과 같이 일치하는 경우를 구성하기란 쉽지 않다. 그런데도 가장 주요한 설계의 산물로서 도면을 직접 출력하기 위한 기능은 설계 업무의 생산성을 유지하는 일에 크게 이바지할 수 있는 사안이라고 본다.

AutoCAD는 출력을 위한 별도의 화면 구성을 위해 형상 모델링 작업 공간과 구별되는 레이아웃 공간을 사용한다. 레이아웃 공간은 Layout(배치) 탭으로 나타나는데, 도면 프레임이나 타이틀 블록 등을 호출하여 적용할 수도 있으며, 하나의 형상의 여러 방향에서의 시각으로 설정하여 도면을 구성할 수도 있다. 이러한 레이아웃을 설정한 후 저장하므로 써 형상 모델링 이후 출력 형태나 구성에 걸리는 시간을 크게 절약할 수 있게 된다.

## 6.5.1 출력 조건 설정

도면 작업 완료 후 Plot(출력) 명령을 실행하면 출력 화면으로 진행한다. 도면 출력은 사용하는 출력 장치의 기능과 특성 그리고 사용하는 용지에 따라 다양한 선택 사항들이 있기 때문에 가장 일반적인 출력 조건들에 대한 설정을 확인한다.

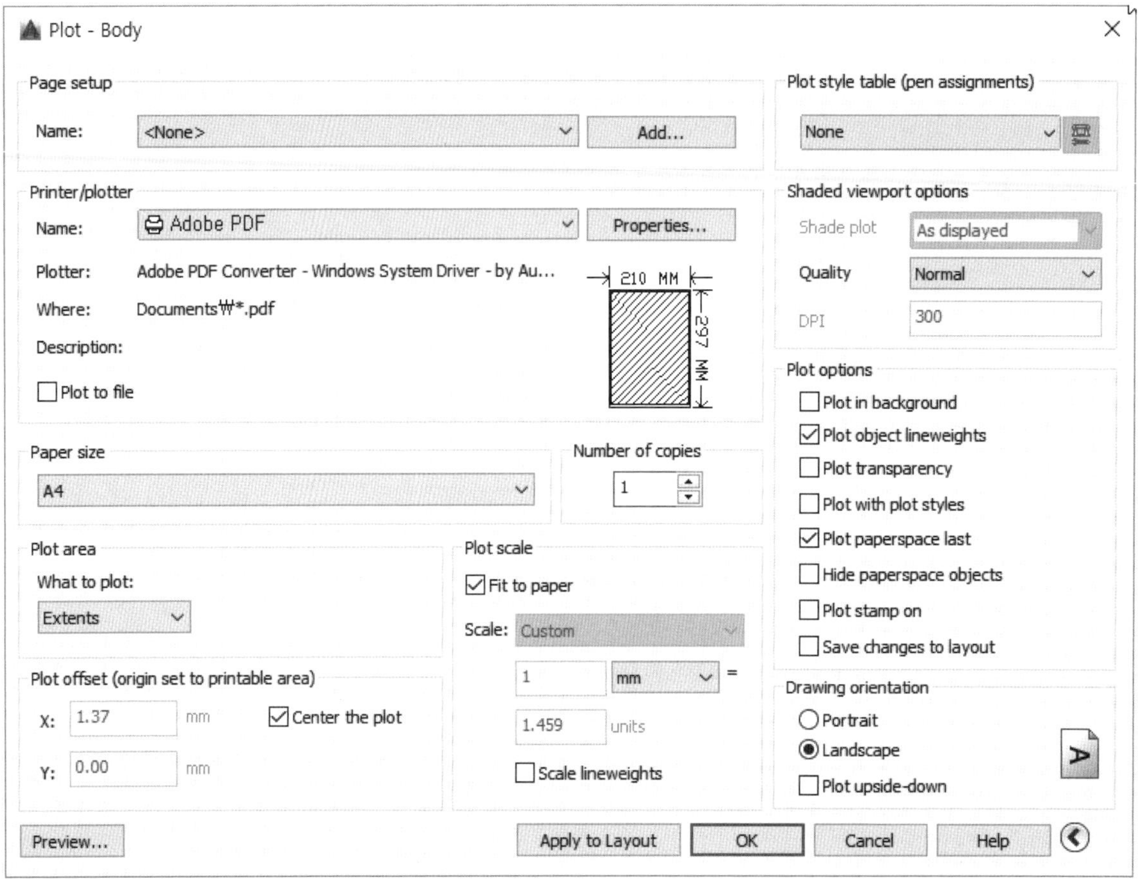


그림 6-20 Plot(출력) 화면



1) Page setup(페이지 설정)

출력 목적에 맞도록 구성된 설정을 저장하여 필요시마다 호출하여 사용할 수 있다.

2) Printer/Plotter(프린터/플로터)

현재 컴퓨터 시스템에 설치된 모든 출력장치 목록이 나타난다.

3) Paper size(종이 크기)

AutoCAD가 지원하는 용지 크기 목록이 나타난다. 종이 용지뿐만 아니라 디스플레이 용도로서 출력 크기를 정할 수도 있다.

4) Plot area(플롯 영역)

출력 범위를 지정한다.

Display(화면표시): 현재 AutoCAD 화면에 나타난 형상을 기준으로 출력한다.
Limits(한계): Limits(한계) 명령에 의해 지정된 범위 내의 형상을 기준으로 출력한다.
Window(윈도우): 설계자 지정한 크기의 내용을 기준으로 출력한다.

5) Plot Scale(출력 축척)

작업 도면의 크기와 출력 도기 크기 간의 축척을 지정한다. 확대 및 축소가 가능하며 단위 간의 변환도 설정할 수 있다.

Fit to paper(용지에 맞춤): 현재 설정된 용지에 최대한 적합한 축척을 출력되도록 설정된다.

6) Plot Offset(플롯 간격 띄우기)

인쇄 가능한 영역이나 용지의 왼쪽 아래 모서리를 기준으로 간격띄우기를 지정한다.

7) Plot Style Table(플롯 스타일)

Plot Style Table(플롯 스타일 테이블)은 출력 시 색상에 따른 선 두께를 설정할 수 있고 새로운 스타일을 만들 수도 있다.

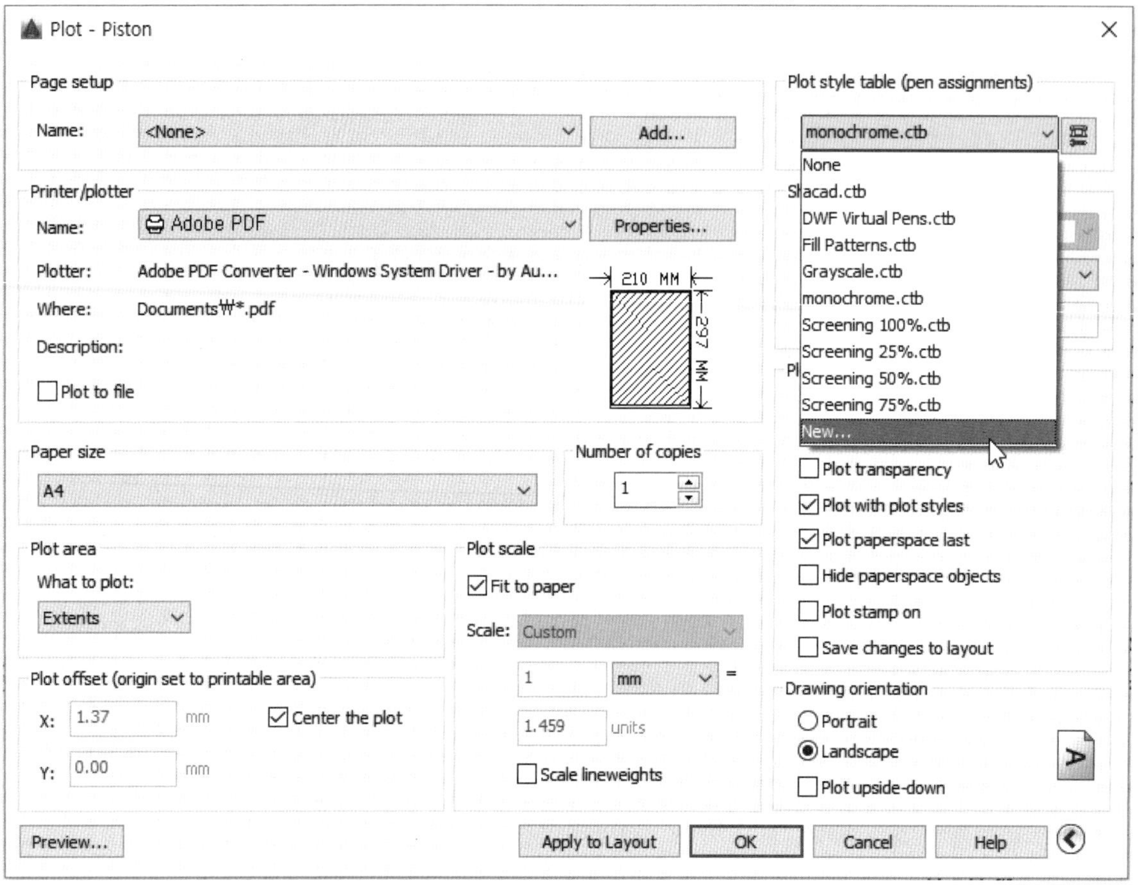


그림 6-21 Pen style Table(펜 스타일 테이블)에서 출력 옵션 선택

도면 형상의 선 두께는 제도 작업 중 설정할 수도 있고 치수 관리자나 Layer(도면층)에서도 설정이 가능하다.

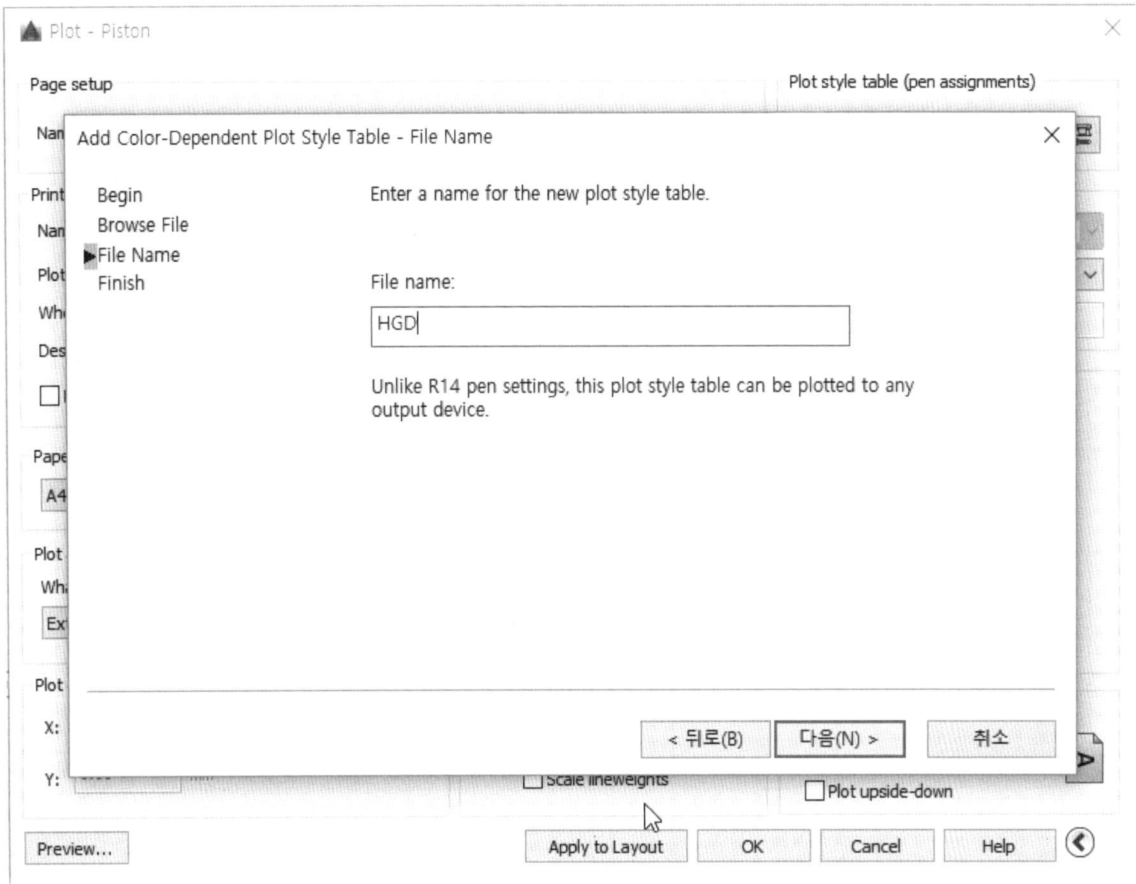


그림 6-22 Add Color-Dependent Plot Style(펜 출력 스타일) 추가 화면

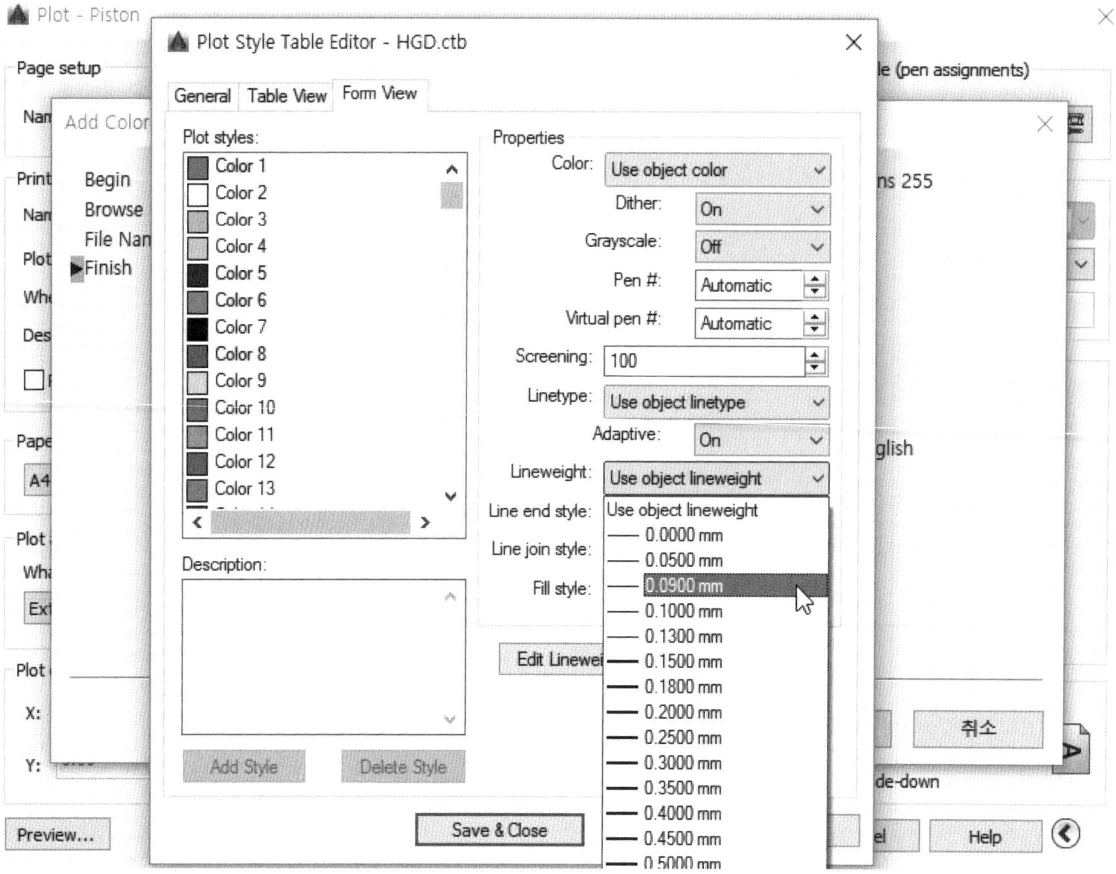


그림 6-23 Plot Style Table Editor(출력 스타일 테이블 편집기)에서 선 변경 화면

도면 출력을 위해 색상에 따라 선 두께를 선택한다. 예에서는 Color 1, 5, 6, 8번에 대하여 선 두께를 0.09 mm로 설정하였다.

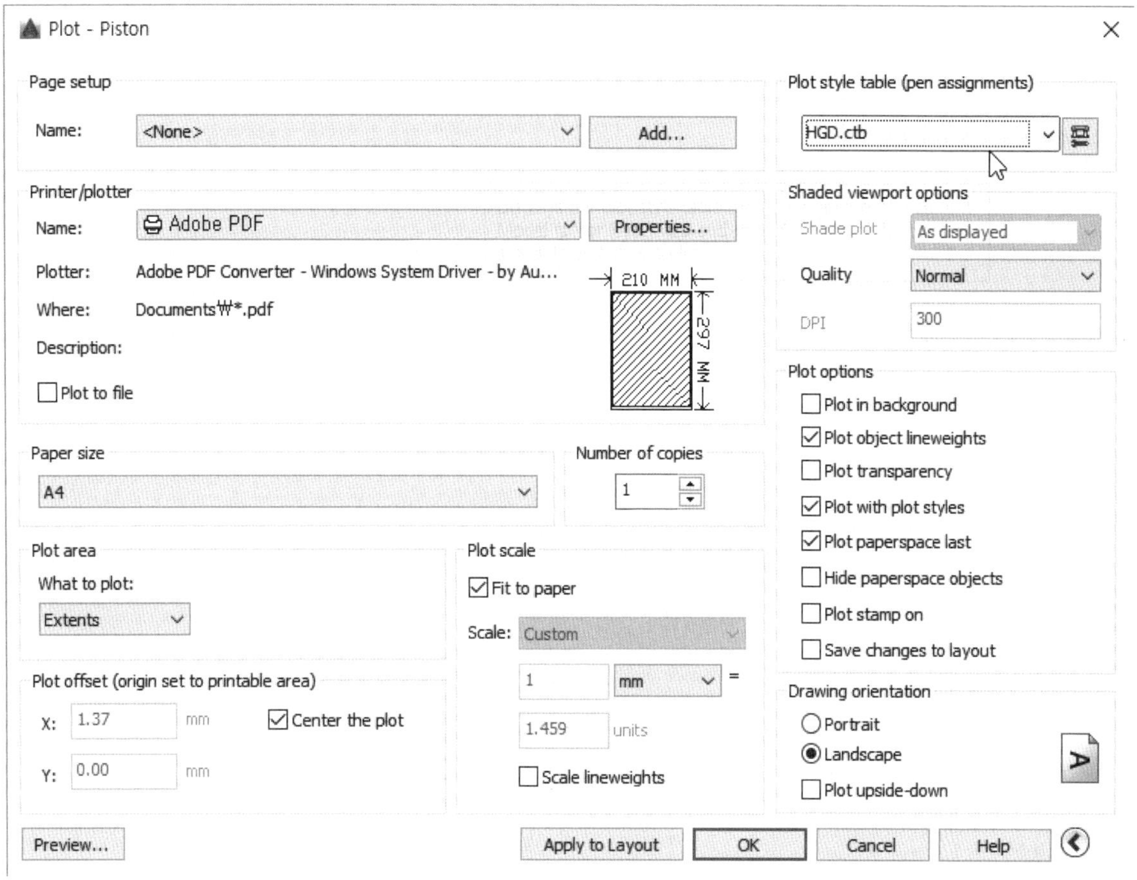


그림 6-24 Plot(출력) 화면에서의 새로운 출력 스타일을 이용한 출력



### 8) Drawing orientation(도면 방향)

도면의 출력 방향을 Portrait(세로), Lanscape(가로) 혹은 Plot upside-down(대칭으로 플롯)을 지정할 수 있다.

### 6.5.2 도면 출력

AutoCAD에서의 출력 기능은 단순한 화면의 내용을 출력하는 것 이외에 추가로 설계자에 의해 여러 형식으로 드러나게 해준다. 특히 출력 대상의 색상과 선 가중치 등을 조절하여 출력할 수 있으므로 수작업에 의한 제도 도면과 같이 선의 굵기와 형태로 표현할 수 있다. 그리고 설계 대상과 출력 대상의 비율을 조절하므로 써 제한된 영역의 종이 공간에 최적의 설계 정보를 포함할 수 있도록 할 수 있다.

#### 1) 종이 출력

비록 컴퓨터 기반의 CAD 시스템이 폭넓게 사용되고 있지만, 현실적으로 여러 이유에서 종이로 출력된 도면의 필요성이 유지되고 있다. 그 때문에 설계 도면을 정확하게 출력하기 위한 장치는 설계 도면의 신뢰성만큼 주요하다.

현재 도면의 출력 환경은 프린터로 출력할 수 있는 범위와 그 이상의 플로터에 의해 출력되는 범위로 구분되어 있다.

CAD 시스템이 보급되면서부터 플로터는 좌표 기반의 벡터 요소들을 갖춘 형상을 정확하게 출력하기 위한 장비로서 사용됐다. 그 때문에 AutoCAD를 비롯한 CAD 시스템에서 플로터는 가장 표준적인 장치로 자리 잡았다.



플로터는 프린터와 달리 출력 시작 기준점에서의 간격띄우기에 따른 오차가 없으므로 출력 용지에 정확한 크기와 위치로 출력할 수 있다. A0~A1  크기의 출력 용지를 지원하기 때문에 대형 프린터가 제공하지 못하는 크기의 도면을 출력할 수 있다. 설계 도면 출력을 위한 플로터는 초기에는 펜이나 연필을 사용하는 방식으로 많이 사용되었지만, 최근에는 잉크젯 방식이 주로 사용된다.

이러한 효용성에도 불구하고 플로터는 대부분 사용자에게 있어 일반적인 출력 목적으로 운용하기에는 높은 비용을 요구하고 있어서 여전히 도입에 부담이 많은 것이 사실이다.

플로터에 반해 프린터는 A3~A4 크기의 도면을 매우 효율적으로 출력할 수 있다는 점에 가장 보편적인 도면 출력 장치로 자리 잡고 있다. 프린터는 애초 도면 출력을 목적으로 개발된 장치가 아니므로 CAD 시스템의 출력 장치로는 부적합했다.

하지만 레이저 프린터와 잉크젯 프린터의 개발과 HP-GL 등과 같은 플로터 출력 언어를 지원하므로 써 높은 품질의 출력이 가능하게 되었다. 특히 선명한 선의 표현이 가능하므로 선의 굵기와 형태로 많은 정보를 나타내는 도면의 목적에 완벽하게 대응하고 있다.

그럼에도 대형 용지의 출력이 불가능하므로 프린터의 도면 출력 장치로서의 범위는 아직 한계가 명확하다고 볼 수 있다.

### 2) 파일 출력

최근 인터넷을 기반으로 한 정보 공유가 활발해지면서 출력된 종이 도면을 통한 정보 전달이 아닌 디지털 형태, 특히 공용 포맷 파일 형태로 공유하는 경우가 많다.

AutoCAD와 같은 CAD 시스템에서 생성된 파일을 직접 공유하는 때도 있지만 직접 수정이 필요치 않은 경우나 혹은 임의 수정을 방지하기 위한 용도로서 공용 포맷 파일의 효용성은 매우 크다고 할 수 있다.

특히 최근 출시되는 많은 애플리케이션이 PDF 포맷 등을 별도의 추가 기능이 아닌 자체 내장하므로써 비용적 부담이 크게 해소되었다고 할 수 있다.

하지만 도면의 특성으로 단순한 일반 문서 출력과 같이 진행되어 설계 정보가 명확하게 드러나지 못하는 예도 적지 않다는 점에서 종이 도면으로의 출력만큼 설계자가 주의해야 할 부분이기도 하다.

# chapter7 제품 설계 실습

AutoCAD 학습을 위한 제도 과정은 대부분은 형상과 치수 그리고 약간의 문자로 구성된 예를 많이 보게 되지만 실제 제도에는 훨씬 복잡한 경우를 많이 접하게 된다. 그러므로 설계 및 제도의 원활한 기술적 역량을 위해서는 다양한 공차 및 주석에 대한 이해와 구현을 할 수 있어야 한다.

앞서 전체적인 AutoCAD 설계 및 도면 생성 절차에 대한 연습 이후의 단계로서 형상이나 치수 이외에 여러 정보들이 포함된 제품의 부품도나 조립도 작성을 연습할 수 있도록 한다.

본 장의 상세 제도 실습에서는 밸브 제어에 사용되는 유압 액츄에이터에 대한 설계 도면 작성을 진행한다. 일반적으로 유압 액츄에이터는 유압을 이용하여 유체나 액체가 흐르는 배관에 흐름을 제어하기 위해 밸브의 개폐 하는 기계 장치의 하나로 사용 용도 및 환경에 따라 여러 형상과 기능으로 설계될 수 있다. 본 예의 액츄에이터는 본체, 내부의 피스톤과 어댑터 그리고 밸브 연결을 위한 플랜지로 구성되어 있다. 이를 기반으로 각 부품의 도면을 생성하고 최종적으로 결합한 조립도를 완성한다.

기능적으로 볼 때 본체와 피스톤 사이에 유체가 드나들면서 피스톤과 본체 면의 스크루에 의해 상하로 이동하고, 이에 따라 피스톤의 움직임에 의해 어댑터의 기어가 회전하므로 써 플랜지에 연결될 밸브 개폐 기구가 90도 범위에서 작동하게 된다. 도면 생성을 위한 새로운 도면 프레임을 생성하여 각 도면에 적용하며, 조립도에는 개별 부품이 하나의 도면에서 결합하고 각 부품을 하나의 도면에 모두 포함하는 부품도를 생성한다.

이상의 과정으로 제도, 설계 작업이 완료되지만, 실제 시제품 및 제품 양산을 위해서는 후속 설계 작업이 요구될 수 있다. 예의 본체가 절삭 가공이 아닌 주조 가공을 통하여 제조되는 경우는 실제 본체를 제조하기 위해서는 본체 도면을 참고하여 주형에 대한 설계 그리고 주조 과정에 대한 설계가 이어져야 한다. 또한, 내부의 피스톤, 어댑터 그리고 플랜지는 일반적으로 절삭 가공으로 제조할 때 도면 정보를 참고하여 선삭, 밀링 및 기어 가공을 위한 후속 조치가 요구된다.

제도 작업은 각 부품도와 조립에 사용하기 위한 도면 프레임을 템플릿으로 먼저 생성한다. 이어 개별 부품을 생성한 후 출력 레이아웃에 템플릿을 적용한다. 각 부품도를 완성한 후, 조립도와 통합 부품도를 작성하는 순서로 진행한다.

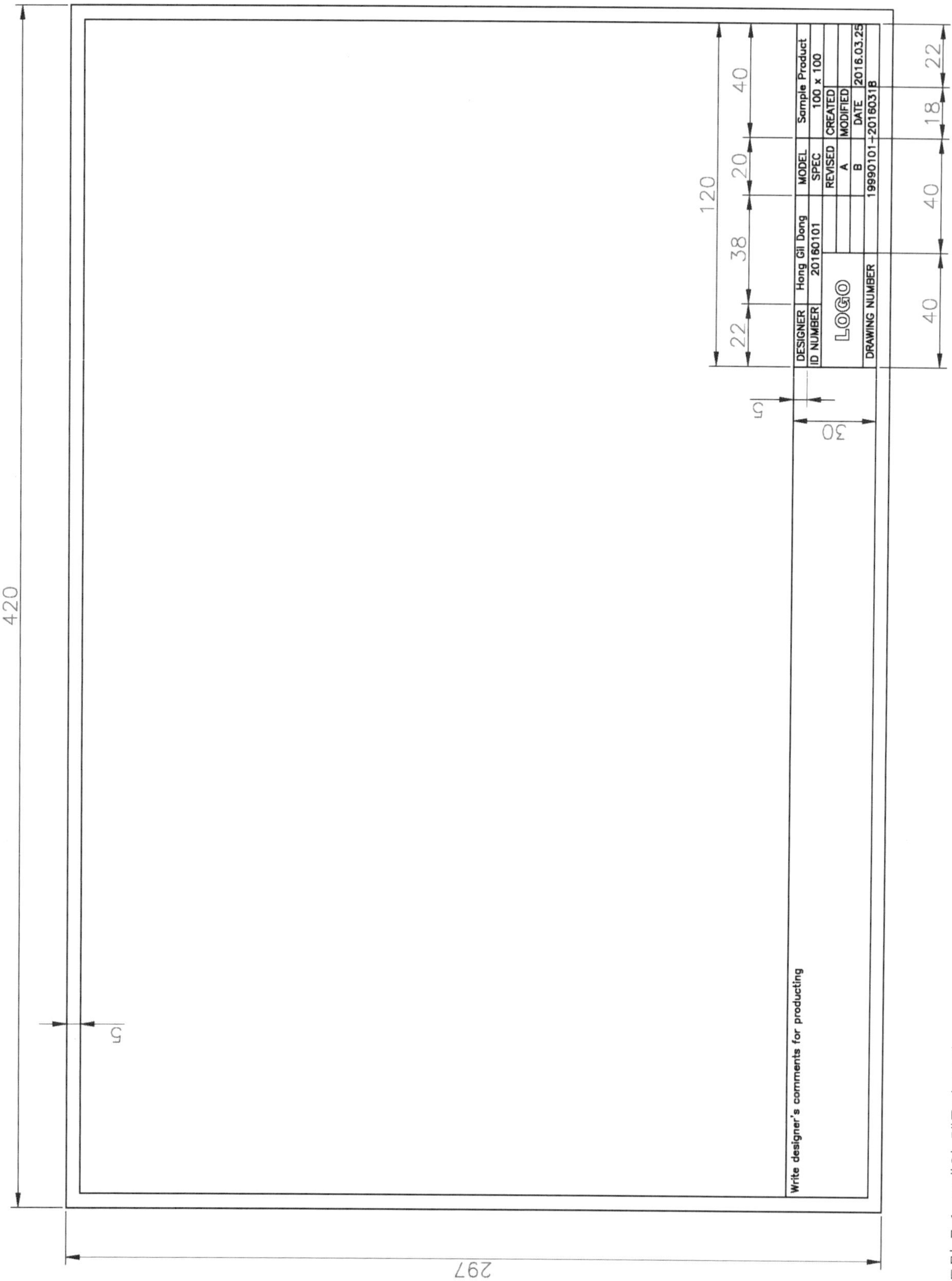


도면 7-1 프레임 템플릿 도면

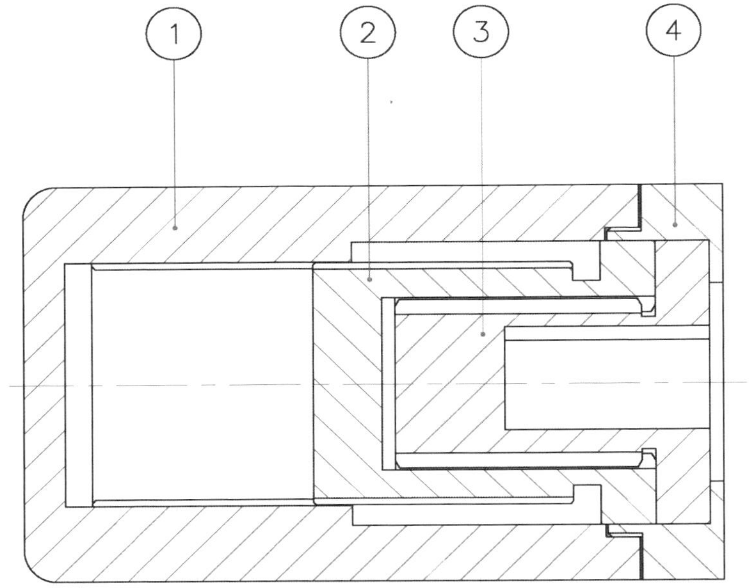


| 4 | Flange | – | 1 | |
|---|---|---|---|---|
| 3 | Adapter | – | 1 | |
| 2 | Piston | – | 1 | |
| 1 | Body | – | 1 | |
| 품번 | 품명 | 재질 | 수량 | 비고 |

| DESIGNER | Hong Gil Dong | MODEL | Assembly | |
|---|---|---|---|---|
| ID NUMBER | 20160101 | SPEC | 100 x 100 | |
| LOGO | | REVISED | CREATED | |
| | | A | MODIFIED | |
| | | B | DATE | 2016.03.25 |
| DRAWING NUMBER | 19990101–20160318 | | | |

Write designer's comments for producting

도면 7-2 액츄에이터 예제의 조립 도면

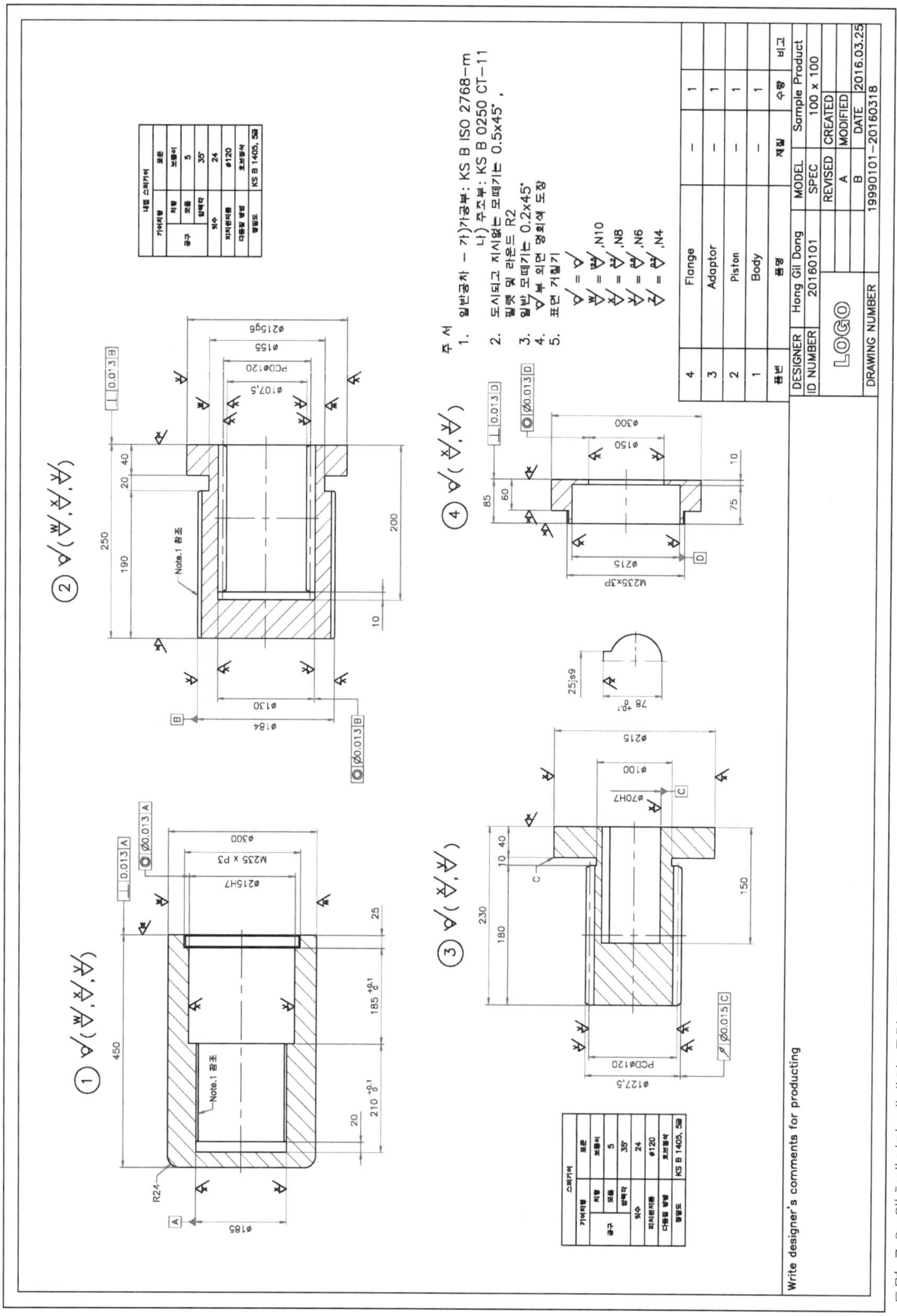


도면 7-3. 액츄에이터 예제의 통합 부품도면

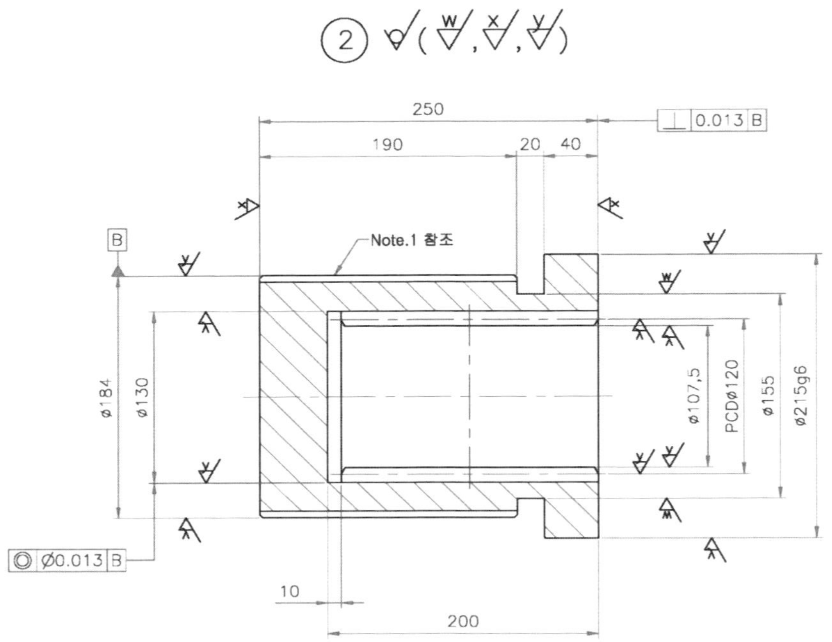


| 내접 스퍼기어 | | |
|---|---|---|
| 기어치형 | | 표준 |
| 공구 | 치형 | 보통이 |
| | 모듈 | 5 |
| | 압력각 | 35° |
| 잇수 | | 24 |
| 피치원지름 | | ø120 |
| 다듬질 방법 | | 호브절삭 |
| 정밀도 | | KS B 1405, 5급 |

주 서

1. 일반공차 – 가)가공부: KS B ISO 2768-m
   나) 주조부: KS B 0250 CT-11
2. 도시되고 지시없는 모떼기는 0.5x45°,
   필렛 및 라운드 R2
3. 일반 모떼기는 0.2x45°
4. 부 외면 명회색 도장
5. 표면 거칠기
   - = 
   - w = ,N10
   - x = ,N8
   - y = ,N6
   - z = ,N4

Write designer's comments for producting

| DESIGNER | Hong Gil Dong | MODEL | Piston |
|---|---|---|---|
| ID NUMBER | 20160101 | SPEC | 100 x 100 |
| LOGO | | REVISED | CREATED |
| | | A | MODIFIED |
| | | B | DATE 2016.03.25 |
| DRAWING NUMBER | 19990101-20160318 | | |

도면 7-4. 액츄에이터 예제의 피스톤 부품 도면

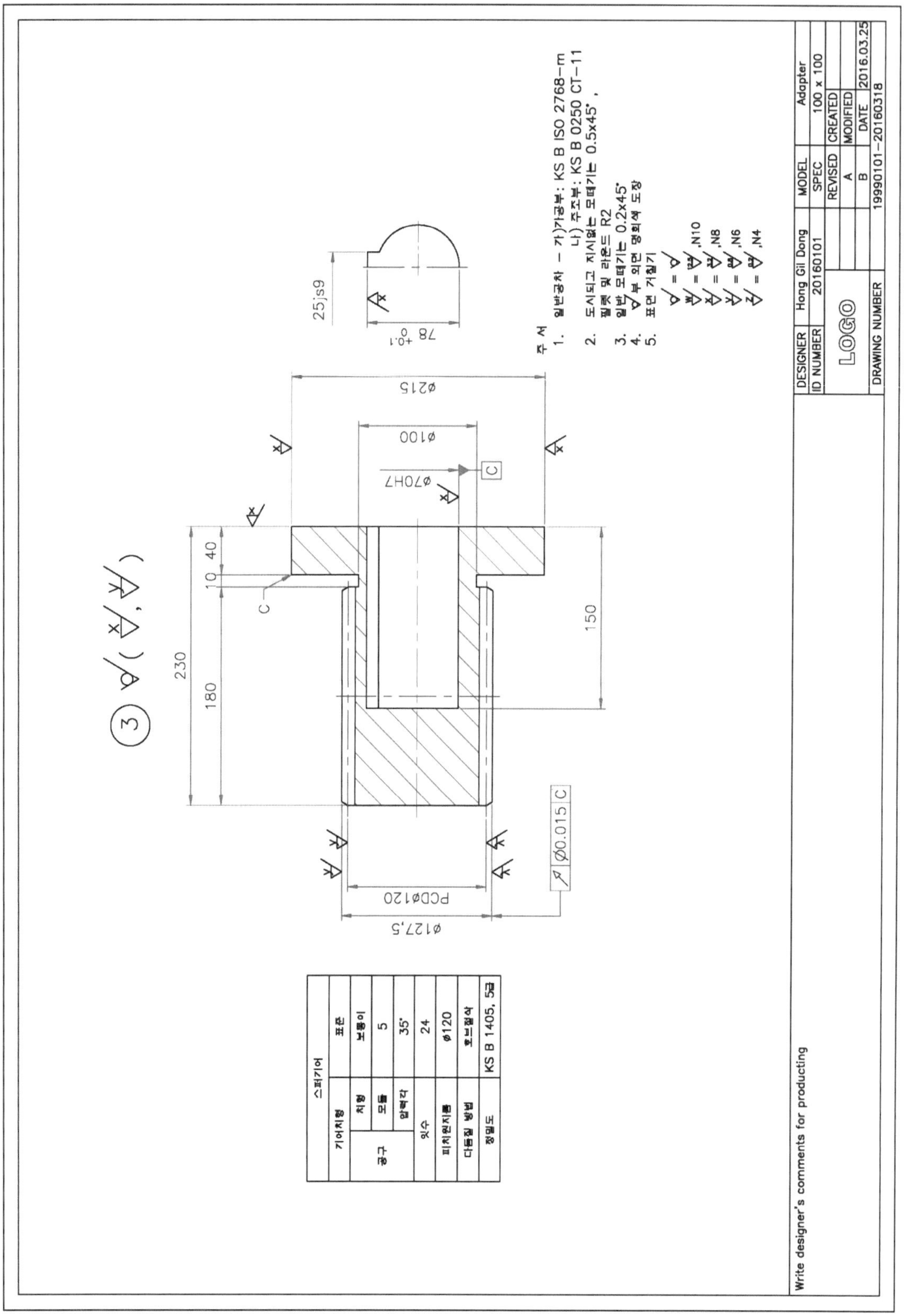


도면 7-5 액츄에이터 예제의 어댑터 부품 도면

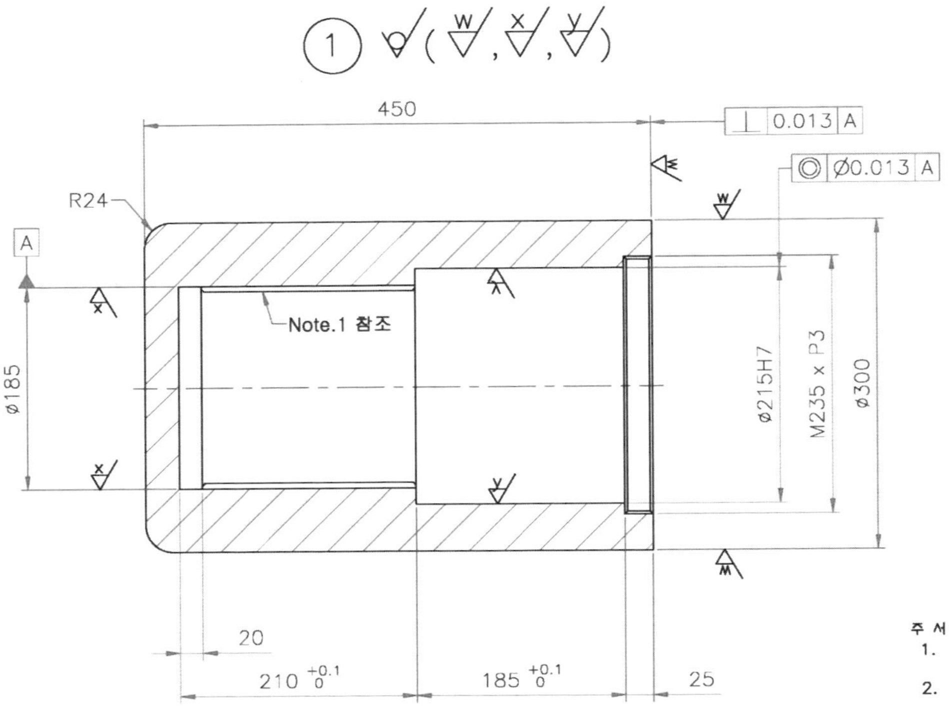


주 서

1. 일반공차 – 가)가공부: KS B ISO 2768–m
   나) 주조부: KS B 0250 CT–11
2. 도시되고 지시없는 모떼기는 0.5x45˚ ,
   필렛 및 라운드 R2
3. 일반 모떼기는 0.2x45˚
4. 부 외면 명회색 도장
5. 표면 거칠기
   - w = ,N10
   - x = ,N8
   - y = ,N6
   - z = ,N4

Write designer's comments for producting

| DESIGNER | Hong Gil Dong | MODEL | Body | |
|---|---|---|---|---|
| ID NUMBER | 20160101 | SPEC | 100 x 100 | |
| LOGO | | REVISED | CREATED | |
| | | A | MODIFIED | |
| | | B | DATE | 2016.03.25 |
| DRAWING NUMBER | 19990101–20160318 | | | |

도면 7-6. 액츄에이터 예제의 바디 부품 도면

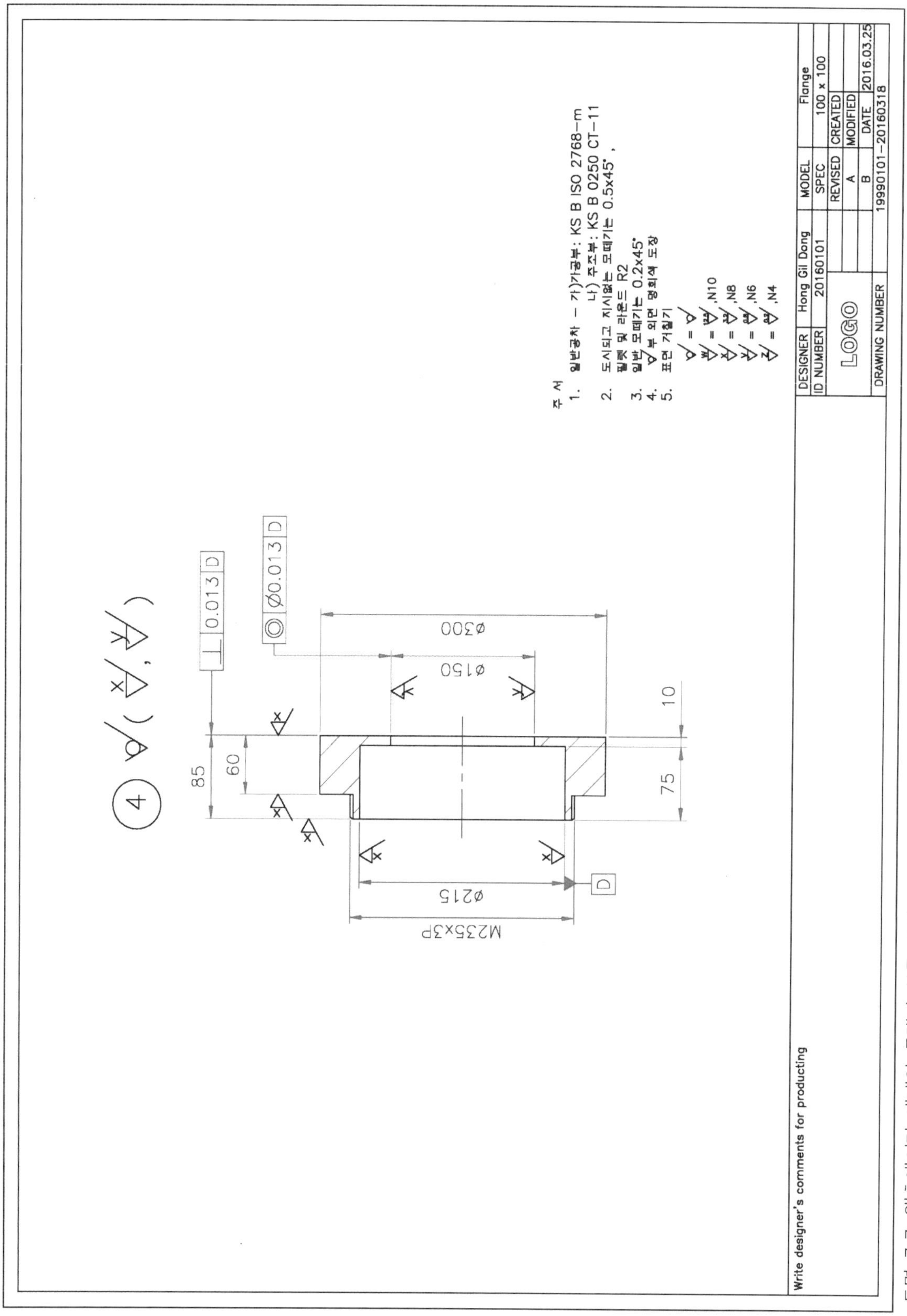


도면 7-7. 액츄에이터 플랜지 부품 도면

# 7.1 도면 프레임 템플릿 생성

본 절에서는 도면에서 제품과 설계 지원 등의 주요 정보를 기재하는 프레임을 작성하고 이후 도면 작업에서 레이아웃을 위한 템플릿으로 사용한다.

그림 7-1 도면 프레임의 생성을 위해 새로운 파일을 시작한다. 단위는 mm가 설정한다.

그림 7-2 새로운 도면층을 만들고 이름을 Template로 변경한다.

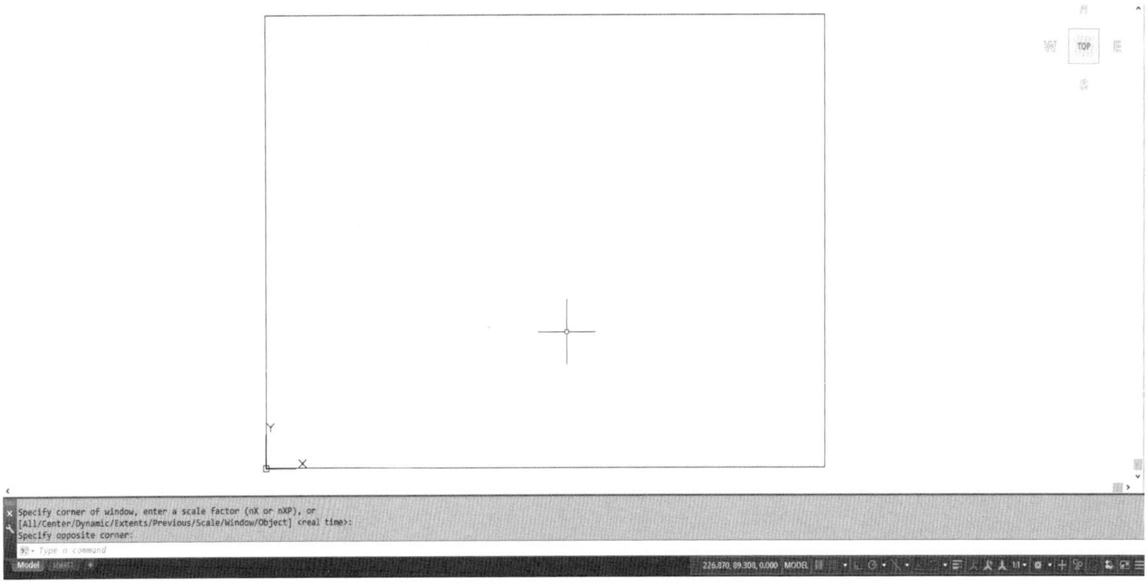


그림 7-3 Rectangle 명령을 사용하여 A3 용지에 대응하는 420 mm x 297 mm 크기의 사각형을 만든다. 참고로 A4 용지의 크기는 297 mm x 210 mm이다.



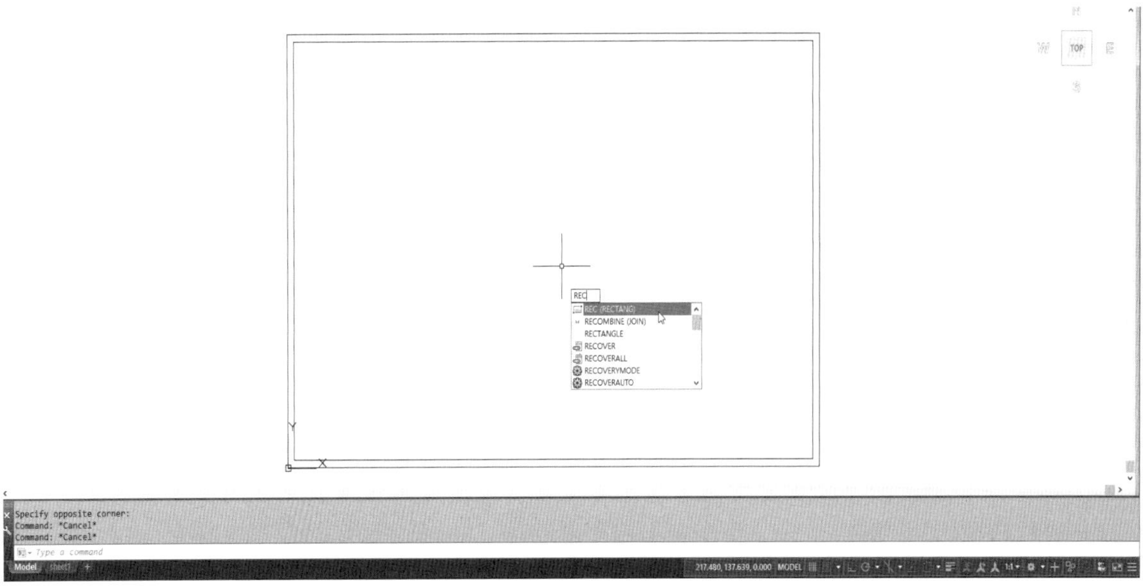


그림 7-4 용지 크기의 사각형을 완성 후 Offset 명령을 사용하여 5 mm 간격의 내부 사각형을 만든다.

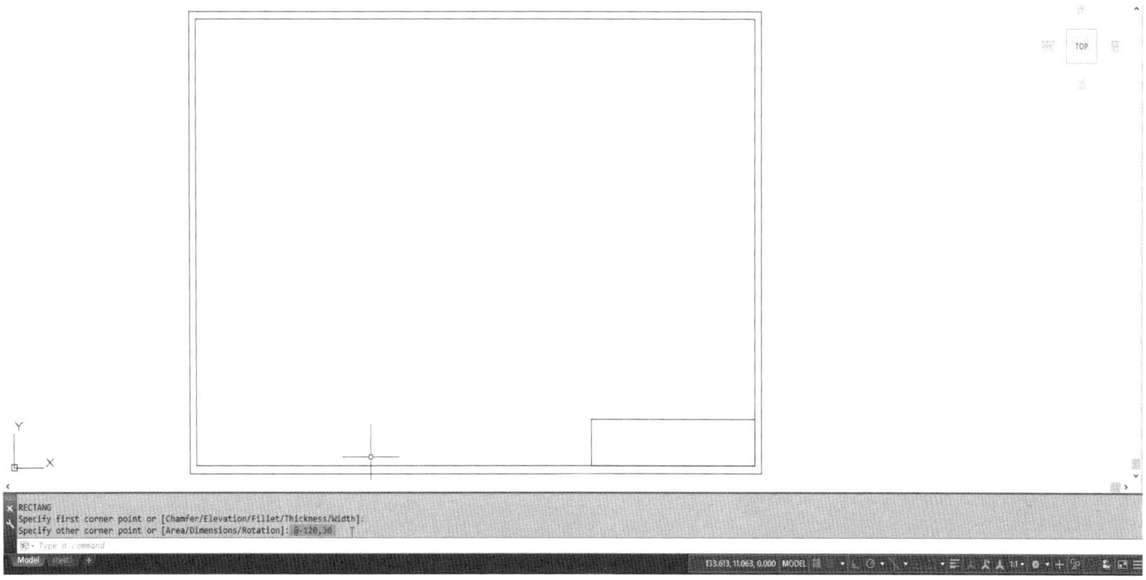


그림 7-5 표제란으로 사용하기 위해 120 mm x 30 mm 크기의 직사각형을 생성한다. 내부 사각형의 오른쪽 아래 끝점을 선택 후 @-120,30 입력한다.



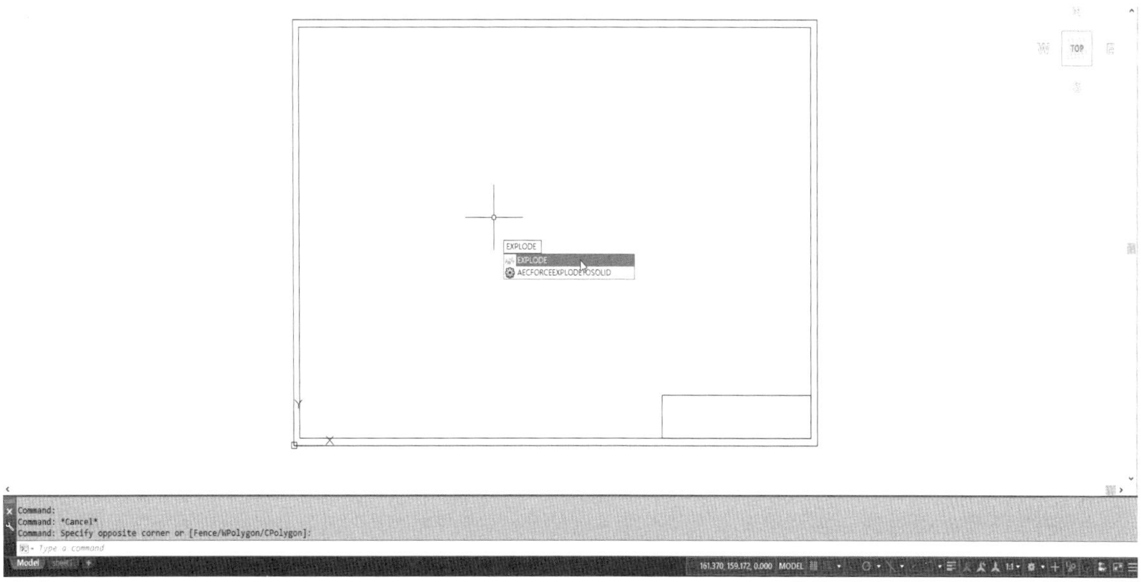


그림 7-6 Offset 명령을 사용하기 위해 표제란을 Explode 명령으로 개별 요소로 분해한다

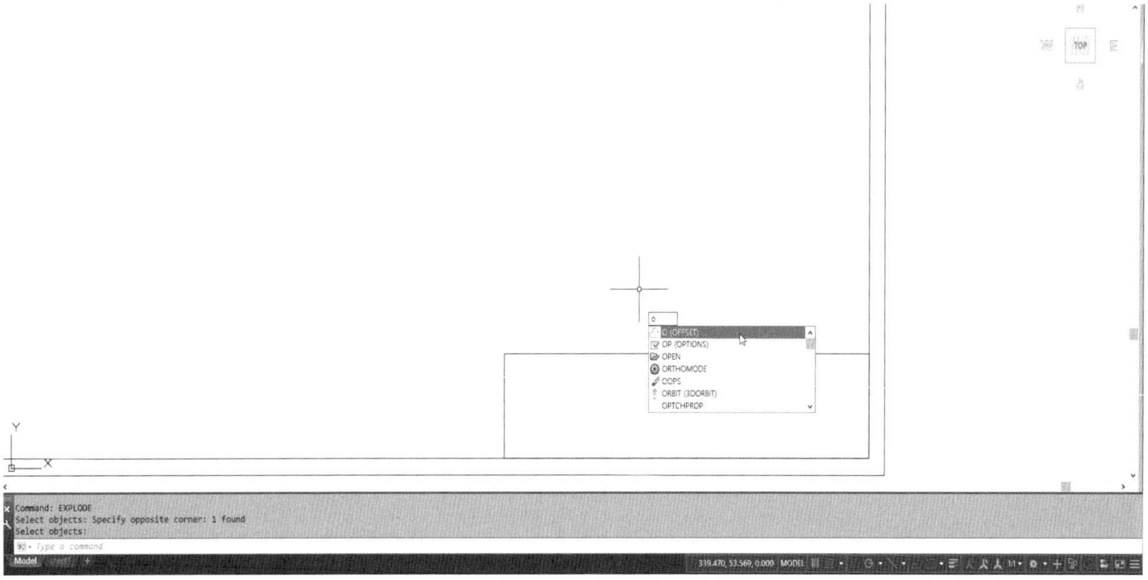

그림 7-7 분해된 표제란의 수평선과 수직선을 Offset 명령을 사용하여 표제란 내부의 셀을 구성한다.



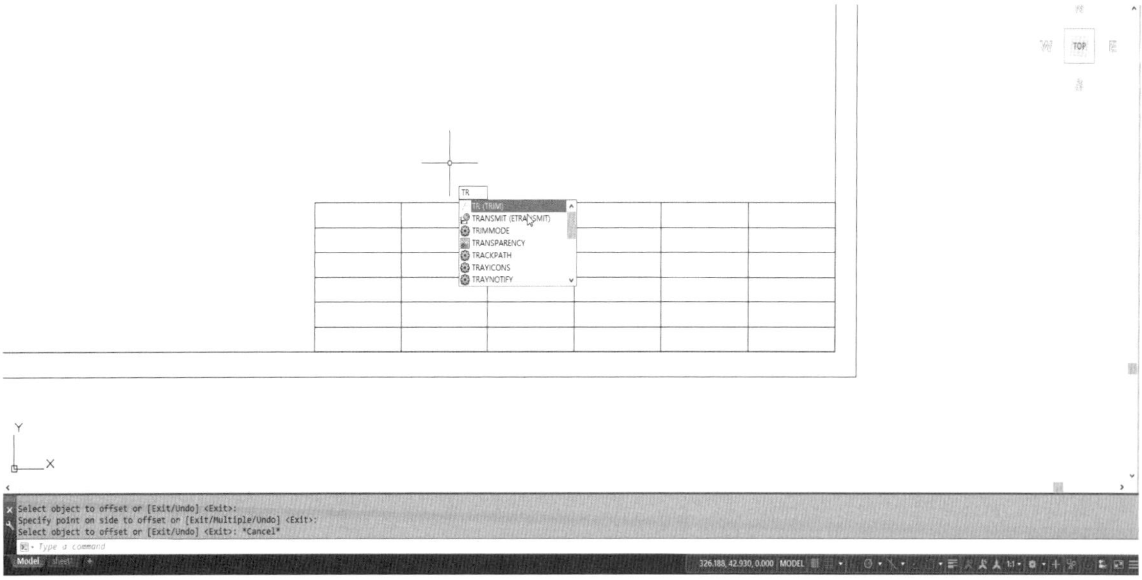

그림 7-8 원하는 크기의 셀을 구성한 후 Trim 명령을 사용하여 불필요한 선을 정리한다.

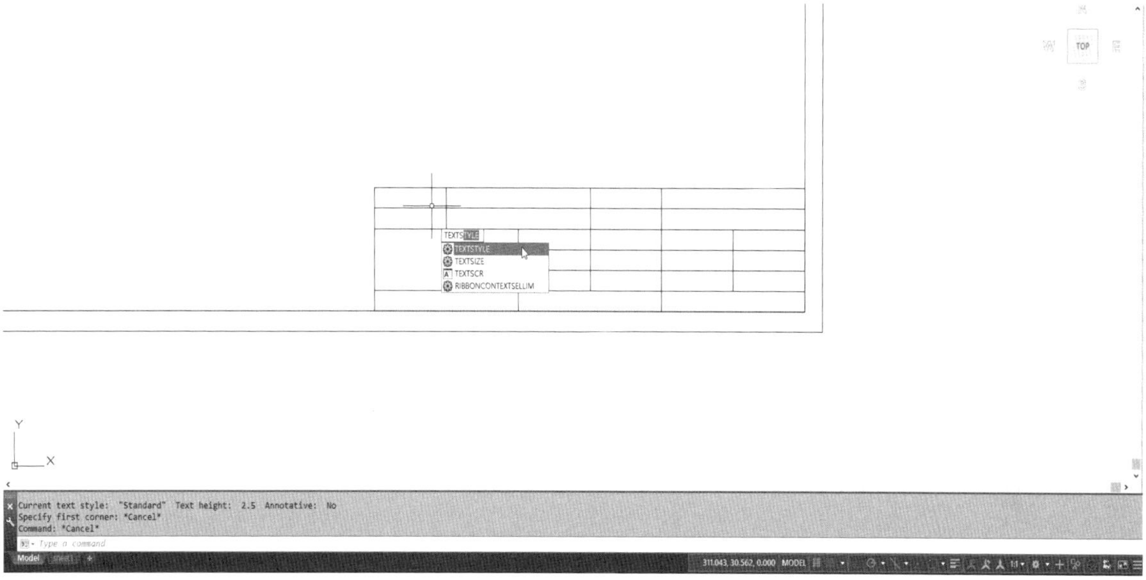


그림 7-9 Style 명령을 사용하여 표제란 제목에 사용할 문자를 원하는 형식으로 지정한다.



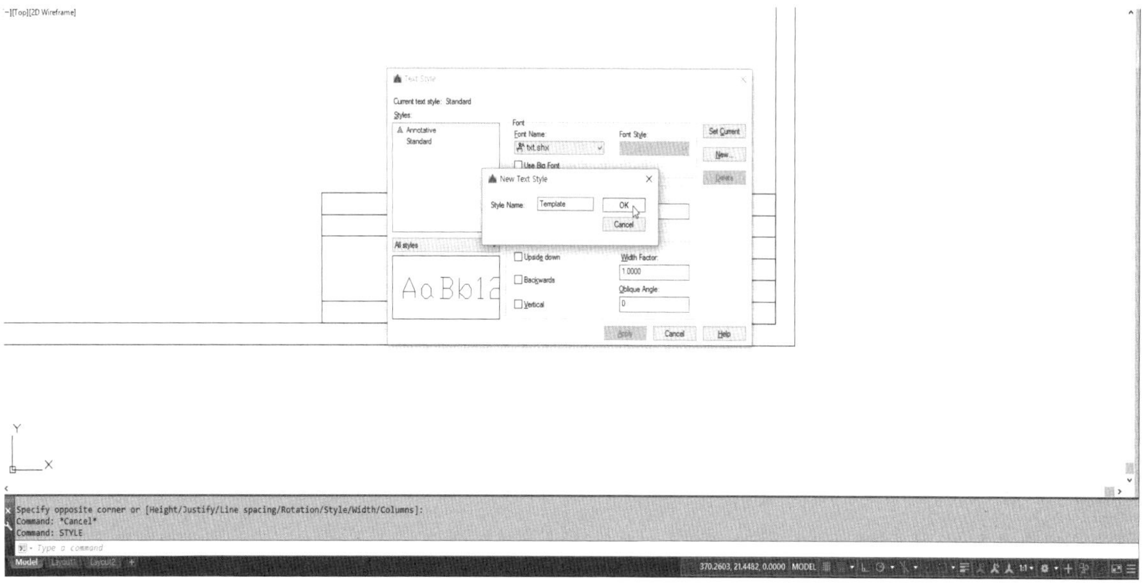


그림 7-10 표제란에 사용하기 위해 Template라는 이름으로 새로운 Text Style(문자 스타일)을 생성한다.

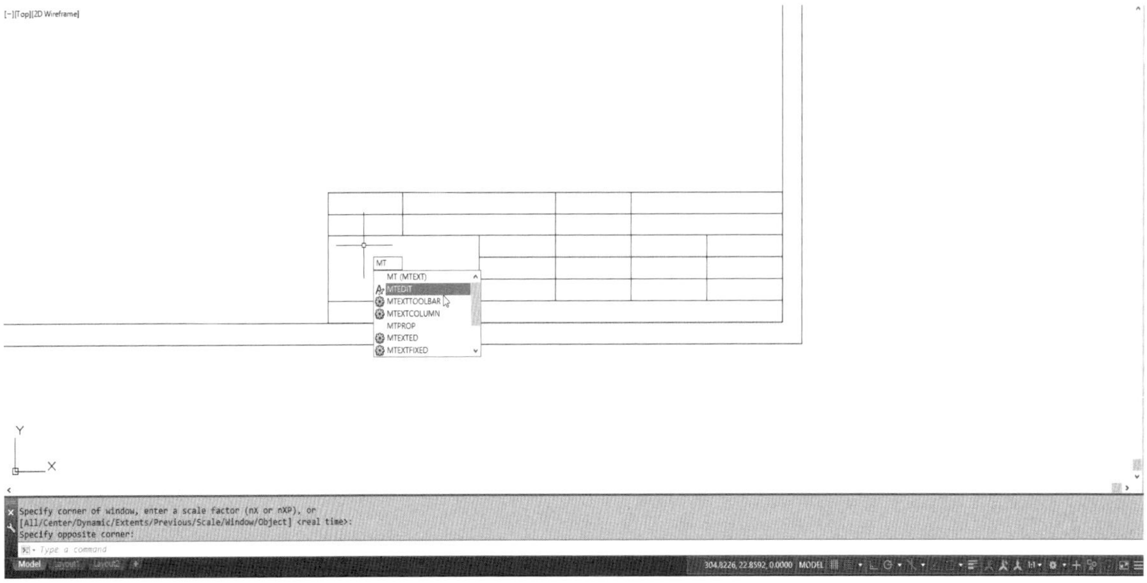

그림 7-11 Mtext 명령을 사용하여 표제란에 제목 문자를 기재한다.



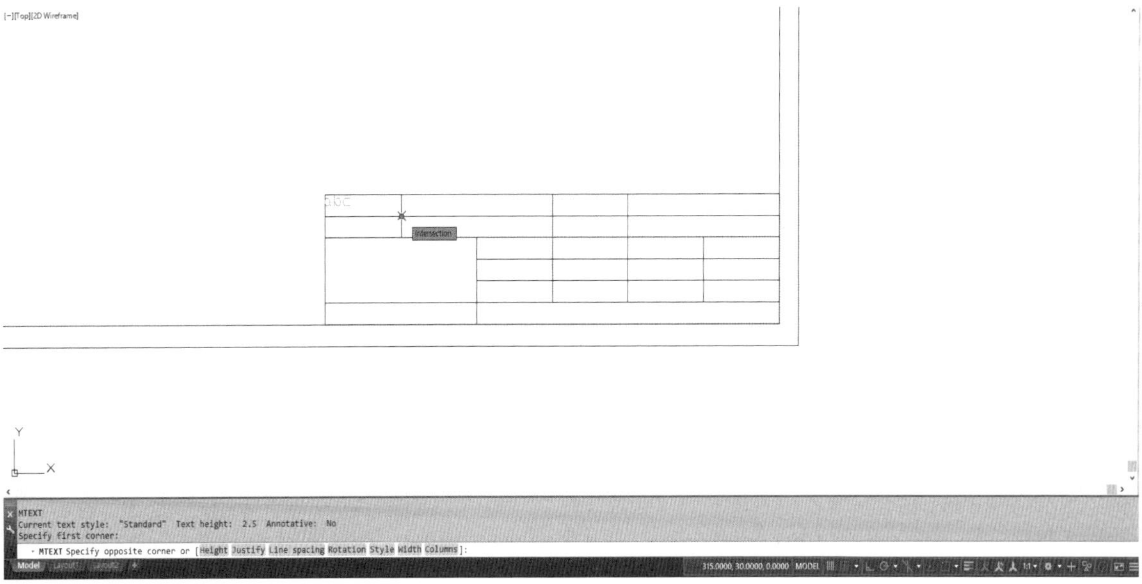

그림 7-12 마우스를 이용하여 문자를 표제란 칸에 맞는 크기로 드래그한다.

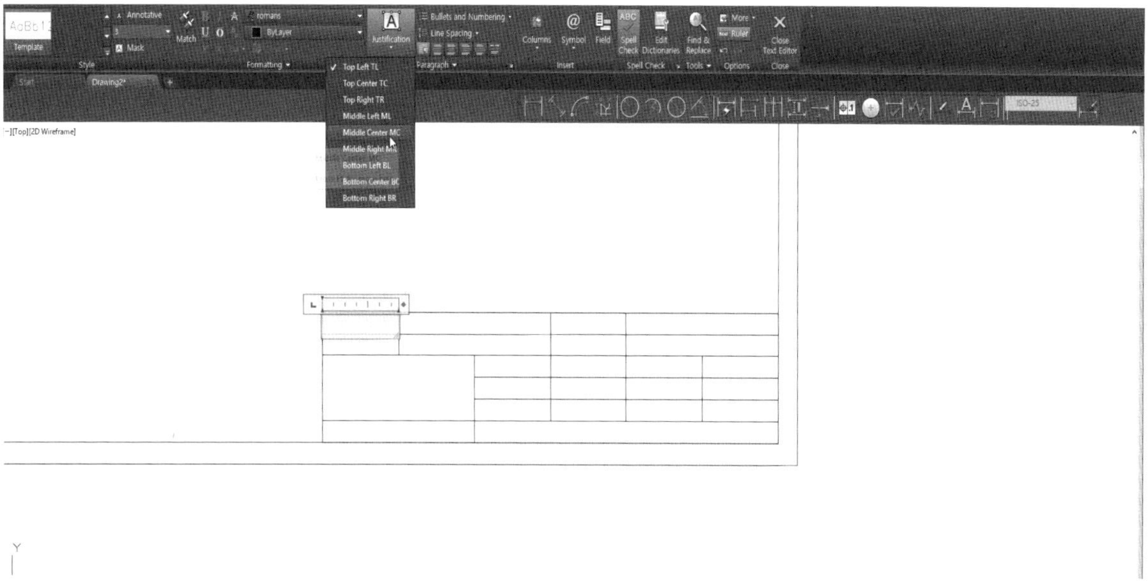

그림 7-13 표제란 크기 내의 문자 크기와 위치를 지정한다. 예에서는 문자 크기는 3, 문자 위치는 Middle Center를 선택한다.



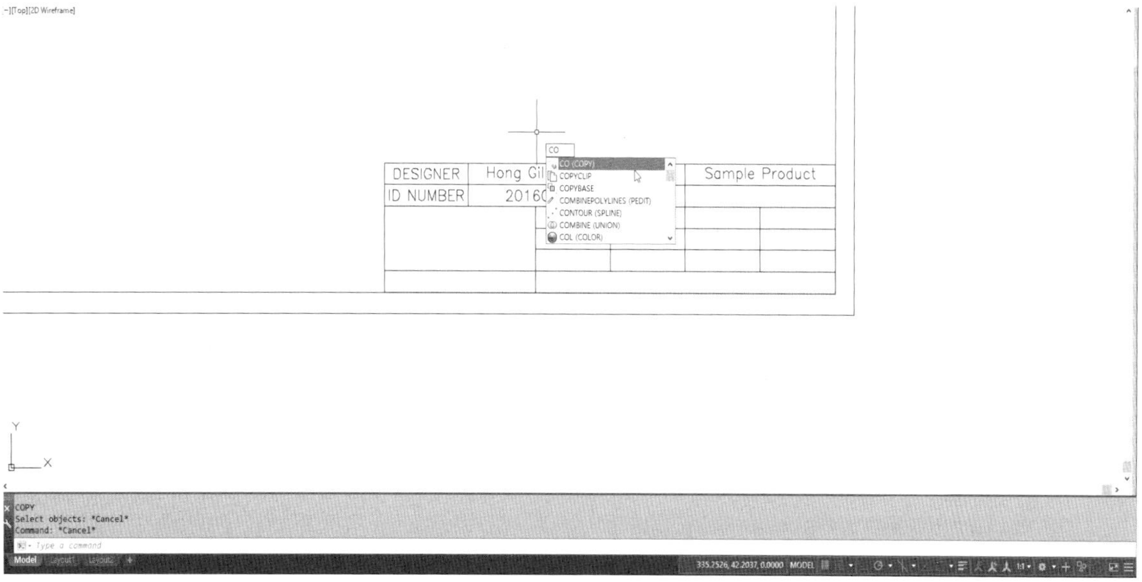

그림 7-14 표제란의 제목과 임시내용을 입력한다. 입력된 내용을 다른 항목으로 복사하여 사용할 수 있도록 한다.

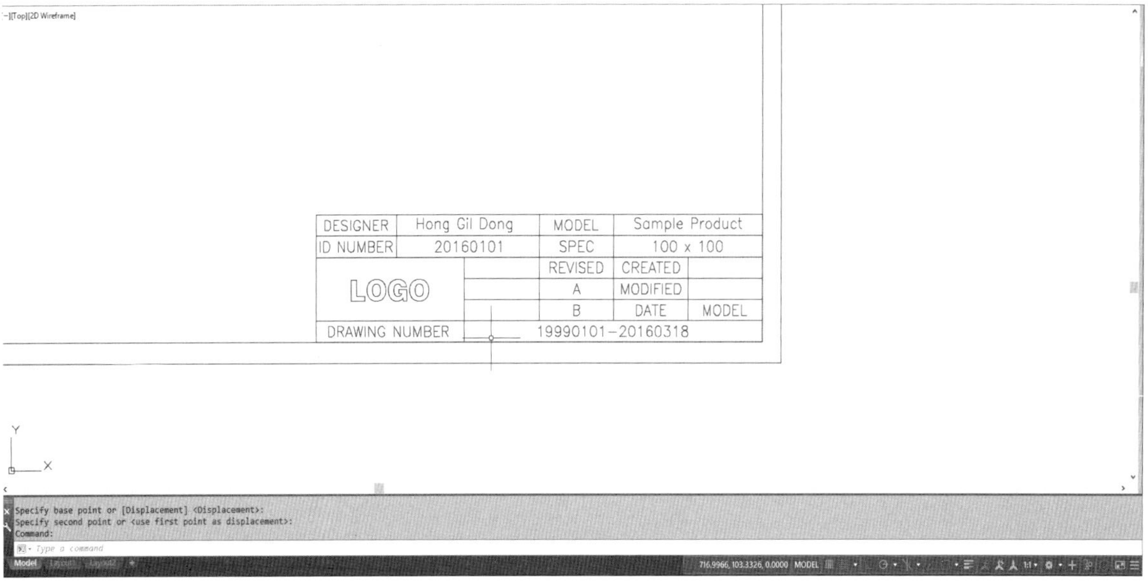




그림 7-15 예와 같이 원하는 글꼴과 크기를 사용하여 표제란 구성을 완료한다.

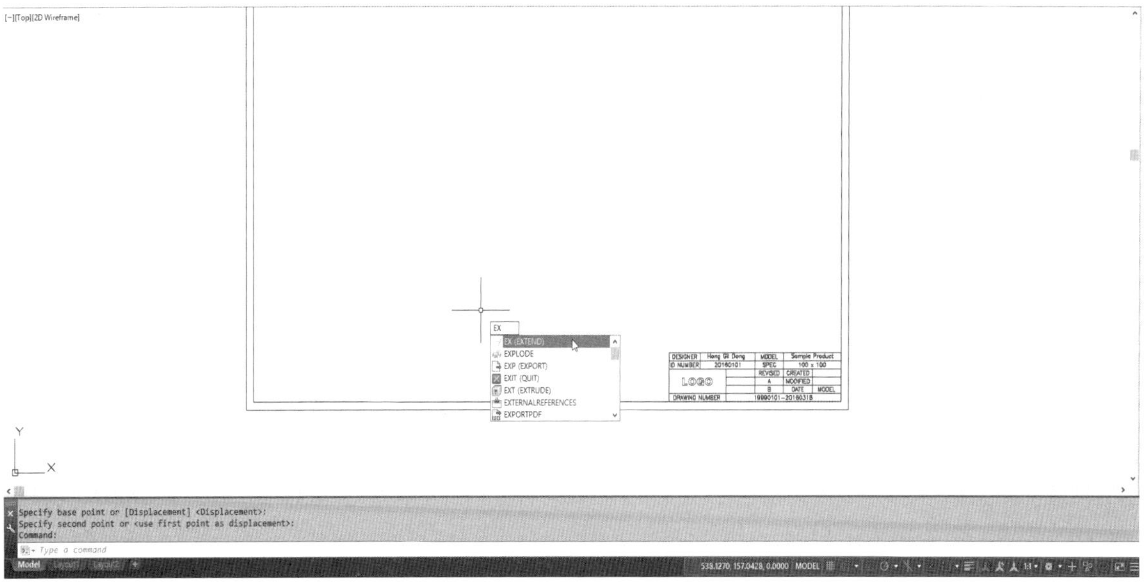


그림 7-16 프레임 하단에 별도 정보를 적기 위한 영역을 만들기 위해 Extend 명령을 사용하여 표제란의 상부선을 외곽선까지 연장한다.

그림 7-17 Mtext 명령을 사용하여 연장된 선 아래 영역에 설계자의 공지를 적기 위한 영역으로 표시한다.



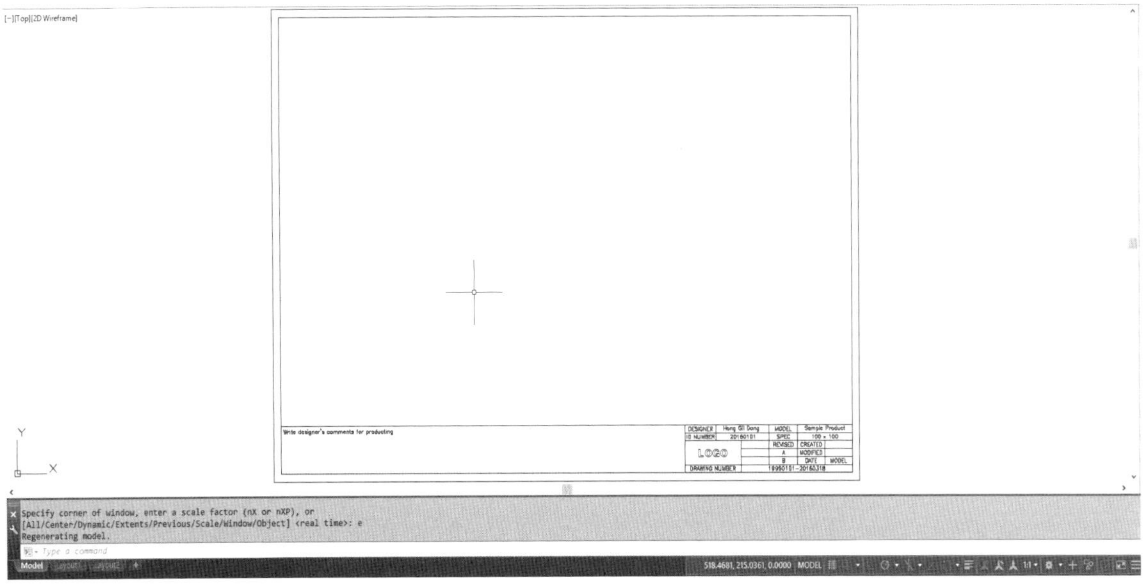

그림 7-18 완성된 도면 프레임 파일을 저장한다. 완성된 도면을 블록 파일로 저장하거나 템플릿 파일로 저장하여 다른 작업 파일에서 사용할 수 있도록 한다.

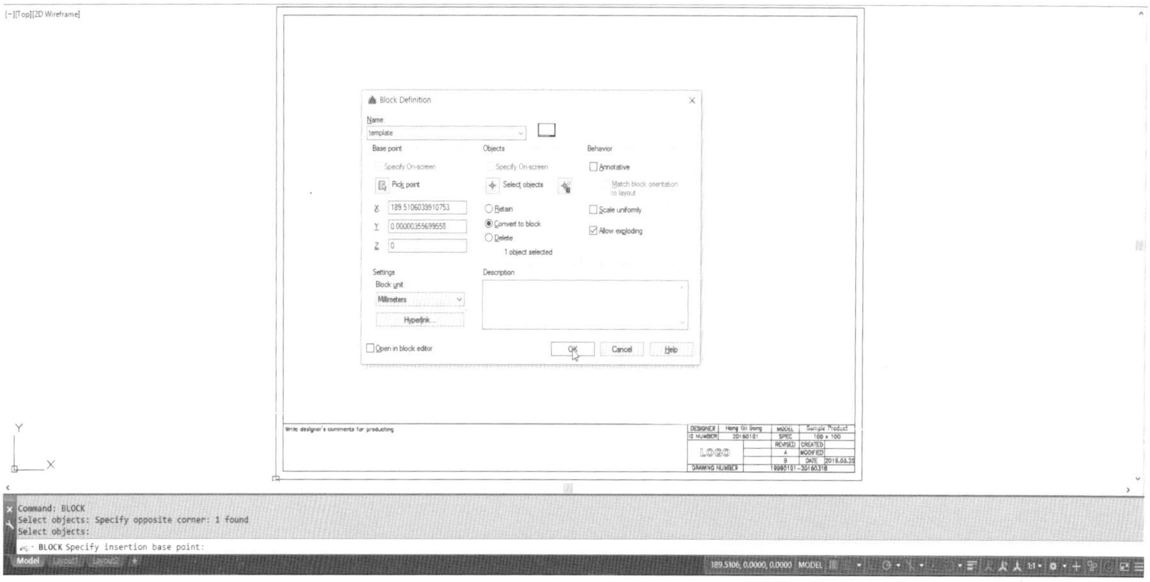


그림 7-19 블록 생성 명령을 사용하여 도면 전체와 기준점을 선택한 후 블록 이름을 Template로 지정한다.



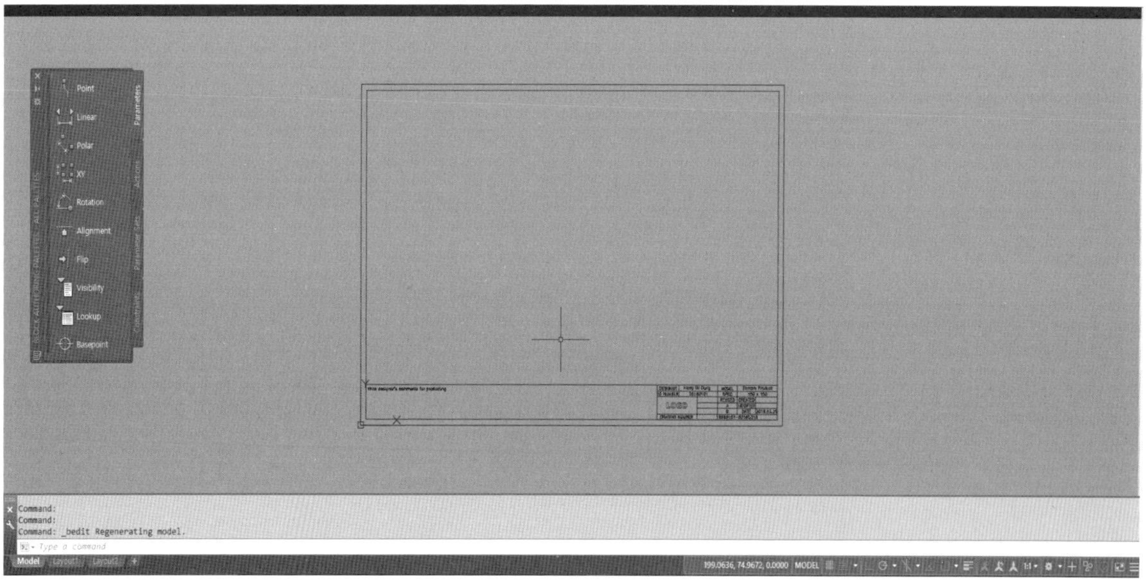


그림 7-20 블록으로 생성한 후 블록 내용을 수정하기 위해 프레임 형상을 더블 클릭하면 Block Editor로 전환되어 저장된 내용을 수정할 수 있다.

만일 더블 클릭으로 전환되지 않을 때는 더블 클릭 수정 활성화를 위해 'pickfirst' 옵션을 실행하여 변수를 1로 변경한다.

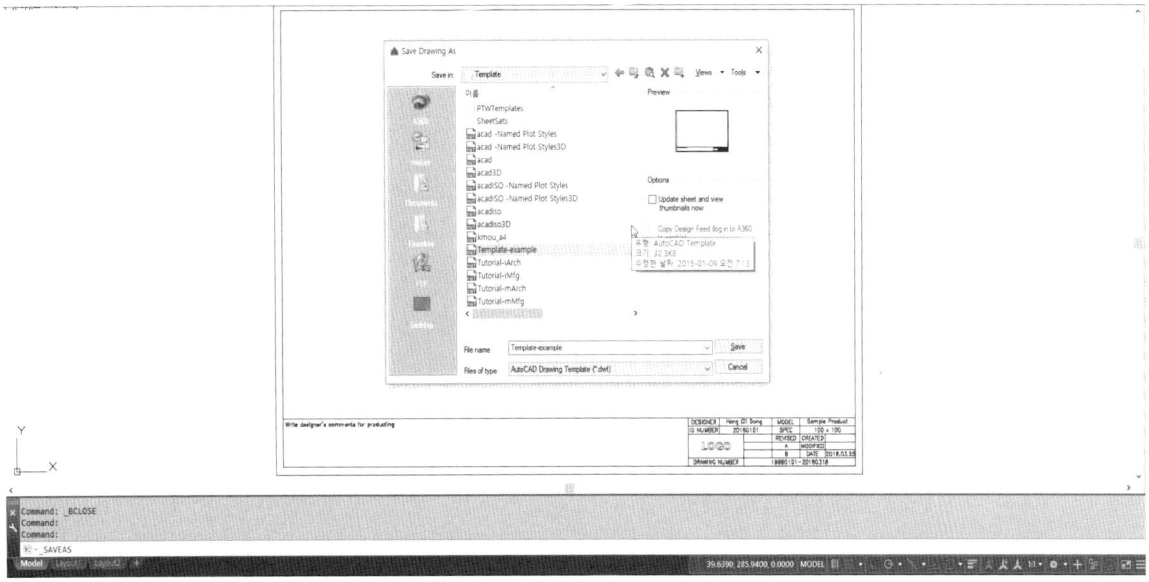

그림 7-21 템플릿 파일로써 사용할 예정이기 때문에 저장 위치를 정확하게 지정하거나 작업 폴더에 저장한다.



도면에 블록으로 삽입하여 사용할 경우 블록 위치에 대한 경로 설정이 매우 중요하다.

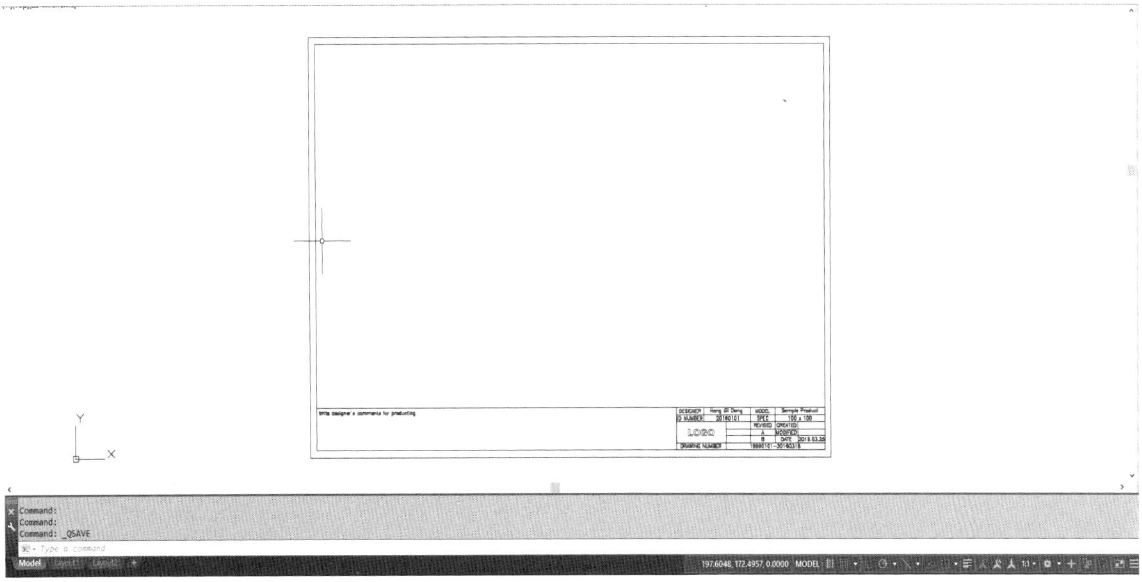

그림 7-22 형상 모델링 환경에서의 도면 프레임 작업 과정을 완료한다.

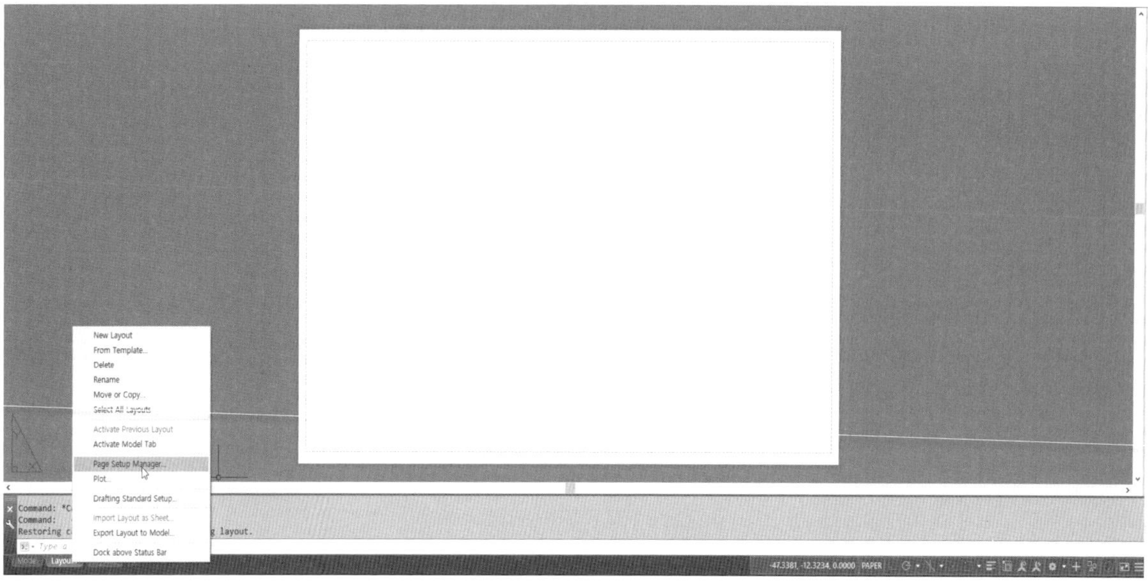


그림 7-23 현재 Layout 탭을 도면 프레임 크기와 맞게 설정하기 위해 Layout 탭에서 [RIGHT]을 사용하여 Page Setup Manager를 실행한다.



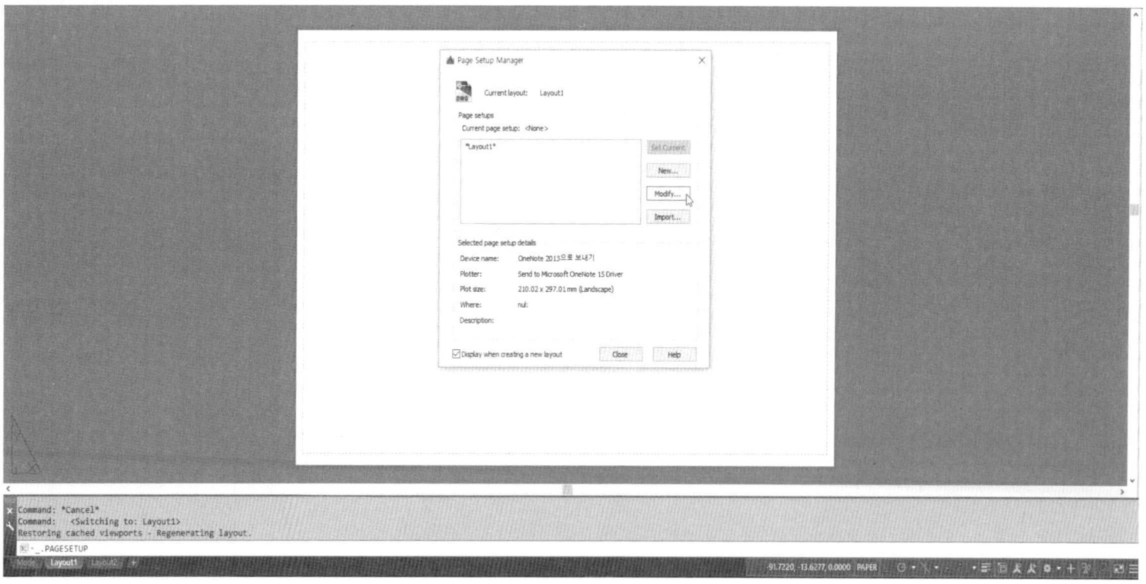


그림 7-24 Page setup manager의 Modify 환경으로 전환한다.

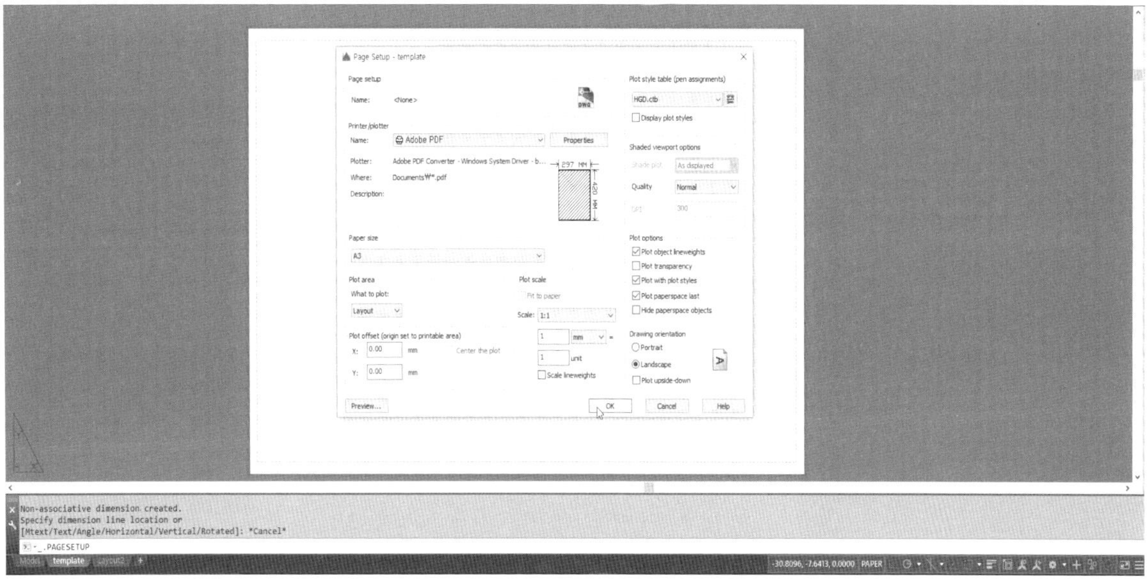

그림 7-25 Page Setup 화면이 열리면 Plot style Table과 출력 용지를 A3로 조정한다. 본 예에서는 출력장치를 PDF 출력으로 지정하고 설정한다.



### 도면 템플릿 적용

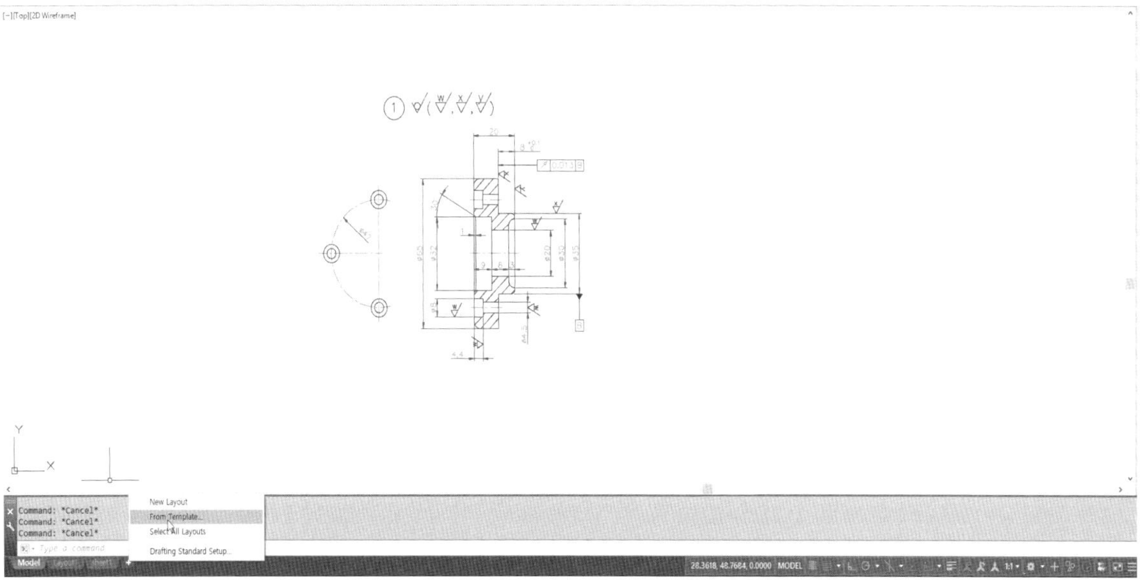

그림 7-26 임의 작업 도면의 레이아웃 모드에서 하단부 Layout 탭에서 [RIGHT]을 클릭하여 From Template를 선택한다.

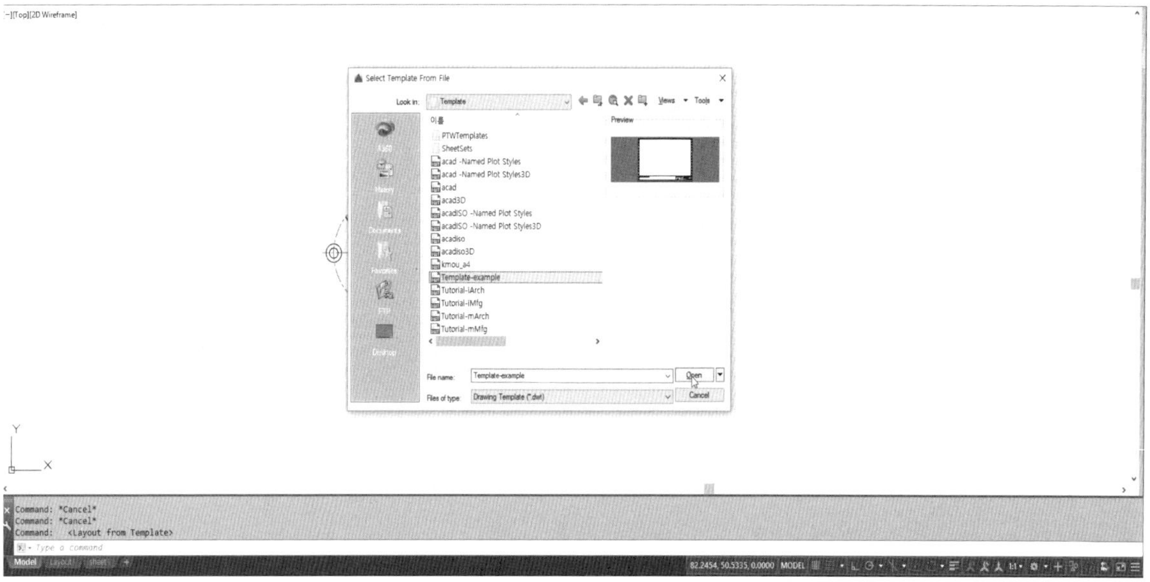


그림 7-27 저장한 도면 프레임 Template-example.dwt를 호출하여 레이아웃에 배치한다.



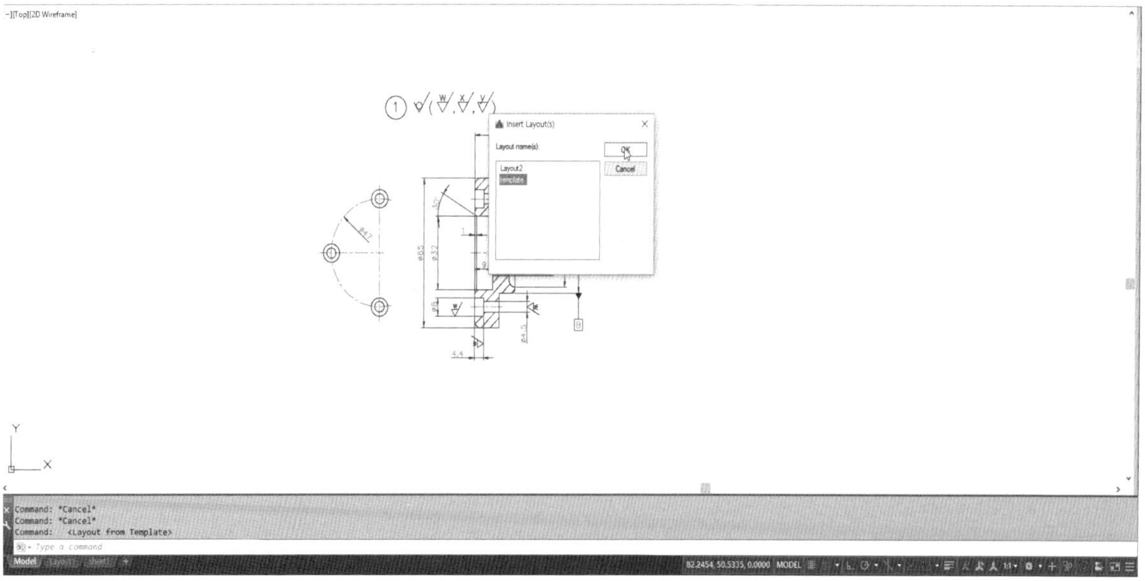


그림 7-28 Insert Layout 화면에 Template를 선택한 후 예와 같이 도면 프레임을 호출하여 배치한다.

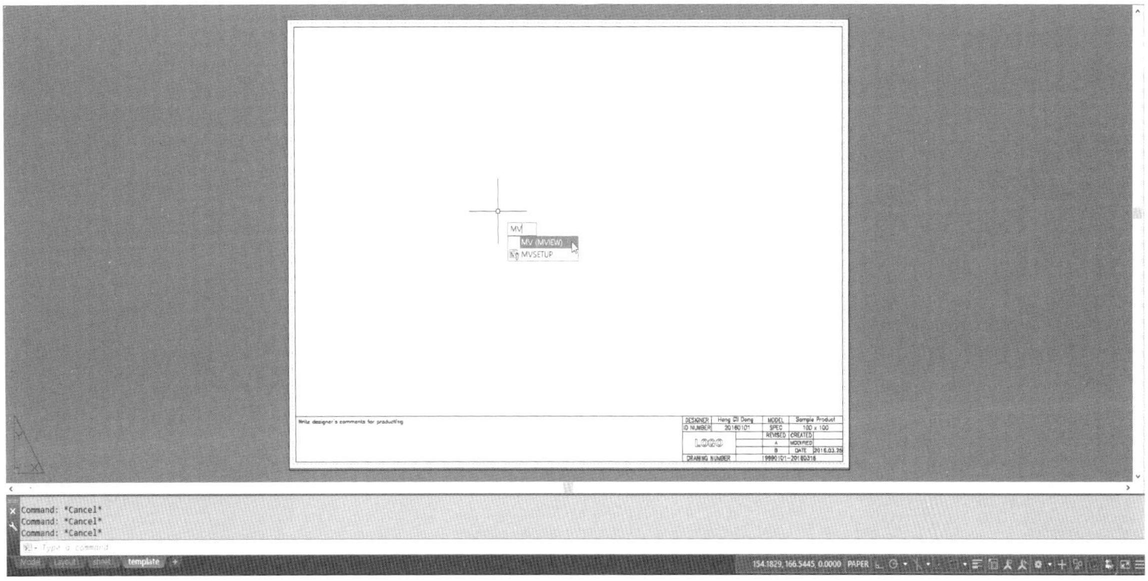


그림 7-29 배치된 도면에 앞서 그렸던 도면을 나타내기 위해 Mview 명령을 사용하여 내부 프레임 상단 좌측 모서리에서 오른쪽 아래 표제란 상부 모서리를 선택하여 영역을 확보한다.



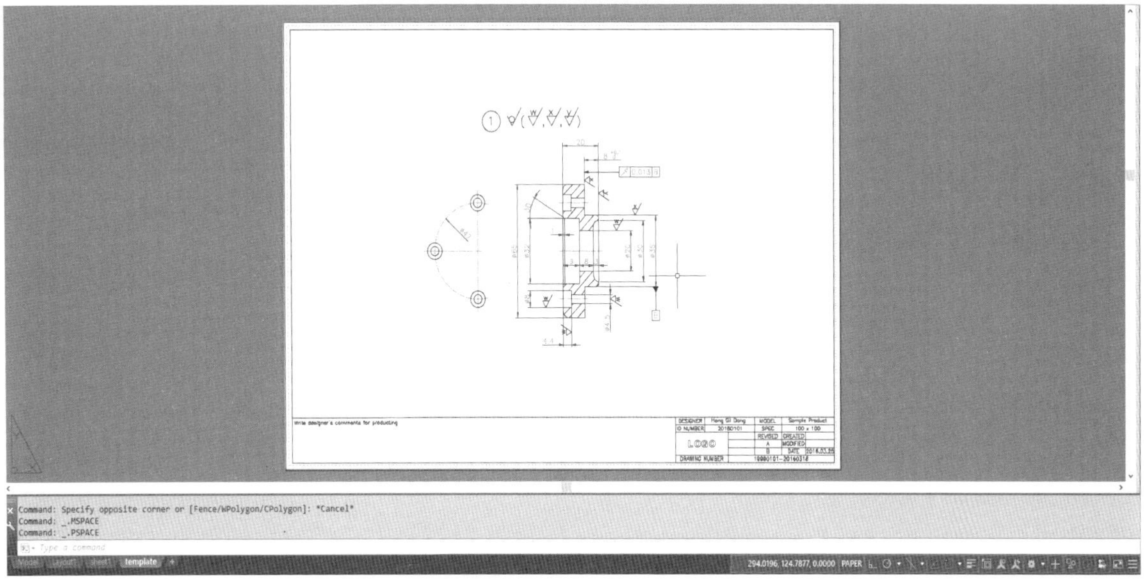


그림 7-30 선택한 내부 영역에 Model 탭에서 작업한 도면을 배치할 수 있다. 적절한 크기와 위치를 조절해서 완성한다. 배치 완료 후 프레임 외부 영역 더블클릭 또는 PS(Pspace) 명령으로 내부 영역을 빠져나온다.

## 7.2 피스톤 도면 생성

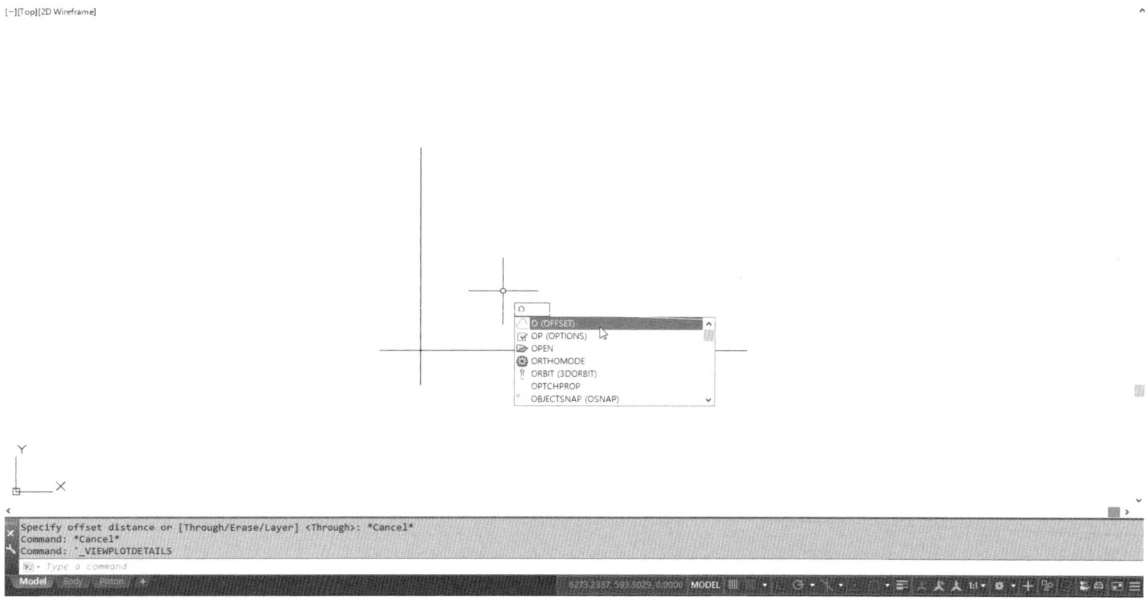

그림 7-31 새로운 파일 작업을 시작한 후, Line 명령을 사용하여 형상 모델링을 기준선을 생성하고 Offset 명령을 사용하여 형상 외부를 그리기 위한 기초 작업을 진행한다.

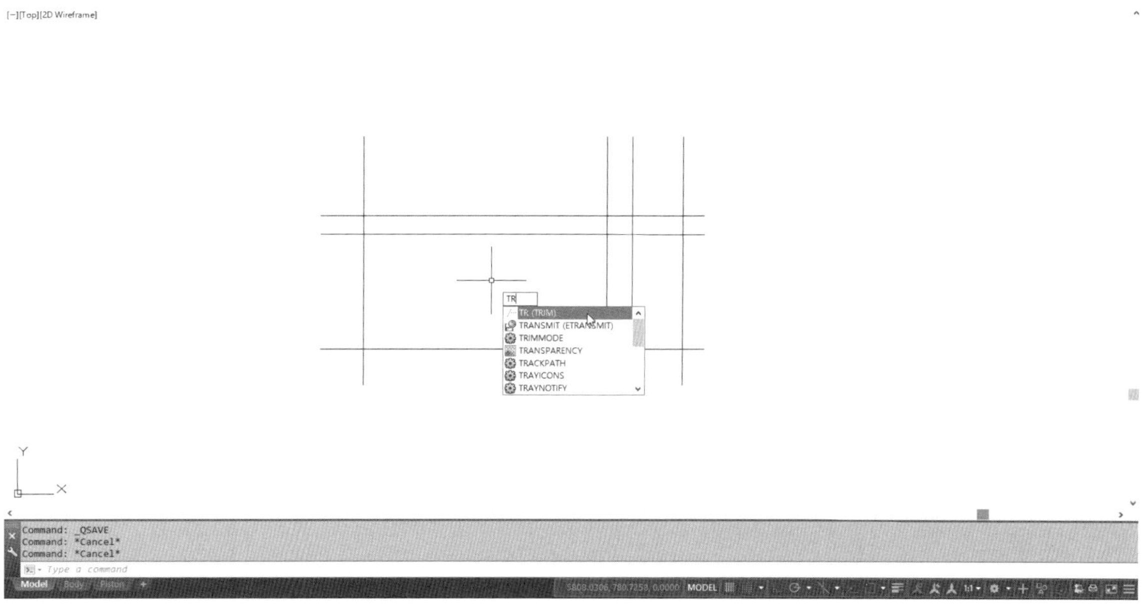

그림 7-32 Trim 명령을 사용하여 형상 외부 표현에 불필요한 선을 정리한다.

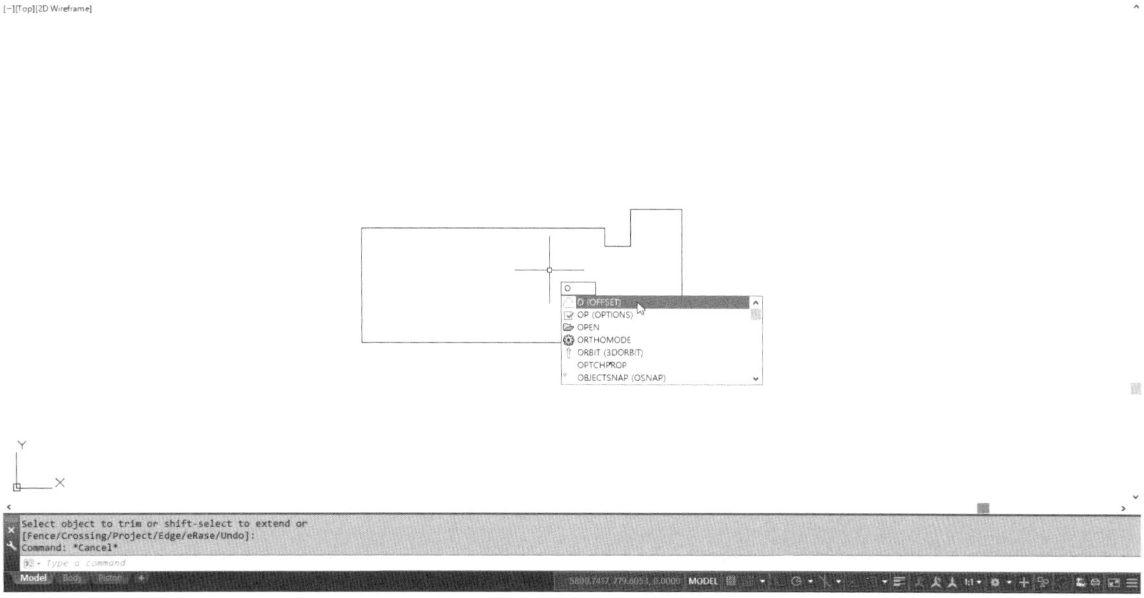


7-33 외부 형상을 완료한 후 외형 나사를 표현하기 위해 Offset 명령을 나사 부분을 그리고 Line 명령의 극좌표를 사용하여 사선을 그린다.

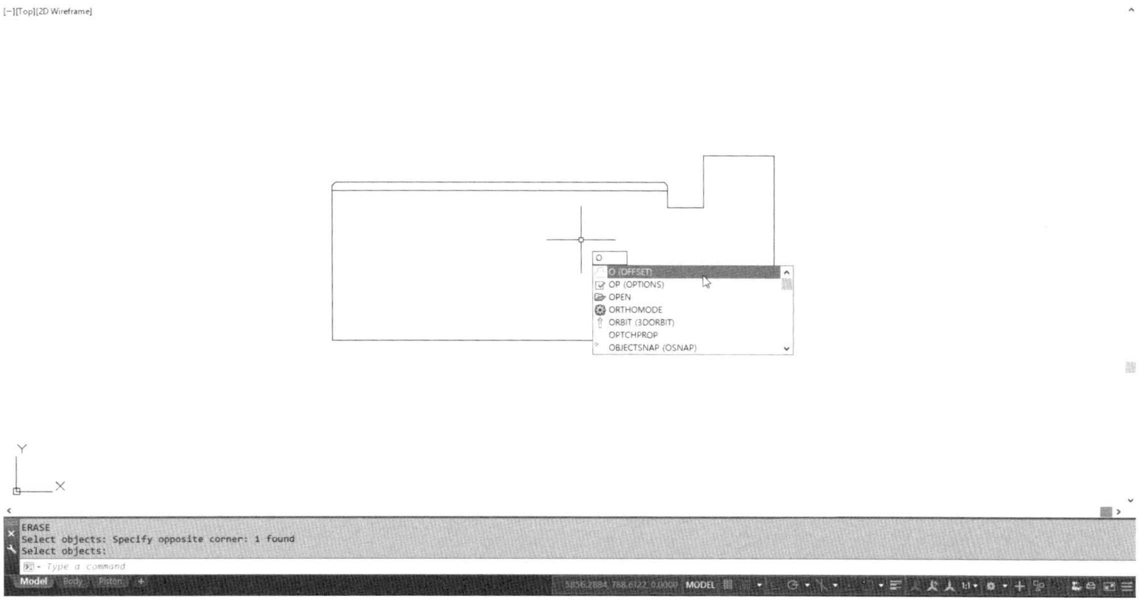


그림 7-34 피스톤 외부 형상에 대한 모델링이 완료된 후, 내부 형상을 그리기 위해 다시 Offset 명령을 사용하여 기초 작업을 진행한다.

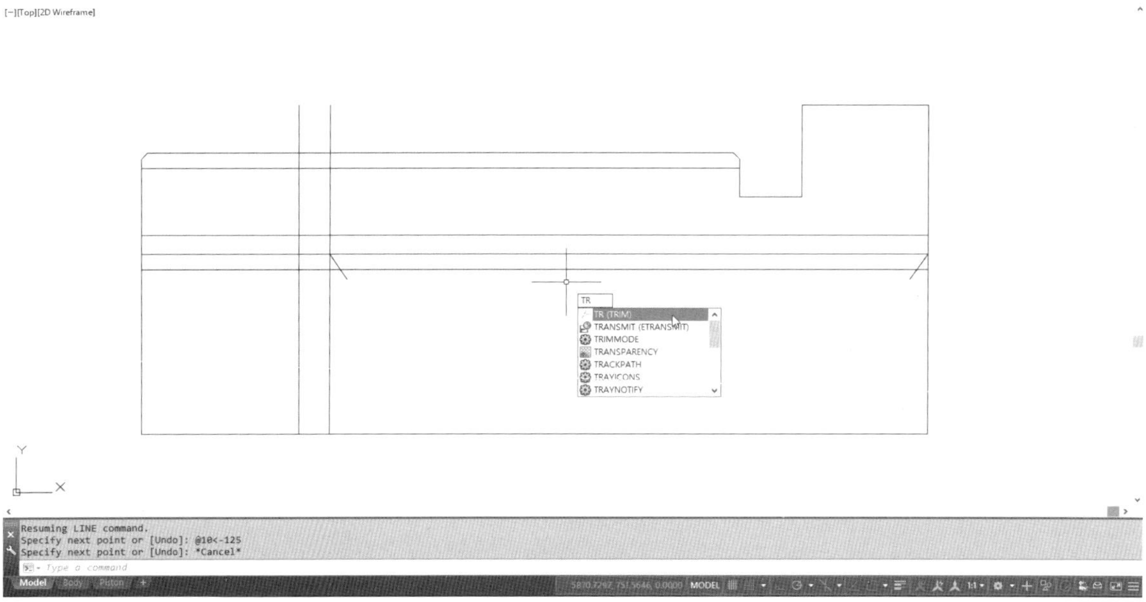




그림 7-35  피스톤 내부 형상을 그리기 위한 기초 작업을 마친 후 Trim 명령을 사용하여 불필요한 선을 정리한다.

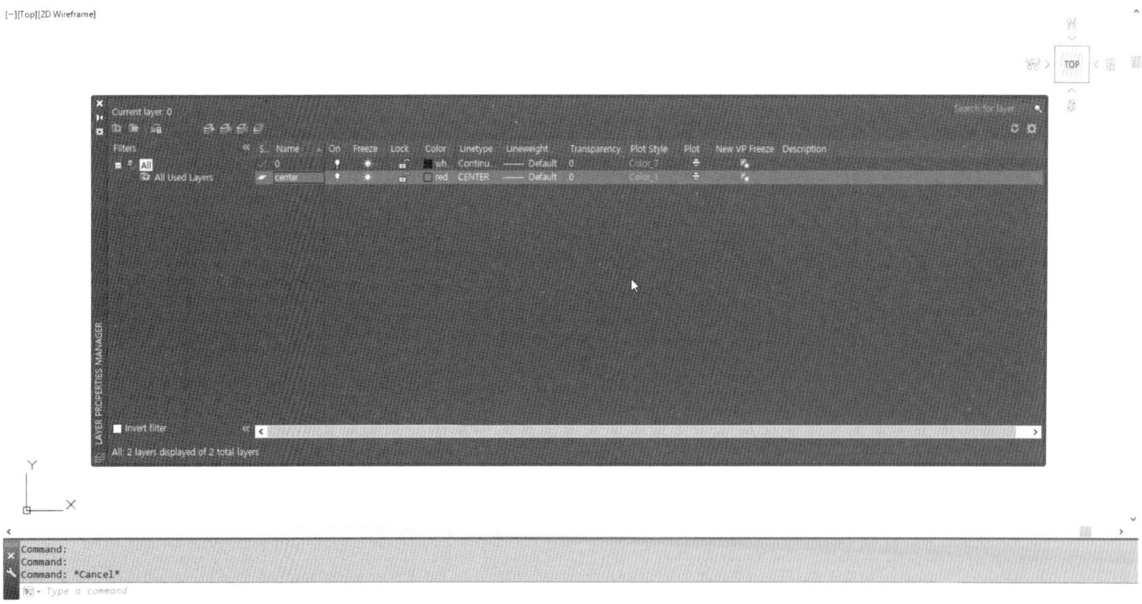


그림 7-36  Layer 명령을 사용하여 새로운 도면층을 추가한다. 도면층 이름을 Center로 변경하고 도면층의 색깔을 붉은색으로 변경한다.

도면층의 선 형태를 일점쇄선 형식으로 CENTER로 변경한다.

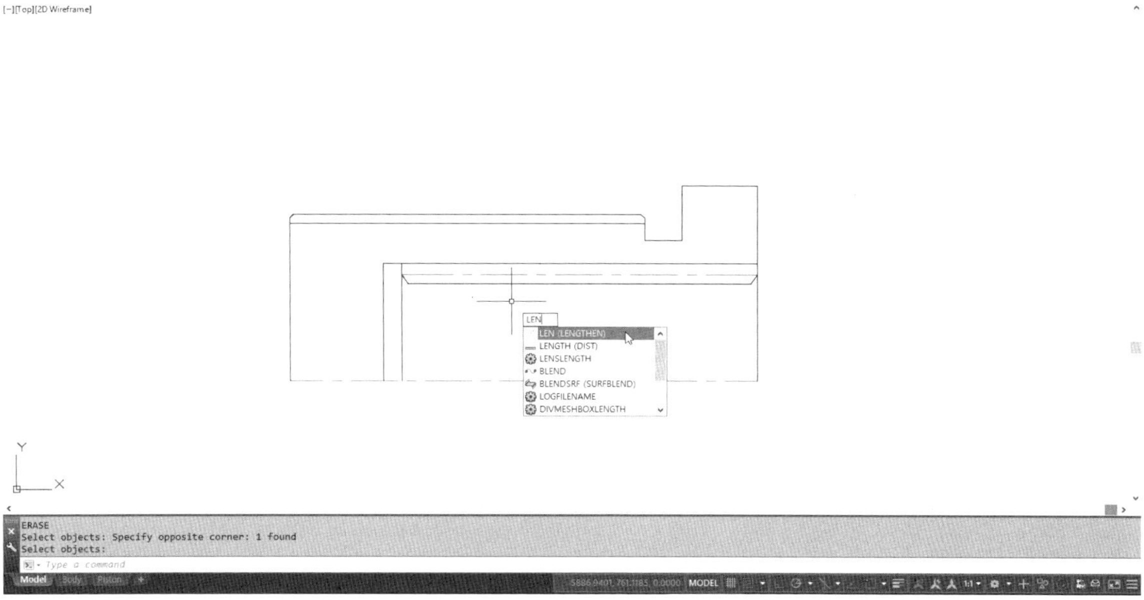


그림 7-37 도면의 예와 같이 형상의 중심선 등을 Center 도면층으로 옮기고, Lengthen 명령을 실행하여 부품 외형보다 돌출하도록 연장한다.

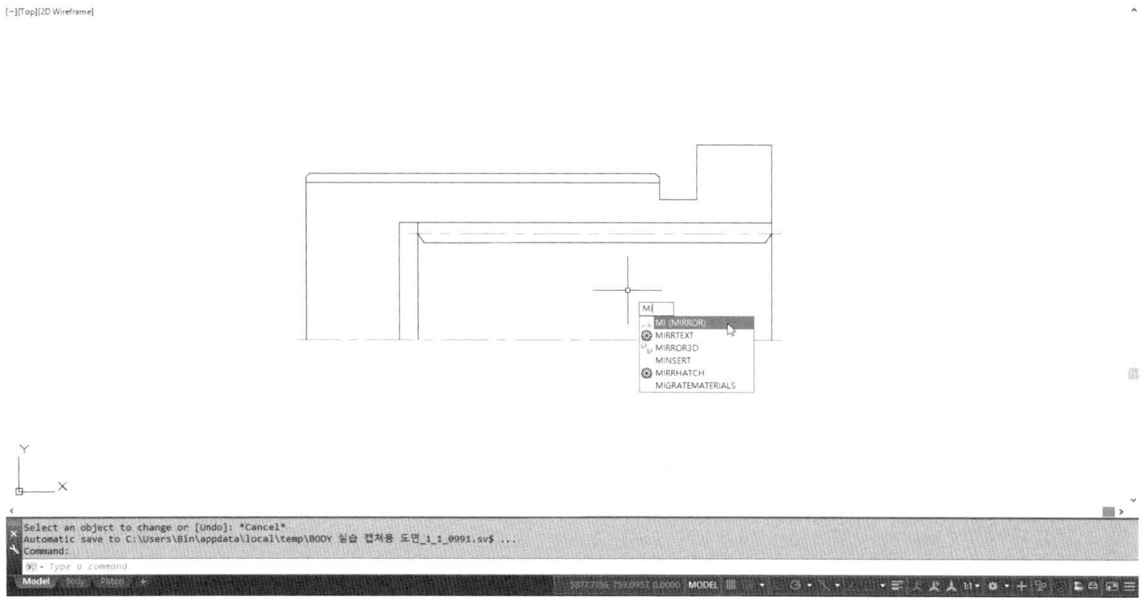


그림 7-38 형상의 나머지 부분을 생성하기 위해 Mirror 명령을 사용하여 대칭 복사를 수행한다.

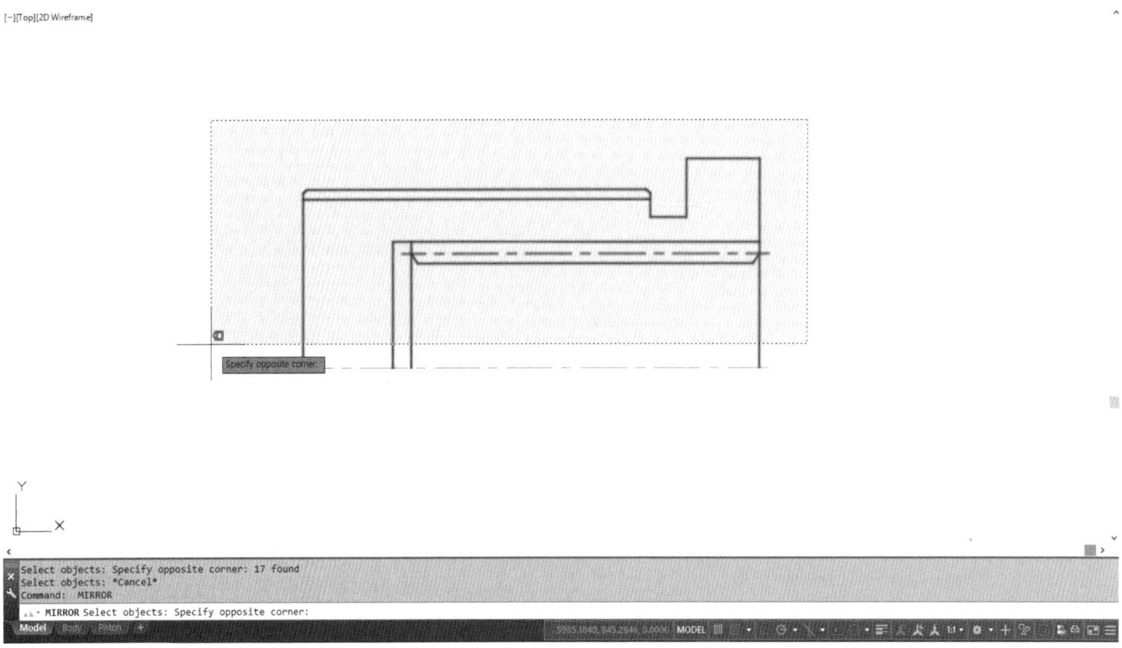




그림 7-39 대칭 복사에 필요한 기준선으로 형상의 중심선을 선택하여 전체 형상을 구성한다.

그림 7-40 Line 명령을 사용하여 형상 내부에 세로 기준선을 생성한다. 정확한 중간 지점을 선택하기 위해 Object Snap에서 Midpoint를 선택하여 내부 형상의 중간선을 잇는 세로 기준선을 생성한다.

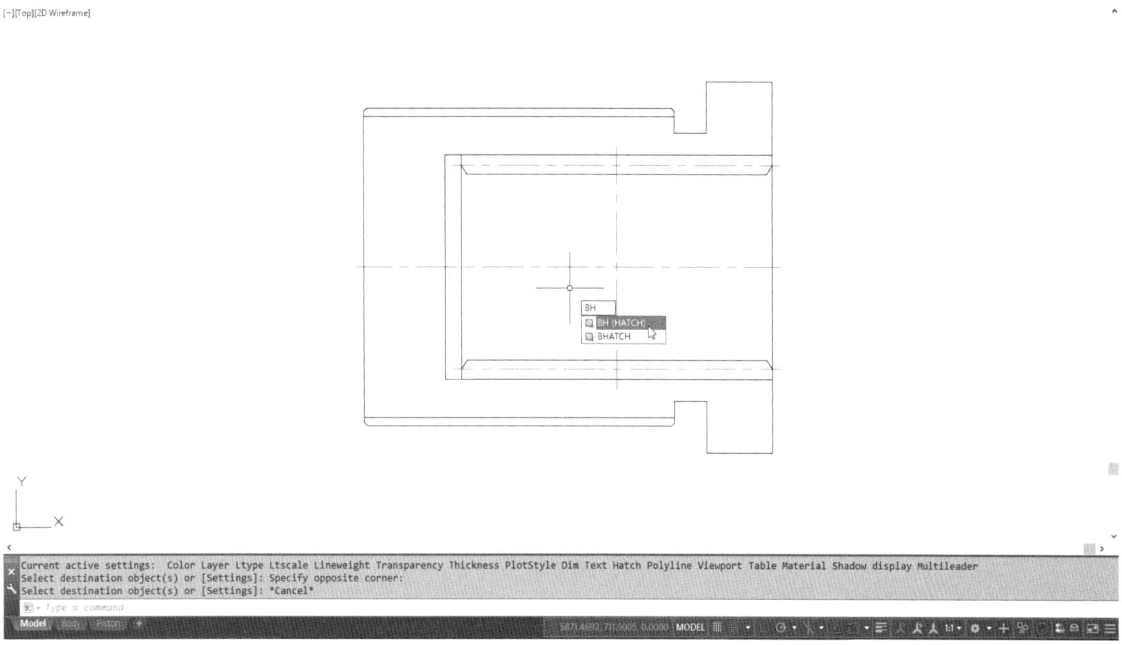


그림 7-41　Extend와 Lengthen 명령을 사용하여 형상의 기준선을 확장한 후, Hatch 명령으로 내부 단면에 해칭선을 표시하기 위한 영역을 선택한다.

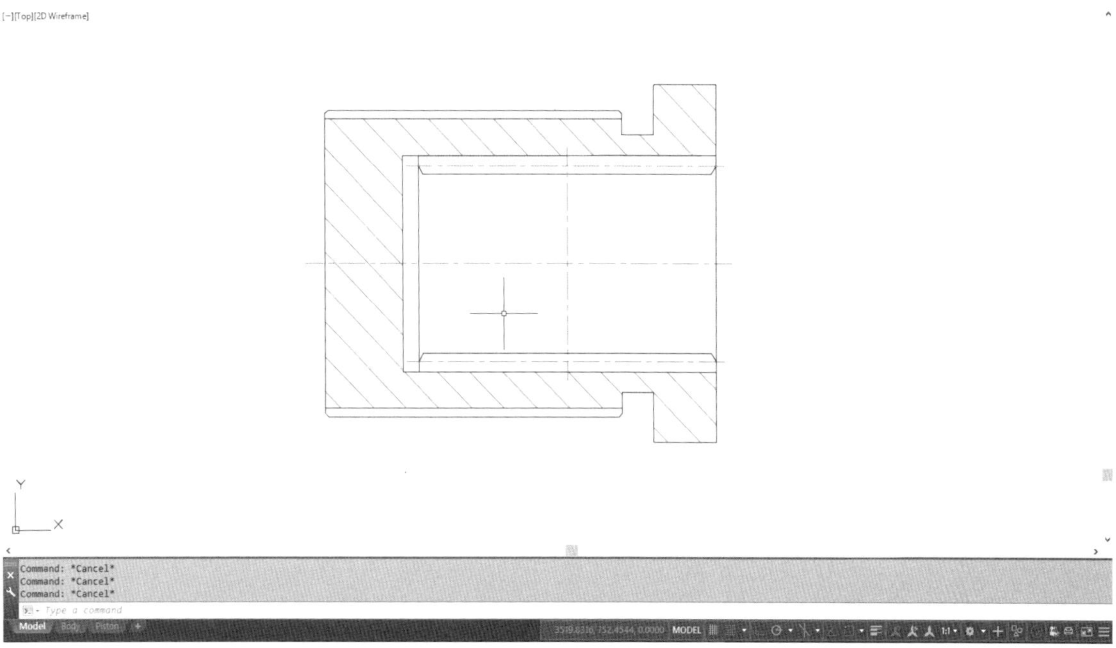


그림 7-42　피스톤 부품 형상에 대한 모델링을 완료하고, 오류 등을 점검한다.

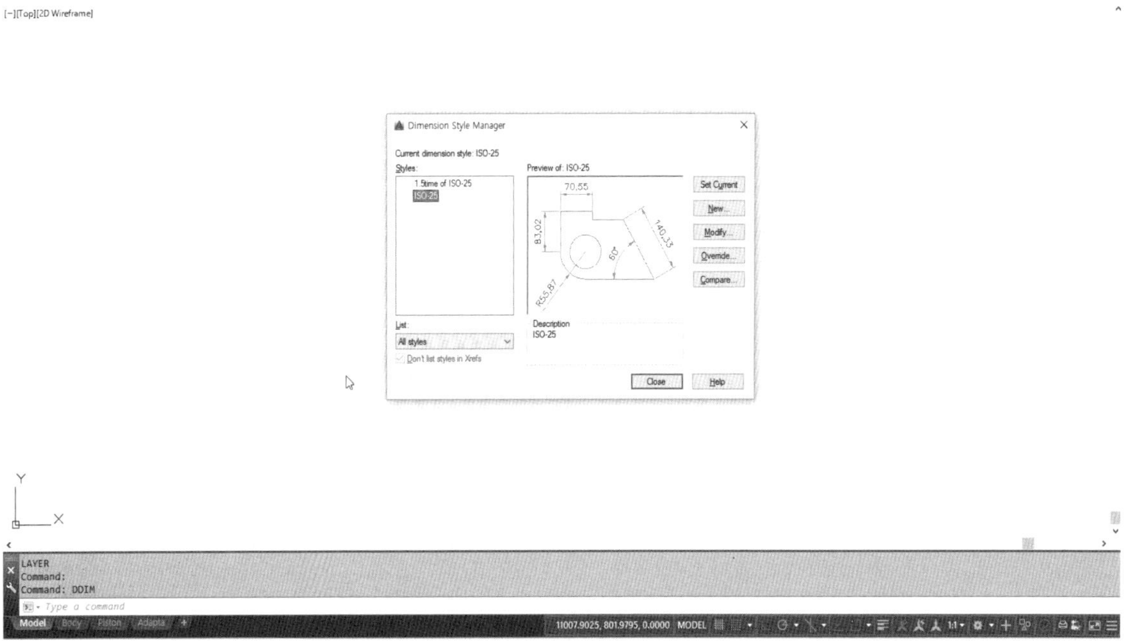



그림 7-43 Dimension style manager를 실행하여 피스톤 도면에 사용한 치수 스타일을 설정한다.

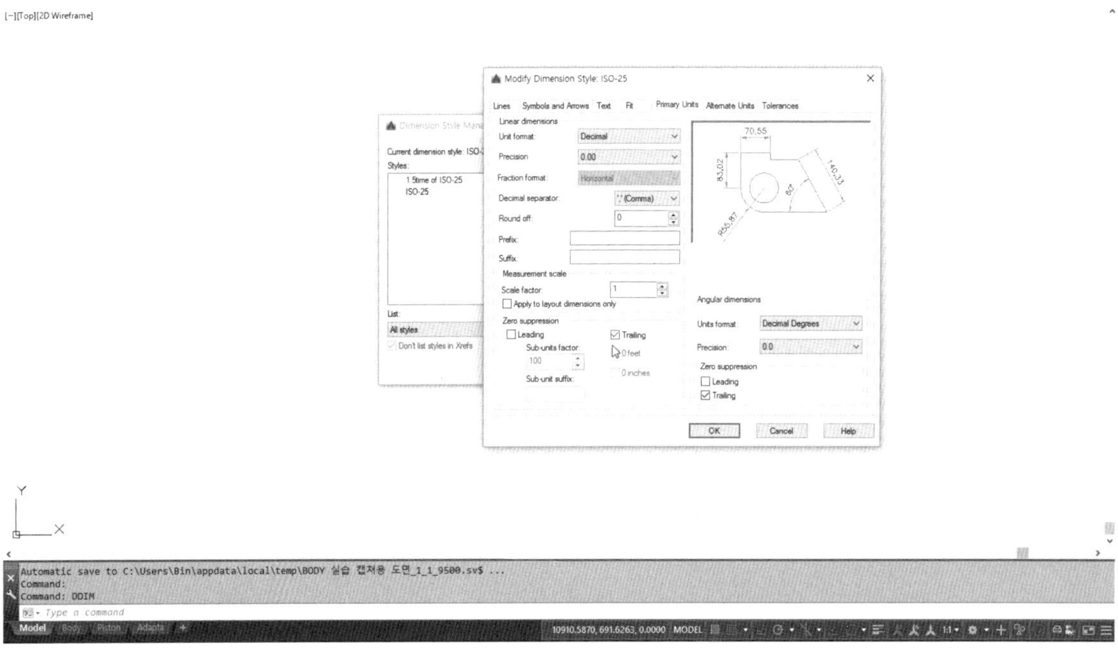

그림 7-44 필요한 치수 스타일을 수정한다. 예에서는 Zero suppression의 Trailing을 선택하여 소수점 이하 0 표시를 제거하도록 했다.

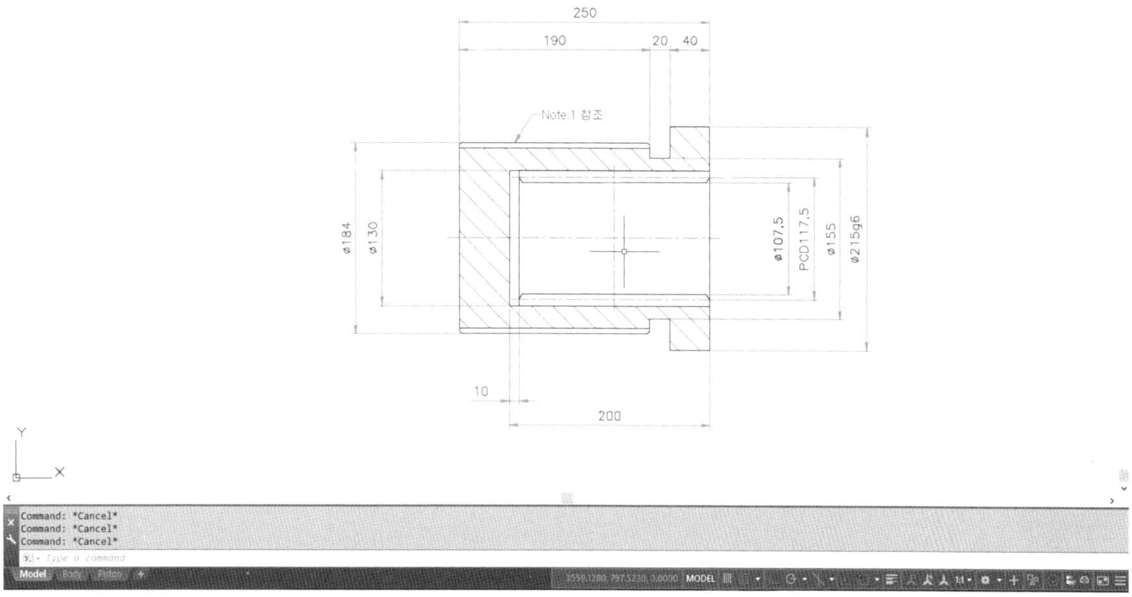

그림 7-45 치수 메뉴의 선형 치수, 각도 치수, 원형 치수를 차례로 기재한 후, Dimspace 명령을 사용하여 치수 간 간격을 정리한다.



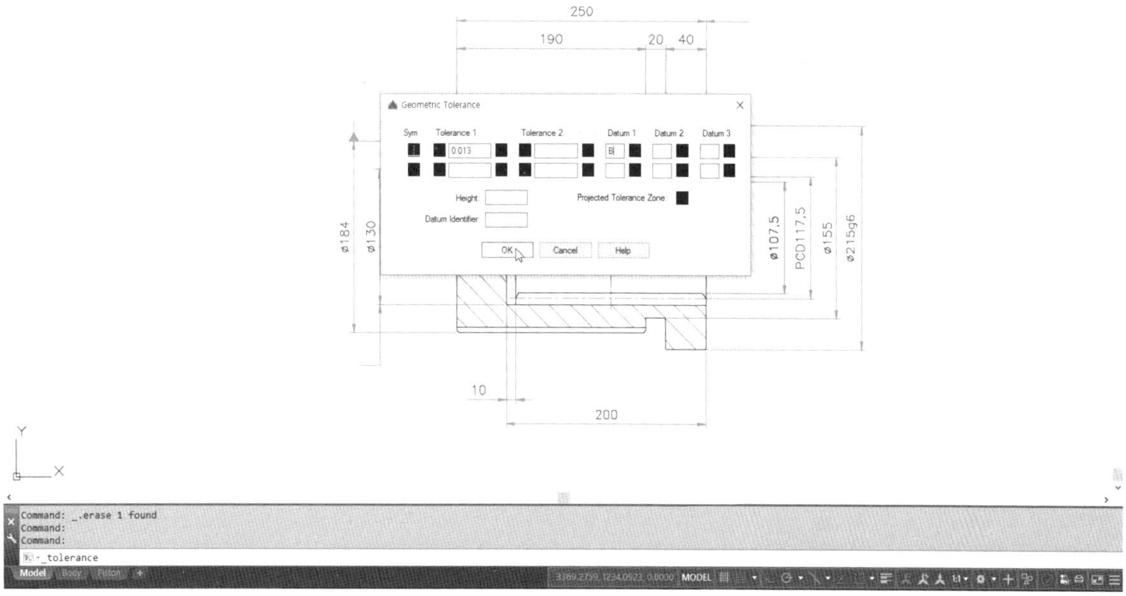

그림 7-46 Qleader 명령을 사용하여 지시선을 생성하고, Tolerance 명령을 사용하여 필요한 기하 공차를 기재한다.

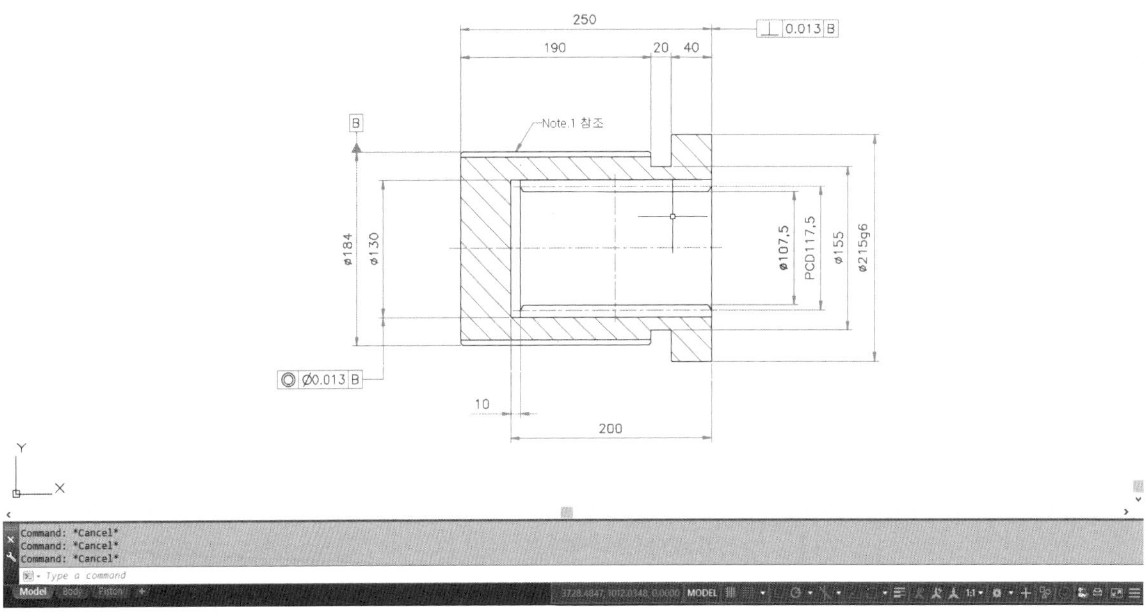




그림 7-47 각 기하 공차를 앞서 생성한 각 지시선에 표시한다.

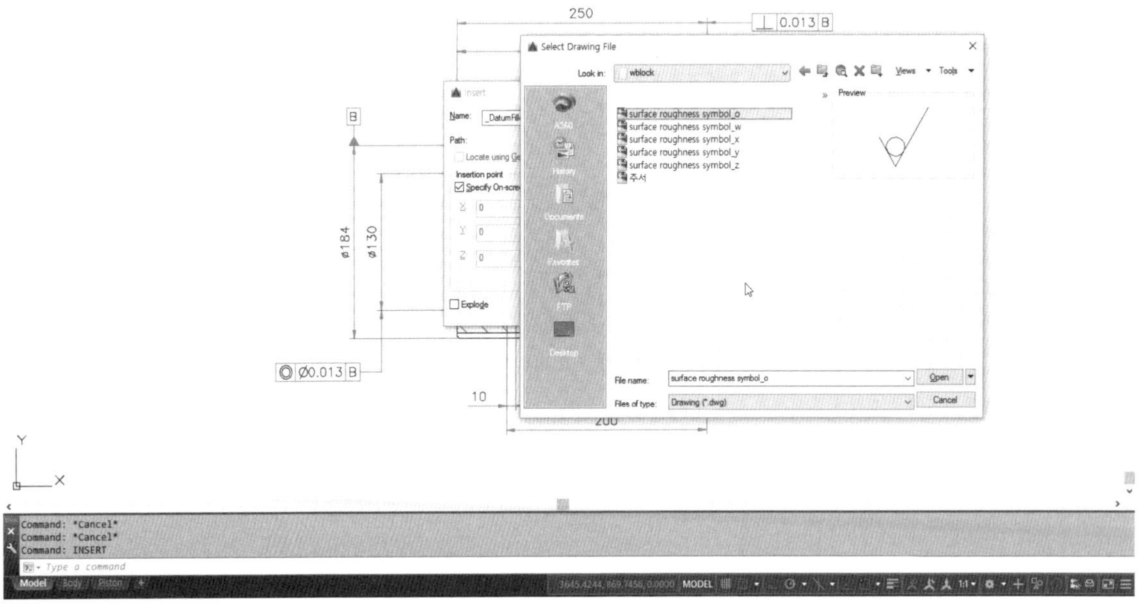


그림 7-48 표면 거칠기 기호 표시를 위해 Insert 명령을 사용하여 표면 거칠기 기호가 저장된 블록 파일을 호출한다.

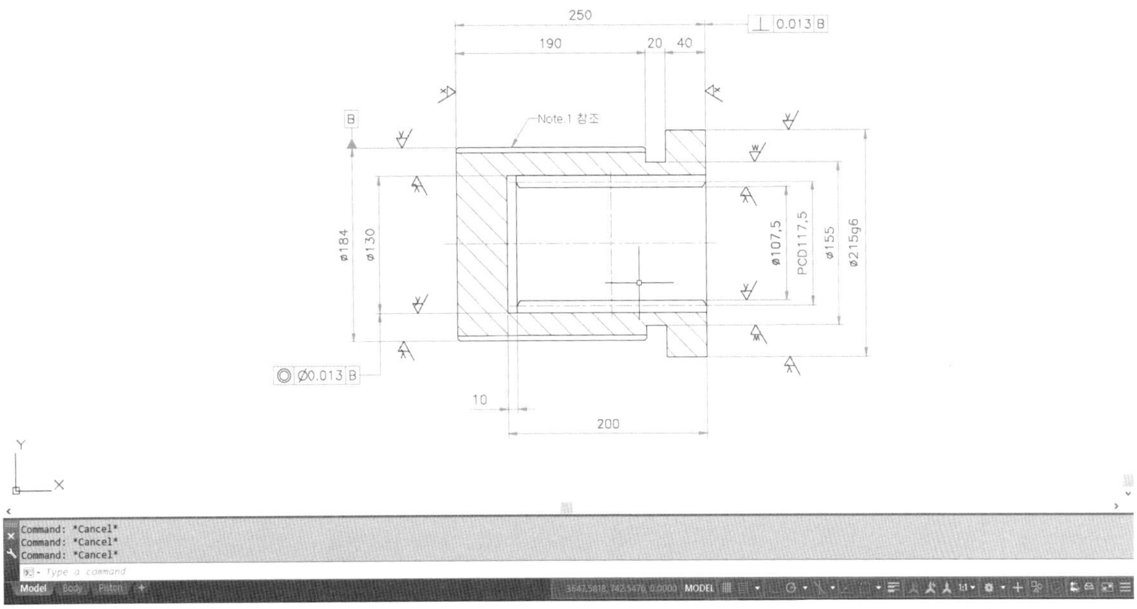


그림 7-49 호출된 표면 거칠기 기호를 지정된 각 위치로 복사하여 사용한다.



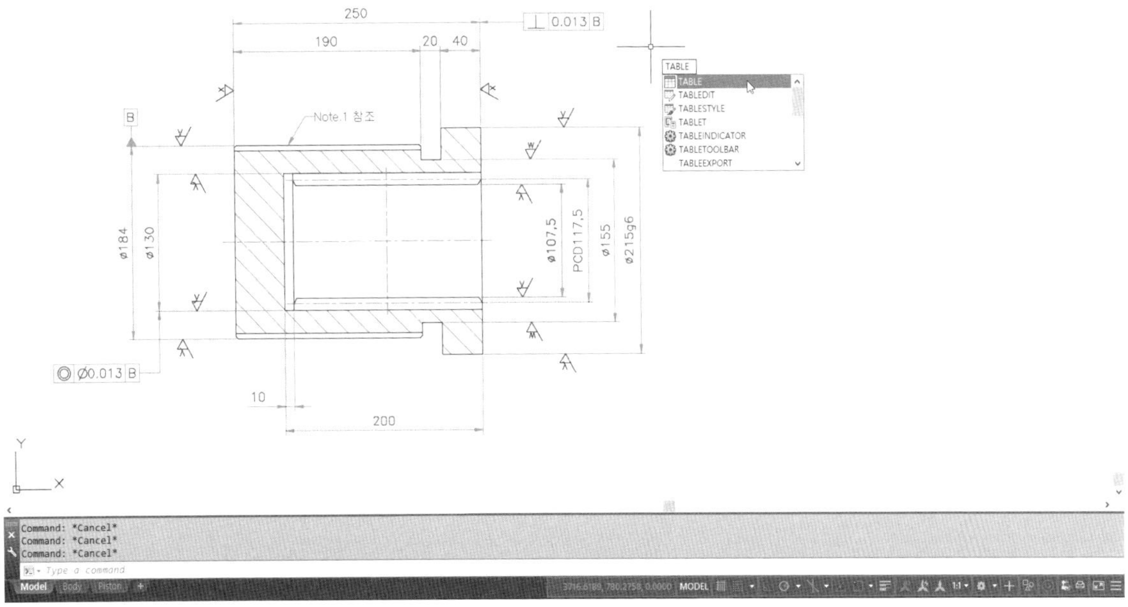


그림 7-50 Table 명령을 사용하여 내부와 외부 기어 형상에 대한 정보를 입력하기 위한 테이블을 작성한다.

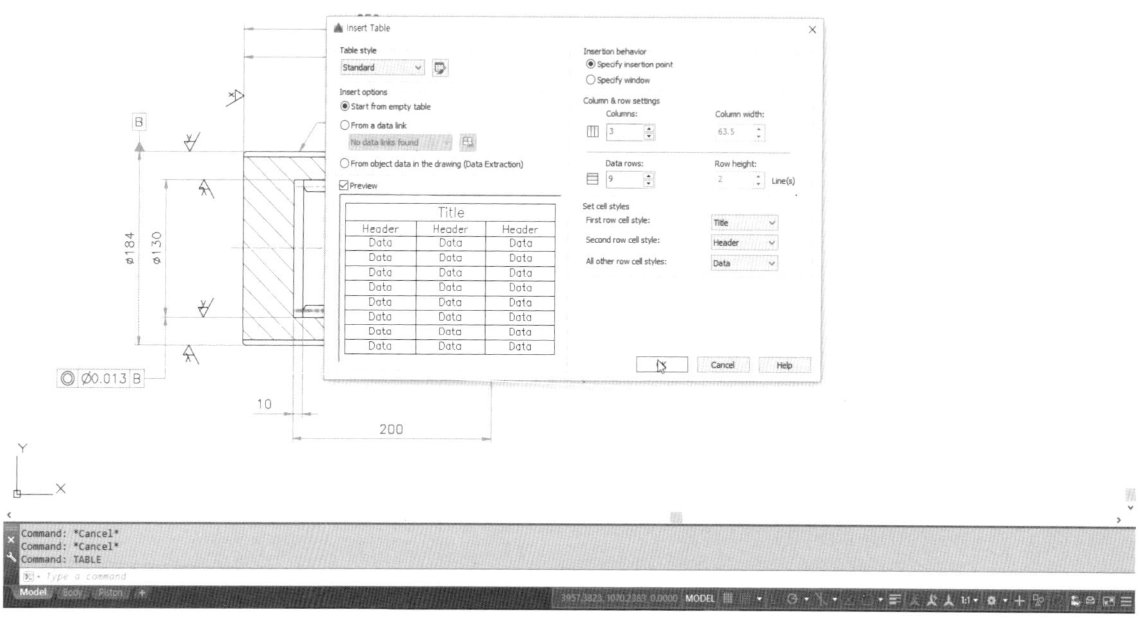




그림 7-51 기어 표시를 위한 테이블의 행과 열 수를 선택하거나 미리 작성된 자료를 연결한다.

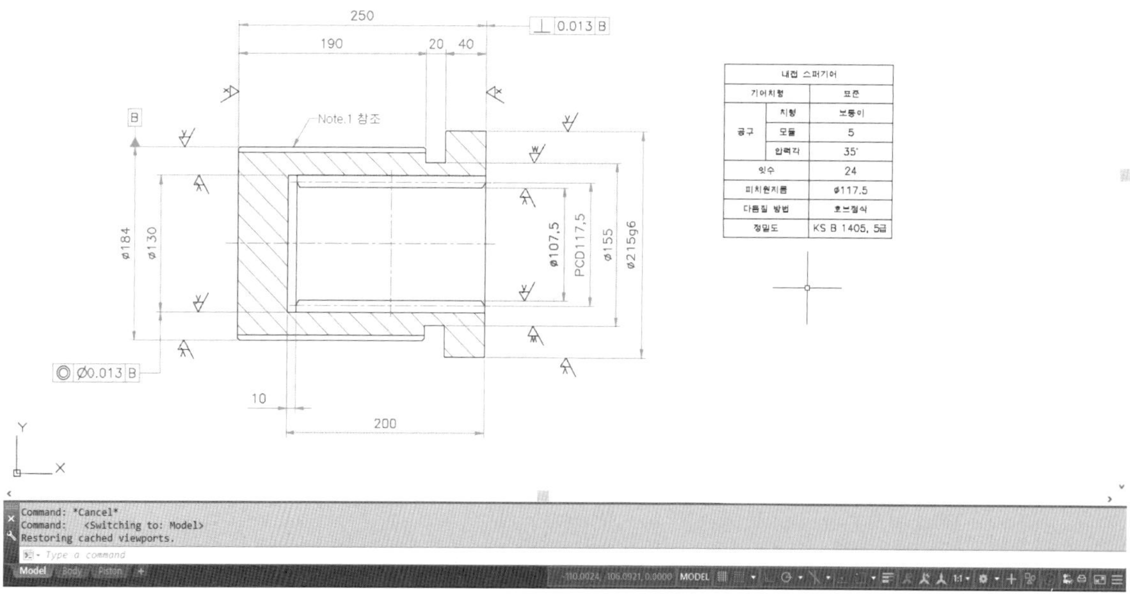


그림 7-52 본 예에서는 Mtext 명령을 사용하여 테이블 셀에 기어에 관한 정보를 직접 입력한다.

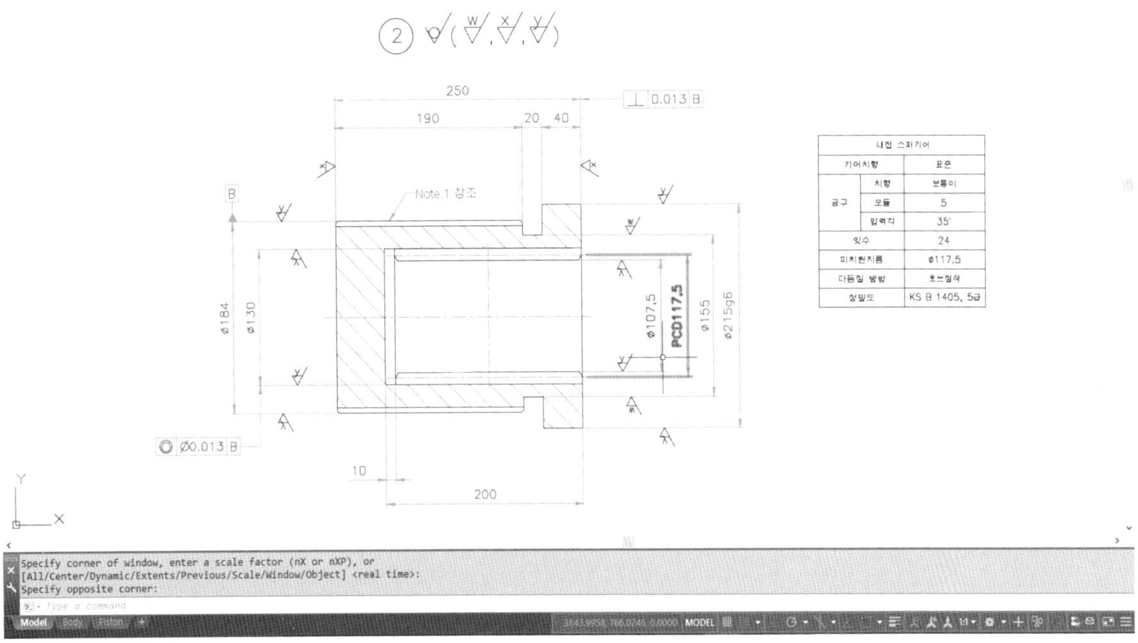

그림 7-53 Mtext 명령을 사용하여 형상 위에 부품 번호와 표면 거칠기 기호를 기재하고 위치를 정리한다.



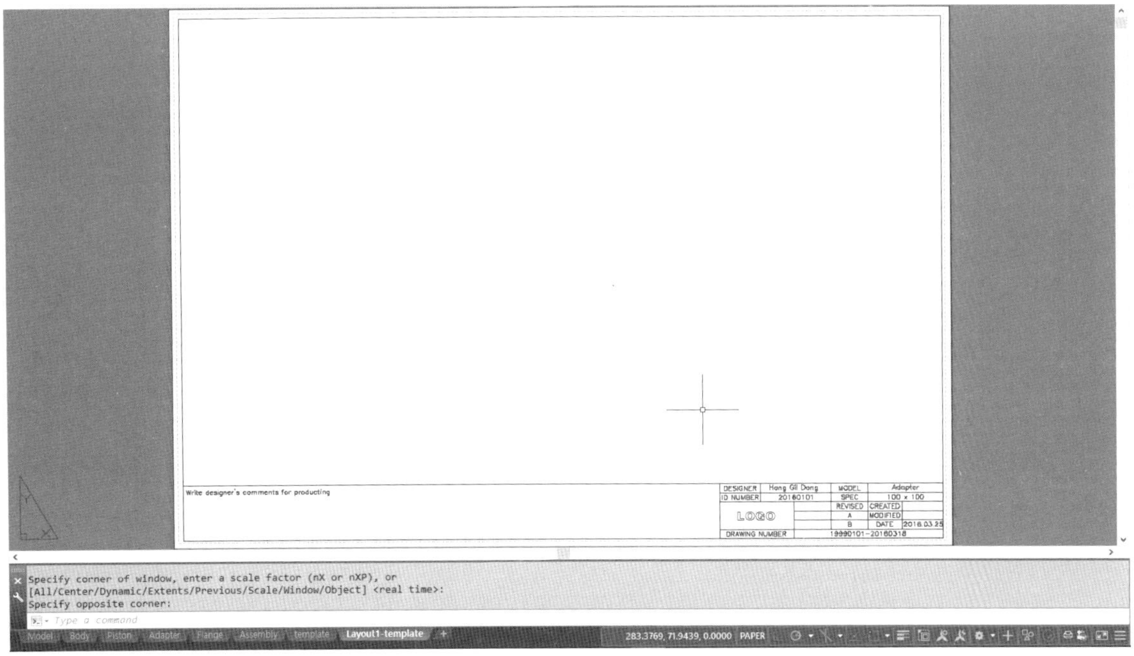

그림 7-54 레이아웃 화면에서 도면 프레임 파일을 호출하여 현재 레이아웃에 배치한다.

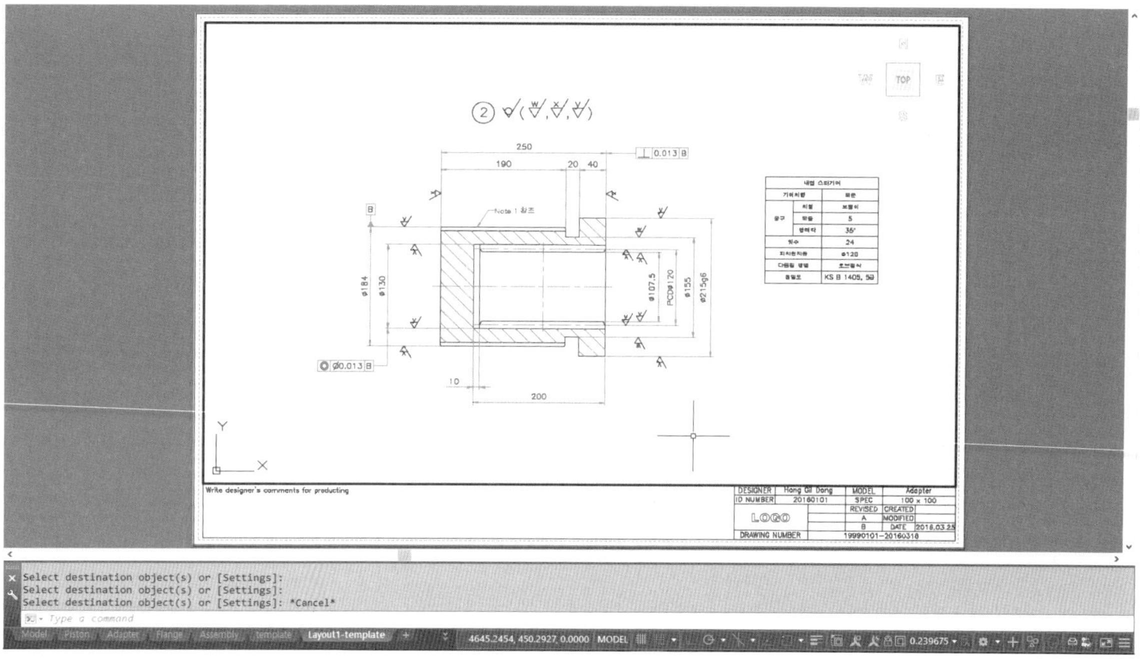



그림 7-55 템플릿 파일의 뷰포트에 형상이 나타나도록 한 후, Mspace 명령을 사용하여 형상의 적절한 크기와 위치를 조절한다.

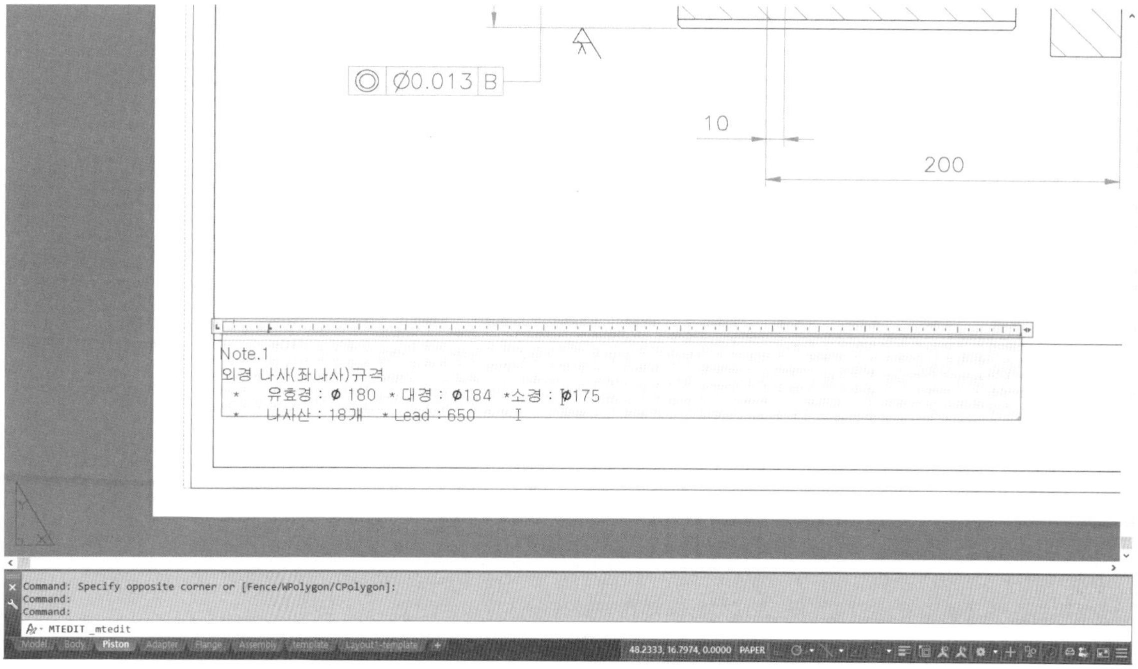


그림 7-56 도면 하단에 Mtext 명령을 사용하여 Note. 1의 제목으로 나사 규격에 대한 공지를 작성한다.

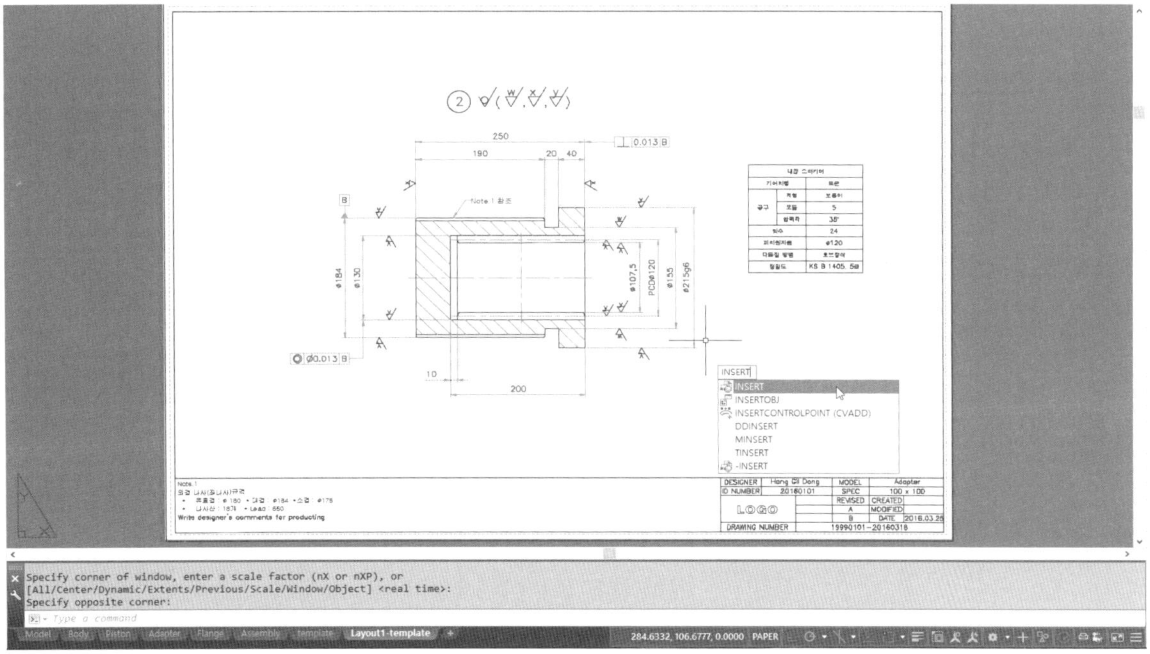

그림 7-57 피스톤 부품 형상과 기어 정보 외에 필요한 사항의 주서를 추가하거나 블록을 미리 작성해둔 경우에는 Insert 명령을 사용하여 미리 저장된 내용의 블록 파일을 호출한다.



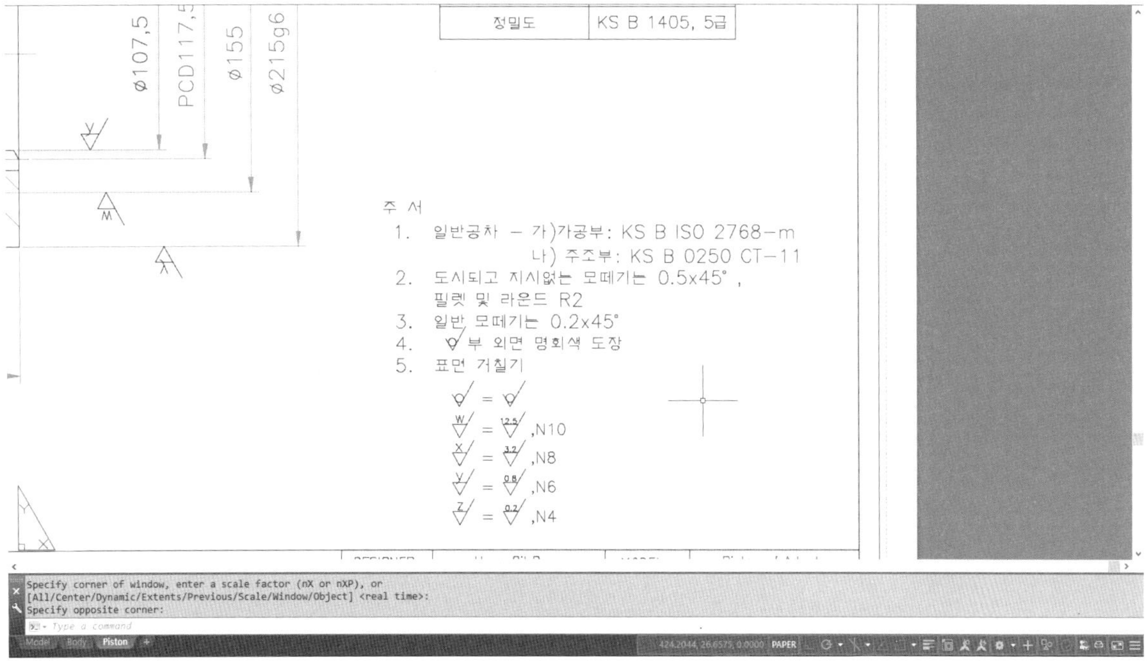

그림 7-58 본 예에서는 주서 내용을 표제란 상단에 배치한다.

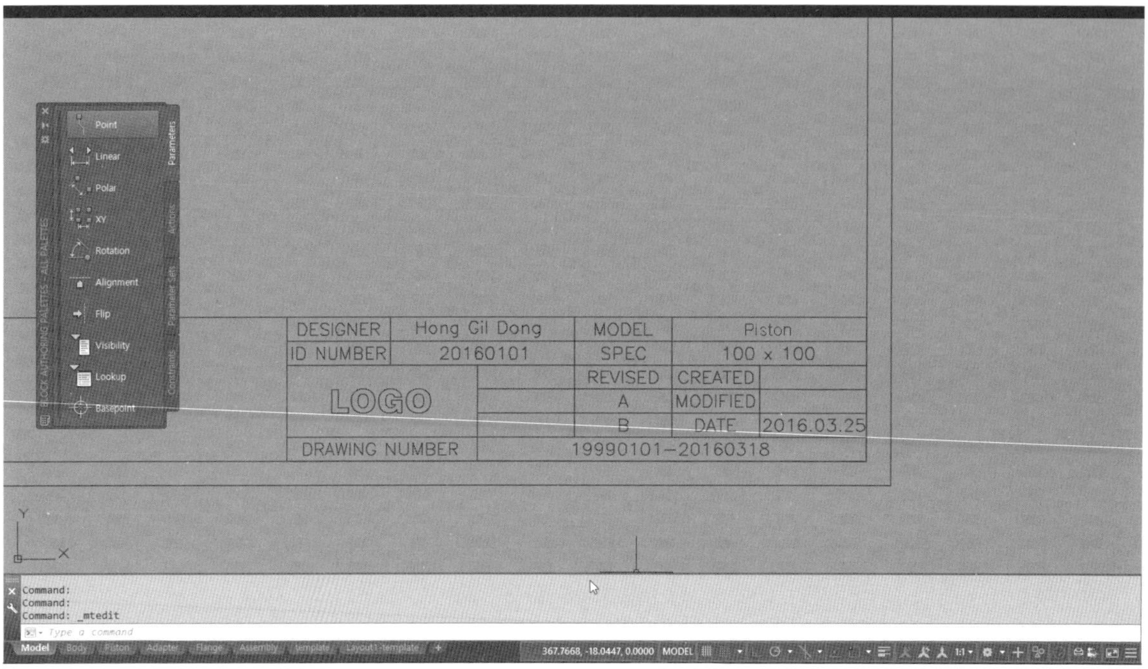




그림 7-59 마우스로 표제란을 더블 클릭하여 표제란 내용을 수정한다.

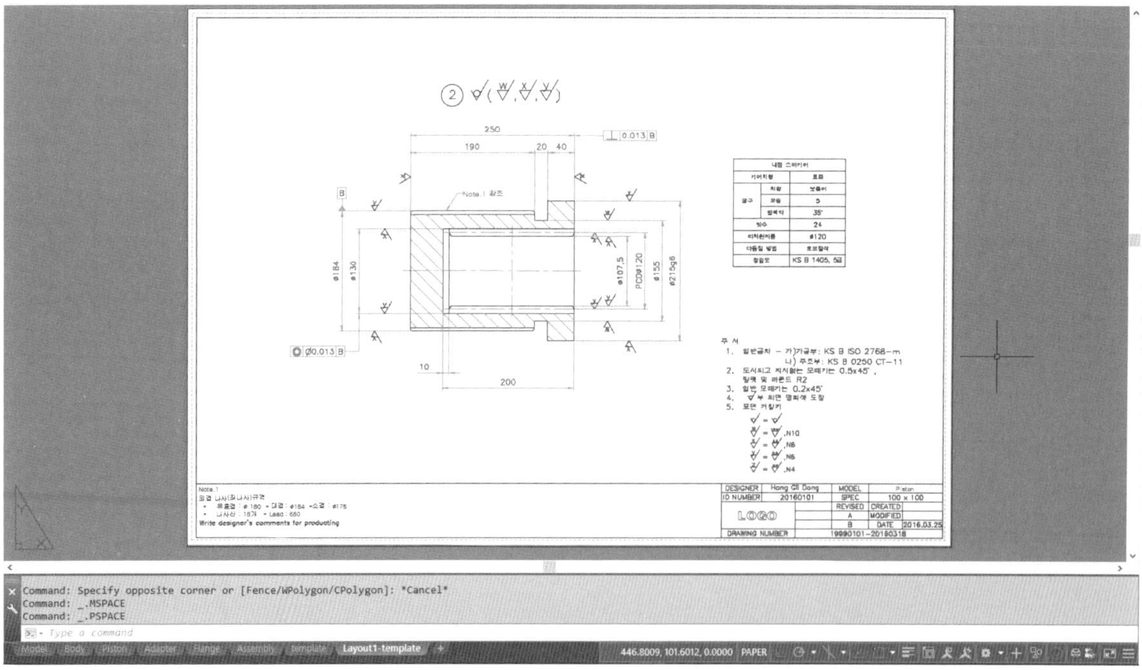


그림 7-60 피스톤 부품 형상과 주석 등의 배치를 확인한 후 도면 출력을 위한 설정을 진행한다.

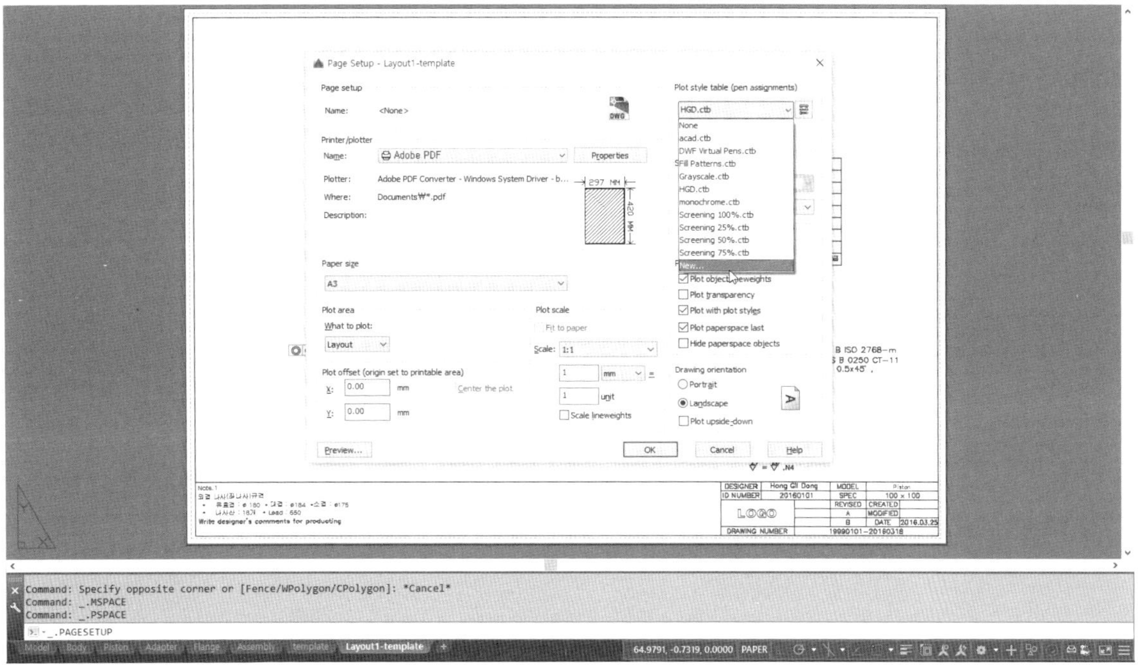

그림 7-61 도면 출력에 앞서 Plot 설정 화면에서 도면에 요구하는 선 굵기를 설정하기 위해 Plot style table을 사용하여 새로운 플롯 테이블 스타일을 만든다.



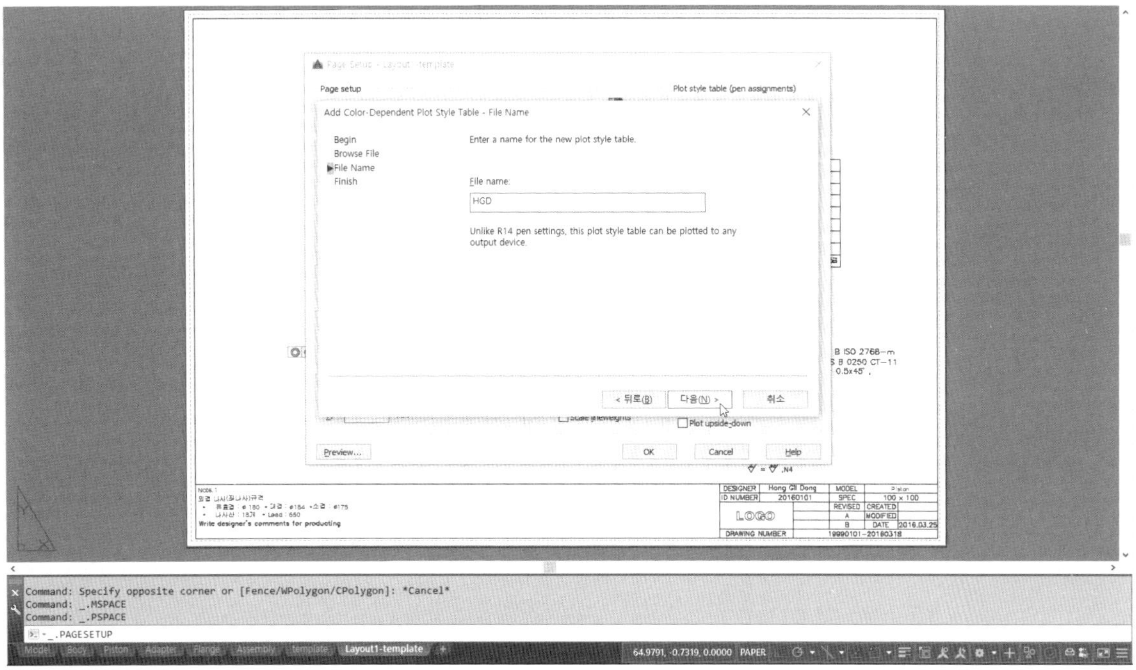

그림 7-62 새로운 Plot style table의 새로운 이름을 지정한다.

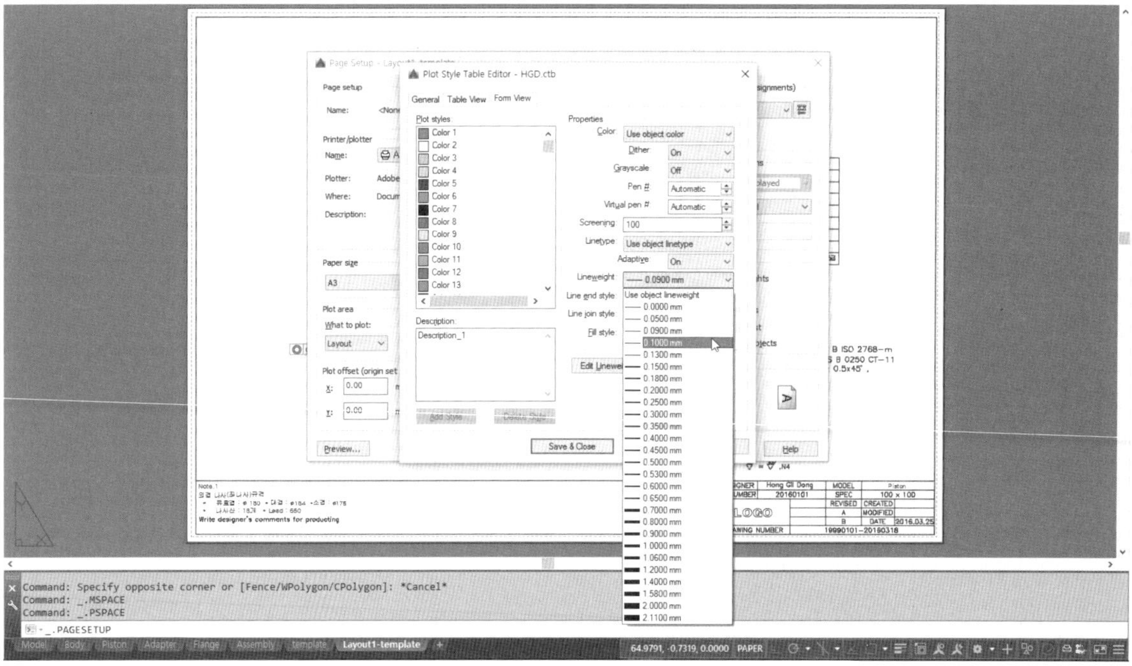



그림 7-63 지정된 색상을 선택하고(다중 선택 가능) 선 굵기를 변경한다. 만일 도면을 흑백으로 출력하고자 할 때는 선택한 색상이 특성에서 Color를 Use object color에서 Black으로 변경한다.

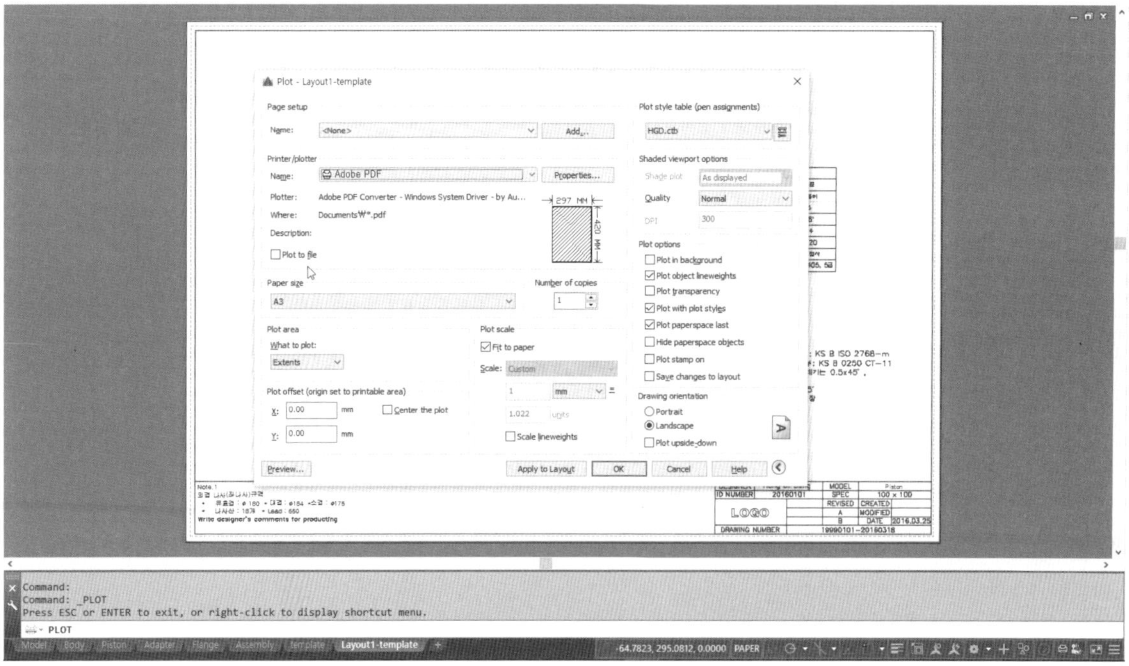

그림 7-64 HGD로 설정된 새로운 Plot style table을 사용하여 출력을 진행한다. 설정된 플롯 테이블 스타일은 다른 도면 출력에도 적용할 수 있다.

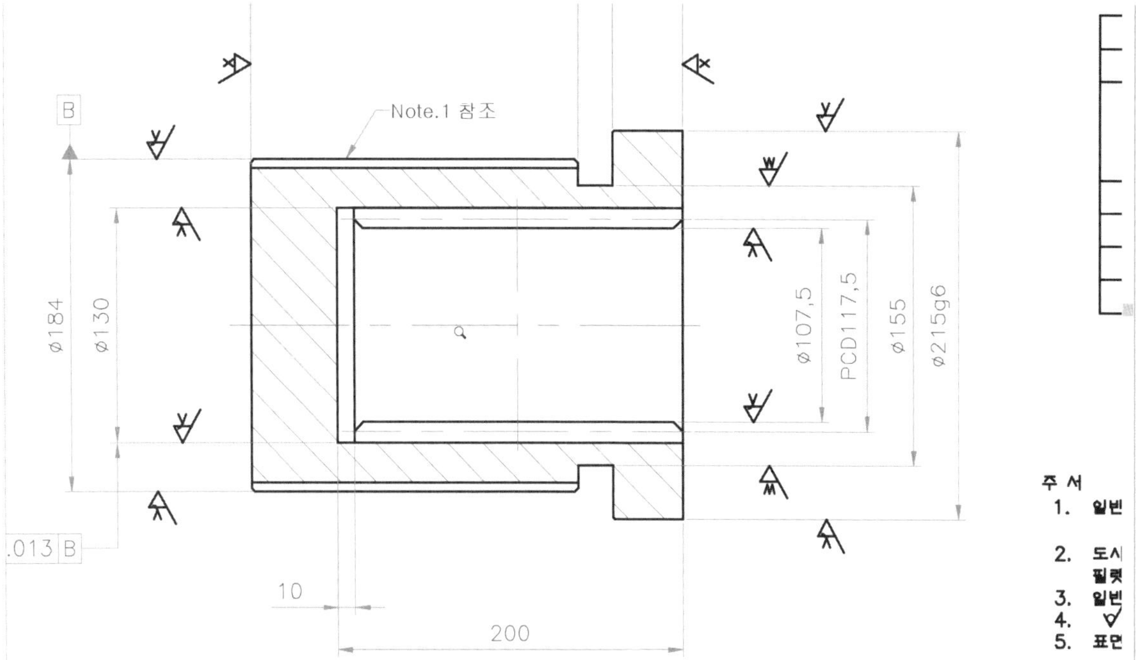

그림 7-65 Preview 화면에서 출력 형상을 확대하여 선의 색상이나 굵기 등을 확인한다.



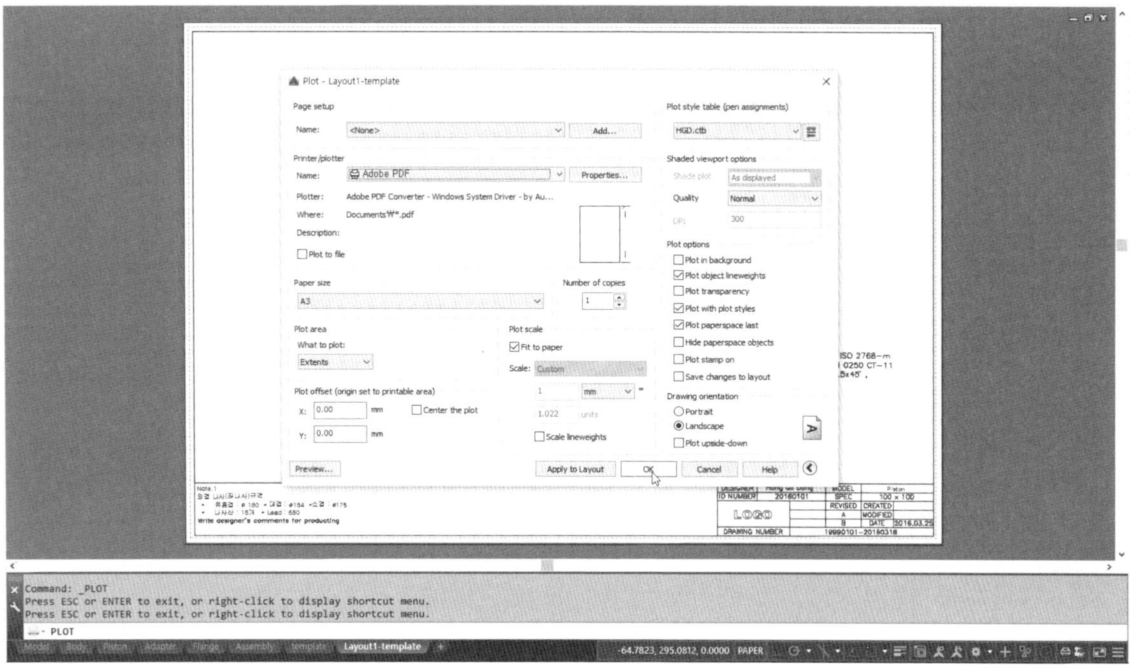

그림 7-66 출력 설정 점검을 완료한 후 출력을 진행한다.

## 7.3 어댑터 도면 생성

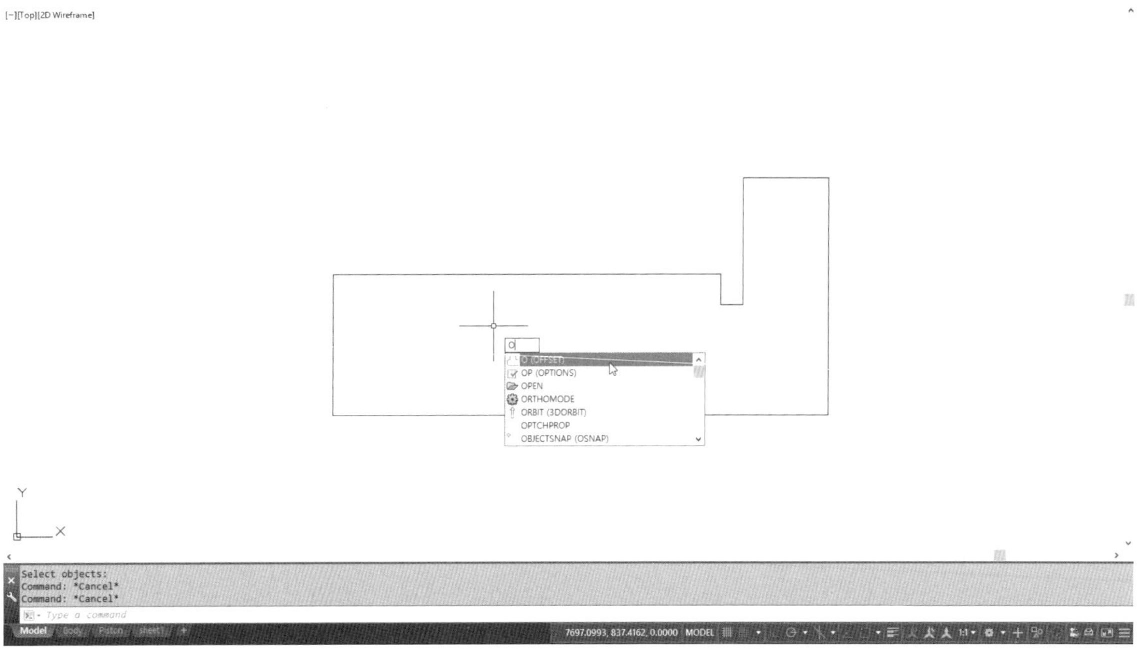


그림 7-67 새로운 작업을 시작하여 어댑터 부품의 외부 형상을 모델링 한다. 형상의 외곽 부분을 완성한 후 Offset 명령을 사용하여 외부 기어 형상을 생성한다.

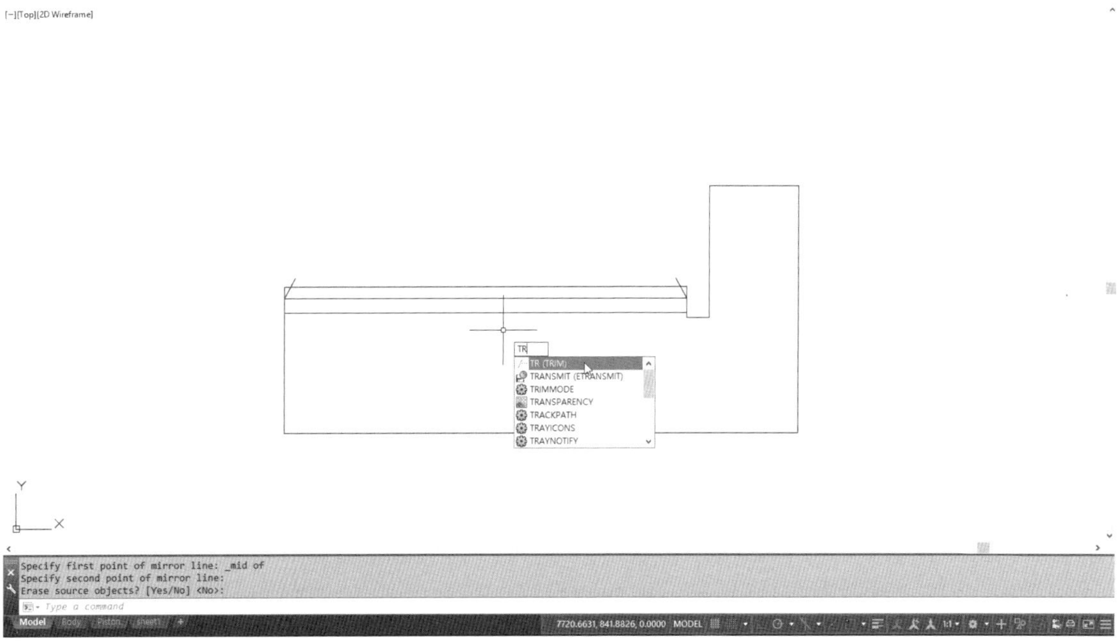


그림 7-68 Line 명령을 사용하여 외부 기어 부분의 왼쪽 끝점에서 사선으로 표현하기 위해 극좌표 형식으로 @10<60을 입력한 후, Trim 명령 등으로 불필요한 선을 정리한다.

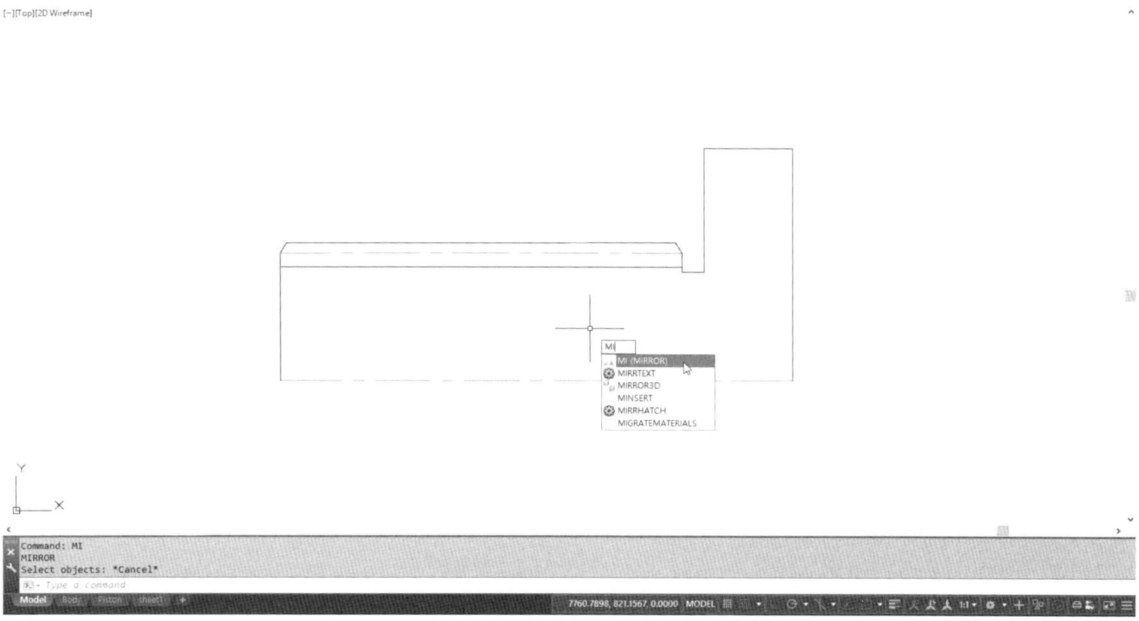


그림 7-69 피스톤 도면의 예와 같이 붉은색상과 일점쇄선 형식의 도면층을 생성한 후 형상의 중심선을 옮긴다.



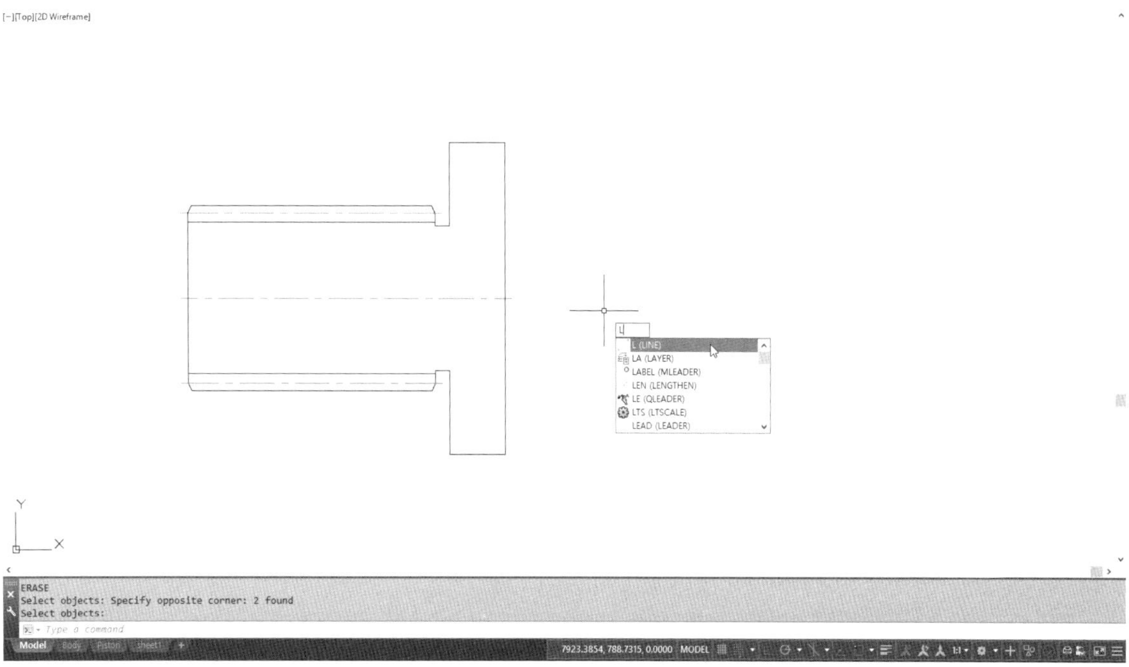


그림 7-70 Mirror 명령으로 형상을 완성한 후 중심선 길이를 확장한다. 이후 Line 명령을 사용하여 오른쪽에 키홈 형상 표현을 위해 중심선을 그린다.

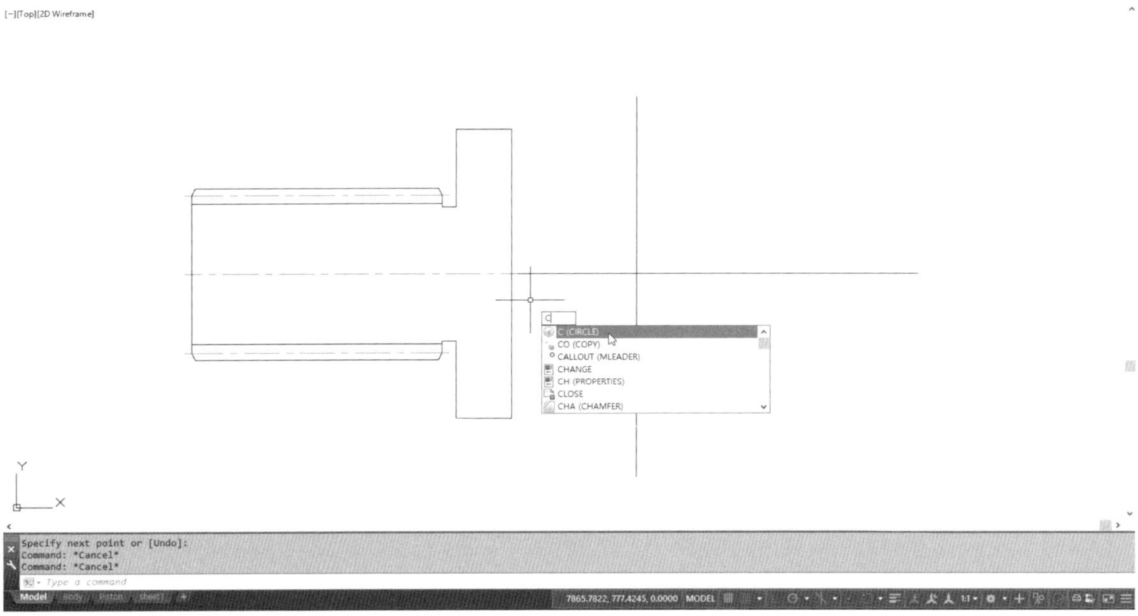


그림 7-71 오른쪽에 생성된 새로운 기준선의 교차점을 중심으로 Circle 명령을 사용하여 원을 생성하고 위에 Offset 명령 등을 사용하여 키 홈을 생성하기 위한 기준선을 그린다.



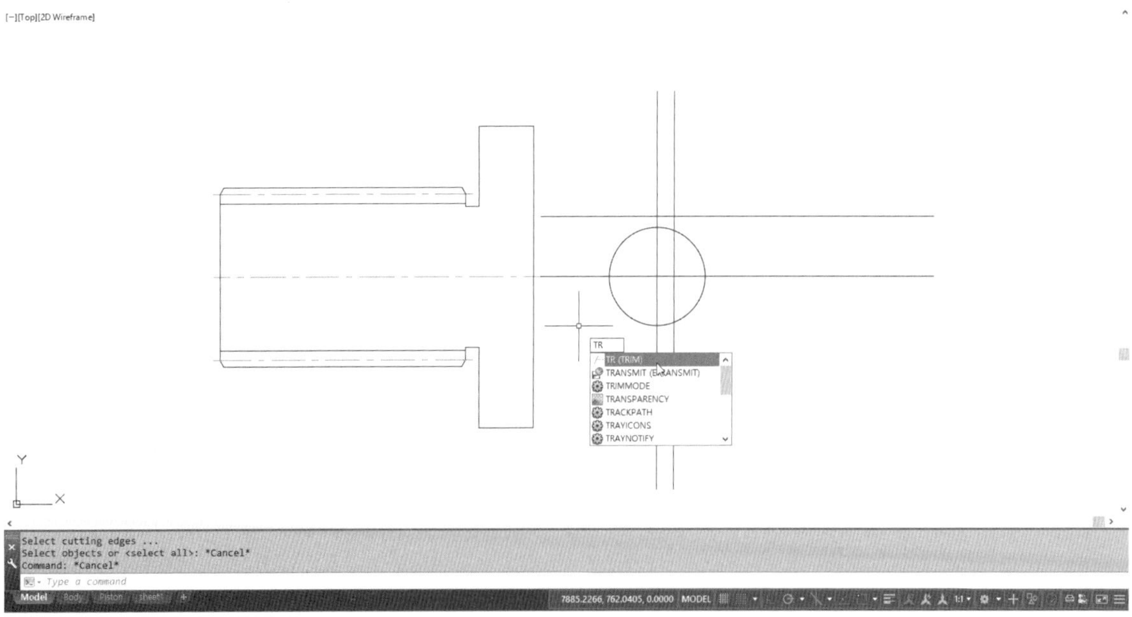


그림 7-72 키 홈의 뼈대를 생성한 후 Trim 명령을 사용하여 불필요한 선을 정리한다.

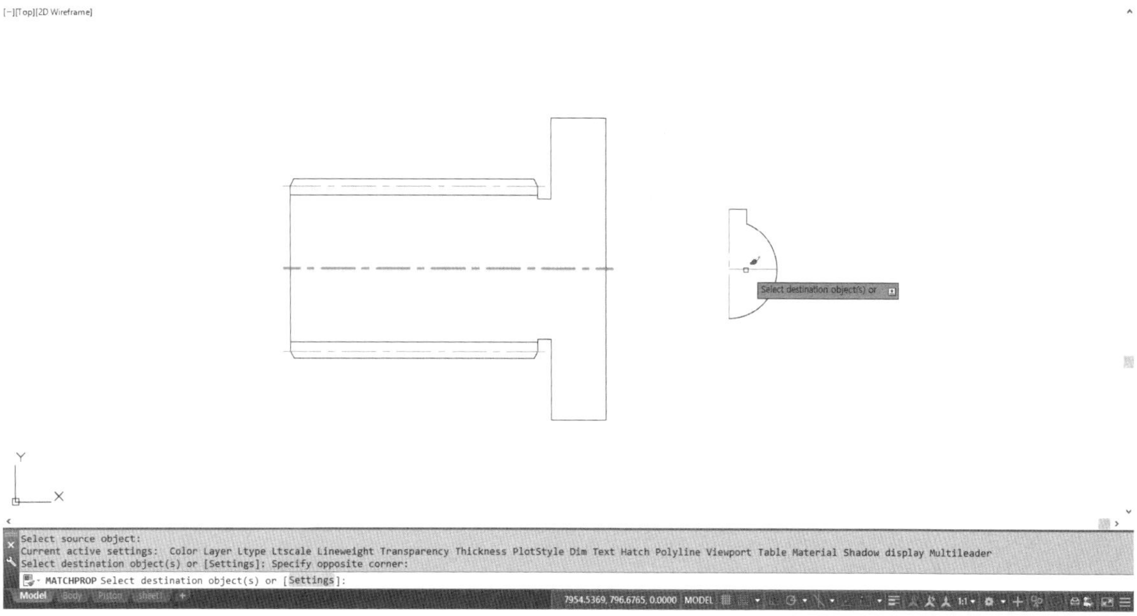


그림 7-73 키 홈 형상을 완료한 후 Matchprop 명령을 왼쪽 형상과 오른쪽 형상의 중심선을 일치시킨다. 키 홈은 대칭이기 때문에 반원 형상으로만 생성한다.



Matchprop 명령으로 좌측 부품의 중심선을 선택한 후 우측 도면의 중심선을 선택하여 특성을 일치시켜 같은 특성이 이전된다.

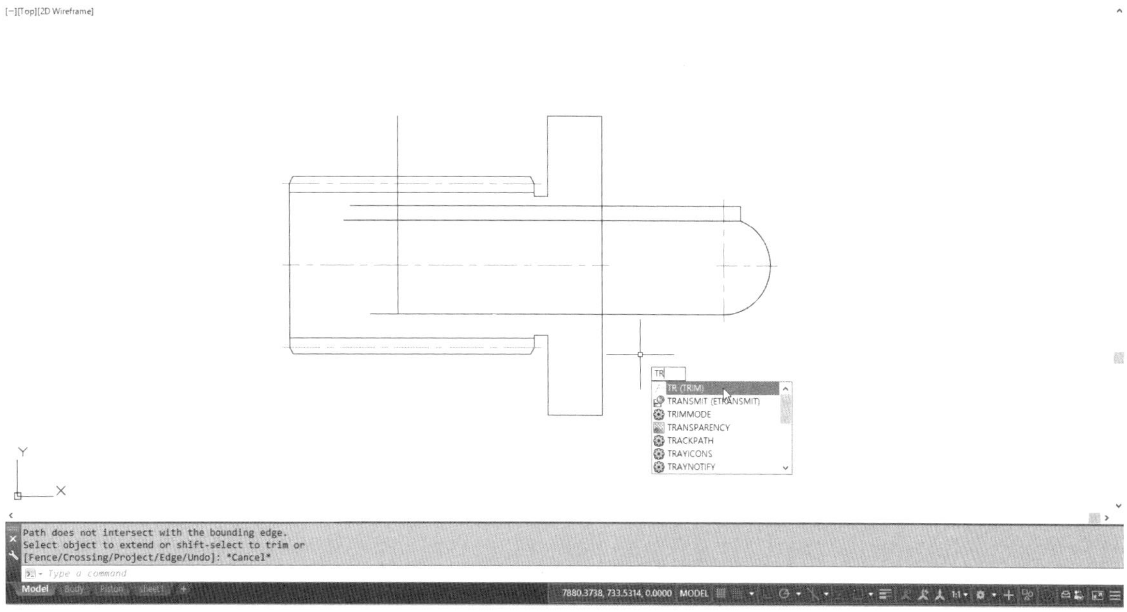


그림 7-74 왼쪽 형상의 내부를 모델링 하기 위해 오른쪽 키 홈 형상을 참조하여 수평 기준선을 생성하고 수직 기준선도 생성한 후, Trim 명령 등으로 불필요한 내부 참조 선들을 정리한다.

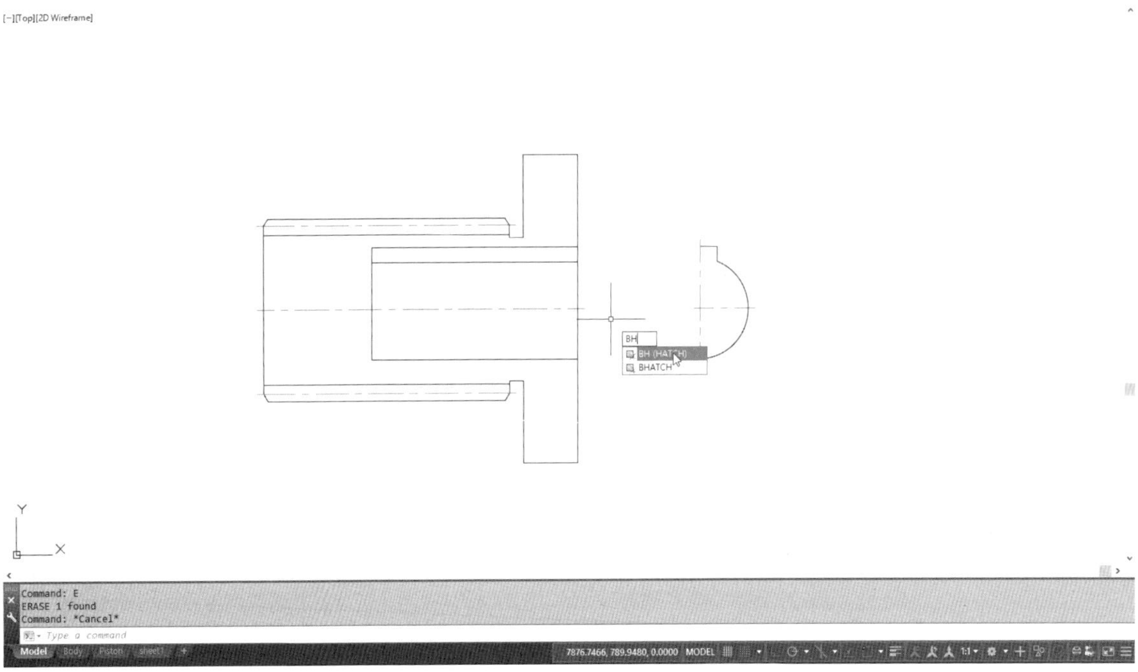


그림 7-75 왼쪽과 오른쪽의 어댑터 형상을 완성한 후 왼쪽 단면에 해칭 표시를 위한 Hatch 명령을 사용한다.



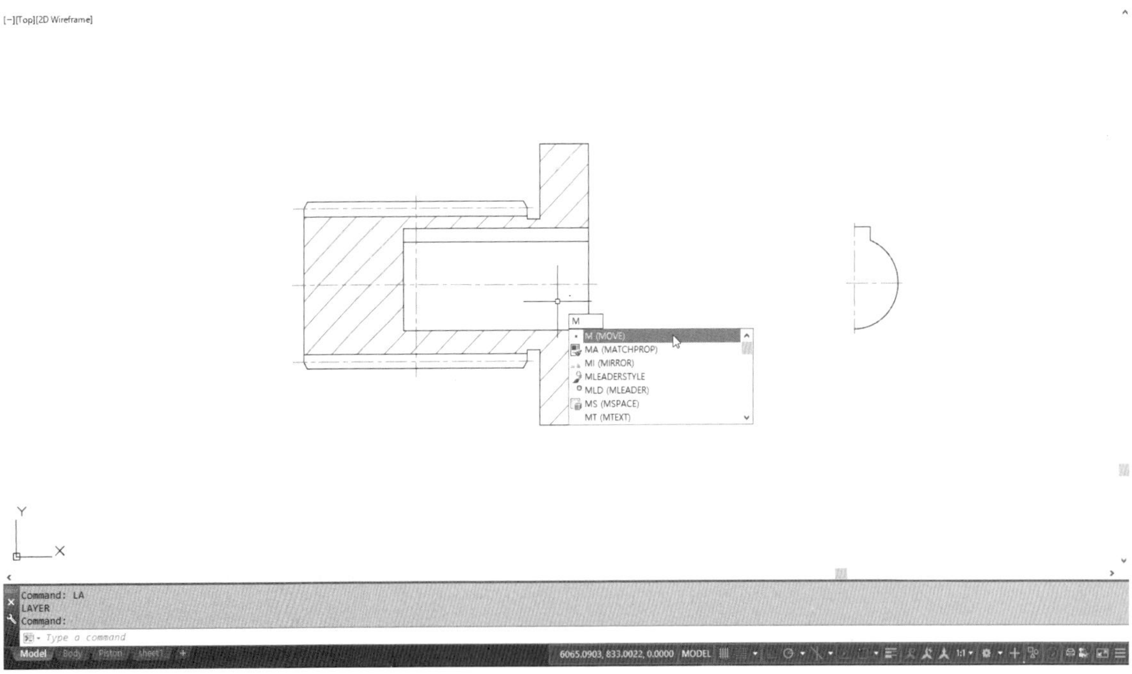


그림 7-76 어댑터 내부 단면에 대한 해칭 표시 후 두 형상 간의 거리를 검토하고 Move 명령을 이용하여 적절히 배치할 수 있도록 한다.

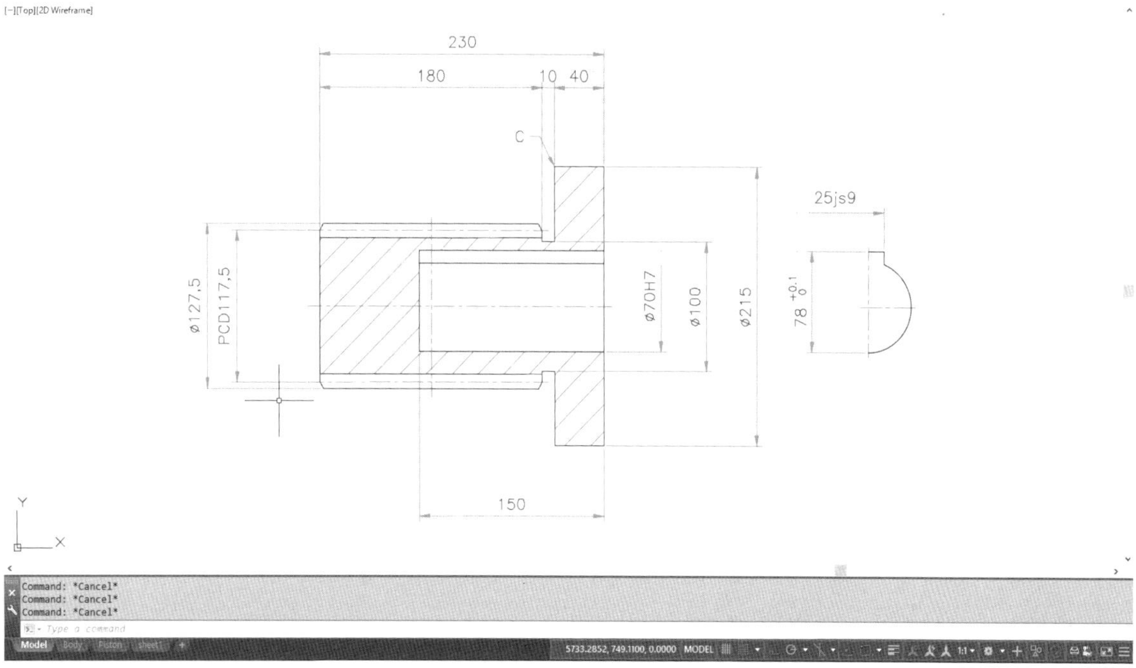

그림 7-77 이전 피스톤 도면의 예와 같이 Dimension Style manager를 사용하여 치수나 보조선 등에 대한 설정을 완료한 후 치수 및 공차 등을 기재한다.

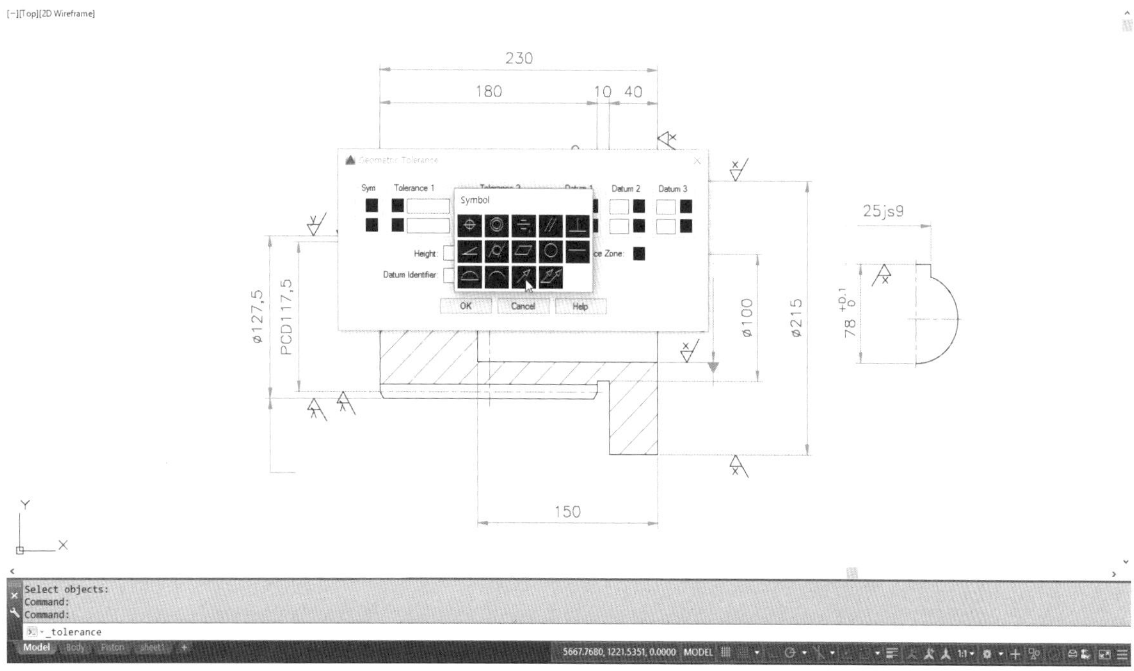

그림 7-78 표면 거칠기 기호 블록을 호출하여 표면 거칠기 기호를 필요한 위치에 배치한다. Qleader 명령을 사용하여 형상 공차가 들어갈 부분에 지시선을 배치한 후, 기하 공차를 입력한다.

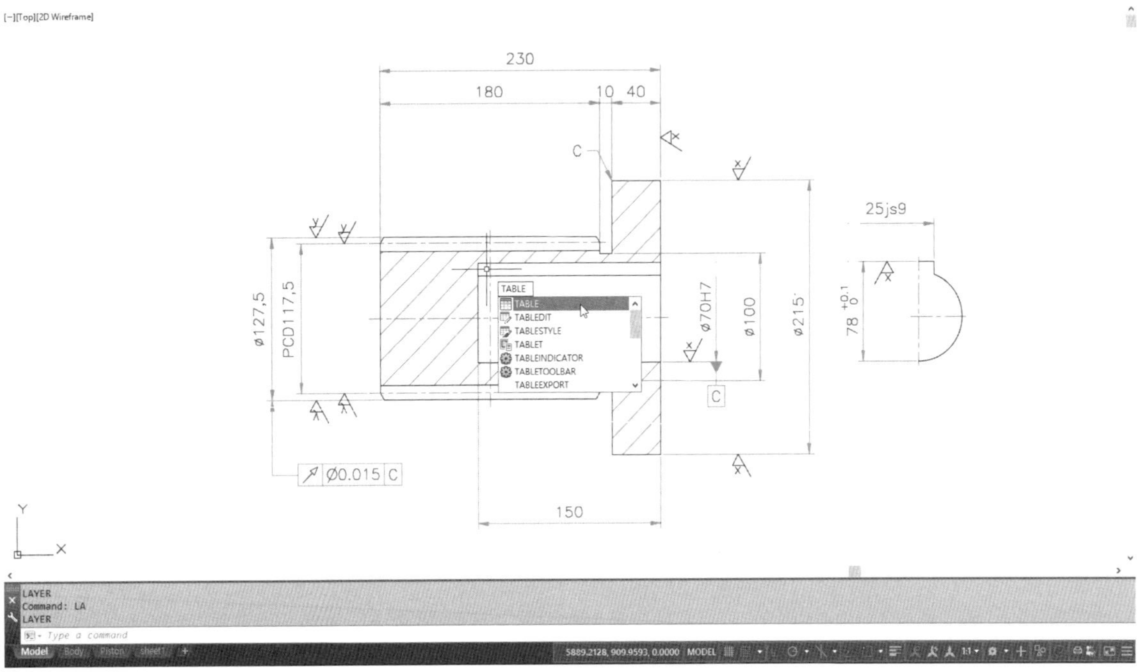


그림 7-79 치수와 표면 거칠기 그리고 기하공차 입력 내용을 확인 후 Table 명령을 사용하여 기어 정보 입력을 위한 테이블을 생성한다.

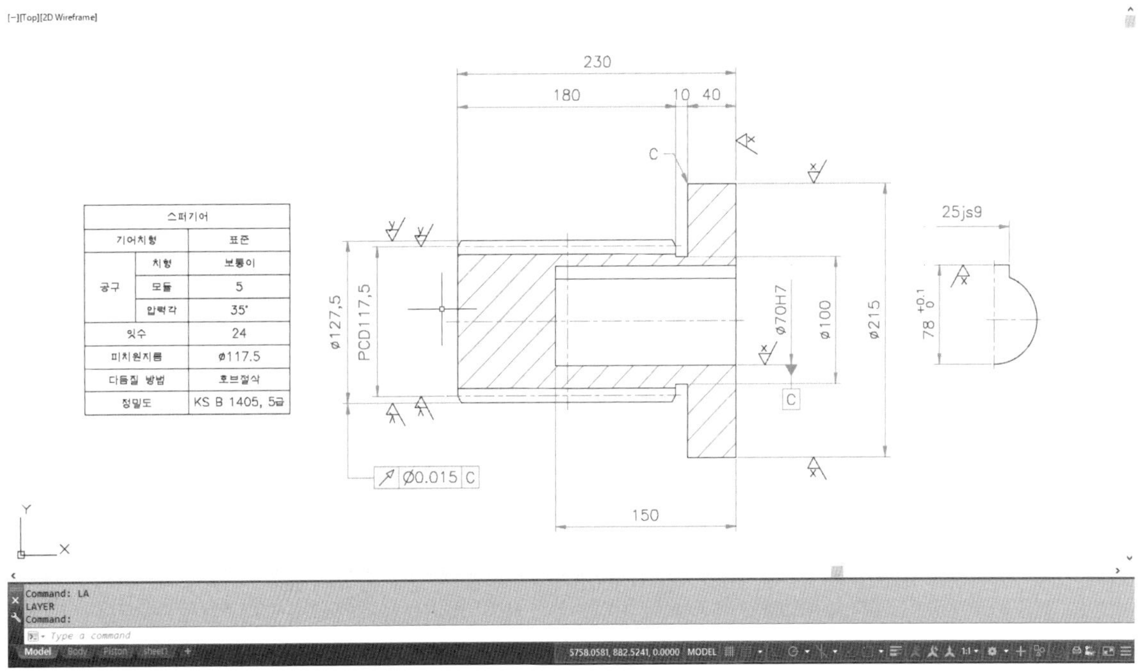


그림 7-80 기어 정보 테이블을 형상 좌측에 배치하고 Mtext 명령을 사용하여 테이블의 각 항목을 기재한다.

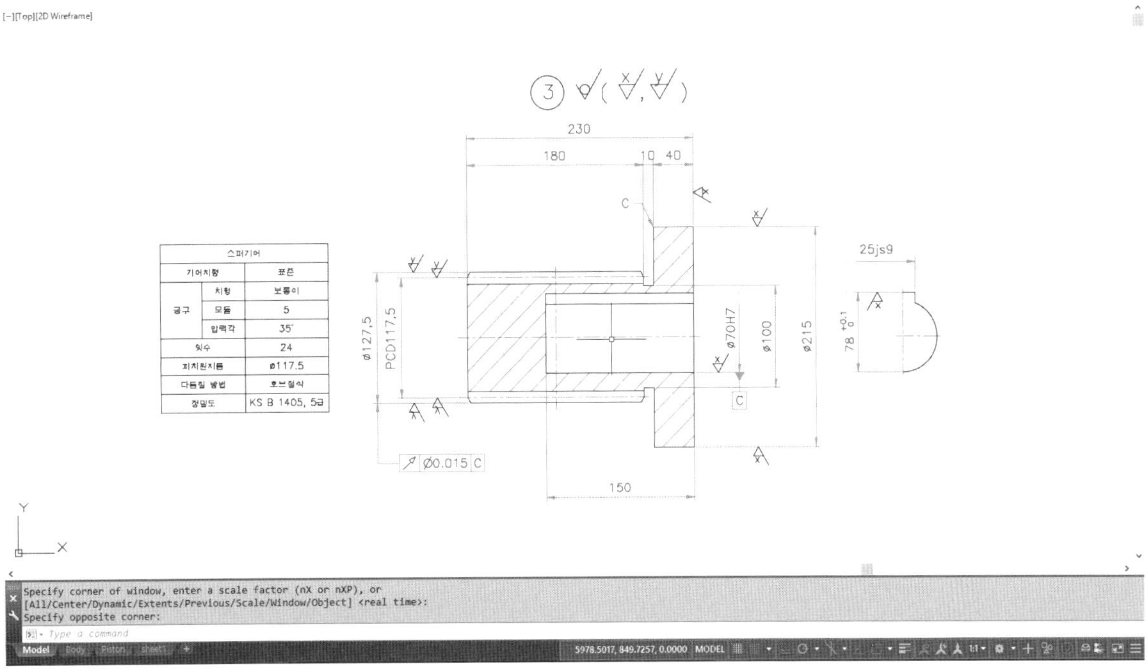

그림 7-81 Mtext 명령을 사용하여 도면 상단에 부품번호와 표면 거칠기 기호를 기재한다. 괄호 속에 표면 거칠기 기호를 호출하여 배치한 크기 등을 조절한다.



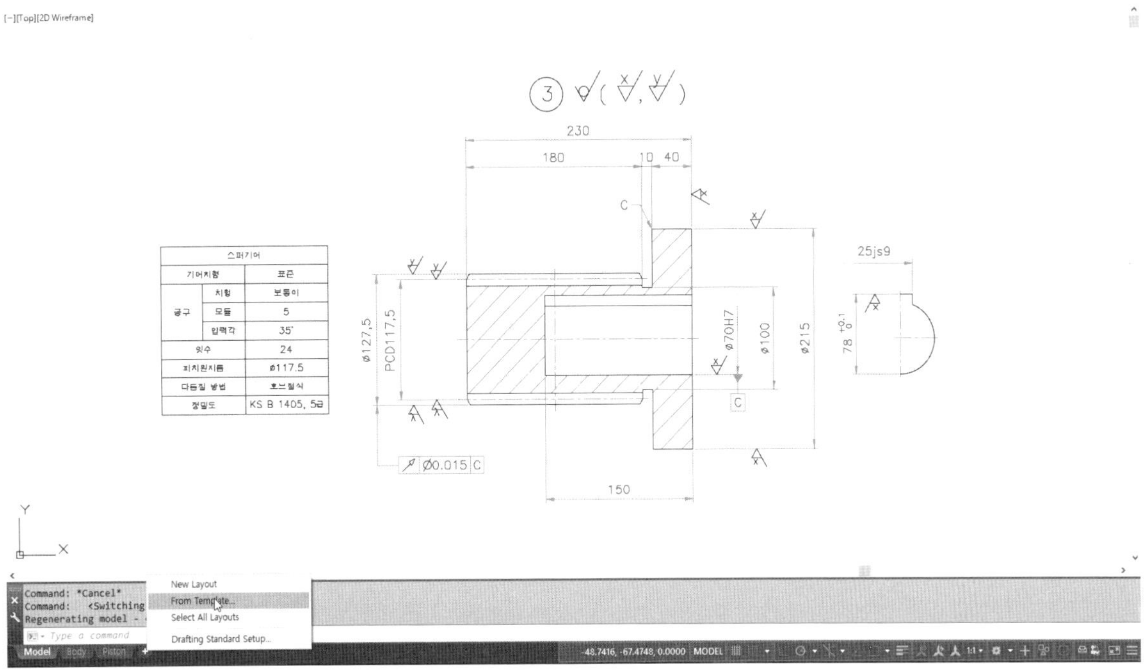

그림 7-82 레이아웃 화면에서 도면 프레임을 템플릿 파일에서 호출한다.

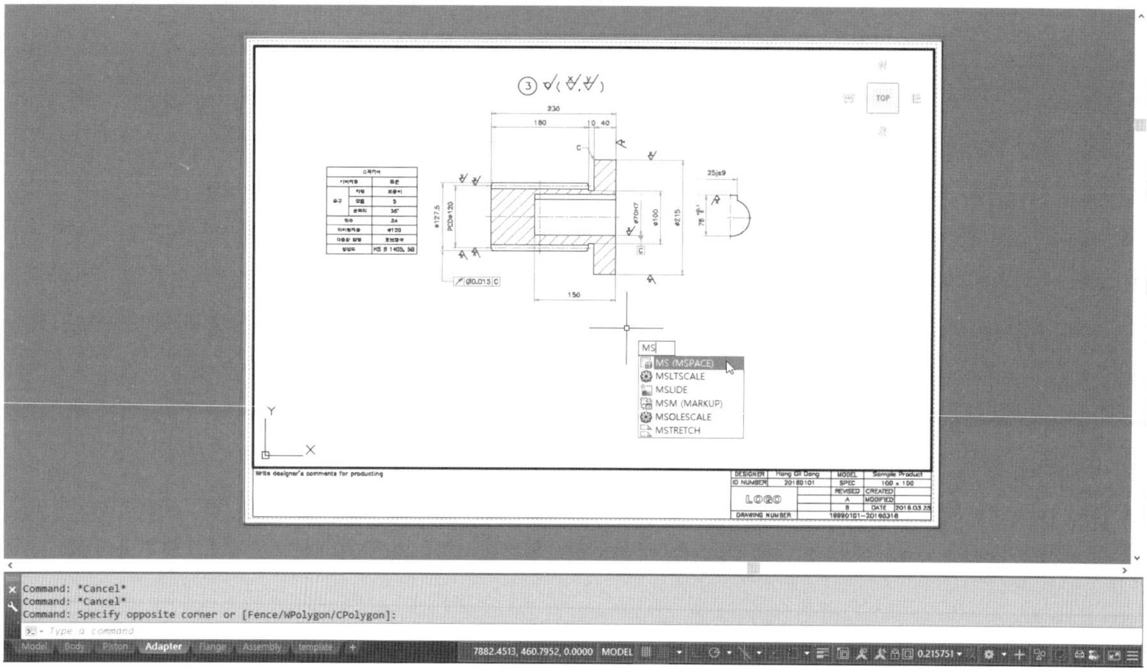




그림 7-83 Mview(MV) 명령을 사용하여 템플릿에 형상 영역을 지정한다. Mspace(MS) 명령을 사용하여 생성된 형상 영역으로 전환하여 형상을 템플릿 크기에 맞도록 확대, 축소하여 배치한다.

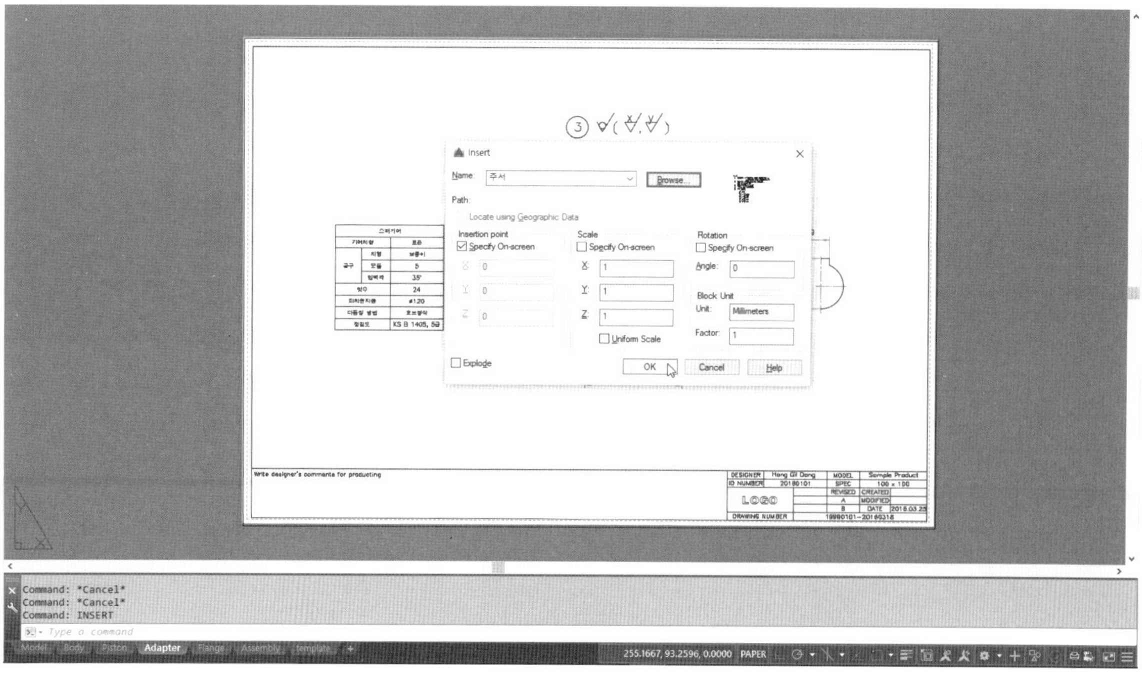


그림 7-84 Insert 명령을 사용하여 도면에 주서 내용이 입력된 파일을 블록으로 호출하여 배치한다.

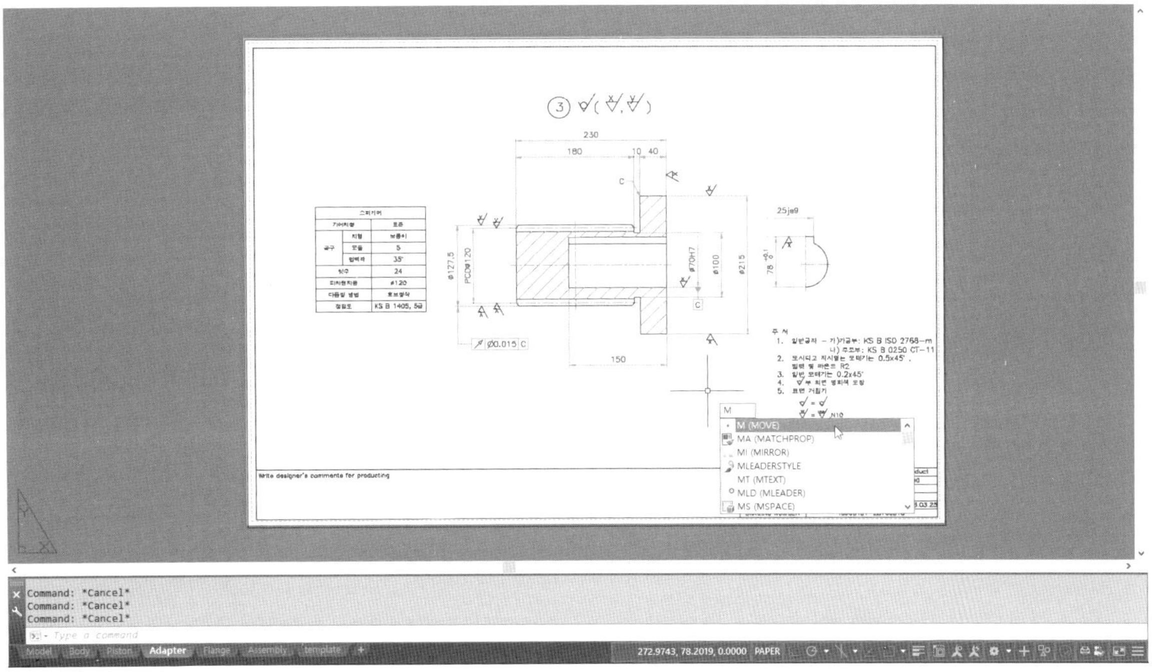

그림 7-85 블록을 표제란 상단에 배치한다.



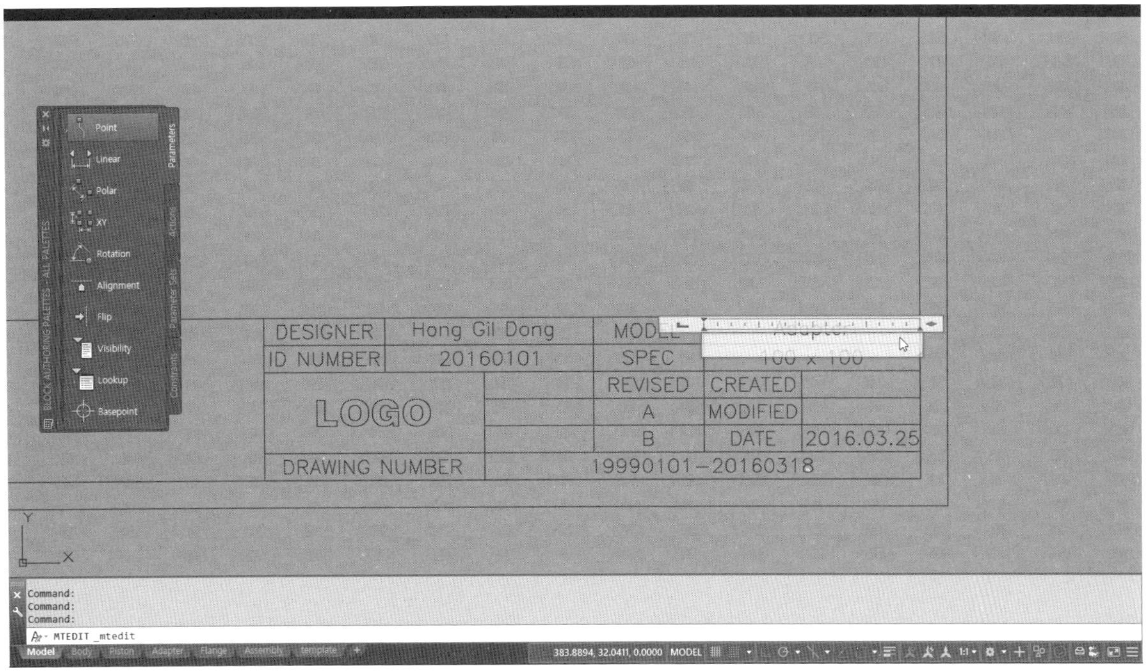

그림 7-86 표제란의 내용을 더블 클릭하여 필요한 내용으로 수정한다.

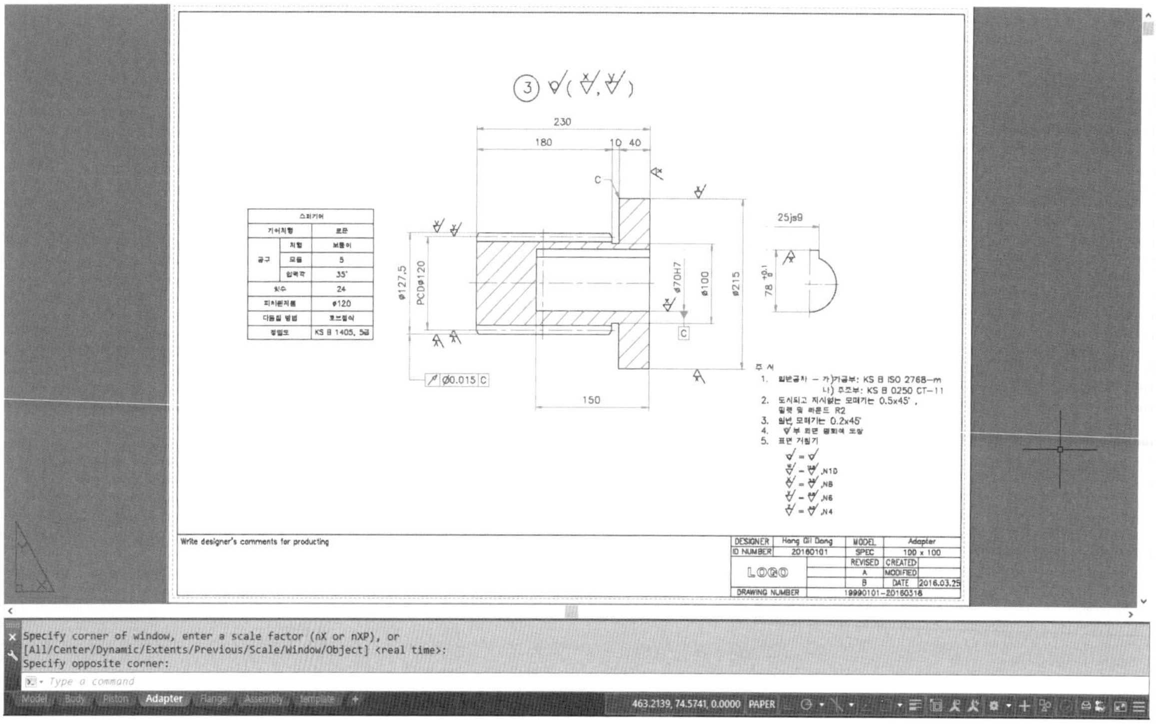

그림 7-87 도면이 완료된 후 피스톤 도면과 같은 방식으로 점검 및 출력 절차를 진행한다.

# 7.4 바디 도면 생성

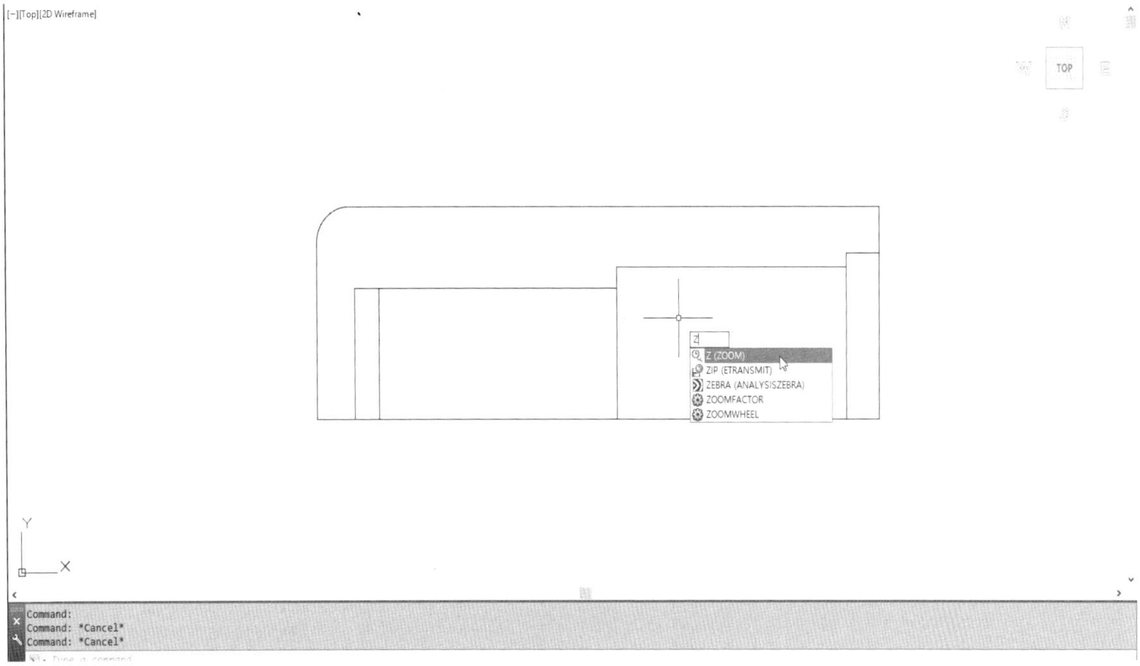


그림 7-88 새로운 작업을 시작하여 바디 형상의 외부를 모델링 한다.

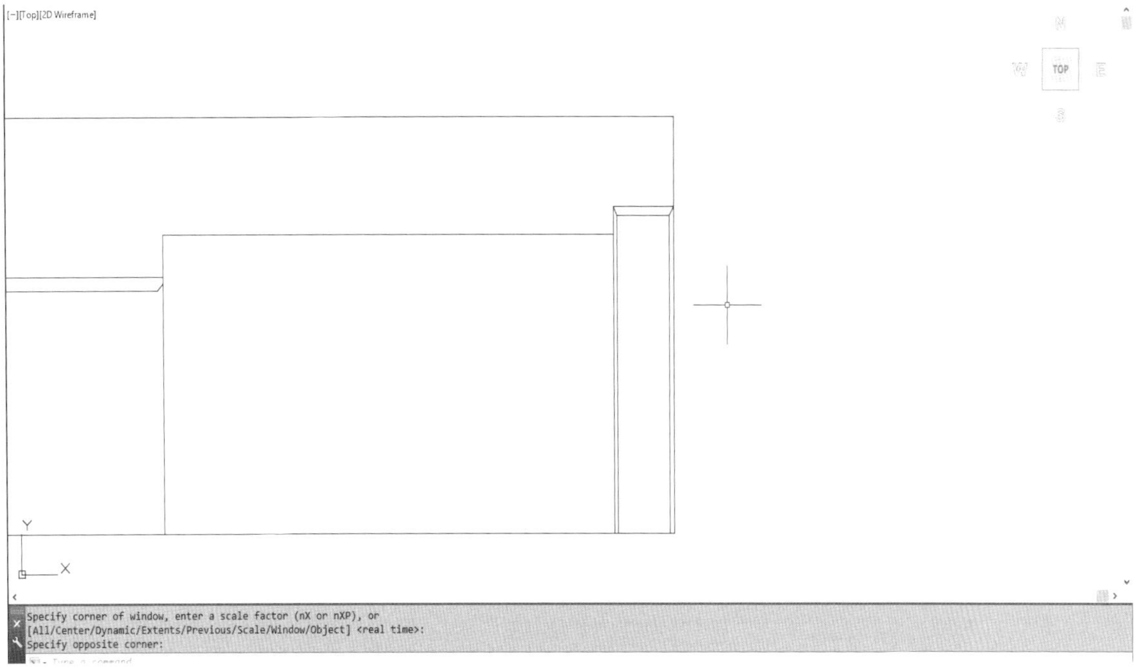


그림 7-89 바디 내부의 오른쪽 부분을 확대하여 연결부를 모델링한다.

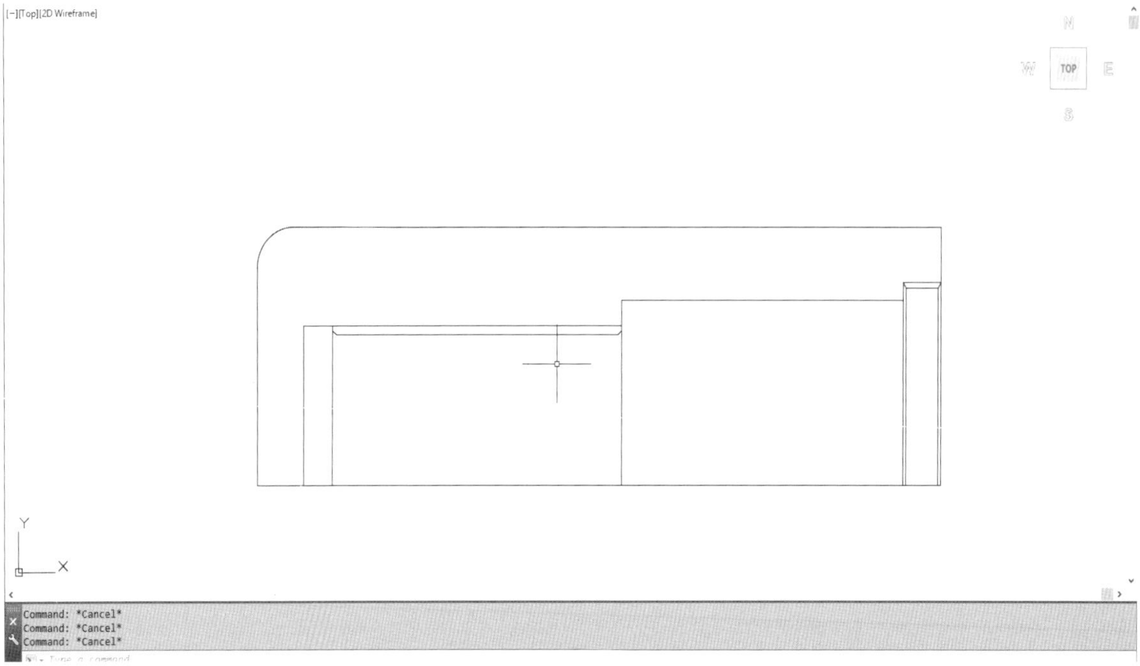




그림 7-90 바디 형상의 내경 나사 부분에 대한 모델링을 완료한다.

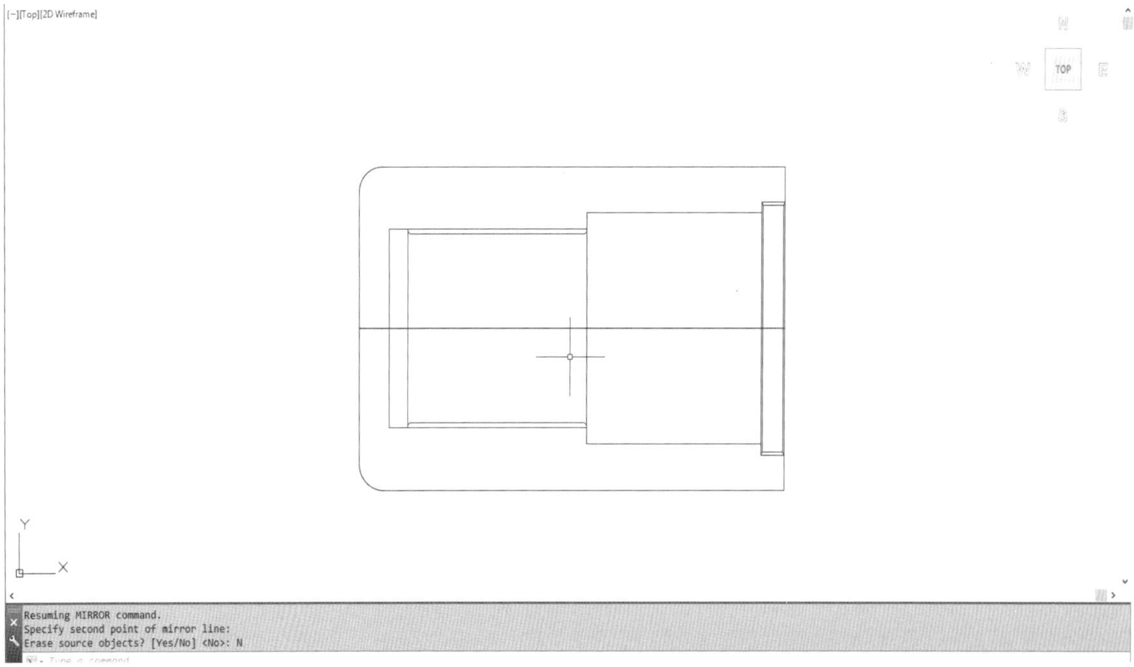


그림 7-91 Mirror 명령을 사용하여 생성된 형상을 대칭 복사하여 바디 형상의 내외부 모델링을 완료한다.

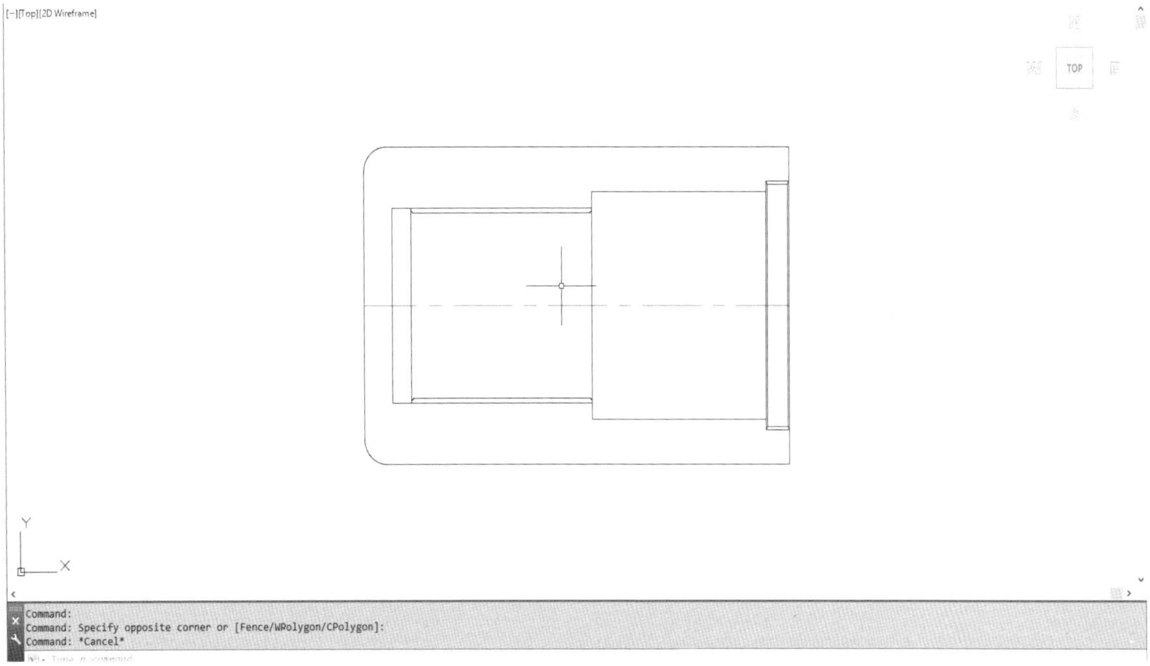


그림 7-92 붉은색과 일점쇄선의 선 형식을 가진 도면층을 생성하여 형상의 중심선 특성을 해당 도면층으로 지정한다.



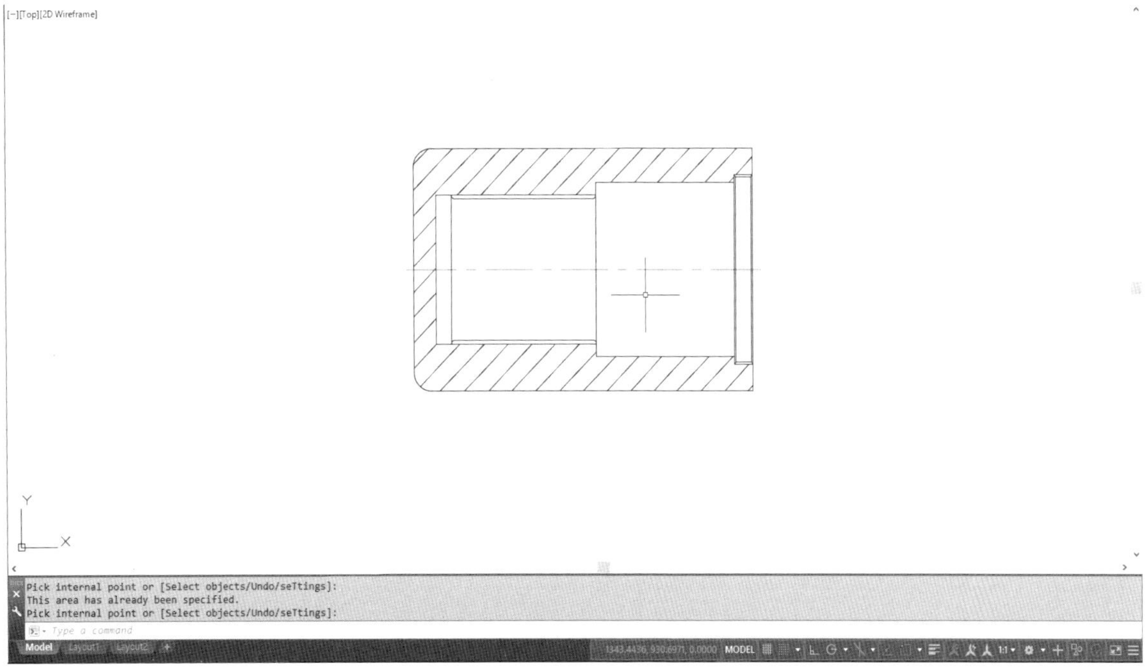


그림 7-93 중심선에 대한 조절을 한 후 Hatch 명령을 사용하여 바디 형상의 절단면에 대한 해칭선을 표시한다. 예에서는 해치 패턴의 크기를 7로 설정한다.

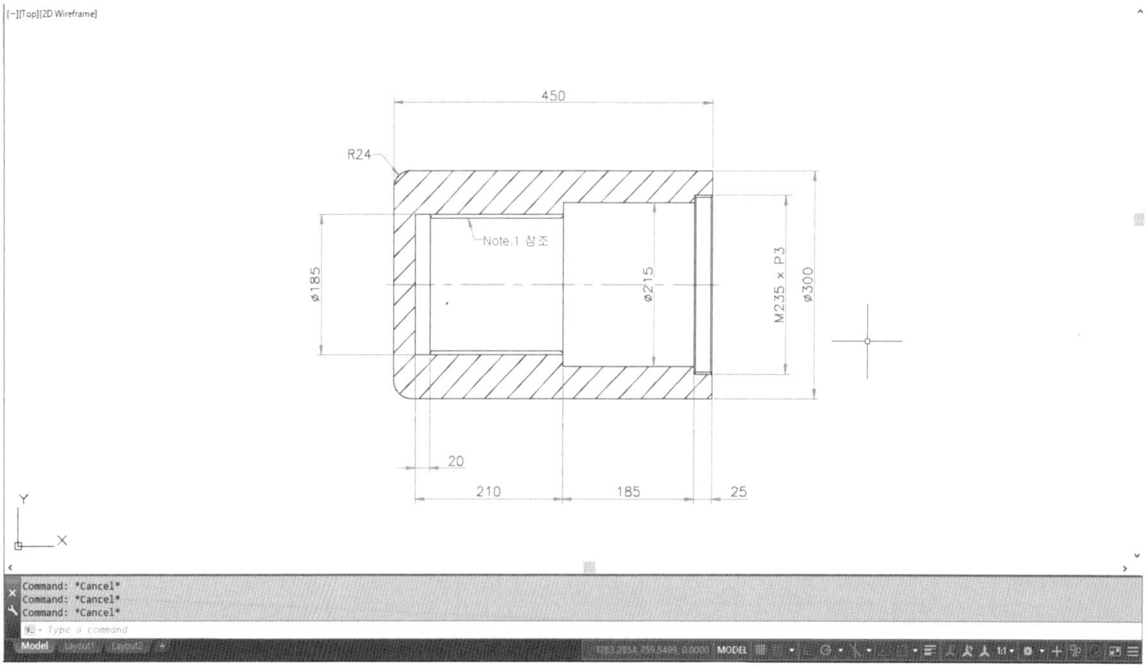




그림 7-94 치수 및 문자 입력을 진행한다.

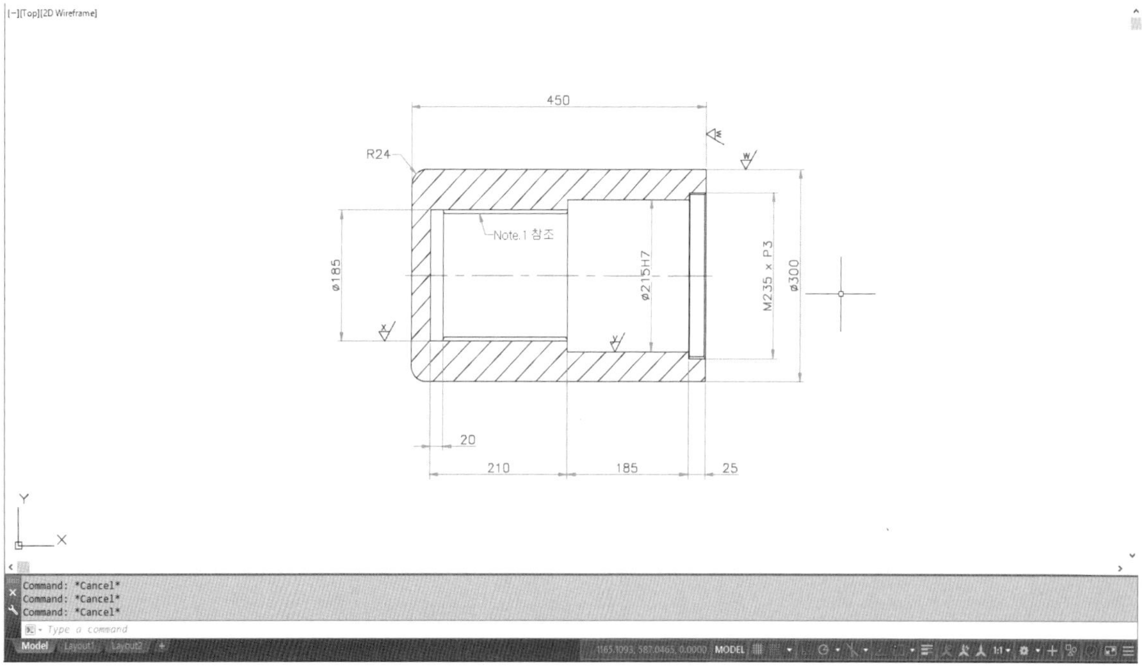


그림 7-95 표면 거칠기 기호가 포함된 파일을 블록을 호출하여 지정된 위치에 배치한다.

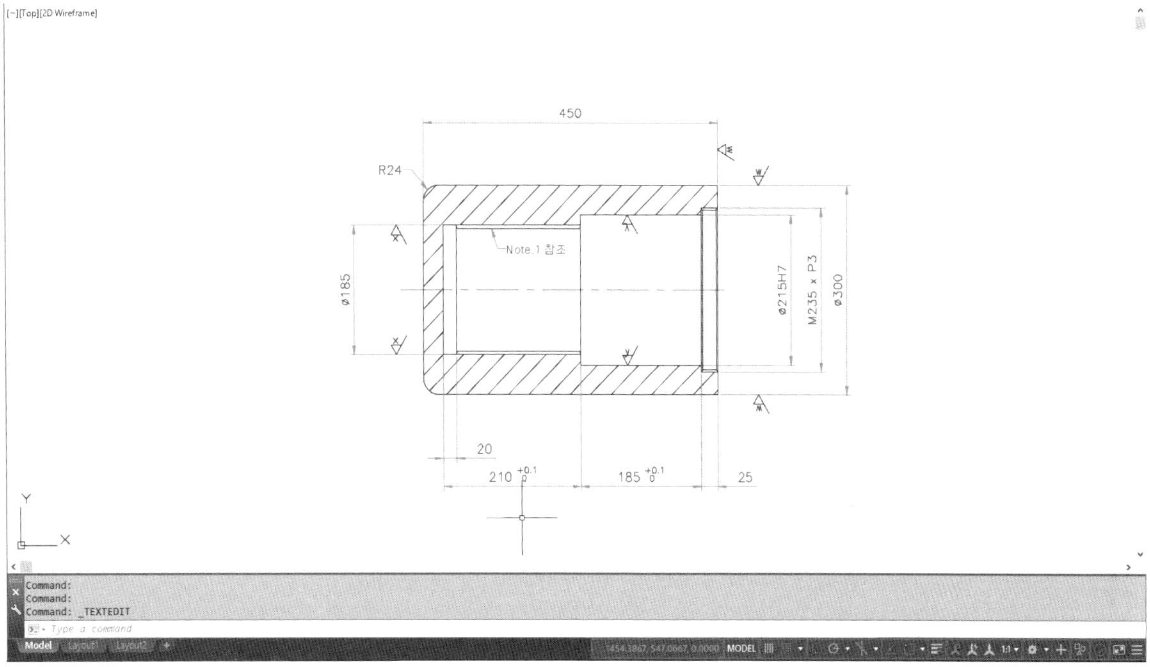


그림 7-96 공차 기재해야 할 치수를 더블 클릭으로 선택 후 치수 뒤에 +0.1^0이라고 기재한다.

그림 7-97 드래그하여 리본 메뉴의 Stack 아이콘이 활성화되면 선택하여 공차를 표현할 수 있다

특정한 표현의 공차 기재의 경우가 잦으면 Dimension style manager에서 공차 치수 기재만을 위한 치수 스타일을 생성할 수도 있다.

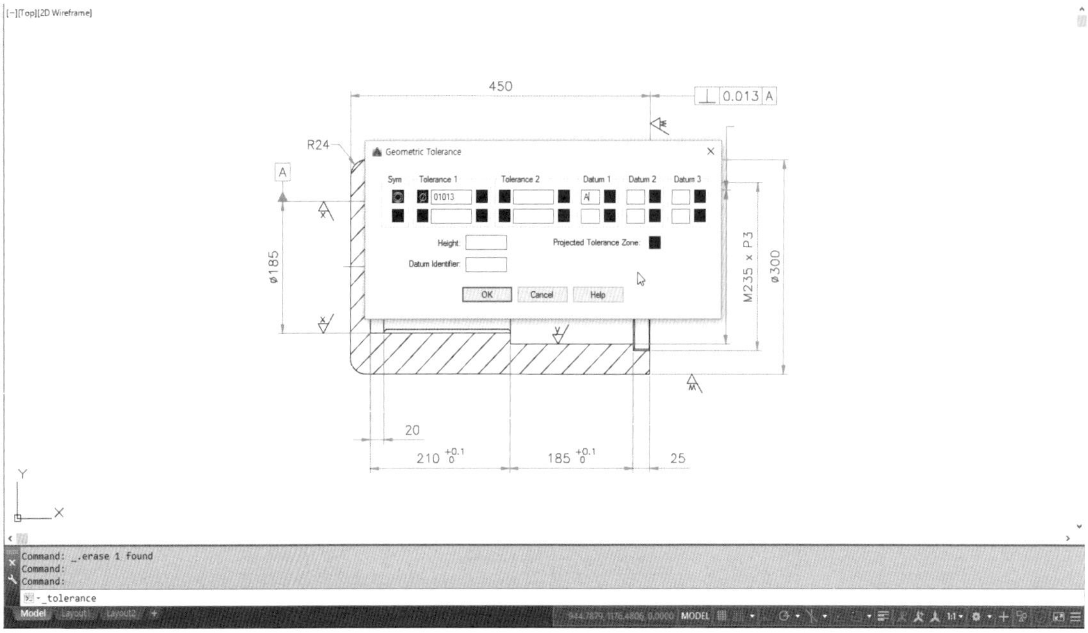


그림 7-98　Tolerance 명령을 사용하여 기하 공차를 입력한다.



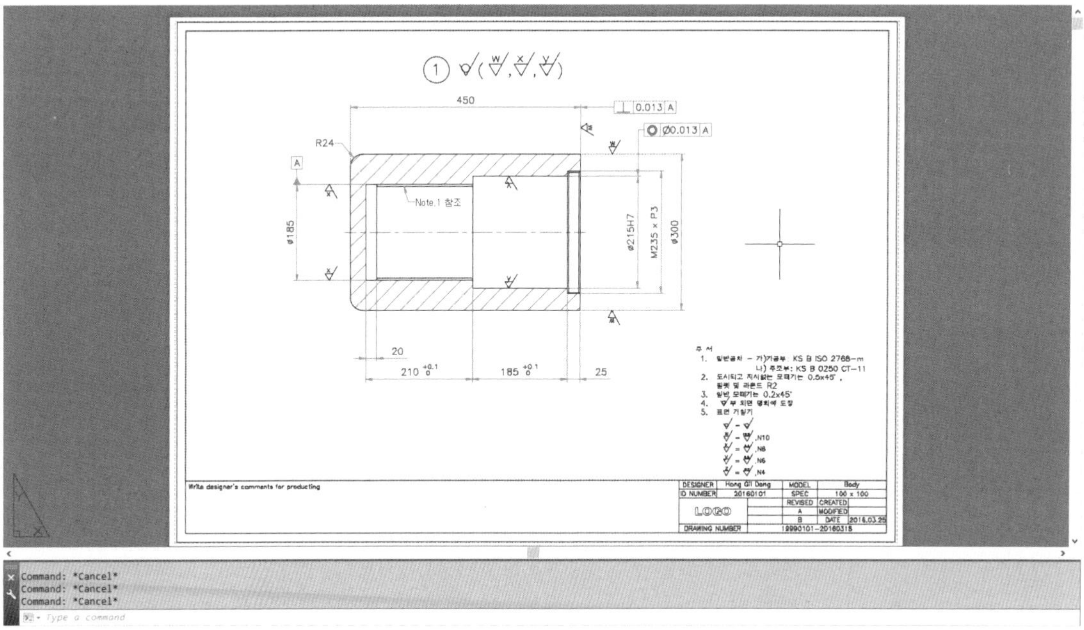


그림 7-99　레이아웃 화면에서 도면 프레임 템플릿을 적용한 후, 주서가 저장된 파일을 블록을 호출하여 지정한 위치에 배치한다.

부품 번호를 형상 위에 배치하고, 기어 정보는 별도의 테이블을 사용하지 않고 공지란 내용을 기어 부분에 지시하는 방식으로 사용한다.

# 7.5 플랜지 도면 생성

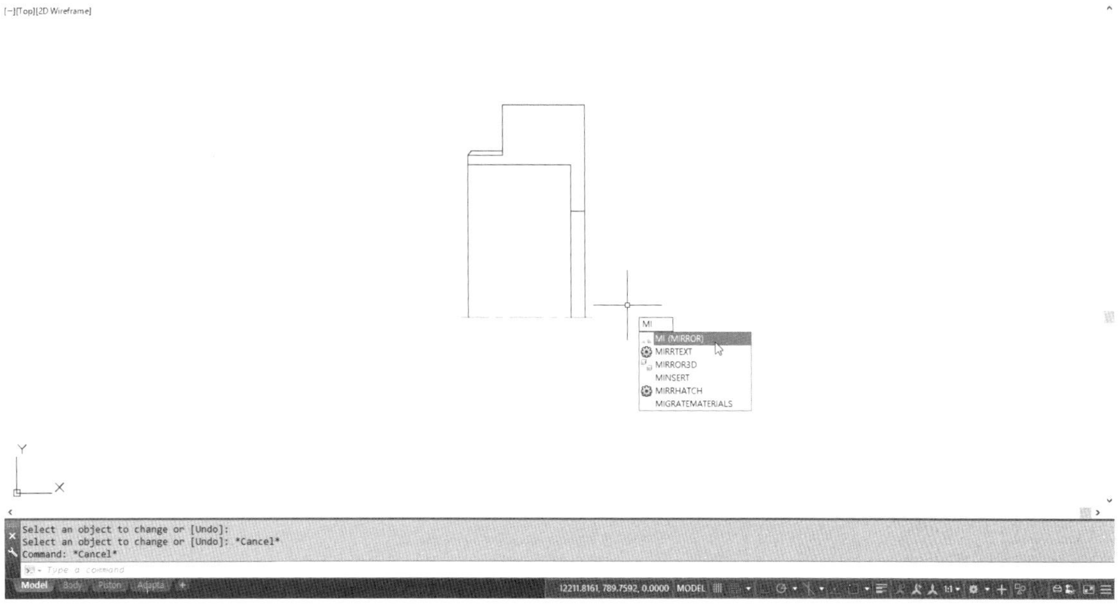

그림 7-100 새로운 파일을 시작하여 플랜지 형상을 모델링 한 후 이전 도면에서와 같은 중심선 도면층을 생성하여 중심선의 특성을 변경한다.

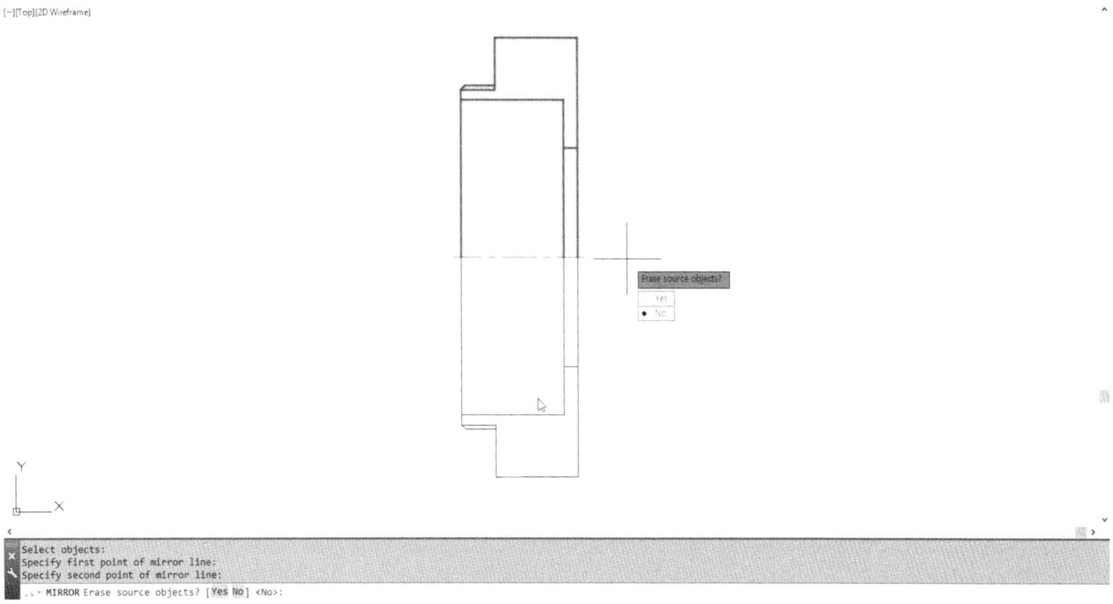

그림 7-101 Mirror 명령을 사용하여 완료된 형상의 상부를 하부로 대칭 복사한다.

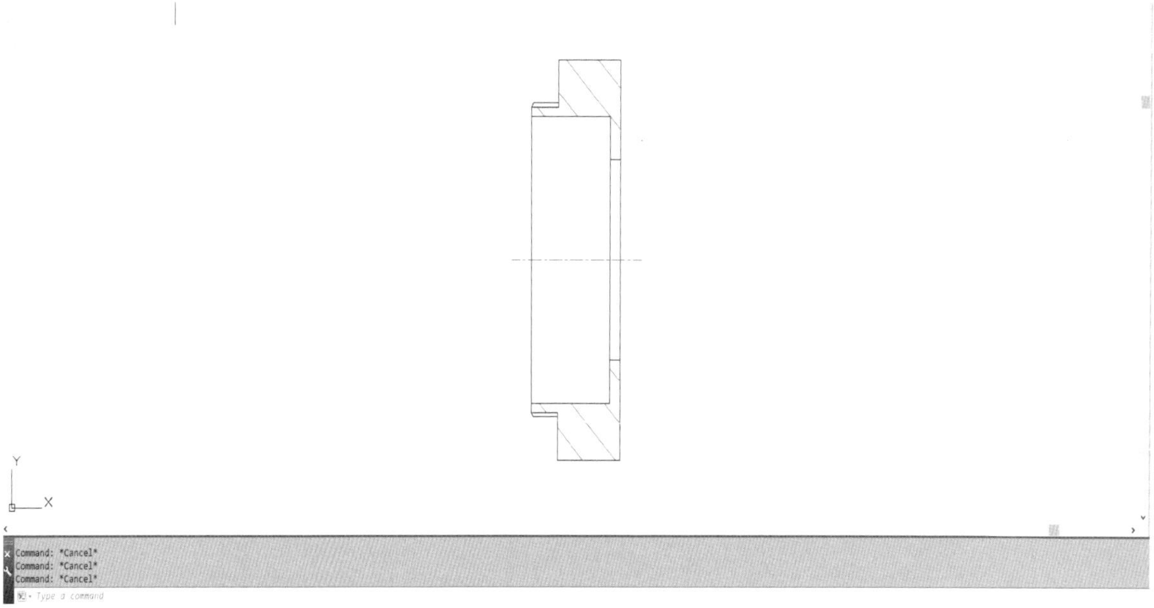

그림 7-102 Hatch 명령을 사용하여 형상의 단면 영역을 표시한다.



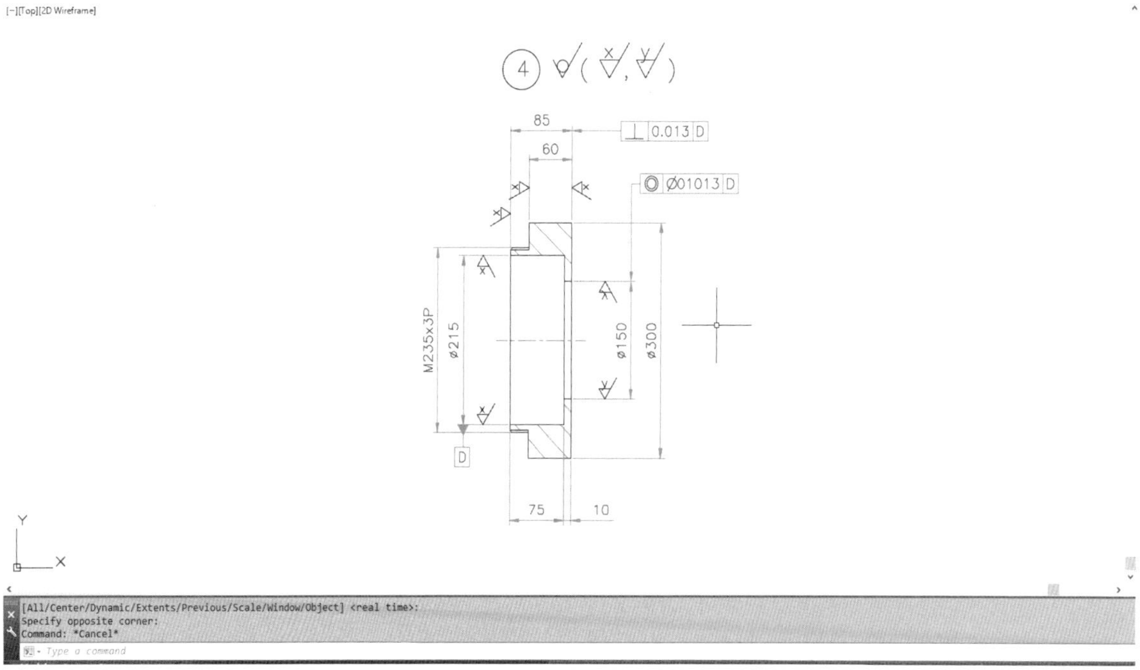


그림 7-103 Dimension Style manager를 사용하여 치수, 치수선 배치 문자 스타일을 필요한 사항으로 설정한 후, 치수, 치수 공차 및 기하 공차를 기재한다.

표면 거칠기 기호를 블록으로 호출하여 지정된 위치에 배치하고 배율 조절 등을 검토한다.

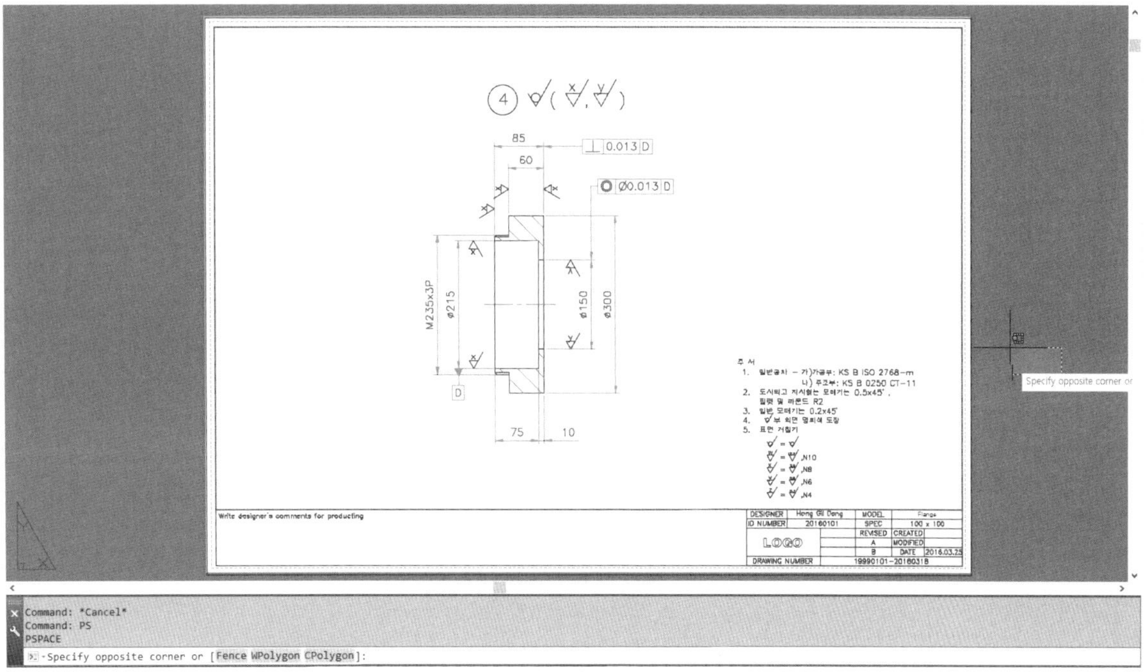


그림 7-104 레이아웃 화면에서 도면 프레임용 템플릿 파일을 호출하여 적용하고 주서를 블록으로 삽입한 후 표제란 정보를 수정하여 제도 작업을 완료한다.

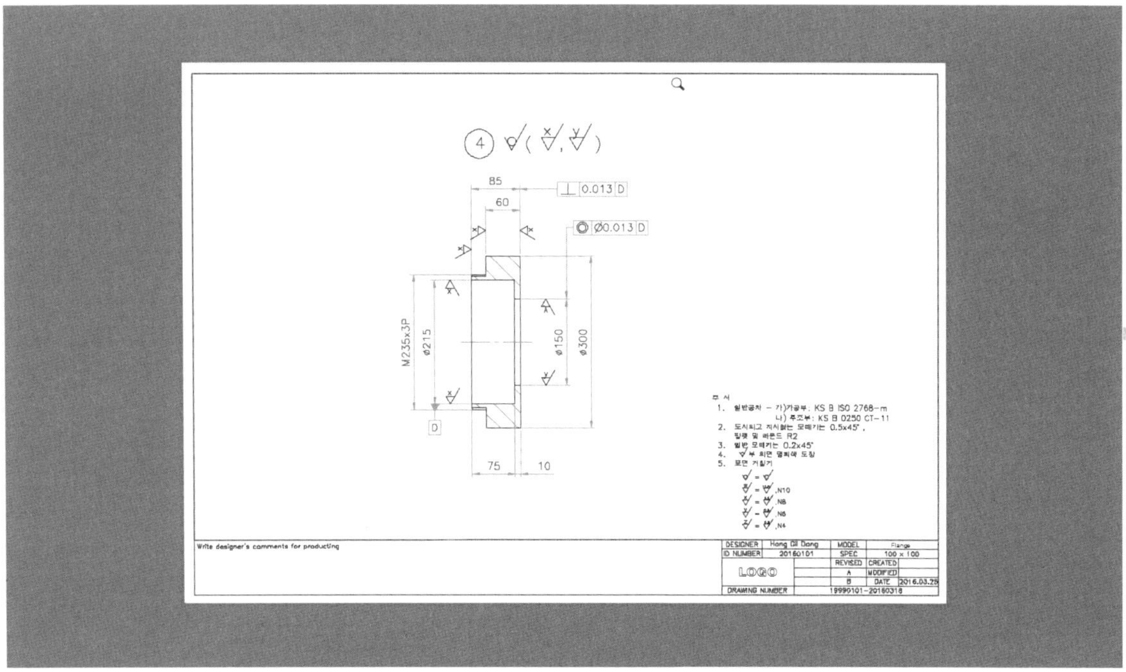

그림 7-105 도면의 출력 전 상태를 미리 보기로 확인한 후 이전 도면들과 같은 출력 절차를 진행한다.

## 7.6 조립도 생성

본 절에서 앞서 생성한 각 부품 도면을 이용하여 하나의 제품의 도면, 조립도를 생성한다. 각 파일의 내용을 복사하여 하나의 조립도를 생성할 수도 있지만, 외부 참조나 블록으로 사용하여 조립도를 구성할 수도 있다. 만일 해당 부품의 수정이나 변경 등이 발생할 수 있는 경우라면 외부 참조로 연결하는 방법이 효율적이라고 본다.

조립 과정의 편의성을 각 부품 도면에서 치수를 비롯한 주석 등에 대한 별도의 도면층을 사용하여 현재 화면에 드러나지 않도록 한다.

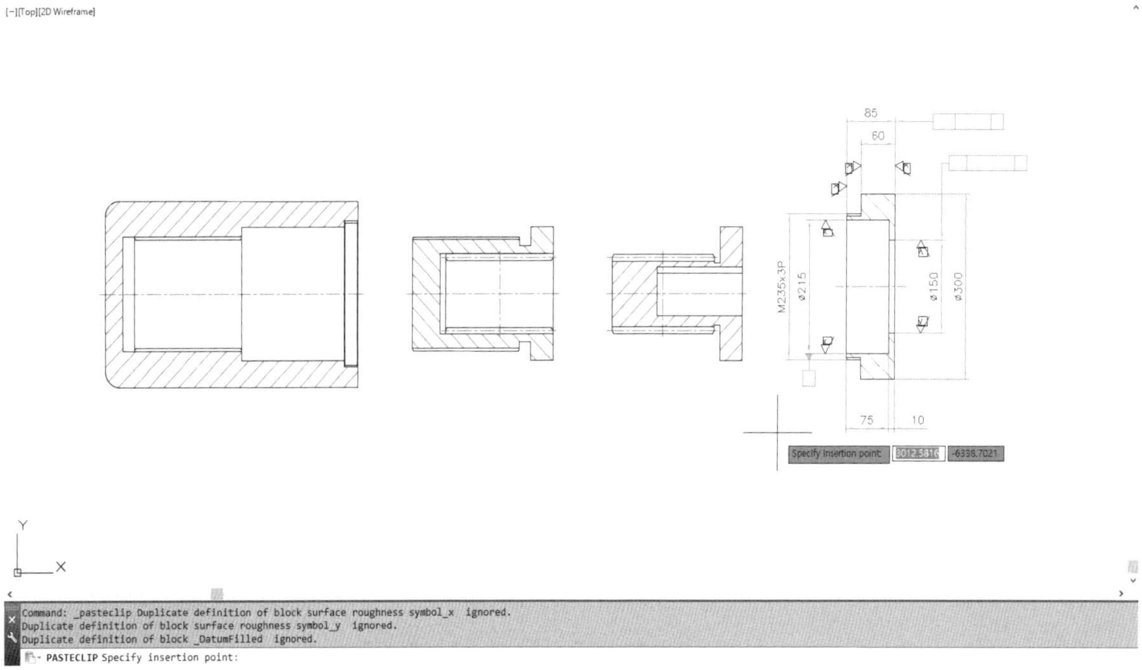


그림 7-106 조립도를 위한 새로운 파일을 시작한 후, 이전 네 개의 부품 형상을 가져온다. 작업한 네 개의 도면 파일들을 열어 각 형상을 복사하여 새 파일에 붙여넣기를 하거나 Insert 명령을 사용하여 블록으로 도면에 삽입할 수도 있다.

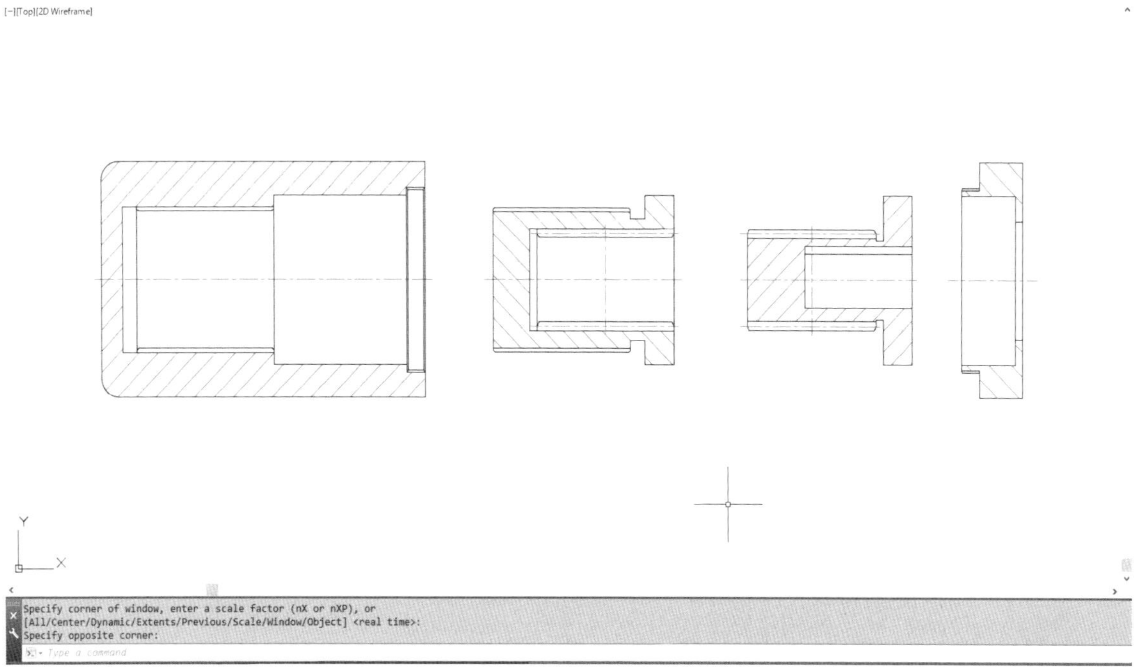


그림 7-107 모든 부품을 가져온 후, 새로운 도면층을 생성하고 화면에 나타나지 않도록 설정한 후, 각 도면의 치수와 주석 등을 새로운 생성된 도면층으로 옮긴다.



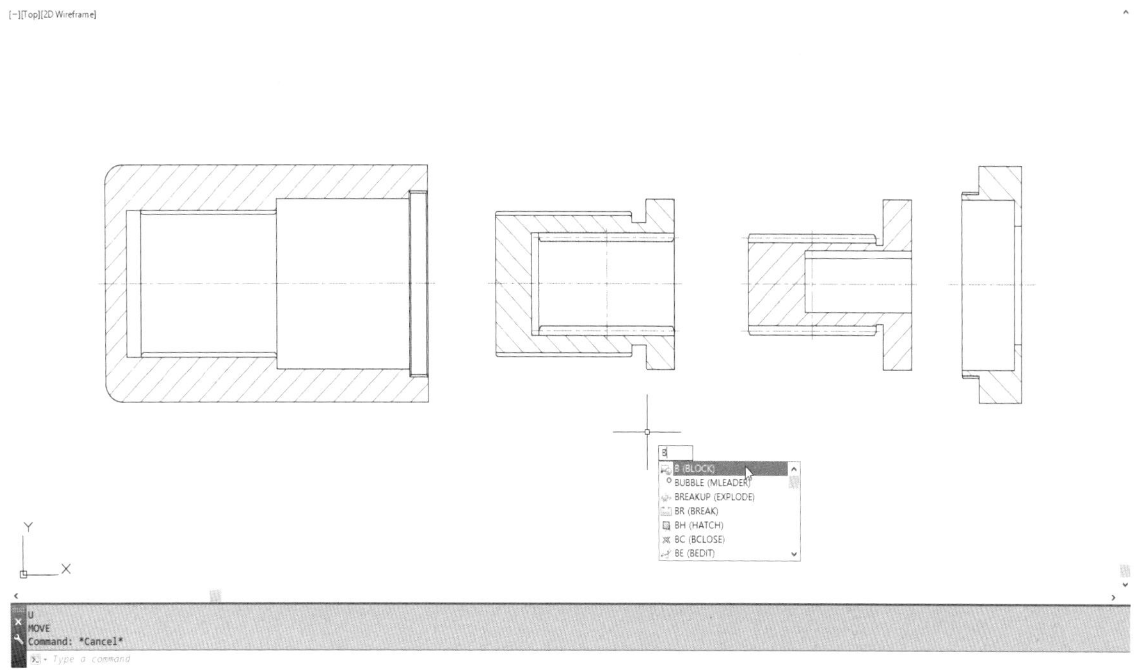


그림 7-108 예에서는 각 부품 형상을 블록 명령을 사용하여 블록으로 삽입한다.

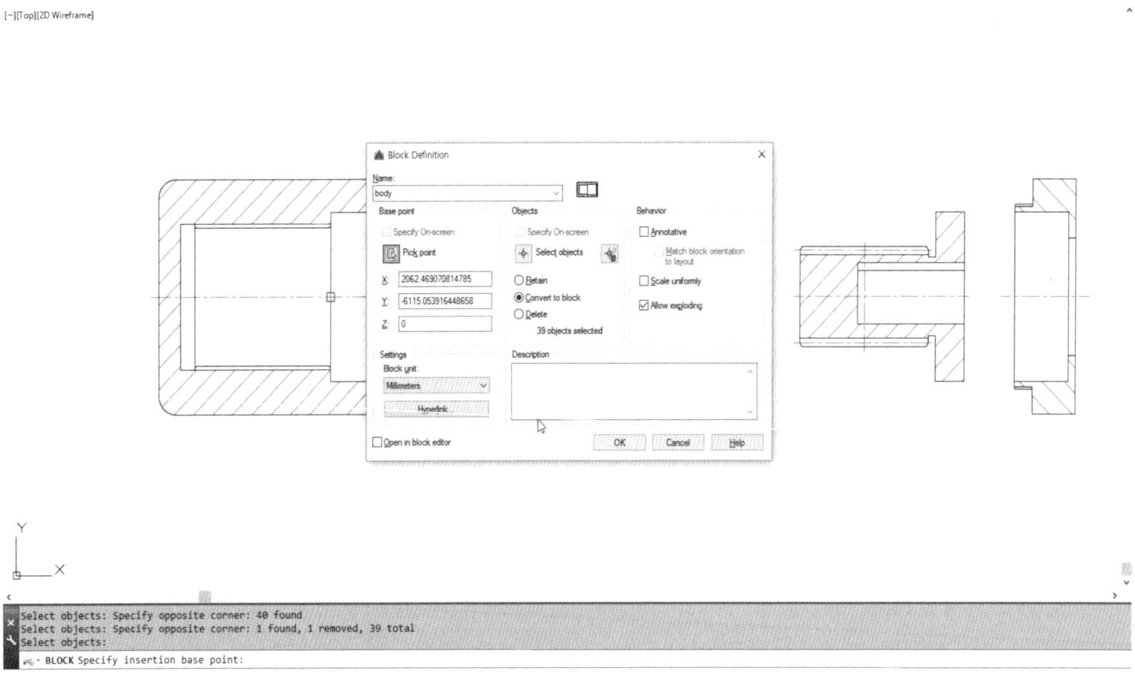




그림 7-109 형상을 단순하게 복사하여 가져왔다면 각 부품을 블록으로 만들어서 개별 부품 이름을 저장한다.

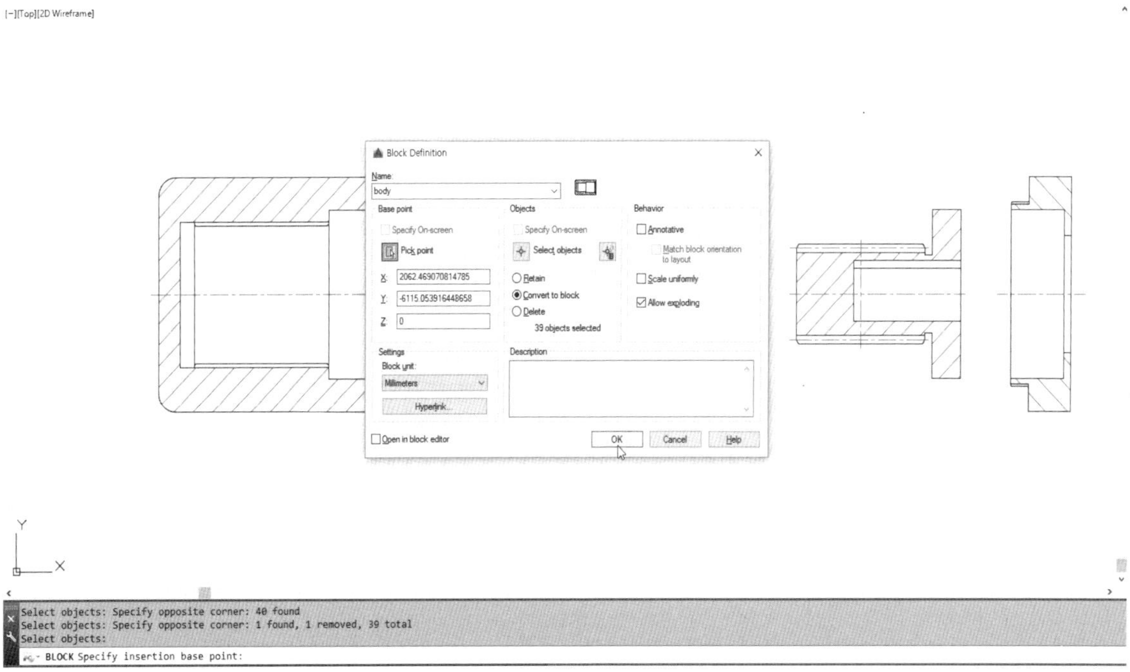


그림 7-110 Block Definition(블록 정의) 명령의 Object(객체) 선택 사항에서 Convert to block(블록으로 변환) 항목을 선택하여 블록을 만든다. 같은 방법으로 각 부품을 모두 블록으로 변환한다.

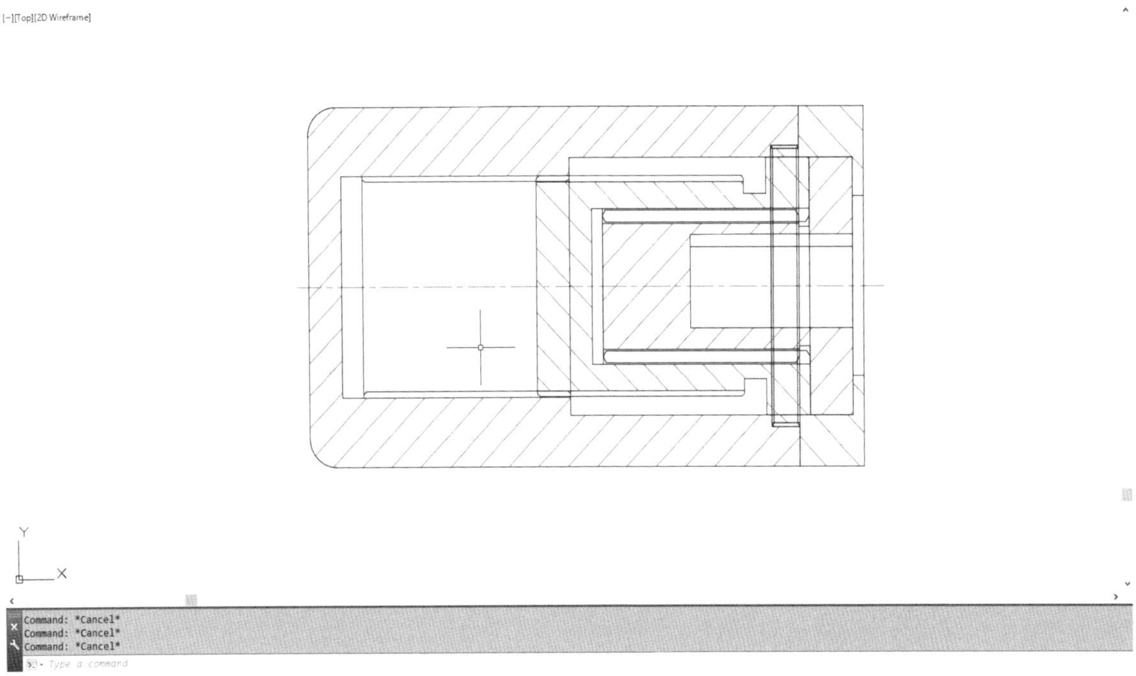


그림 7-111 블록으로 호출한 경우나 새로이 블록으로 만든 상태에서, Move 명령을 사용하여 각 부품을 조립 위치로 옮긴다.



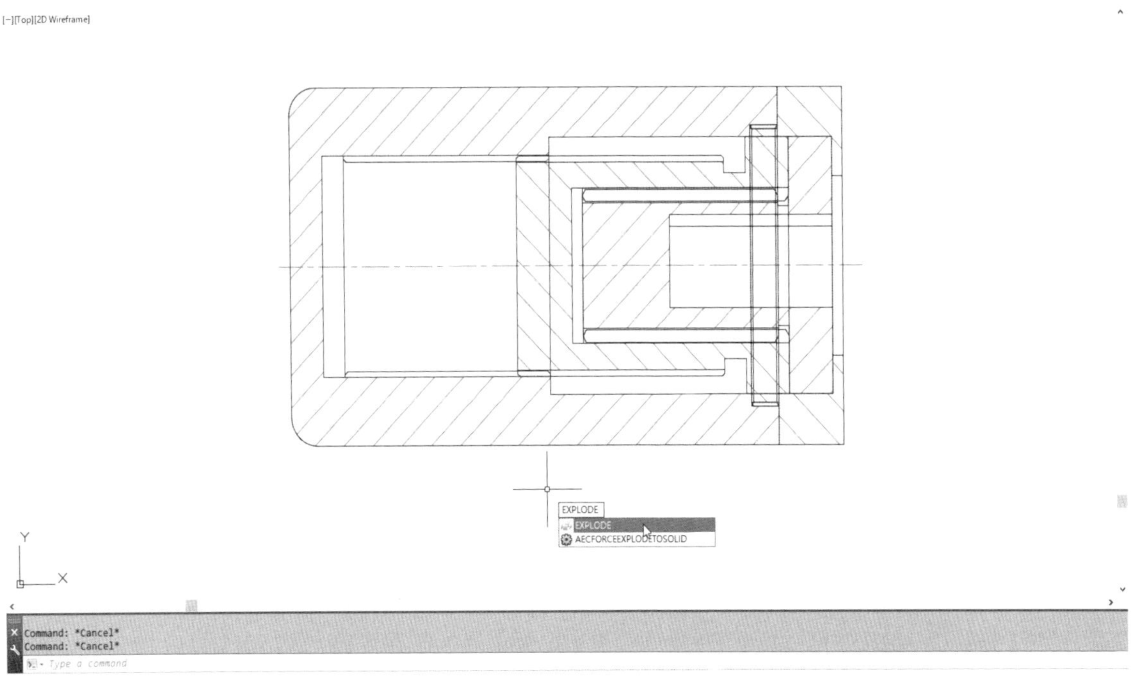


그림 7-112 조립 형상의 내부 정비를 위해 Explode 명령을 사용하여 형상 요소를 분리한다.

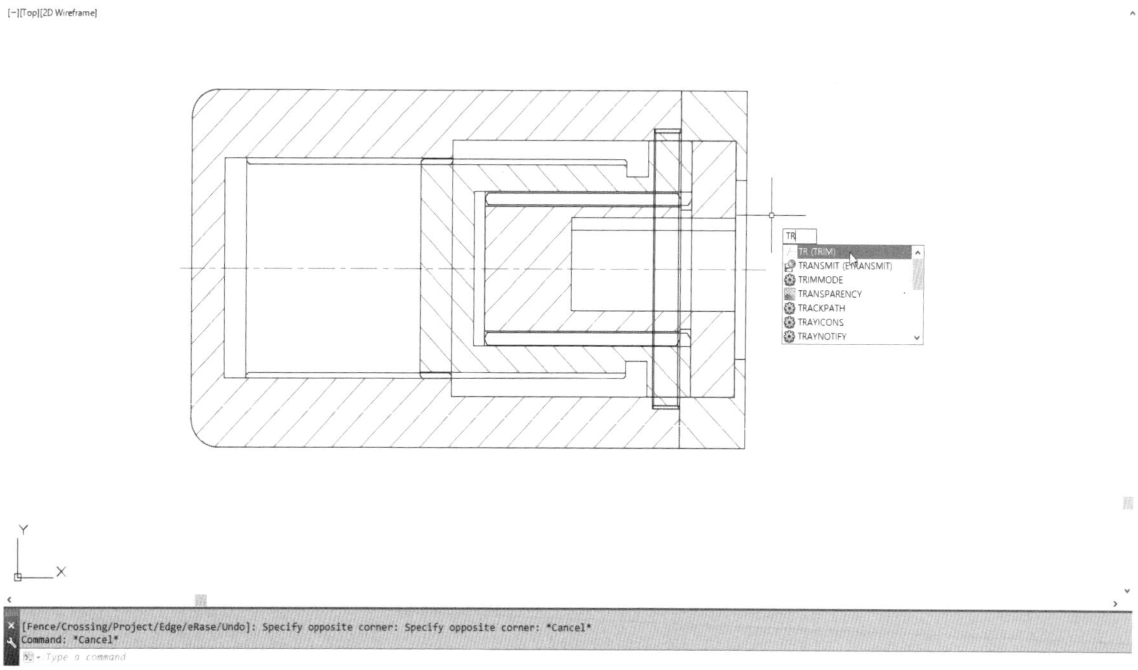




그림 7-113 분리된 형상을 Trim 명령을 사용하여 중복되는 요소 등의 불필요한 선을 정리한다.

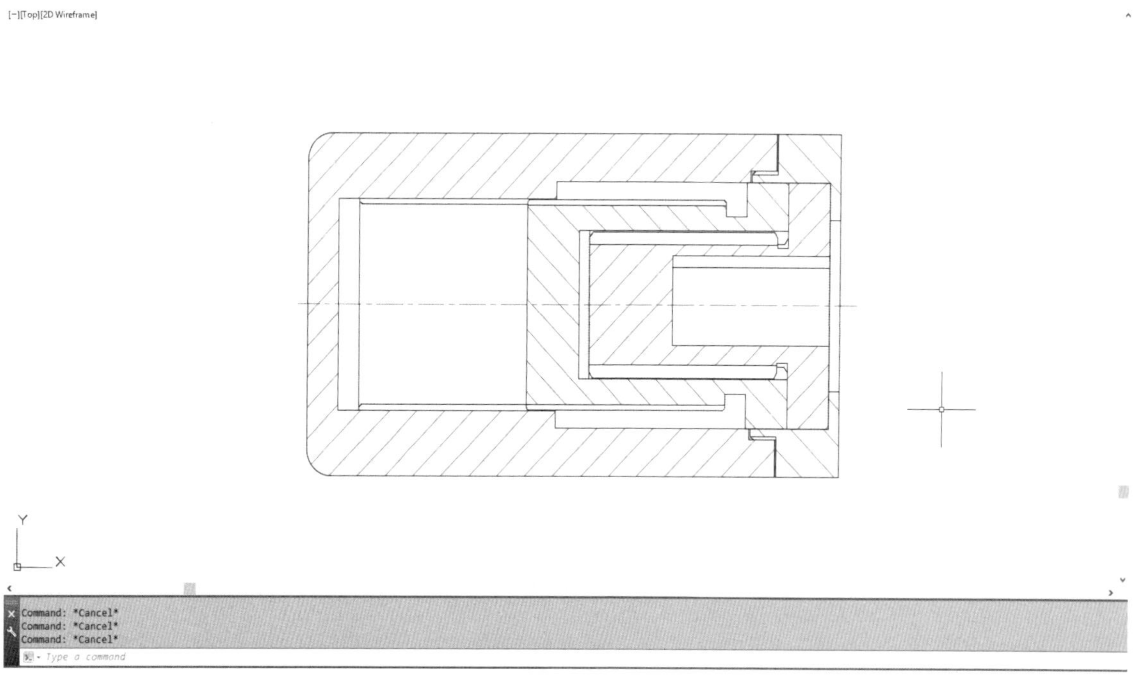


그림 7-114 불필요한 선에 대한 정리를 완료한 후, 필요에 따라 내부 부품의 형상이 명확하게 구분되도록 단면에 대한 해칭선을 수정한다.

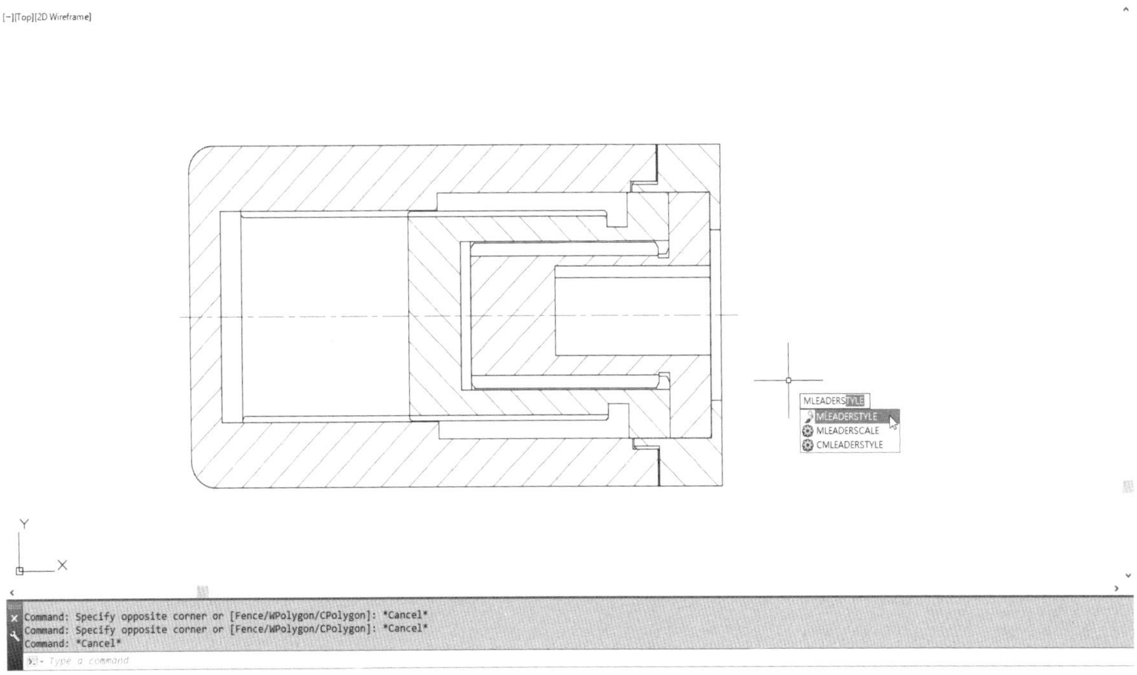


그림 7-115 Mleaderstyle Manager(다중 지시선 관리자)를 사용하여 부품 번호 삽입을 위한 지시선을 생성한다.



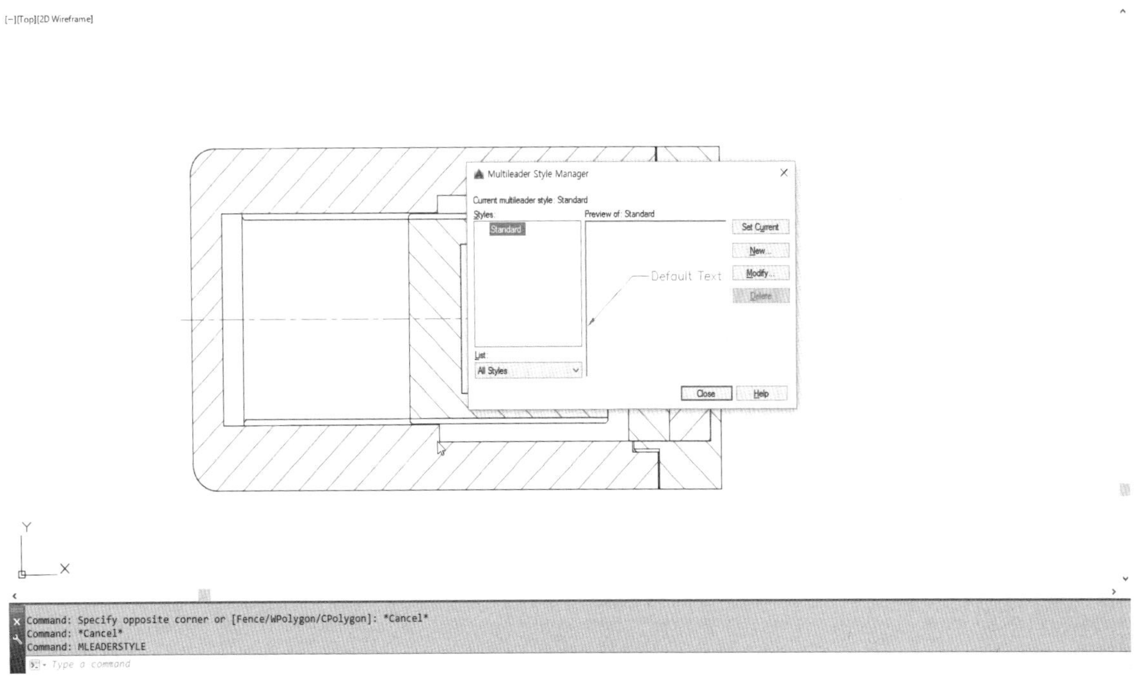


그림 7-116 Standard 스타일을 수정하기 위해 Modify를 선택한다.

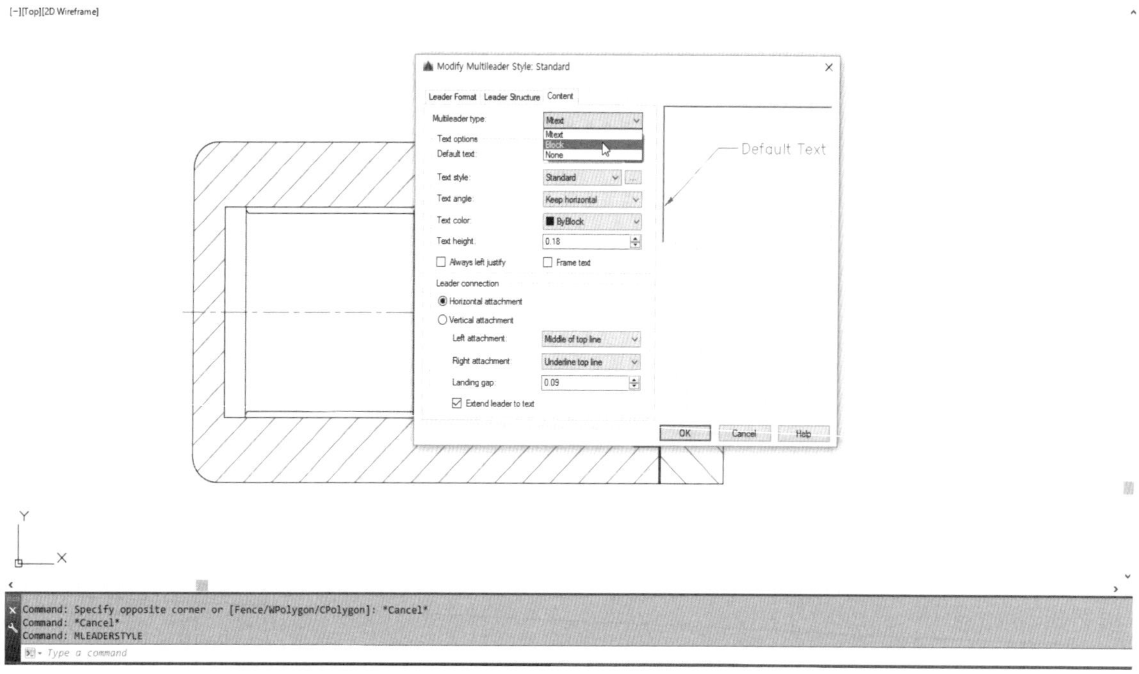


그림 7-117 Multileader Type(다중 지시선 유형)을 Block으로 변경한다.

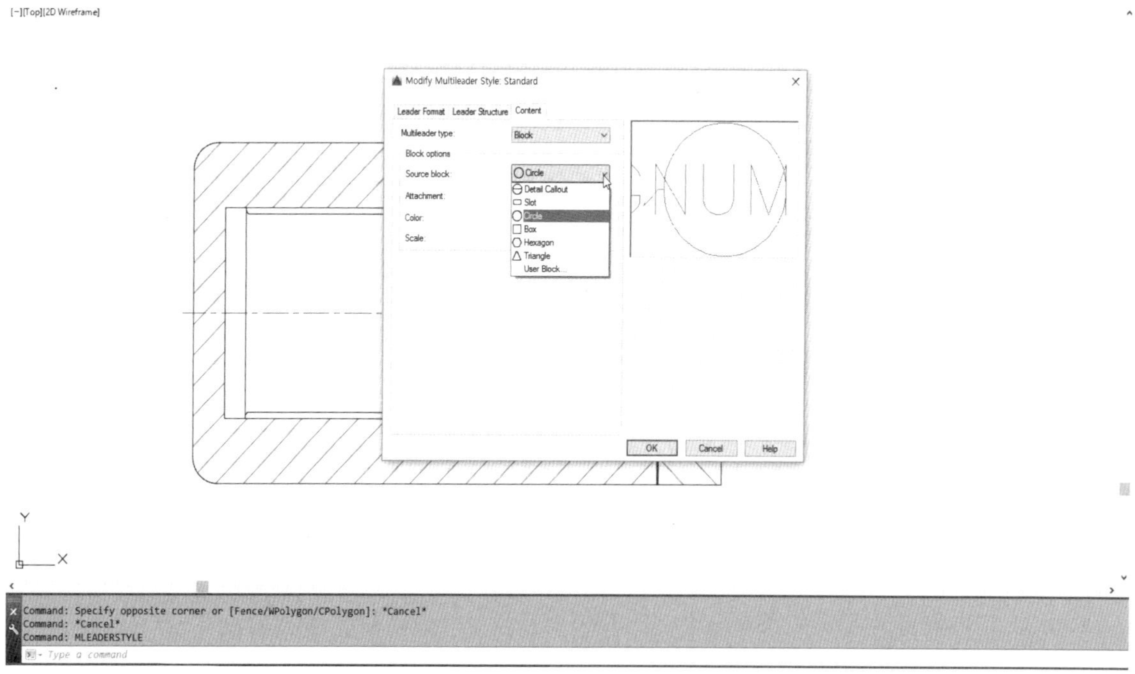


그림 7-118 Block Option(블록 옵션)의 Source Block(원본 블록)을 Circle로 선택한다.

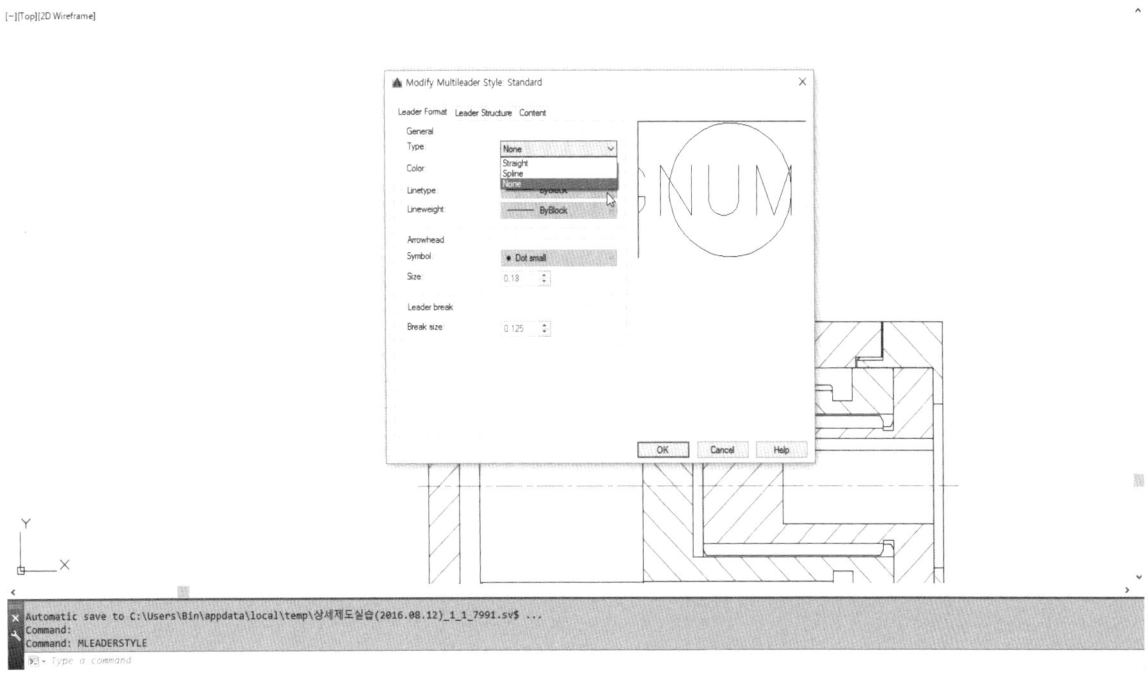


그림 7-119 별도의 지시선이 필요 없으므로 General(일반)-Type(유형):을 None으로 선택한다.



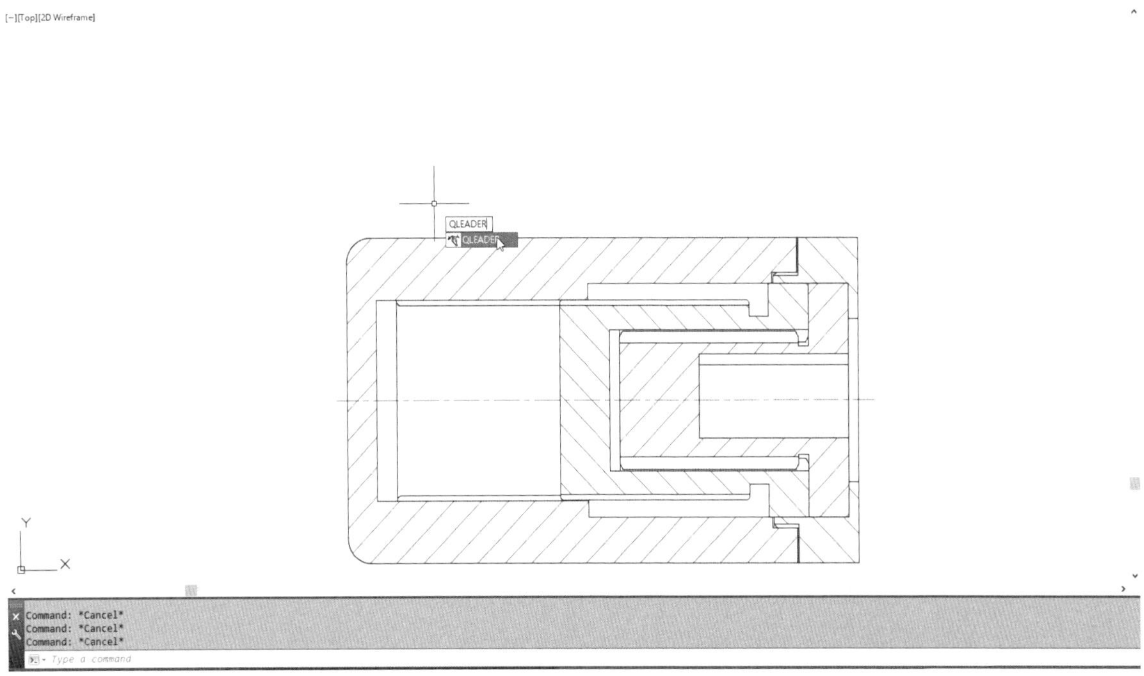


그림 7-120 각 부품에 대한 부품 번호를 표기하기 위한 지시선을 Qleader 명령을 사용하여 생성한다.

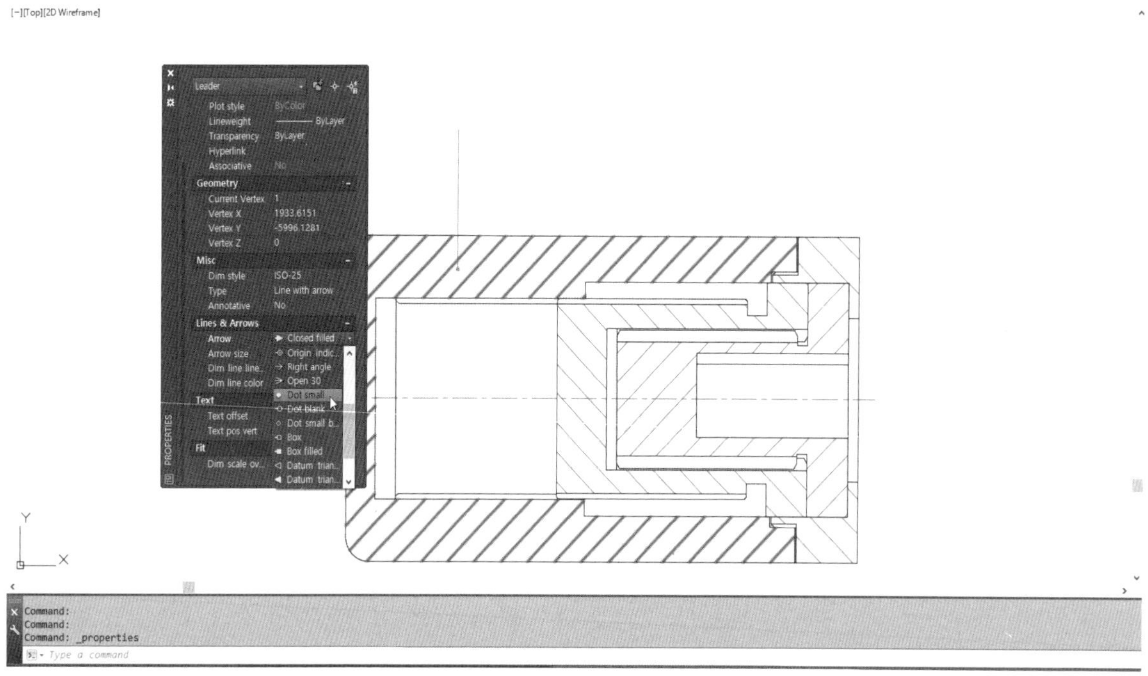




그림 7-121 Qleader 명령으로 세로 지시선을 생성하고 특성 화면을 열어 지시선의 끝점을 Dot small(작은 점)로 변경한다.

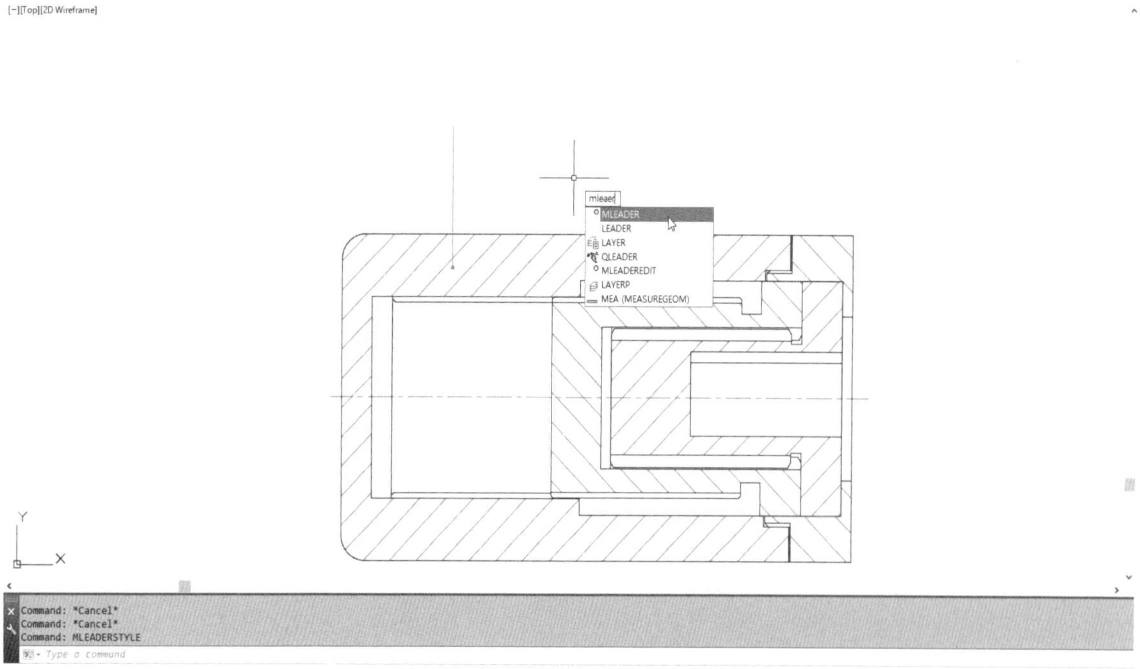


그림 7-122 Multileader style Manager(다중 지시선 관리자) 설정을 완료하면 Mleader 명령을 사용한다.

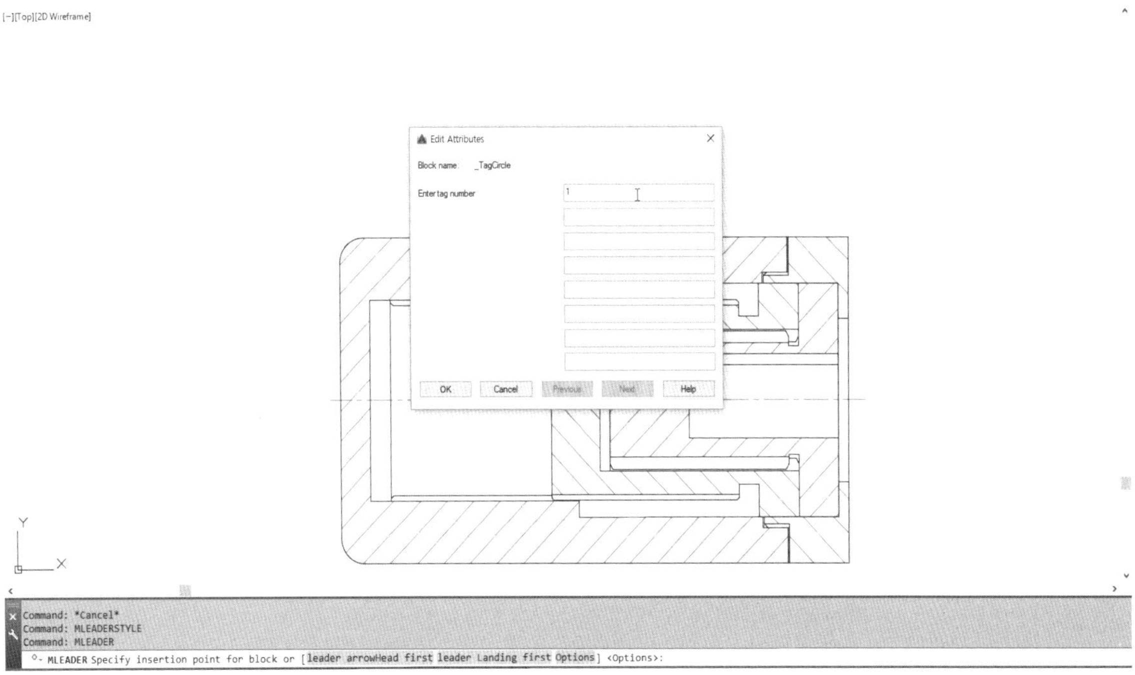


그림 7-123 Edit Attributes(속성편집)에서 Enter tag number(태그 번호 입력)에 부품번호를 기재한다. 첫 번째 부품에 번호 1번을 기재한다.



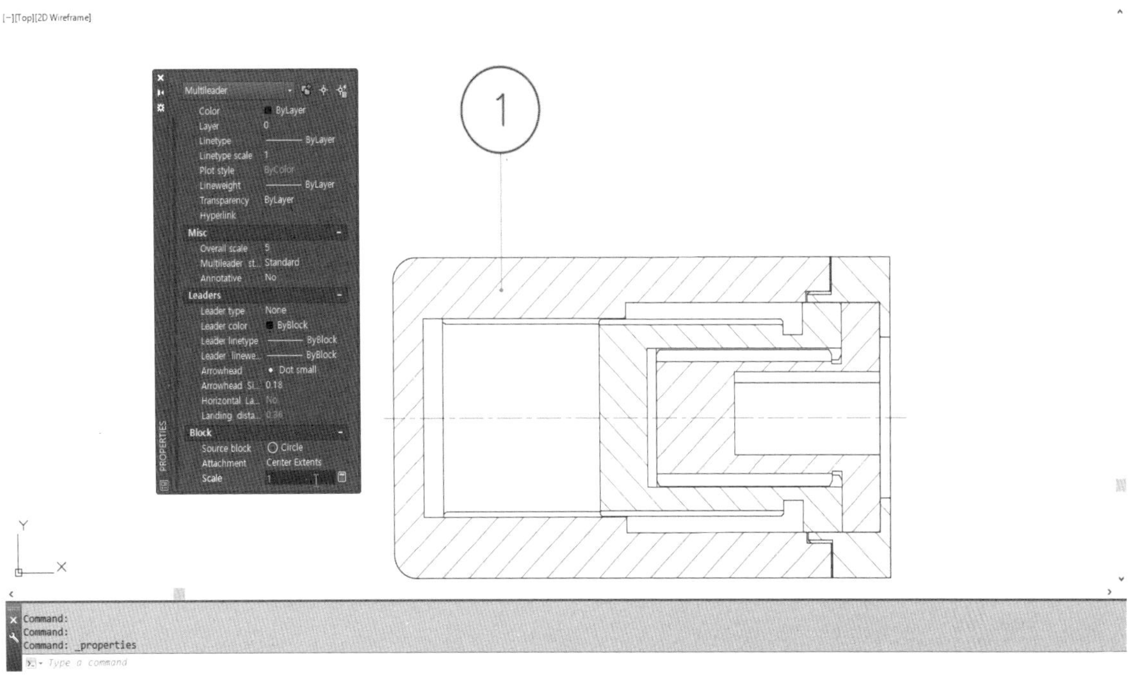


그림 7-124 Move 명령을 사용하여 부품 번호를 적절한 위치에 배치한 후 필요한 경우 크기를 조절한다.

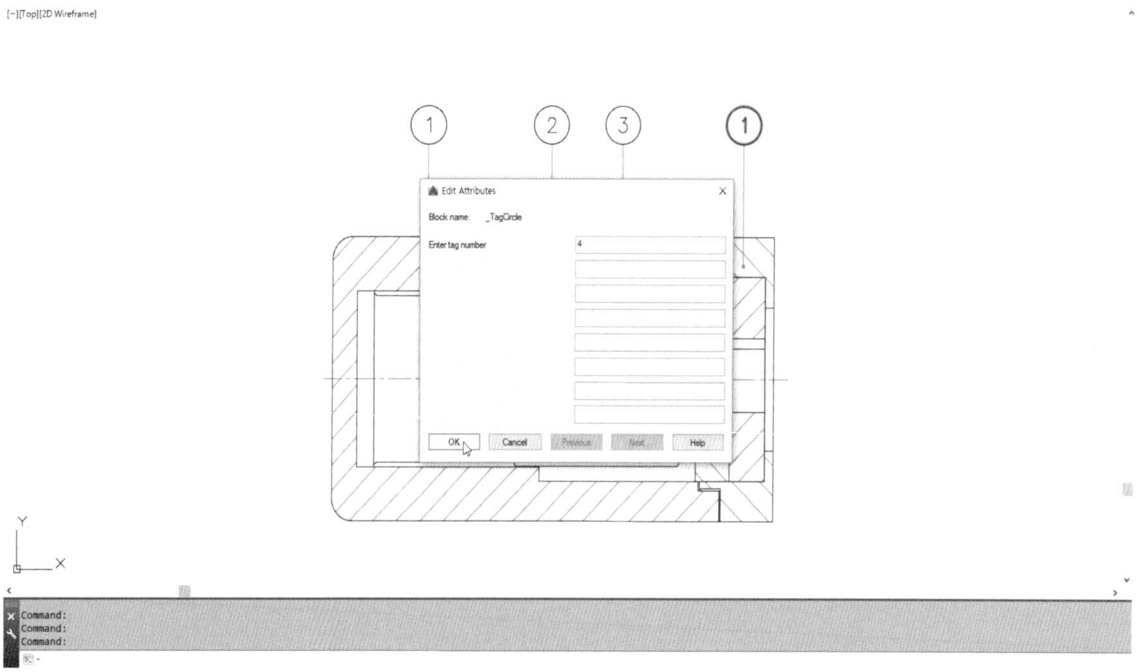




그림 7-125 부품 번호를 복사하여 각 부품에 맞는 위치에 배치한 후, 부품번호를 더블 클릭하여 번호를 수정한다.

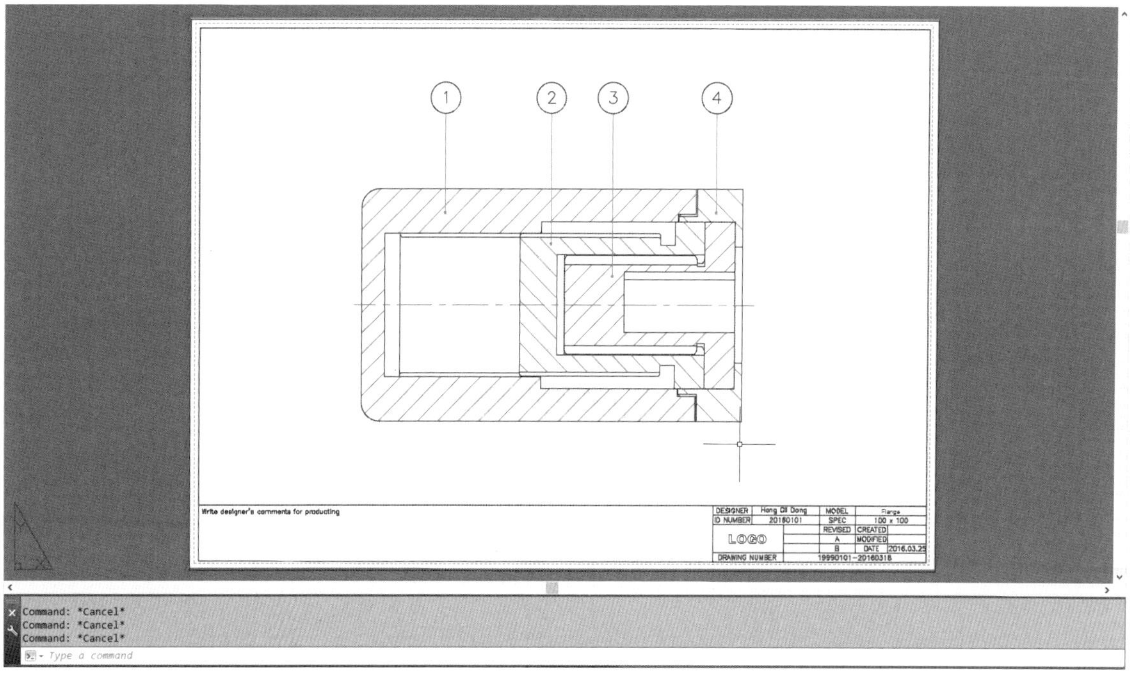


그림 7-126 각 부품을 조립한 도면을 완성한 후, 레이아웃 모드에서 도면 프레임을 추가하기 위해 템플릿 파일을 적용한다.

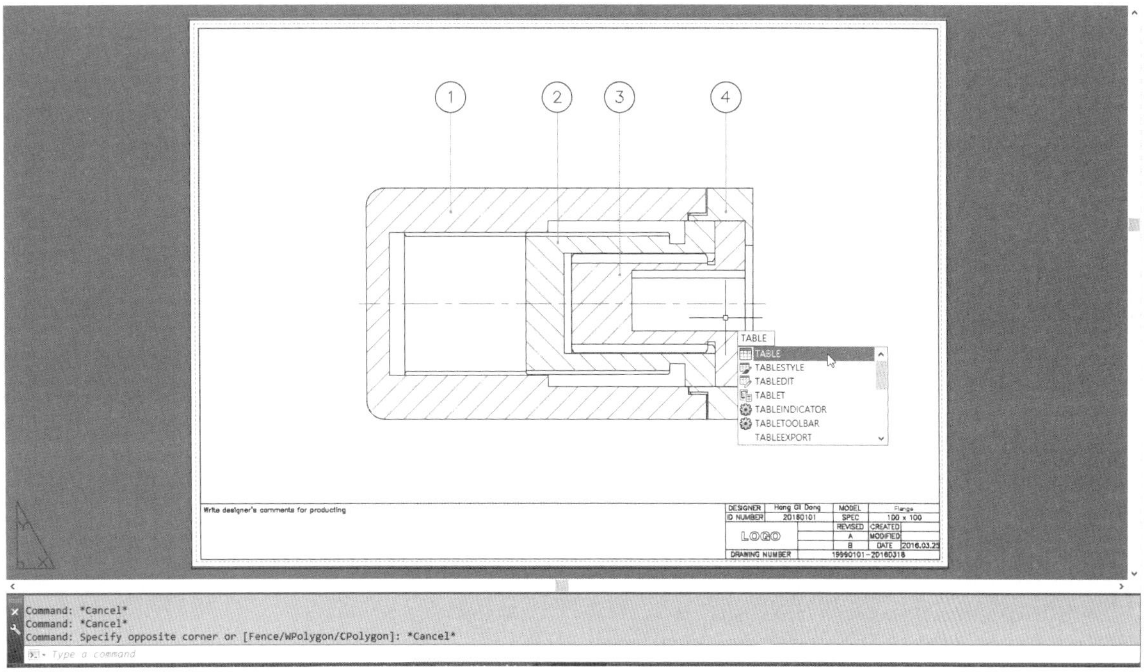


그림 7-127 Table 명령을 조립도에 사용된 형상들의 부품 테이블을 작성한다.



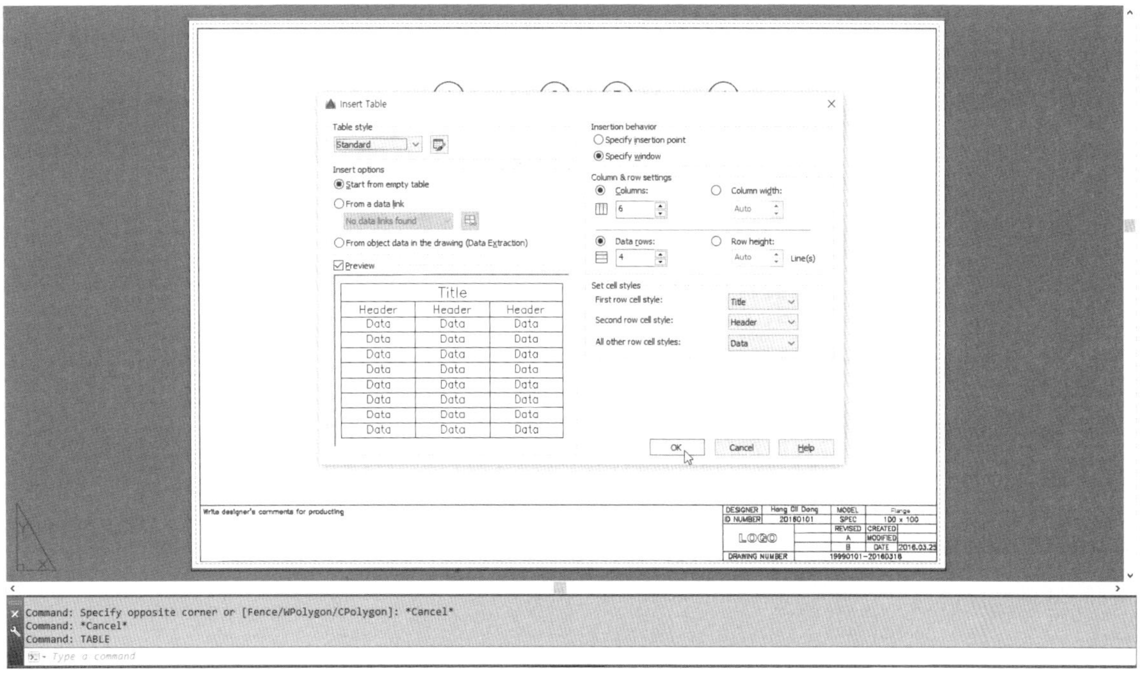


그림 7-128 부품 수를 기준으로 행과 열의 수를 입력한 후 테이블을 생성한다.

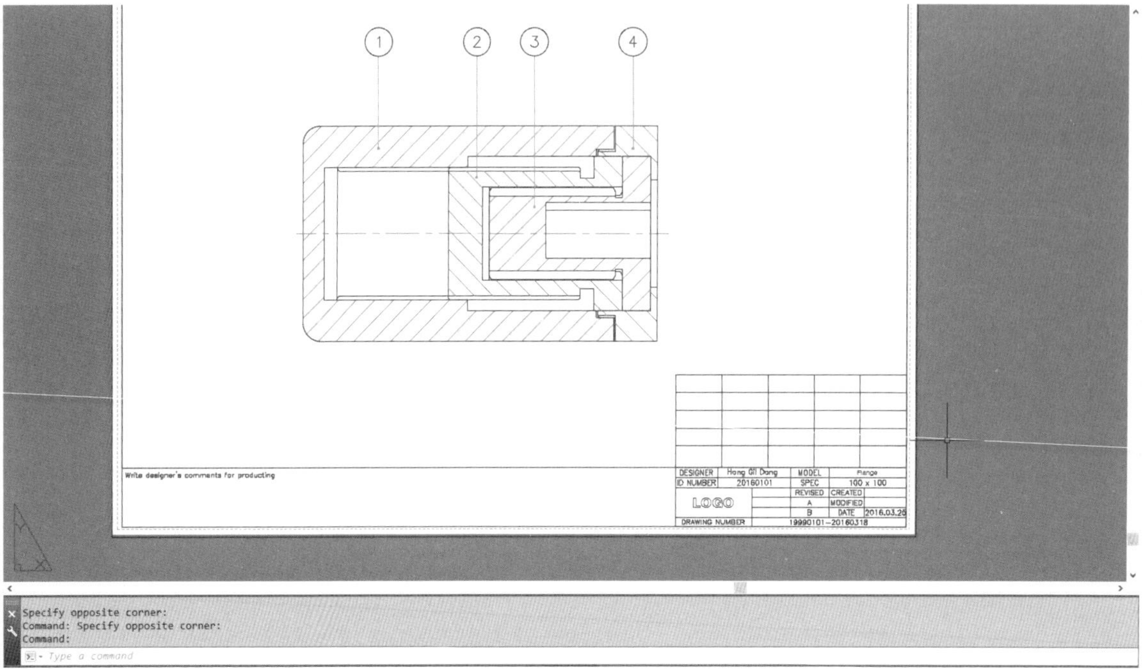


그림 7-129 생성된 부품 테이블을 표제란 상단에 배치한다.

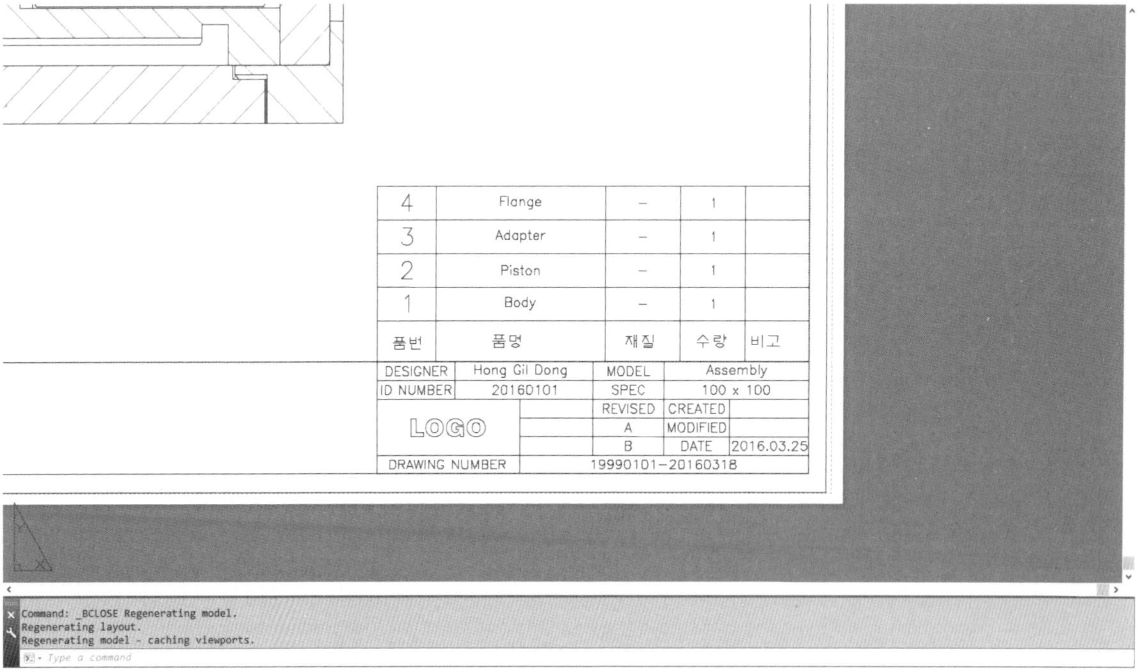


그림 7-130 테이블의 각 셀을 선택하여 행과 열의 간격을 조절한 후 Mtext 명령을 사용하여 부품에 관한 내용을 입력한다.

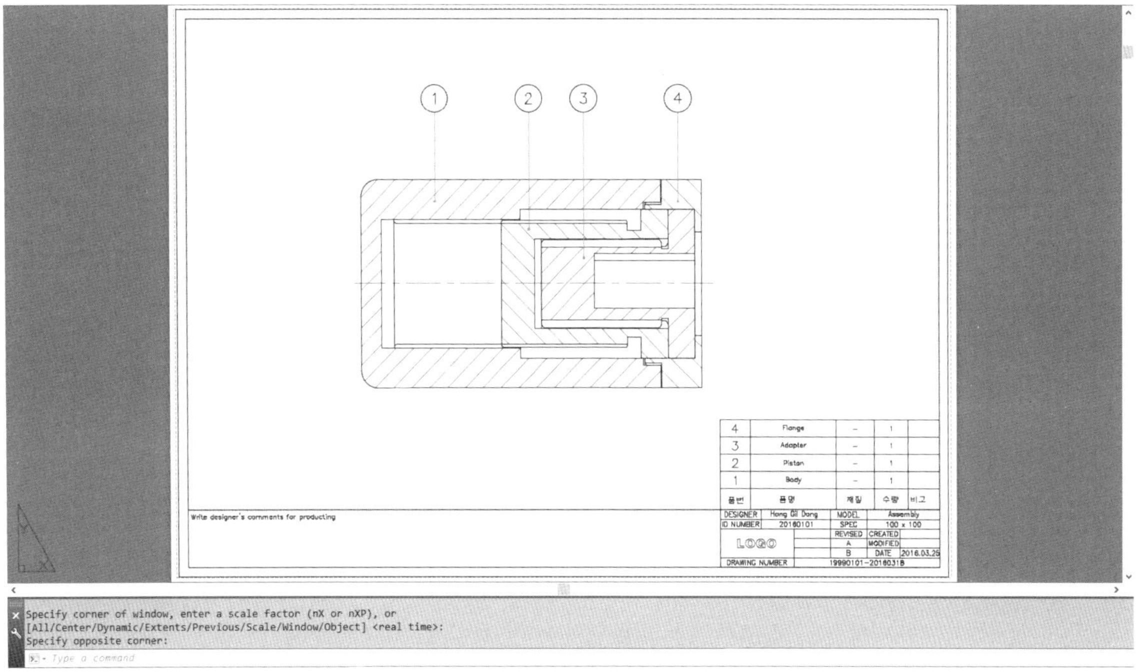


그림 7-131 부품 테이블을 완성한 후 조립도에 대한 출력을 진행한다. 필요한 경우 치수나 주석 등이 화면에 나타나도록 도면층 설정을 수정한다.

## 7.7 통합 부품도 생성

이전 예의 조립도와 더하여 하나의 도입에 개별 부품이 모두 포함된 부품도를 작성한다.

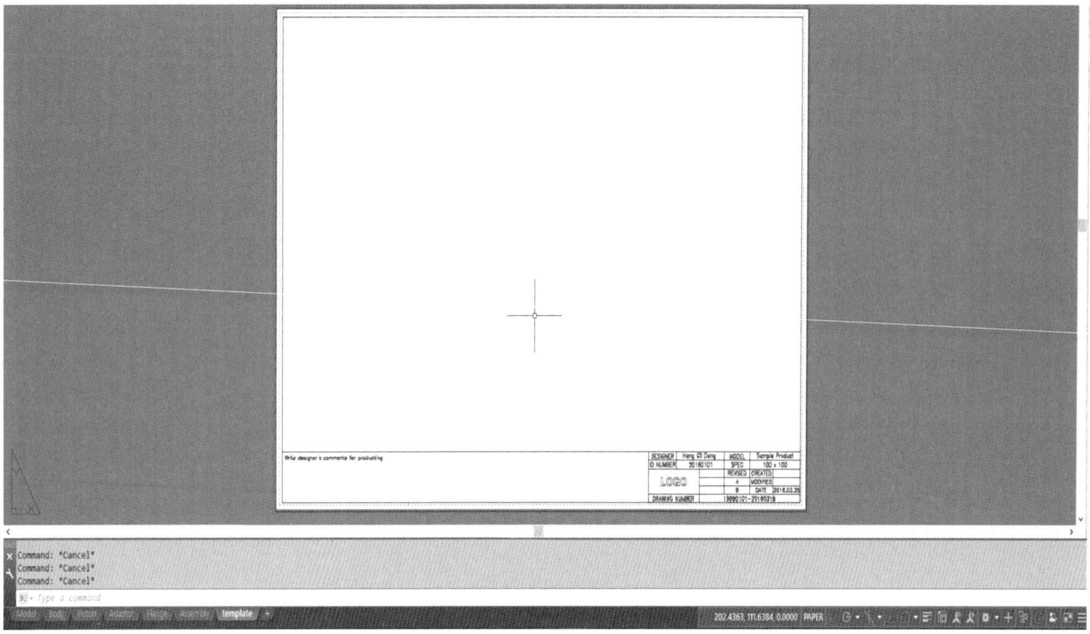

그림 7-132 새로운 작업을 시작한 후, 레이아웃 화면에서 통합 부품도의 프레임과 표제란 구성을 위해 필요한 템플릿을 호출하여 적용한다.

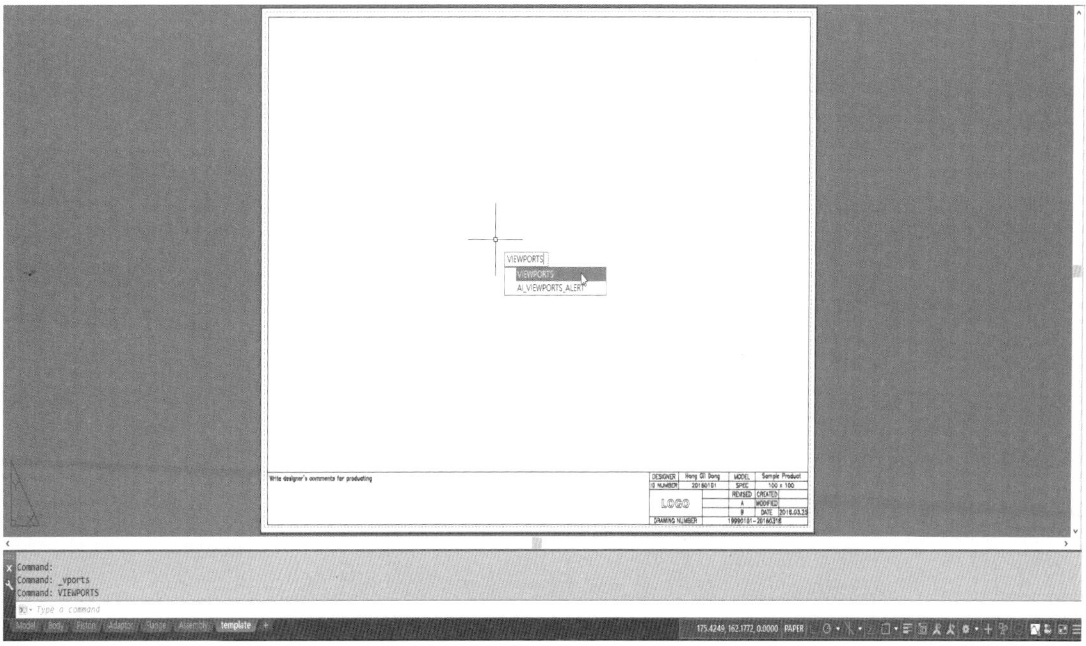

그림 7-133 각 부품 형상을 위치시키기 위한 레이아웃에 개별 Viewport(뷰포트)를 생성한다.

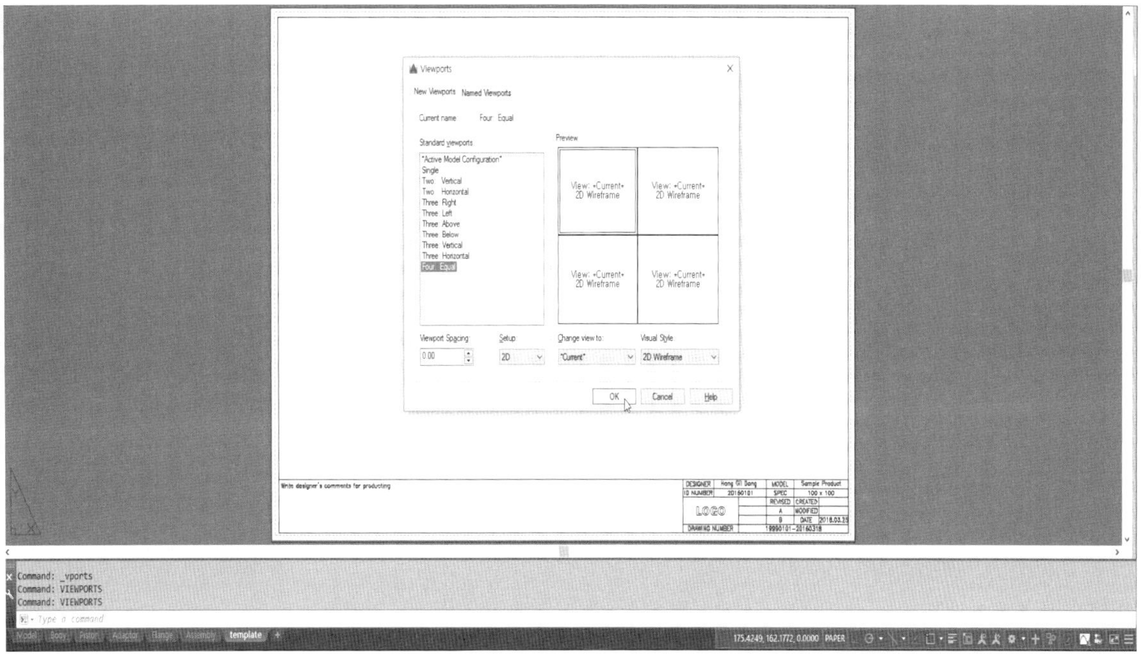


그림 7-134 네 개의 부품 도면을 템플릿 배치하기 위하여 네 개의 영역으로 나누기 위해 Four: Equal(넷:동일)을 선택한다.



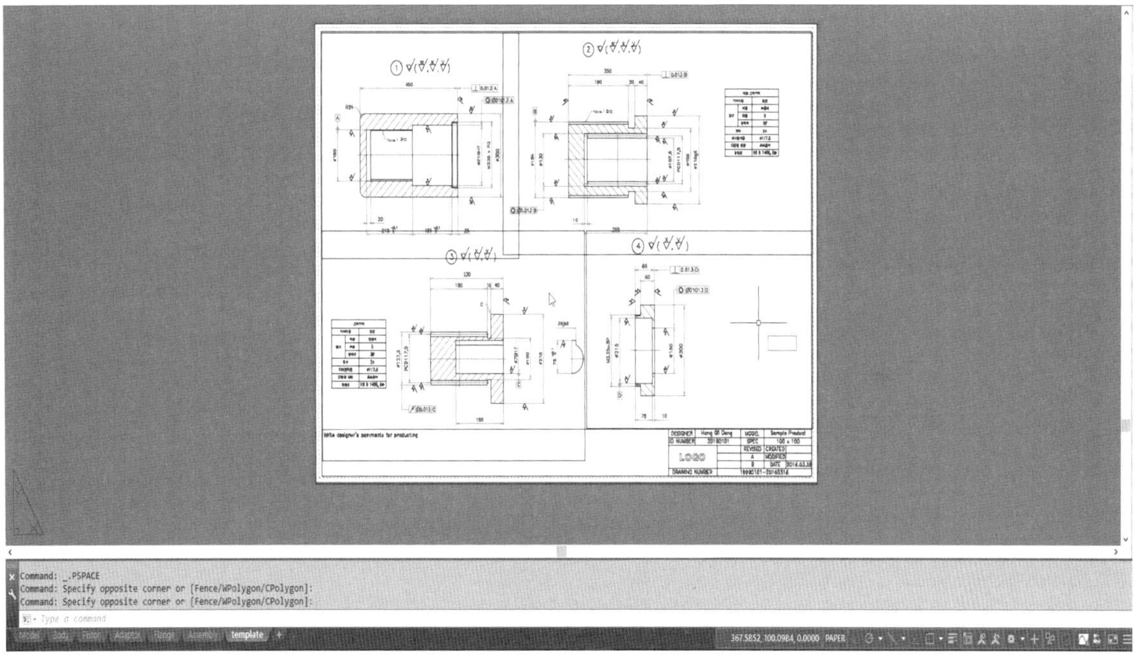


그림 7-135 네 개의 분할된 영역의 뷰포트를 더블 클릭하여 영역 내로 들어가 각 파일을 블록으로 호출하여 전체 형상이 드러나도록 이동시키고 축척을 조절한다.

그림 7-136 호출된 각 부품 형상의 경계선을 정리하기 위해 Layer 명령을 사용하여 mv 이름의 새로운 도면층을 생성한다.

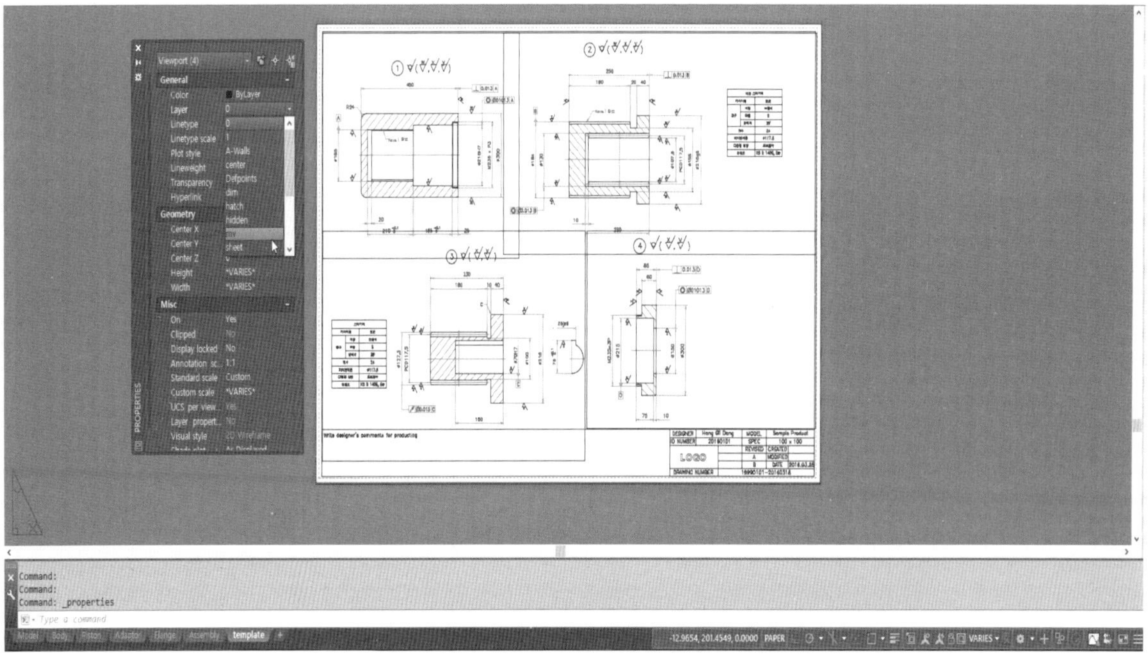


그림 7-137 각 부품 형상의 경계선을 mv 도면층으로 지정한다.

그림 7-138 영역 경계선이 드러나거나 출력되지 않도록 Layer Properties Manager에서 mv의 Freeze(동결) 아이콘을 활성화한다.



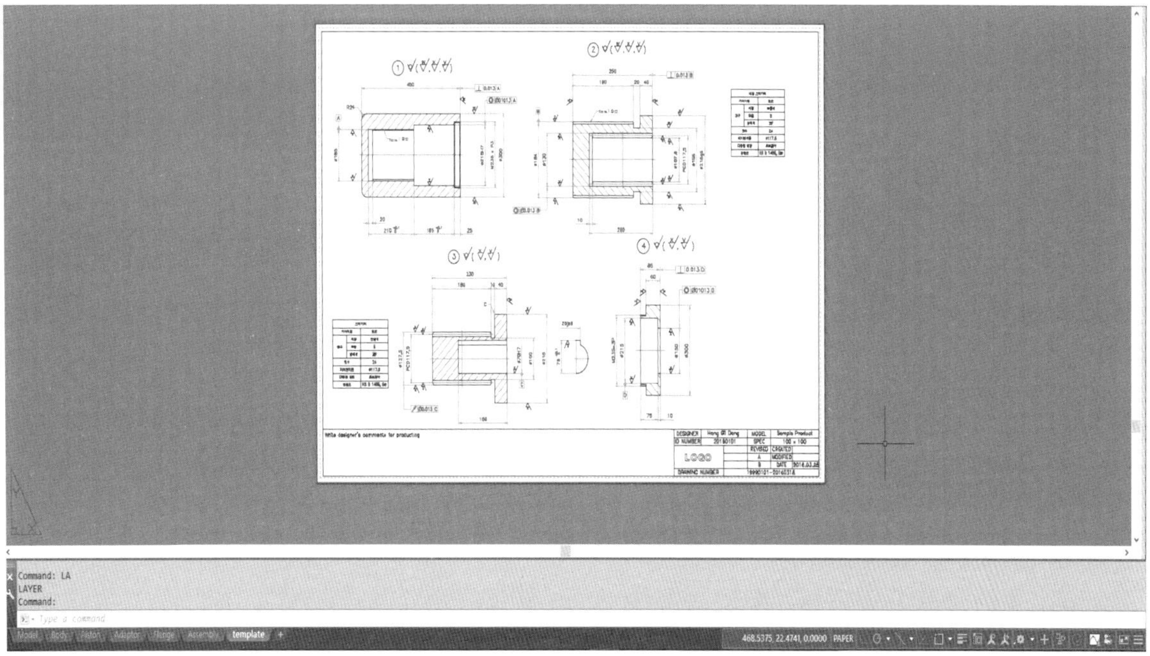

그림 7-139 각 영역 경계선이 지정된 도면층이 동결됨에 따라 각 영역 경계선이 화면에서 보이지 않게 된다.

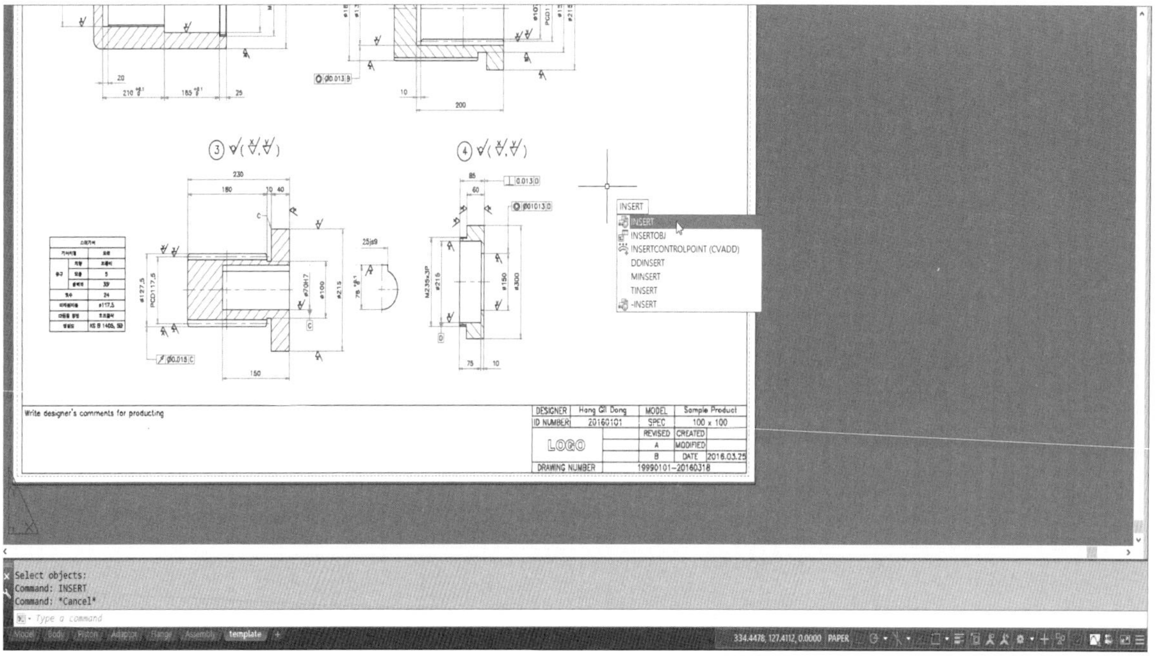

그림 7-140 Insert 명령을 사용하여 블록으로 저장된 부품 목록표를 호출한다.



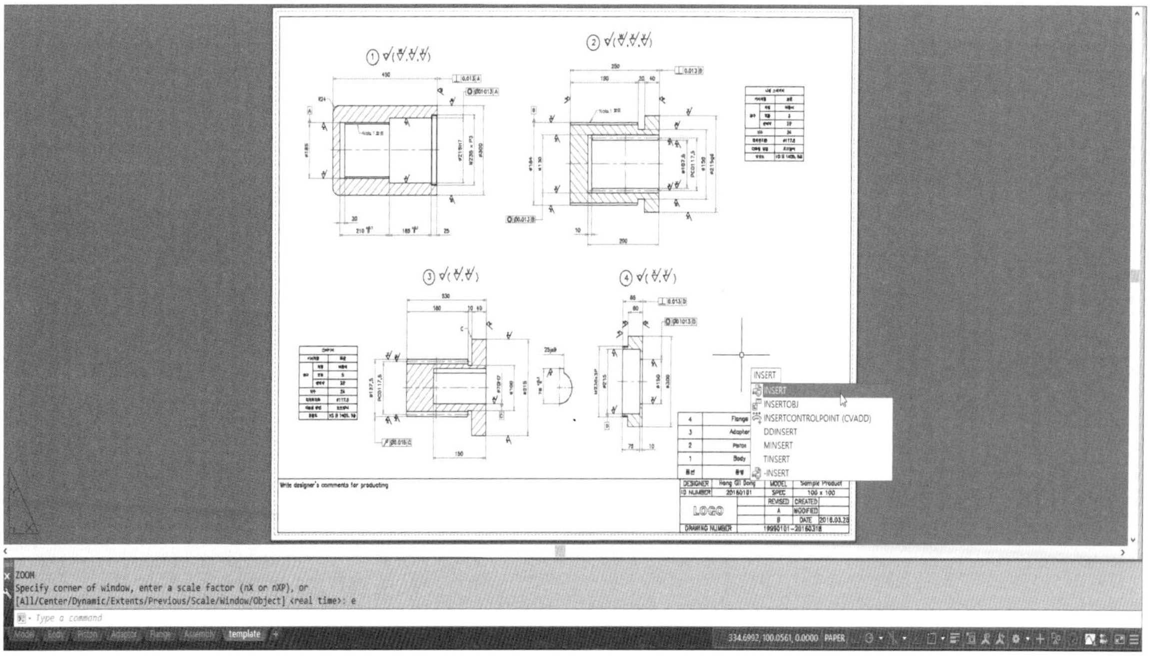

그림 7-141 호출된 부품 목록표를 표제란 위에 배치하고, Insert 명령으로 기어 정보 테이블 및 주석 등의 정보를 호출하여 목록표 위에 배치한다.

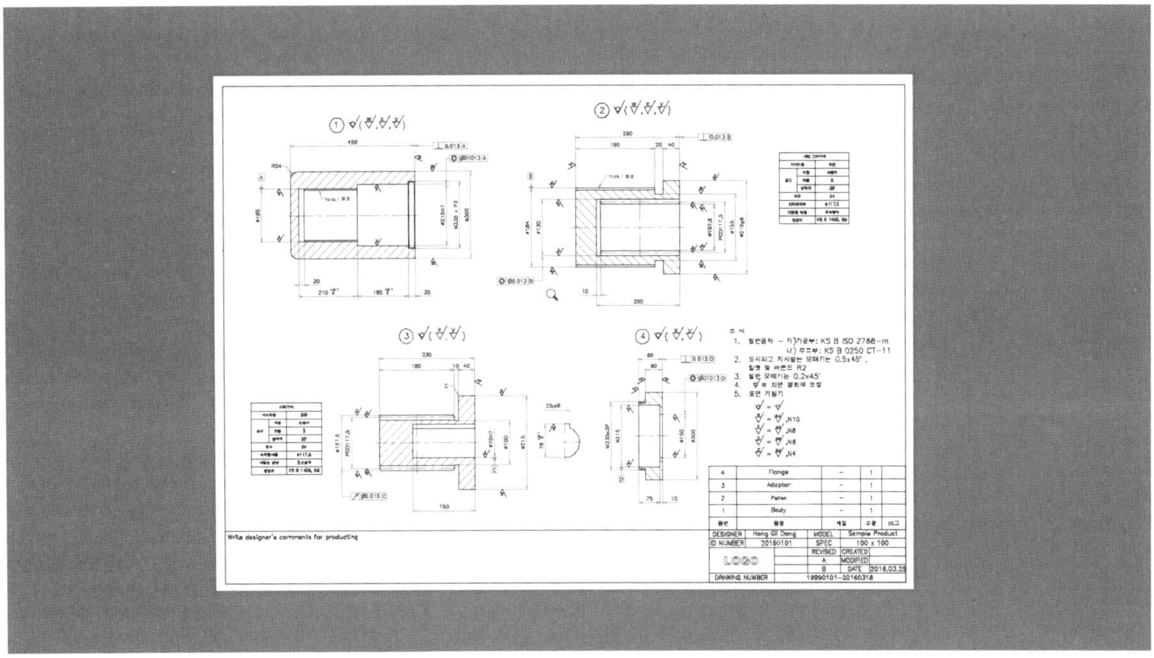

그림 7-142 완성된 통합 부품도의 내용과 배치를 확인한 후 출력 작업을 진행한다.

# chapter8 CAD 시스템 환경의 확장



본 장에서는 일반적인 제도 도구로서의 AutoCAD를 운용하는 단계를 넘어 AutoCAD시스템을 설계 생산성을 개선하도록 활용하기 위한 여러 확장 기능에 대하여 언급하고자 한다. 이들 각 기능은 AutoCAD의 학습 범위 이상을 포함하고 있으므로 상세히 다룰 수는 없지만, AutoCAD를 사용하는 설계자로서 효율적 설계 환경의 구축과 대규모 설계 관리 체계로의 확장을 준비하기 위한 기초 지식이라고 할 수 있다.

## 8.1 도면 관리 시스템

기업에서 설계 정보란-특히 제조분야에서-제품 개발의 가장 주요한 기술적 자산이다.

CAD 시대 이전 설계 정보는 도면으로만 다루어져 왔다. 설계 정보의 집합체인 도면은 개발 및 설계 공정의 결과물이기 때문에 실제 제품 개발을 위한 유무형의 정보들이 존재하게 된다.

오늘날에도 이러한 사항은 크게 달라지지 않았다고 볼 수 있는데 현실적으로 도면이 정보 전달의 매체로서 아직 주요한 역할을 하고 있기 때문이다. 그럼에도 대부분의 설계 환경에서 도면 그리고 도면을 생성하기 위한 여러 참고 자료 등을 체계적으로 효율적으로 그리고 표준화하여 관리하는 곳은 많지 않다.

이러한 상황을 개선하기 위해 CAD 시스템 개발사에서는 설계 정보를 관리하기 위한 시스템을 개발해 왔다. 그리고 20세기 후반 PDM 시스템으로 정립되었고 현재의 PLM 시스템으로 발전하기에 이르렀다.

AutoCAD의 개발사인 Autodesk도 2003년도부터 제품 정보 관리 시스템인 Autodesk Vault를 공급하고 있는데, 최초에는 3D CAD 시스템을 위한 용도로 출시되었으나 현재는 2D CAD 시스템인 AutoCAD 및 관련 패키지들도 지원하고 있다.



2017 버전 기준으로 Autodesk Vault는 설계용 시스템에 설치되어 자체 관리를 위한 Basic 버전과 협업 용도의 Workgroup 버전 그리고 전사적 관리 체계인 Professional 버전으로 구분되어 있다. 기본 PDM 시스템인 Autodesk Vault의 Basic 버전은 AutoCAD가 아닌 AutoCAD Mechanical 등의 상위 패키지에만 포함되어 있다. 하지만 AutoCAD 혹은 AutoCAD LT 사용자도 클라이언트 프로그램을 사용하여 Autodesk Vault에 연결하여 PDM 환경에서의 운용이 가능하다.

현재 Autodesk Vault뿐만 아니라 대부분의 PDM/PLM 시스템에서는 AutoCAD를 포함한 Autodesk의 제품들을 지원한다. 그러므로 PDM/PLM 시스템의 선택이 특정 CAD 시스템을 사용하기 때문에 동일 개발사의 제품으로 한정될 필요는 없다. 상대적으로 동일 개발사의 CAD 시스템과 PDM 시스템 간의 연결성이 쉬울 수 있다고 생각하지만, 실제 운용에 대한 평가는 설계자마다 선호도가 다를 수 있다는 점에서 PDM 시스템의 선정을 CAD 시스템과 분리하여 볼 가치가 충분하다.

설계자는 PDM을 도입 및 운용하기 전에 그 필요성과 효용성을 확인할 수 있어야 한다. 그리고 PDM 도입 이전에 조치할 수많은 사항을 미리 점검할 수 있어야 한다.

PDM 시스템 도입의 최우선 전제는 도면 관리의 표준화라고 할 수 있다. PDM 이전 심지어 CAD 시스템 사용 이전에도 도면의 생성 및 관리 체계가 표준화된 규정대로 준수되는 경우에는 PDM 시스템의 성공적 도입과 운용을 기대할 수 있다. 반면 어떤 종류의 CAD 시스템을 사용하든 가에 상관없이 설계자 개인 수준에는 물론 조직 및 전사적 단위에서 도면을 포함한 설계나 제품 관련 정보들이 표준화된 규정대로 관리되지 못할 때는 PDM 시스템의 성공적 도입과 운용은 어렵다.

가장 기본적인 설계 정보의 관리 체계는 종이 혹은 컴퓨터 내의 파일로 존재하는 도면을 관리하는 것으로 생각할 수 있다. 관리의 정의를 좁게 보자면 현재까지 작성되어 온 도면을 정리하는 것부터 포함될 수 있다. 이러한 과정을 통하여 특정 정보를 가진 도면을 필요한 경우 쉽게 찾고 또한 새로운 설계를 위한 참고 정보로서 사용할 수 있도록 하는 것이다. 하지만 관리의 목적은 이러한 단순한 기능적 효용성보다는 새로운 제품 개발 과정에서의 시행착오를 방지하고 제품의 경쟁력을 강화하기 위함이라고 볼 수 있다.

물리적인 도면의 관리 기준은 도면번호로써 도면에 부여된 유일한 번호에서 시작된다. 통상 도면번호는 도면 내용을 보지 않더라도 도면의 내용, 제품에 관한 일반적인 정보(제품 분류, 용도 등)를 파악할 수 있도록 규정되기도 한다. 물론 도면번호는 사용하는 주체와 상황에 따라 모두 다르므로 특별히 정해진 형식을 가진다고 볼 수 없다. 중요한 것은 관리 혹은 분류 기준으로서 적용될 수 있도록 모든 도면에 적용될 수 있어야 한다. 이러한 특징으로 도면번호 규정이 정해지면 수정될 경우 이미 도면번호가 부여된 수많은 도면에 대한 수정이 요구되기 때문에 결코 그 중요성을 무시할 수 없다. 실제로 잦은 도면번호 변경 혹은 도면번호 오류로 인해 제품 및 생산 관리에서의 시간적 금전적 비용 발생을 초래하는 경우는 상당하다.



## 8.2 3D CAD 시스템

2D CAD 시스템과 도면은 오랜 시간 기계 및 건축 분야의 설계 정보 생성과 공유를 위한 도구로써 이용됐다. 하지만 점차 설계 환경의 3D CAD 시스템의 이전과 함께 3D 프린팅 환경의 실현으로 2D CAD 시스템의 상황도 이전과 크게 달라지기 시작하고 있다. 비록 현재까지 2D CAD 시스템의 사용자가 CAD 시스템 전체에서 가장 큰 비중을 차지하고 있기는 하지만, 설계 작업의 생산성과 3D 프린팅 환경이라는 외부적인 변화에 적응할 수밖에 없을 것이다.

2D CAD 시스템을 운용하는 설계자로서는 3D CAD 시스템으로의 이전은 단순한 설계 도구의 대체가 아닌 설계 개념과 방식의 근본적 변화를 요구한다는 점에서 적응 과정이 쉽지 않다고 볼 수 있다.

3D CAD시스템은 기본적으로 설계 대상의 단면이 아닌 전체 형상을 생성하고 각 부품을 결합 상태와 같은 방식으로 조립한 후 도면이 출력되는 점은 2D CAD 시스템의 설계 방식과는 완전히 다른 기능으로 수행한다.

많은 2D CAD 시스템이 사용자들이 3D CAD 시스템으로 이전 시에 정보의 입력 방식에 적응하지 못하는 경우를 접하게 된다. 즉, 마우스와 같은 입력 장치의 반응이 화면(실제로는 모델링 공간)에 즉각적으로 나타나지 않는다는 사실에 당황하는 때도 적지 않다. 3D CAD 시스템은 3차원 공간에서 형상을 구현하기 위한 방식과 절차가 명확하게 정해져 있으므로 형상을 모델링 하는 방식에 제한이 없는 2D CAD 시스템의 명령어 적용 방식과의 차이에 기인한다.

그러므로 2D CAD 시스템을 사용하는 설계자로서는 형상 모델링 과정에서 대한 완전한 새로운 학습이 요구된다. 그리고 각 부품의 형상 모델링 후 제품 조립 과정까지 완료 후 도면은 2D CAD 시스템의 제도 과정이 없어 간단한 단면 배치 절차로서 생성된다. 이 과정에서 설계 형상의 변경에 따라 모든 도면의 정보는 자동으로 수정되게 된다는 점에서 도면 수정이 많은 시간을 소요하는 과정은 현저히 줄어들게 된다.

3D CAD 시스템이 제공하는 각 형상 모델링과 설계 단계의 연관성 유지는 복잡하고 변경이 많은 설계 작업을 효율적으로 수행할 수 있도록 지원한다. 하지만 앞서 언급한 바와 같이 직접적인 제도 작업, 도면 형상 수정이 어렵거나 지원되지 않는다면 측면에서 3D CAD 시스템으로의 전환이 쉽지 않다.

2D CAD 시스템에 익숙한 설계자에게 3D CAD 시스템으로의 이전이 원활하게 진행되기 위해서는 2D CAD 시스템에서의 설계 방식에 대한 습관을 버려야 할 필요가 있다. 2D CAD 시스템의 운용 능력이 3D CAD 시스템의 운용에 오히려 방해요소로 작용할 수도 있다는 점에 기존 설계 방식으로부터 탈피하지 못하면 새로운 설계 방식이 제공하는 효율적으로 설계 기능을 제대로 운용하지 못할 수 있다.

또한, 학습 과정에서는 3D CAD 시스템의 3차원 형상 모델링이나 조립 기능에 집중함으로써 도면 출력을 위한 학습을 소홀히 하는 경우가 많다. 3D CAD 시스템이 현실적으로 2D CAD 시스템을 완전히 대체하지 못하는 있는 이유는-비용적 부담이 가장 큰 이유이기는 하지만-도면을 원활하게 생성 혹은 수정하지 못하는 경우가 많기 때문이다. 현재까지 설계 정보로서 도면이 가지는 가치는 절대적이라는 측면에서 3D CAD 시스템을 통하여 기존 2D CAD 시스템 수준의 도면을 생성할 수 없다면 활용성과 효용성을 반감하게 된다.

3D CAD 시스템을 통한 설계 작업의 효율성과 생산성을 담보하기 위해서는 새로운 3차원 공간에서의 형상 설계와 2차원의 도면 생성이 함께 진행될 수 있어야만 한다. 그래서 3D CAD 시스템으로의 이전을 준비하는 설계자는 새로운 체계를 통한 기존 설계 정보의 생성이라는 변화의 과정을 명확하게 이해할 필요가 있다.

3D CAD 시스템과 2D CAD 시스템은 나름의 장점이 있고 지금까지 제조 분야의 설계 플랫폼으로 사용됐다. 현실적으로 효용성이나 적응성 면에 있어 2D CAD 시스템 높은 가격 대비 성과를 제공해 왔다. 하지만 3D CAD 시스템보다 2D CAD 시스템이 가지는 효용성을 기술적으로 기능적으로 비교할 수 없는 사안이라는 점에서 두 시스템 간의 비교가 아닌 3D CAD 시스템으로의 자연스러운 이전을 위한 노력과 학습 그리고 2D CAD 시스템의 정보를 3D CAD 시스템을 보다 효율적으로 구현하기 위한 적응이 함께 요구된다.

## 8.3 3D 프린팅 가공 환경

일반적으로 설계 학습 과정에서는 설계 과정에서 요구되는 공학적 이론과 설계 시스템 운용에 대한 지식 등이 다뤄지게 되지만, 실제 설계에서는 무엇보다도 설계 대상이 가장 주요하다. 그리고 종이나 컴퓨터 내에 존재하는 설계 정보는 어떤 식으로든 물리적인 형상, 제품으로 드러날 때 그 기술적 가치가 가중될 수 있다. 설계 과정이 완료된 이후-설계나 제품에 대한 오류가 없다고 할 때-실제 형태를 만드는 가공 혹은 생산 공정이 이어지게 된다.

3D 프린팅은 전통적인 기계 가공 방식과 달리 제작을 위한 3차원 형상 데이터가 필요하다. 일반적으로 STL 포맷으로 생성된 3차원 형상 모델링을 이용하는데, 제작 대상을 3D CAD 시스템을 통하여 생성하거나 3D 스캐너 등을 이용하여 직접 형상 정보를 추출하여 사용하기도 한다.

그리고 3차원 가공이라는 측면에서 기존 NC/CNC 공작기계에서 사용하는 가공정보 G-Code가 필요하다. 이를 위해 CAM 시스템을 통하여 3D 프린팅 기기의 가공 방식에 적합한 코드를 생성 후 3차원 형상 생성을 진행하게 된다.

다음 예제에서는 앞서 설계와 유사한 모델을 간단하게 3차원 프린팅으로 구현하는 과정을 보여준다.



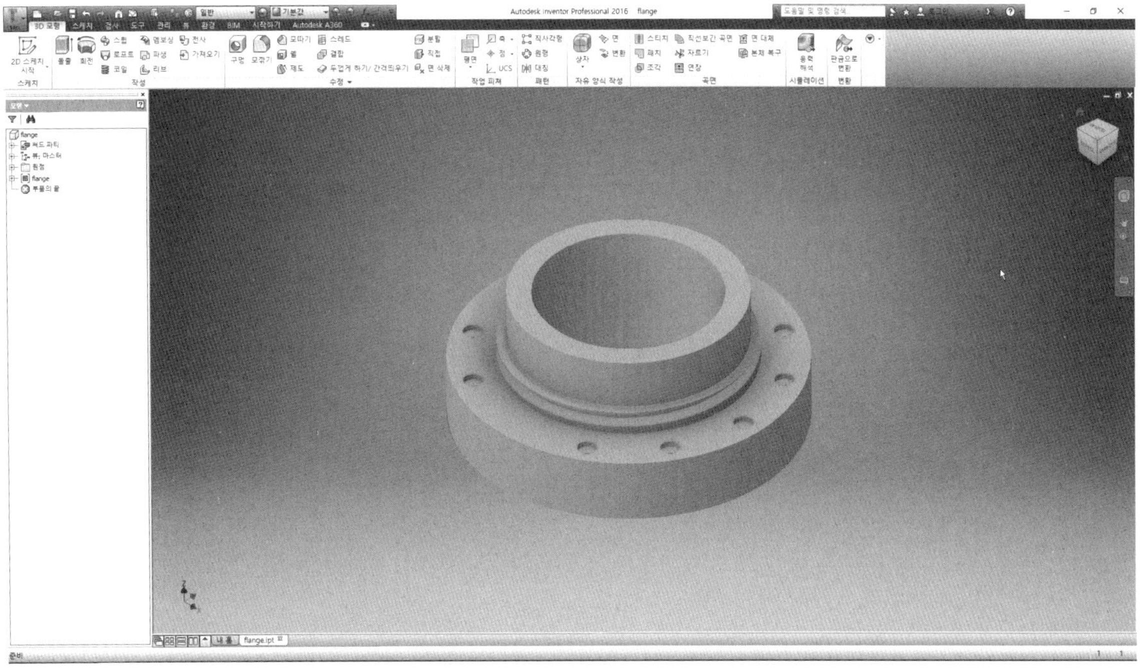

그림 8-1 일반적인 3D CAD 프로그램을 통해 부품 모델링을 완성한 후 3D 프린팅을 위한 CAM 시스템에서 인식할 수 있는 STL 형식으로 저장한다.

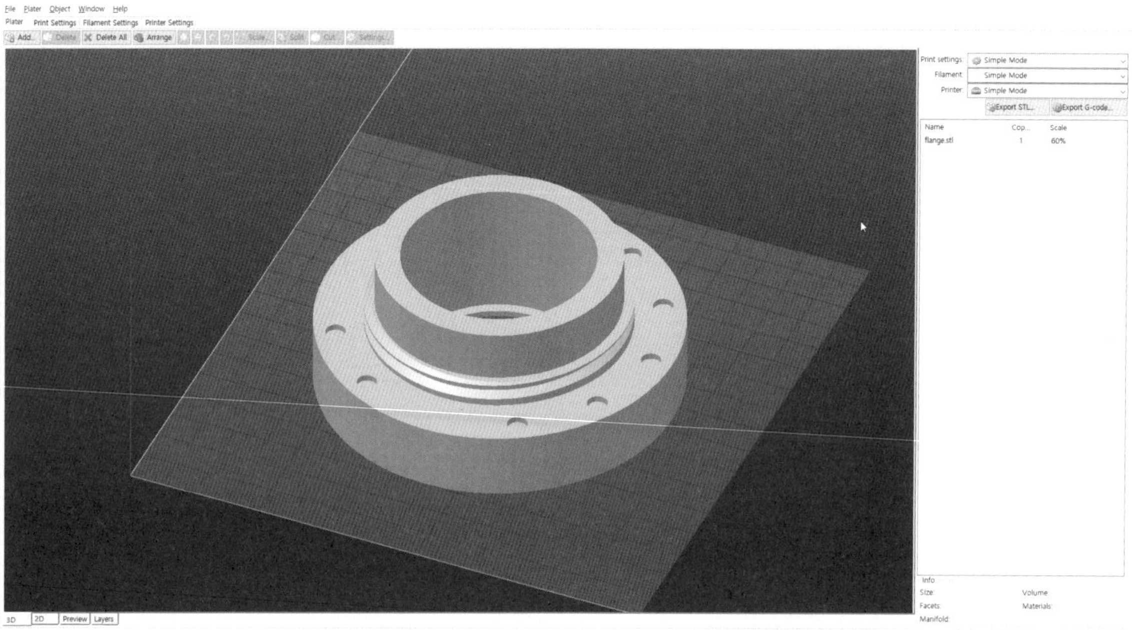

그림 8-2 3D 프린팅 CAM 시스템에서 STL 형식의 3차원 모델을 호출하고, 적층을 위한 층 분할 방식으로 G-code를 생성한다.



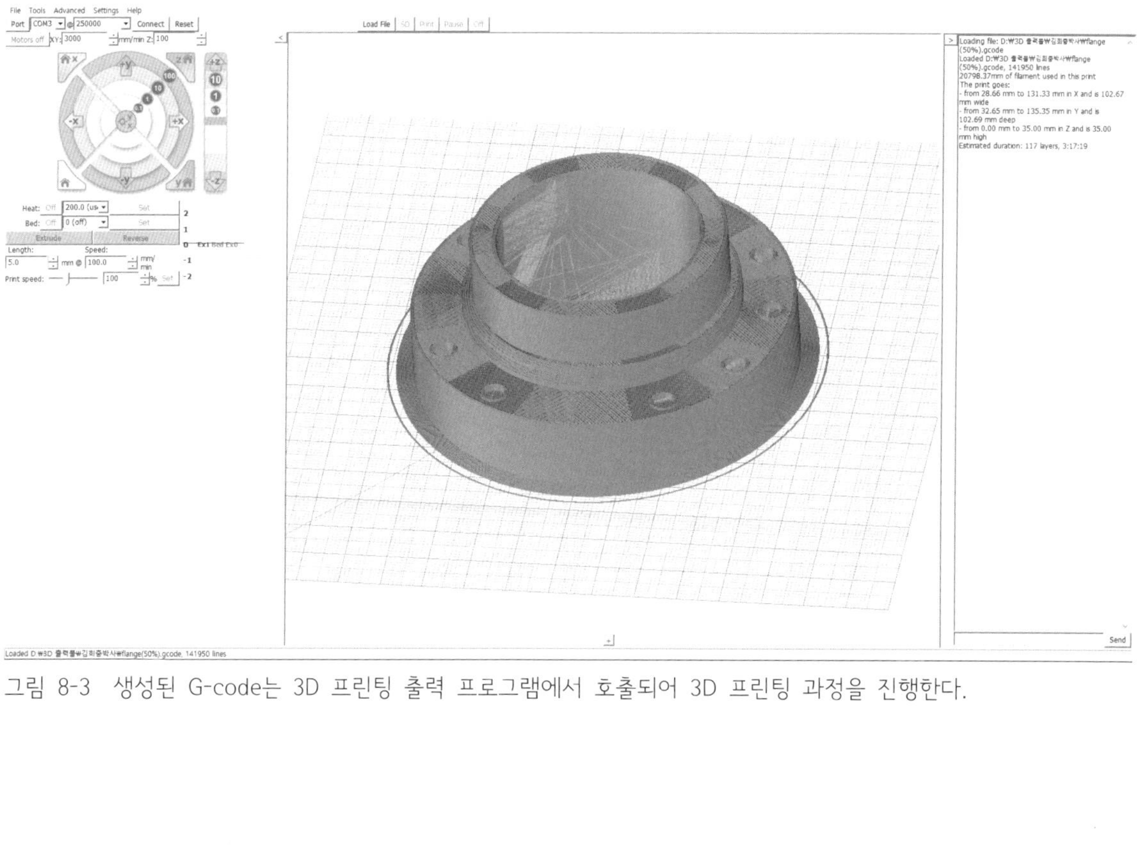

그림 8-3 생성된 G-code는 3D 프린팅 출력 프로그램에서 호출되어 3D 프린팅 과정을 진행한다.

G-code는 3D 프린팅 기기에서 사용할 적층용 출력 재료, 적층 경로, 속도 등을 설정하여 생성되므로 운용하는 CAM 시스템에 따라 적층 및 출력 품질에 차이가 발생할 수도 있다. 3D 프린팅에 관한 관심이 높아지면 이미 여러 종류의 CAM 시스템이 공개되어 사용할 수 있다.

CAM 시스템에서 설정하지 않은 세부적인 출력 설정 등을 이용하여 시간이나 적층 품질에 대한 사항을 수정할 수도 있다. 일반적으로 적층시간과 정밀도에 따라 표면 정도에 차이가 상당하므로 목적에 맞는 적정한 출력 조건에 대한 파악이 필요하다.

그림 8-4 3D 프린팅 기기가 출력 프로그램으로부터 출력 정보를 입력받아 적층 베드의 기준에서 적층 과정을 진행한다.

본 예에서는 FDM(Fused Deposition Modeling: 수지 압출 적층 조형) 출력 방식의 간단한 3D 프린팅 기기를 사용하여 3차원 형상 모델에 대한 적층을 진행하였다.

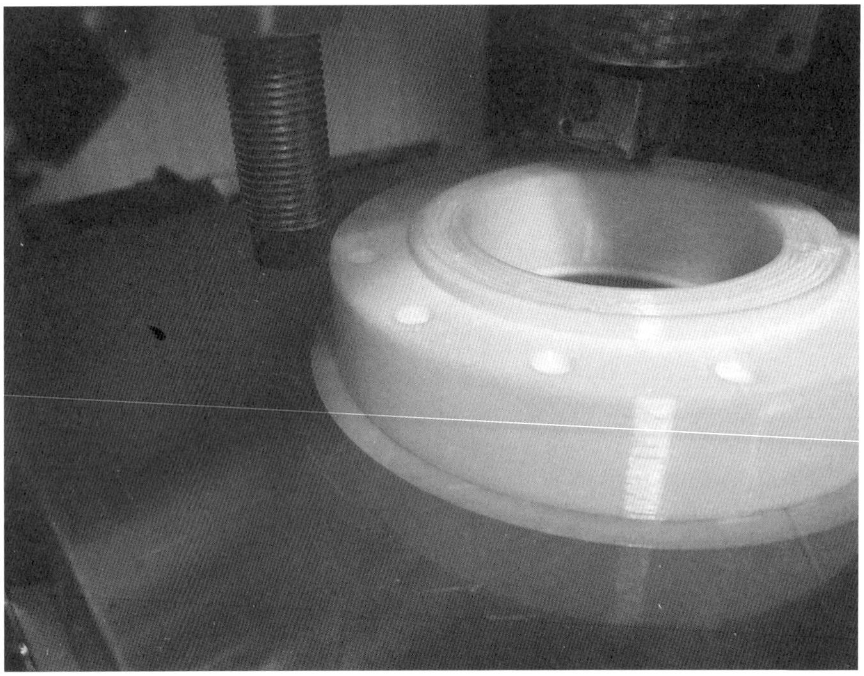



그림 8-5 적층 과정은 설정된 값에 따라 적층이 이뤄지며 정밀한 적층과정에는 상대적으로 긴 시간이 소요된다.

그림 8-6 예의 플렌지 부품은 3D 프린팅 과정이 종료된 후의 3차원 모델이다.

3차원 프린팅은 실제 제품 생산에 앞서 진행하는 시제품 모크업 과정에서 보자면 기존 기계 가공보다 시간과 비용을 크게 절감할 수 있다.

이상과 같이 3D프린팅 기술은 기존 2D CAD 시스템이 제공하는 설계 및 제작환경에 큰 변화를 가져오고 있다는 점에서, 설계자 입장에서도 향후 가공 및 생산환경의 발전에 지속적으로 관심을 가질 수 있어야만 한다.

* 저자 약력


정재현
현) 한국해양대학교 기계공학부 교수

김희중
전) KJSTEEL 금속소재기술연구소 소장
전) 한국해양대학교 기계공학부 겸임교수

AutoCAD 디지털 드로잉
시스템 활용 기초


2016년 09월 10일 초판 인쇄
2016년 09월 15일 인쇄 발행

저 자 정재현, 김희중
발 행 인 송기수
발 행 처 **도서출판 GS인터비전**
편 집 처 **도서출판 GS인터비전**
등 록 번 호 제 313-2011-120 호
I S B N 979-11-5576-139-7(93560)

주 소 서울 은평구 증산로 15길 69 2층 GS인터비전
전 화 02-976-7898
팩 스 02-6468-7898
홈 페 이 지 gsintervision.co.kr
E - M a i l gsinter7@gmail.com

**정가 23,000원**